高等学校交通运输与工程类专业规划教材
城市轨道交通系列教材

Structural Design and Construction in
Urban Mass Transit

城市轨道交通结构设计与施工

（第二版）

周顺华　主编
崔之鉴　主审

人民交通出版社股份有限公司
China Communications Press Co.,Ltd.

内 容 提 要

本书为城市轨道交通系列教材之一，主要介绍了城市轨道交通的结构类型、限界、钢筋混凝土结构设计原理、明挖结构、浅埋暗挖结构、盾构隧道、路基结构、高架结构等城市轨道交通常见结构的设计和施工。此外，还介绍了地下结构的施工监测、工程防水、城市环境条件下的施工组织设计和城市轨道交通工程中的 BIM 技术等内容。

本书可作为高等院校交通工程和土木工程专业的本科教材，也可作为相关专业本科、研究生教材和工程技术人员参考书。

图书在版编目(CIP)数据

城市轨道交通结构设计与施工／周顺华主编. — 2版. — 北京：人民交通出版社股份有限公司，2017.8
城市轨道交通系列教材　高等学校交通运输与工程类专业规划教材
ISBN 978-7-114-14114-0

Ⅰ. ①城… Ⅱ. ①周… Ⅲ. ①城市铁路—轨道交通—结构设计—高等学校—教材 ②城市铁路—轨道交通—铁路工程—工程施工—高等学校—教材　Ⅳ. ①U239.5

中国版本图书馆 CIP 数据核字(2017)第 211597 号

高等学校交通运输与工程类专业规划教材
城市轨道交通系列教材

书　名：	城市轨道交通结构设计与施工(第二版)
著　作　者：	周顺华
责任编辑：	李　喆
出版发行：	人民交通出版社股份有限公司发行部
地　　址：	(100011)北京市朝阳区安定门外外馆斜街 3 号
网　　址：	http://www.ccpress.com.cn
销售电话：	(010)59757973
总 经 销：	人民交通出版社股份有限公司发行部
经　　销：	各地新华书店
印　　刷：	北京鑫正大印刷有限公司
开　　本：	787×1092　1/16
印　　张：	24
字　　数：	532 千
版　　次：	2011 年 3 月　第 1 版 2017 年 8 月　第 2 版
印　　次：	2019 年 12 月　第 2 版　第 2 次印刷　总第 4 次印刷
书　　号：	ISBN 978-7-114-14114-0
定　　价：	50.00 元

(有印刷、装订质量问题的图书由本公司负责调换)

高等学校交通运输与工程（道路、桥梁、隧道与交通工程）教材建设委员会

主 任 委 员：沙爱民　（长安大学）

副主任委员：梁乃兴　（重庆交通大学）
　　　　　　　陈艾荣　（同济大学）
　　　　　　　徐　岳　（长安大学）
　　　　　　　黄晓明　（东南大学）
　　　　　　　韩　敏　（人民交通出版社股份有限公司）

委　　　员：（按姓氏笔画排序）

马松林	（哈尔滨工业大学）	王云鹏	（北京航空航天大学）
石　京	（清华大学）	申爱琴	（长安大学）
朱合华	（同济大学）	任伟新	（合肥工业大学）
向中富	（重庆交通大学）	刘　扬	（长沙理工大学）
刘朝晖	（长沙理工大学）	刘寒冰	（吉林大学）
关宏志	（北京工业大学）	李亚东	（西南交通大学）
杨晓光	（同济大学）	吴卫国	（武汉理工大学）
吴瑞麟	（华中科技大学）	何　民	（昆明理工大学）
何东坡	（东北林业大学）	张顶立	（北京交通大学）
张金喜	（北京工业大学）	陈　红	（长安大学）
陈　峻	（东南大学）	陈宝春	（福州大学）
陈静云	（大连理工大学）	邵旭东	（湖南大学）
项贻强	（浙江大学）	郭忠印	（同济大学）
黄　侨	（东南大学）	黄立葵	（湖南大学）
黄亚新	（解放军理工大学）	符锌砂	（华南理工大学）
葛耀君	（同济大学）	裴玉龙	（东北林业大学）
戴公连	（中南大学）		

秘 书 长：孙　玺　（人民交通出版社股份有限公司）

第二版前言

本书第一版于2011年出版至今已经6年,承蒙兄弟院校和业界同仁的厚爱,期间又于2015年进行了第二次印刷。6年来,我国城市轨道交通的建设里程数量增加迅猛,遇到的各类工程问题也愈加复杂,我们对工程处理的手段也越来越多。即便如此,我们对工程问题的认识并没有发生质的变化,只是对某些理论问题的认识更加清晰而已。在过去的几年中,我国的施工装备得到了极大的发展,使我国的工程实践能力愈加强大,工程建设的速度也越来越快。越是大发展时期,越是需要我们对工程进行反思,为后人少留些遗憾。

通过前几年的教学,以及与学生朋友的交流,对于缺乏实践经验的学生来说,仅仅依靠书本来建立设计与施工的概念是有一定困难的。如果对实际工程缺乏理解,学习设计和施工无疑是一件枯燥的事。为了解决这个问题,第二版在原来章节框架的基础上,在每章的开头部分增加了与本章内容相关的工程现象的描述,希望通过对工程现象的描述,引导学生进行思考;在每章的结尾部分增加了这一章节内部所对应的技术或理论的发展脉络,借此提醒学生工程技术和理论的发展既是历史的也是有条件的,我们所做的工作是历史发展阶段中的一部分。

近年来,由于BIM技术发展迅速,为此特邀请中国电建华东勘测设计院的章立峰、王金锋、臧延伟和田海波等补充编写了本书的第十四章:轨道交通工程BIM技术。

在本书编写工作中得到了团队成员的大力支持,官全美教授对全书的公式和文字进行了核对,付龙龙(第一、二、三、十章)、陕耀(第八、十二、十三章)、王长丹(第九、十一章)、金浩(第四、七章)、宋福贵(第五、六章)对各章的现象进行了梳理,研究生黄建丹、程茜参与了其中的文整工作。

恳请读者朋友们提出进一步的修改建议。

周顺华

2017 年于同济大学嘉定园

第一版前言

城市轨道交通系统是缓解大城市交通拥堵、改善城市环境的最有效的方式之一。正是因为其能解决都市的公共交通问题,城市轨道交通系统基础设施的结构形式无论采用地下方式还是高架方式,都必须穿越城市的闹市区,于是就面临主体结构的施工与城市道路交通相互干扰的问题,施工作业常常要避让城市的管网系统或者在施工期需要临时改迁城市管网系统,这与非城市区的基础设施施工有着显著的区别。另外,轨道交通系统的便捷性,是依靠诸多的设备系统来保证的,如供电系统、通信系统、自动售检票系统、通风空调系统等,这些系统都必须容纳在较小空间之中,紧凑合理的空间布局,不仅可以节省工程的投资,更主要的是能够为施工创造便利的条件。空间的合理利用不仅是建筑设计的任务,也与工程结构类型的选择和新材料的应用等密切相关。所以,城市轨道交通结构工程的设计必须充分了解施工的技术水平和装备,闹市区土建结构的施工必须充分了解设计的意图,明确施工的关键环节,否则难以建成优良的工程。

每一项工程都应该是创造性的作品。产生创造性作品的基础是创新思维。工程的创新思维是建立在对工程科学知识的准确把握和对"工程因素"良好感悟的基础之上。与工程相关的力学是建立设计计算方法的基础,而对工程的非力学性描述是实现合理设计的关键所在,优秀的作品必须在这两者之中找到和谐的平衡点。力学与非力学的和谐自始至终贯穿于工程设计、施工和使用的全过程。基于此，本书在《城市轨道交通结构工程》（同济大学出版社，2003年）的基础上作了较大的调整，补充了结构类型、限界、施工方法和施工组织，删减了路网、轨道、设备和建筑等内容。通过调整，使本书突出体现了城市轨道交通主体结构的设计和施工方面的知识。

《城市轨道交通结构工程》的使用对象是土木工程专业铁道工程方向的学生，这部分学生具有良好的结构设计原理方面的基础知识，而本教材主要面向交通工程专业的学生，由于国内各院校在交通工程专业的课程设置方面存在较大的差别，其中有些院校的课程体系中缺少结构设计原理课程，本教材在编写中兼顾考虑了这一情况，增设了"混凝土结构设计原理"章节，便于学生理解后续的结构设计内容。

本书由同济大学周顺华教授主编，西南交通大学崔之鉴教授主审，在编写过程中得到了上海市政工程设计研究院罗衍俭先生，宏润建设集团有限公司包旭范先生、孙瑛女士，中铁十三局集团有限公司刘树山先生的大力支持。全书共十三章，第一章由周顺华编写，第二章由孙玉永编写，第三章由何永春编写，第四章由郑史雄编写，第五章的第一节由毕湘利编写，建筑部分由孙瑛编写，其余部分由宫全美编写，第六章由孙玉永编写，第七章由宫全美编写，第八章由郑史雄编写，第九章由王炳龙编写，第十章由元翔和向科参考了朱祖熹先生有关地铁与隧道防水的诸多论文编写，第十一章第一节由王新线编写，第五节由郑史雄编写，其余部分由孙玉永编写，第十二章采用王炳龙编写的《城市轨道交通结构工程》第十章的内容，第十三章由王新线编写，研究生张茜珍在书稿的文整工作中做了大量的工作。编写人员吸纳了相关教材和近期发表的学术专著的一些内容，并借助于上海等城市地铁的有关设计资料，在此对提供材料的单位和人员表示感谢。

本书的编写前后持续了三年，编写人员分别来自高校、设计院、施工企业和建设管理单位，即便如此，书中仍有不如意之处。恳请读者提出修改意见，以便得到进一步的完善。

周顺华

2010年11月于同济大学

目录

第一章　绪论 ·· 1
　第一节　城市轨道交通建设技术的发展 ·· 2
　第二节　城市轨道交通建设面临的问题 ·· 3
　第三节　课程体系与学习建议 ··· 4
　历史沿革 ·· 5
　思考题 ·· 6
第二章　城市轨道交通的结构类型 ··· 7
　第一节　高架区间结构 ··· 8
　第二节　高架车站结构 ·· 12
　第三节　地下车站结构 ·· 13
　第四节　地下区间结构 ·· 17
　第五节　地面线的路基结构 ·· 20
　历史沿革 ·· 20
　思考题 ·· 24
第三章　限界 ·· 25
　第一节　限界的分类 ·· 26
　第二节　限界制订的原则 ··· 30
　第三节　制订限界的主要技术参数 ·· 31
　第四节　设备限界的计算 ··· 32

第五节	建筑限界	35
历史沿革		43
思考题		44

第四章 钢筋混凝土结构设计原理 ... 45

第一节	材料的物理力学性质	47
第二节	钢筋混凝土受弯构件抗弯设计	50
第三节	受弯构件斜截面承载能力计算	55
第四节	钢筋混凝土受压构件设计	57
第五节	钢筋混凝土受弯构件的变形计算及裂缝控制	59
第六节	预应力混凝土构件抗弯设计	61
历史沿革		66
思考题		67

第五章 明挖法结构设计 ... 68

第一节	明挖法结构建设及设计流程	69
第二节	地铁车站建筑设计	71
第三节	基坑工程中的土压力和水压力	79
第四节	支护结构选型与设计	86
第五节	主体结构设计	107
第六节	支护结构与主体结构相结合的结构设计	112
第七节	盖挖法施工的车站结构设计	119
历史沿革		120
思考题		121

第六章 暗挖结构设计 ... 122

第一节	概述	123
第二节	隧道围岩分级	123
第三节	深埋隧道与浅埋隧道	128
第四节	超前预支护设计	130
第五节	初期支护设计与变形控制	144
第六节	二次衬砌结构设计	150

历史沿革……………………………………………………………………………………156

　　思考题……………………………………………………………………………………157

第七章　盾构法隧道设计……………………………………………………………………158

　　第一节　盾构法隧道的基本原理………………………………………………………159

　　第二节　盾构法隧道衬砌结构…………………………………………………………161

　　第三节　盾构隧道的结构设计…………………………………………………………165

　　第四节　联络通道结构设计……………………………………………………………184

　　第五节　平板形钢筋混凝土管片设计实例……………………………………………186

　　历史沿革……………………………………………………………………………………191

　　思考题……………………………………………………………………………………192

第八章　高架结构设计………………………………………………………………………193

　　第一节　设计荷载………………………………………………………………………194

　　第二节　结构设计原则…………………………………………………………………196

　　第三节　高架轨道交通的下部结构设计………………………………………………198

　　第四节　高架轨道交通的上部结构设计………………………………………………201

　　第五节　高架梁的结构设计流程………………………………………………………206

　　第六节　高架轨道交通的防噪结构……………………………………………………207

　　历史沿革……………………………………………………………………………………209

　　思考题……………………………………………………………………………………210

第九章　路基工程……………………………………………………………………………211

　　第一节　路基结构………………………………………………………………………212

　　第二节　路基本体工程…………………………………………………………………218

　　第三节　路基排水及防护工程…………………………………………………………221

　　第四节　路基支挡工程…………………………………………………………………223

　　第五节　软土地基路基沉降控制………………………………………………………228

　　历史沿革……………………………………………………………………………………232

　　思考题……………………………………………………………………………………232

第十章　地下结构防水………………………………………………………………………233

　　第一节　渗漏水形式及危害……………………………………………………………234

第二节　防水材料 ······ 236

　　第三节　防水原则及等级 ······ 241

　　第四节　明挖结构防水 ······ 244

　　第五节　接缝的防水 ······ 247

　　第六节　盾构法隧道结构防水 ······ 254

　历史沿革 ······ 259

　思考题 ······ 261

第十一章　城市轨道交通工程施工 ······ 262

　　第一节　城市轨道交通工程的施工特点 ······ 263

　　第二节　明挖法施工 ······ 264

　　第三节　暗挖法施工 ······ 268

　　第四节　盾构法隧道施工 ······ 281

　　第五节　高架施工 ······ 294

　历史沿革 ······ 298

　思考题 ······ 299

第十二章　信息化施工监测技术 ······ 300

　　第一节　信息化施工控制方法及流程 ······ 301

　　第二节　施工监测方案的设计 ······ 302

　　第三节　监测数据的处理 ······ 319

　历史沿革 ······ 324

　思考题 ······ 324

第十三章　城市轨道交通工程的施工组织 ······ 325

　　第一节　概述 ······ 326

　　第二节　施工组织设计的编制 ······ 328

　　第三节　编制依据 ······ 332

　　第四节　工程概况 ······ 332

　　第五节　施工部署 ······ 333

　　第六节　施工准备与资源配置计划 ······ 337

　　第七节　施工场地布置 ······ 340

第八节	施工进度计划	345
第九节	主要项目施工方法	347
历史沿革		348
思考题		349

第十四章 轨道交通工程 BIM 技术 ... 350

第一节	概述	350
第二节	数字化技术的发展	352
第三节	轨道交通工程采用 BIM 系统功能	354
第四节	协同设计及应用案例	361
历史沿革		365
思考题		366

参考文献 ... 367

第一章

绪论

现象一：随着城市轨道交通的快速发展，其对社会发展和人类生活的影响逐渐超出交通范畴。例如，近年来房地产业频频以毗邻地铁站作为一大亮点进行宣传，诸如"地铁一响，黄金万两""地铁—畅行无阻—××花园居"等广告语屡见不鲜；出行便捷的优势自然吸引了大量购房者，使得地铁沿线的商品房价格较其他地方高出许多，而且升值极快。而以地铁站（尤其是换乘站）为中心的商圈建设更是早已被广泛采用。

现象二：2012年11月开通的杭州地铁1号线运营不久便出现客流激增现象，月客流量从2013年1月不足600万人次持续增长至10月份的900万人次，从而不得不对部分车站进行旅客限流；特别是离西湖景区较近的龙翔桥站及距高校较近的文泽路站，在节假日频频对旅客进行限流，高峰时段旅客只出不进。

上述现象表明，城市轨道交通对城市的影响是全方位的，其作为公共交通方式不仅影响居民出行，还影响到城市的格局，甚至城市经济发展方式。因此，要让城市轨道交通发挥出应有的作用，就需要从城市动态发展的角度审视城市轨道交通建设，重视规划，充分研究其投入运行之后对客流的影响，对特殊节点或车站应考虑相应的配套设计建设。

现代人已经接受了城市轨道交通系统是解决城市公共交通问题的一种良好选择这一观点。事实上城市轨道交通给都市人出行带来的便捷也越来越为更多的人所认知。虽然从产业的角度分析,城市轨道交通的运营收入不足以支付投入,也就是说直接的运营效果是亏损的,但是城市轨道交通所带来的社会效益是巨大的,最为明显的是节省了都市人出行的时间,这对于现代人来说是非常重要的。由出行的便捷所带来的是城市环境的改善,这种改善不但可以形成良好的经济链,而且还能美化生活环境,优化投资环境,提升城市的品质。现阶段我国的大城市,已经把城市轨道交通作为城市的一种品牌和需求。改善出行条件、节能与环保是轨道交通的一大优势。但环保是相对的,目前的城市轨道交通绝大多数采用的是钢轮钢轨系统,列车在运行中产生的振动和噪声,对城市环境会产生负面的影响。针对这一状况,近年来国内外出现了一些新的技术处理方案,收到了不错的效果。诚然,作为城市非常重要的基础设施之一,轨道交通的作用是显而易见的。但技术的发展总会遇到新的问题,并不断面临新的挑战。挑战是技术与理论发展和进步的机遇,问题是技术与理论发展的舞台,但作为基础设施,我们终究希望建成之后的问题越少越好。为此,针对产生问题的原因进行分析与研究必然成为克服问题的重要环节。

作为工程技术人员,首先要能够预见问题。只有预见问题,才能分析和研究问题。技术问题的预见能力,是建立在对技术特征的理解以及技术背后的相关理论原理的理解的基础之上的。了解技术发展的脉络,是梳理技术问题的基础,理解与掌握相关的科学原理是剖析问题的关键。其次,要解决城市轨道交通基础设施建设中的问题,需要涉及众多的专业技术领域,而跨领域的专业知识不是某一个人能够完全掌握的,于是相关专业的协调与合作就显得尤为重要。

第一节 城市轨道交通建设技术的发展

城市轨道交通土建工程根据线路与地面之间的关系可分为地下工程、地面工程和高架工程三类。无论哪一类结构类型,其建设技术的发展都主要取决于工程机械和工程材料,也就是说施工机械或装备的技术水平几乎就决定了施工的技术水平,当然工程机械总是与工程材料相对应的。

就轨道交通行业而言,早期我们称铁道建筑,此处的建筑是"construction",意即构筑,显然早期铁道的主体是路基,路基的构筑实际上就是土方填筑,其次是碎石道床和铺轨。主要原因是当时线路的技术标准不高,构筑铁道的技术含量也不高,大量消耗的是人工和小型机械。

在第二次世界大战之前,全世界共有11个城市修建了城市轨道交通系统,最早的是英国伦敦,于1863年建成通车,最晚的是莫斯科,于1935年建成通车,列车编组数最多的是东京地铁,达到10节编组,而列车编组数最少的是格拉斯哥,仅2节编组。列车编组数的多少意味着车站长度的大小,这在城市环境的施工中也意味着难度的大小。

施工的难易是与当时的技术水平相关的。从总体上讲,我国城市轨道交通建设技术的发展可以分为三个阶段:第一阶段是1980年之前,采用的是传统的施工技术,第二阶段是20世纪80至90年代对国内传统技术的继承和对国外先进技术的学习阶段,第三个阶段是进入21世纪之后我国城市轨道交通建设施工技术水平的整体提升阶段。

我国是1965年在北京开始修建地下铁道的,截至1980年,仅北京和天津两大城市建有地铁,而总里程不足50km。当时的施工技术因地制宜地选择了传统的施工方法,大多采用放坡明挖回填法，部分采用矿山法。其技术特点是充分利用场地条件和劳动力资源，施工机械化程度不高。

20世纪80年代的改革开放，使我国的工程技术界了解了国外许多先进的施工技术、先进的施工设备和工程材料，开阔了工程技术人员的视野，直接影响到我国90年代上海、北京、广州等城市地铁建设技术方案的选取。这一时期我国城市轨道交通建设技术的特点主要体现在两个方面：一是在传承我国传统的施工方法，尤其是在矿山法的基础上，吸取新奥法中信息化施工的一些思想，创立了土质隧道浅埋暗挖的施工方法，并在此基础上不断地发展暗挖技术等；二是学习和引进国外的先进技术，如引进地下连续墙施工设备，拓展了明挖法结构的适用范围，引进了多种类型的盾构掘进机，掌握了软土地层、复合地层的盾构掘进技术。这一时期我国城市轨道交通的建设技术，从总体上讲是以学习消化国外先进技术为主。

进入21世纪之后，随着我国综合国力的提升，技术研发力量不断得到提高，技术界已经不满足于停留在学习阶段，在技术引进的基础上，开始注重再创新，在使用先进施工机械的基础上，开始关注降低工人的劳动强度。这一时期在施工机械方面实现了国产化，例如地下连续墙的成槽机、盾构机以及多种地基加固的设备纷纷实现了国产化。由于施工装备的国产化，降低了工程建设的成本，同时也使技术方案的选择趋于多样化。不同层次的先进施工机械的研制和使用，不仅能够提高施工的速度，而且使原来无法实现的工程得以顺利地建成。另一方面，随着技术市场的开放，国外的各种新材料也进入到了国内建设市场，尤其是地下防水材料，大大丰富了工程结构防水的形式，提高了地下工程的耐久性，也极大地完善了地下工程的使用功能。

第二节　城市轨道交通建设面临的问题

就工程建设而言，每一个时期总有其特定的工程技术问题，因为每个时期的建筑材料不同，施工设备不同，对工程技术的认识也不同。但追求功能的完美，追求建设成品的艺术内涵总是相通的。对于城市轨道交通来说，首先要满足舒适便捷的运送乘客的功能，同时城市轨道交通与环境的和谐也是必须满足的；其次要把文化内涵赋予建筑体，使我们的基础设施具有文化艺术的特征；最后要有足够长的使用寿命。正是这三方面的建设目标，使我们的城市轨道交通工程将不断地面临一些新的技术问题。

城市轨道交通的功能，除了设备系统选型的合理性之外，其建筑设计也常常受制于城市的既有建筑和已经形成的布局。由于建筑布局的受制，直接导致了结构施工难度的增加，比如邻近既有建筑物的施工问题，尤其是在城市中心区，如何把与既有建筑物的距离尽可能地缩小，这种施工技术必然涉及施工的机械装备、施工的技术方案、施工方案背后的技术理念及科学理论。正是因为类似问题的存在，从而促进了施工机械产业的发展，同时也因为施工机械行业自身的发展，使得高难度的施工成为可能。

在闹市区施工，如何加快施工进度，提高工效，以便能够最大限度地降低施工对城市的影响，这是城市轨道交通建设长期面临的难题。很显然工效的问题不仅仅是施工组织和管理的问题，与设计方案、施工方案、施工机械、组织管理等都有关系。而合理设计方案的基础是要明确施工的工艺和装备以及在选用先进设备情况下所能够采用的新的工程材料。事实上，预制拼装是加快施工进度的一个有效方法，但拼装件之间接缝的防水是解决地下工程成败的关键。

抗浮与沉降是地下工程的一对矛盾。地下车站在饱和土层中，由于覆土的变薄，常常设置抗拔桩以解决结构的抗浮问题。但迄今为止，饱和地层中的地下车站大多呈现微量下沉而不是上浮；同样在饱和地层中的区间隧道在设计时必须满足抗浮要求，但运营之后却发生了下沉现象。对于轨道交通来说，无论是下沉还是上浮，都会导致轨面的不平顺，这种不平顺会加大运行中列车作用在轨道上的振动荷载。振动荷载的加大，一方面会使轨道恶化、损坏道床；另一方面会加大车振对周边环境的振动和噪声的不利影响，有悖于环境友好的城市发展理念。这是近年来大都市所突显的非常重要的技术问题。随着城市轨道交通线网密度的加大，线路结构与城市公共建筑作为一体建设的工程也越来越多，由此而引发的振动与噪声问题，也是今后技术界与学术界所需解决的难题。

那么，在饱和土层中依照抗浮设计的工程为什么屡屡下沉呢？原因非常复杂，一方面与周边新建工程有关；另一方面与结构自身的渗漏水也有关系。于是防水设计的重要性也日益显现，近来，防水与结构受力之间的关系也变得越来越密切。对于工程防水来说，引人注目的问题离不开材料，但更为内在的关系应该是材料、工艺以及其与结构的协调性问题。

建设中的管理问题常常被人们所忽视，而城市轨道交通建设中的管理不仅仅是简单的组织和协调，而是在复杂系统中需要科学依据的组织和协调。那么科学依据来源的途径是什么？其一是方案的论证，选择相对最佳的方案是管理成功的第一步，所以方案的论证必须是越充分越好；其二是及时掌握施工信息，其中非常重要的施工信息来自于施工中的监测，监测信息的准确和可靠是科学决策和有效管理的基础；第三是对新技术、新工艺的了解，能够及时吸纳先进的技术为工程建设服务；第四是横向沟通平台的搭建，城市轨道交通的建设涉及城市生活中的方方面面，建设所遇到的问题也与许多市政行业相关，所以行业间的沟通渠道一定要畅通。

建设运营一体化的思想，是城市轨道交通建设需要逐步建立起来的重要课题。建设中的节省投入不能以牺牲运营为代价，否则在建设中所节省下来的，在运营的时候将加倍投入，而且得不偿失。若干技术问题在建设之中只要稍加投入便能解决运营中的一些大问题，因而宁可在建设的时候多加投入，这就要求在设计阶段必须了解运营的问题。

第三节　课程体系与学习建议

城市轨道交通系统涵盖了线网规划、选线设计、车站建筑、设备系统、车辆段与控制中心、轨道结构、车站与区间结构工程等方面的内容。线网规划要站在城市整体效果的高度来综合考虑线网的组成、走向以及车站的布置等；选线设计主要依据线网中线路的技术条件和工程地质条件解决线路的技术选线问题，主要是线路的平纵断面；车站建筑主要解决车站内部空间的分配、功能的分区等问题，车站建筑的设计将引导车站的功能；设备系统分强电、弱电和环控等，是保证轨道交通正常高效运营所必需的；车辆段除了存车之外，还兼顾车辆的维修；控制中心可以保证调度和应急指挥；轨道结构则主要解决轨道部分的设计和施工问题，并包含特殊地段的减振处理。车站和区间结构工程是本门课程的任务，这是城市轨道交通基础设施的主体，在城市轨道交通系统的投资中所占的份额大，在实施阶段对城市生活的影响大，在运营阶段又是确保行车和乘客集散的主体。

地面线和地面车站相对来说比较简单，地下车站和地下区间（含附属结构物）、高架车站和高架区间目前大多采用钢筋混凝土结构,但由于地下和高架承载的对象不同,其设计方法和施工方法相差甚大,本门课程的重点是地下部分的设计和施工,当然也兼顾地面和高架。

钢筋混凝土工程的设计需要有"材料力学""结构力学""结构设计原理""建筑材料"等方面的知识,而地下工程方面则需要以"土力学""基础工程"等为基础,否则在学习上会有一定的困难。当然如果具有"弹塑性力学""有限单元法"的知识,那么对于本门课程的学习将会更有帮助。所以在学习本课程时,建议学生对已学过的知识进行系统的回顾,以便加深理解。

此外,地下工程,尤其是城市地下工程,其设计和施工是密不可分的,通常的设计必须是针对具体的施工方法所进行的,按理应该让学生先了解施工,但施工又是对所设计结构的实施,没有设计就谈不上施工,对于初学者来说,如何能迈过施工和设计这道"坎"?为此本书特意设计了第二章的内容,希望学生通过对结构形式的了解,能够对一些基本的施工方法有个初步理解,为建立工程概念打下基础。

工程是有别于科学的,许多工程行为和工程因素是难以准确采用量化的方法来描述的,于是经验就显得尤为重要。而经验是建立在对原理的把握、对机理的了解的基础上的,经验是实践在理论上的提升。所以对本门课程的学习,既要重视实践知识,也要重视理论体系。

【历史沿革】

1863年,世界上第一条市内载客地下铁路——伦敦地铁的最初部分(现在的帕丁顿站—法灵顿站区段)通车,从此拉开了城市轨道交通发展的序幕。当时由于电力尚未普及,列车由蒸汽机车驱动,并且车厢是木制的,后来为减小火灾风险,相继改为钢制和铝制。

1870年,伦敦建成世界上第一条盾构法客运地铁,下穿泰晤士河,但仅运营数月便被新开通的伦敦塔桥截去了大部分客流量,线路不得已而废弃。

现存最早的盾构法地铁线路是世界上第一条电气化地铁,于1890年在伦敦建成通车,至今仍在使用(北线的一部分)。

1905年,伦敦地铁实现全部电气化。

1969年北京地铁1号线一期工程建成,1971年正式开通运营,为我国首条地铁线路,北京地铁也成为我国首个地铁系统。1987年,随着二期工程和复兴门折返线的竣工,一期工程线路分拆,分别归入今天的1号线和2号线。

进入21世纪,我国城市轨道交通发展呈百花齐放之势,地铁、轻轨、磁悬浮、有轨电车、空铁等多样化城市轨道交通形式在祖国的大地上生发。其中2003年开通的上海磁悬浮线是世界上第一条商业运营磁悬浮线。

截至2015年年底,我国轨道交通系统总长度达约3 195.6km,居世界第一,其中上海地铁运营里程达588km,是世界上迄今为止线路总长度最长的城市轨道交通系统。

2016年5月6日长沙磁悬浮线投入载客试运营,是我国第一条具有自主知识产权的中低速磁悬浮交通线路(设计速度100km/h),属于长沙轨道交通系统。

2016年11月21日世界首条新能源空铁(以锂电池动力包为动力源的空中悬挂式轨道列车系统)试验线在成都成功投入运行,该线路为我国拥有完全自主知识产权的新型城市轨道交通系统,是我国城市轨道交通发展史上的里程碑。

注:我国轨道交通设计数字中包含港澳台数据。

【思 考 题】

1. 前期的力学课程与本课程之间有何关系?谈谈你的认识。
2. 基础设施建设水平的提高,受哪些学科的影响?

第二章
城市轨道交通的结构类型

现象一：由于市区地面、地上空间有限，城市轨道交通线路在通过市区时通常采用地下线，而在郊区则倾向于选用造价低的地面线或地上线。

现象二：南京地铁1号线南京站的站台形式较为特殊，中间一段为马蹄形的侧式站台，两端为矩形框架结构，采用岛式站台。如此设计是因为马蹄形区段上方为京沪铁路，修建时受京沪铁路限制，采用矿山法修建，其他部分则采用明挖法修建。

现象三：上海轨道交通3号线龙漕路至江湾镇区间安装有声屏障，与前后段在外观上形成较大反差。设置声屏障是为了减小行车噪声对周围居民的干扰。

上述现象表明，城市轨道交通线路因所在环境不同，区间和车站所采用的结构类型有所差异。事实上，即便是相同的结构类型，其形式往往也差别很大，例如同为地下车站，其结构有拱形和矩形之分；同为梁式高架结构，其桥墩形式有双柱形、Y形、混合形等。面对众多的结构类型和形式，实际工程中该如何抉择？

城市轨道交通线路根据需要可以设在地面、地上和地下。当线路位于地面时，轨道结构铺设于路基之上，与传统的铁路相同；当线路位于地面以上时采用高架结构；当线路位于地面以下时采用地下结构。另外，城市轨道交通线路因在区间和车站的功能不同，所采用的结构形式也不尽相同。因此，本章主要介绍高架区间结构、高架车站结构、地下区间结构、地下车站结构和路基结构的基本类型。

第一节　高架区间结构

城市轨道交通高架区间的跨径、结构形式和梁形的选择不仅影响到工程的实施进度及对环境的干扰程度,还直接影响到工程的投资和建成后的使用效果以及城市景观,同时还受沿线的区域位置、周边环境、高架区间和地面道路的平面关系等多种因素的制约,因此应综合考虑以上各因素的影响,充分发挥各类结构形式的优点以达到最佳效果。

一、一般梁式结构

高架区间结构采用的梁形有箱梁、板梁、T形梁和槽形梁等形式。

1. 箱梁

箱梁是目前国内外广泛采用的高架结构形式之一,其建筑高度适中,外观线形流畅、美观,有成熟的设计和施工经验。箱梁动力性能优越,抗扭刚度大,整体性好,适用性强,在区间直线、曲线、折返段及渡线段均可采用。可以选择的断面主要有单箱单室、双箱单室和单箱多室三种。

(1) 单箱单室箱梁(双线)

单箱单室箱梁(双线)的横截面形式如图2-1所示,标准跨径为30m,施工方法常采用现场浇筑,也可以采用整体预制吊装施工,推荐采用后张预应力钢筋混凝土梁。一般梁高1.8m,顶宽8.0m,底宽3.3m(对应3.7m线间距);跨中顶板和底板厚度均为220mm,腹板厚度为400mm;腹板形式为斜腹板。

(2) 双箱单室箱梁(双线)

双箱单室箱梁(双线)的横截面形式如图2-2所示,适用于采用预制拼装施工方法的区段,例如线路位于现有地面道路路中。为方便运输及吊装,一般合理跨径为25m。预制箱梁顶宽4.0m,底宽1.8m(对应5m线间距),梁高1.7m,两片箱梁拼装后顶面宽8.0m,顶板和底

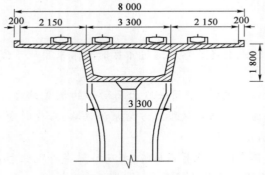

图2-1　单箱单室箱梁(双线)横截面图(尺寸单位:mm)

板厚度均为220mm,横向拼接现浇段宽920mm,两片箱梁间沿桥纵向每隔5m设一道250mm宽的横隔板,以增强梁的整体刚度。

(3) 单箱多室箱梁(双线或多线)

单箱多室箱梁的整体性好,刚度大,能够充分利用材料的力学性能,且能减轻上部结构的重量,能够改善下部结构的受力状况。单箱多室箱梁常用于折返段、渡线段等桥面较宽区段,尤其当箱梁位于较小半径的平曲线段上时。该箱梁可采用后张预应力混凝土或钢筋混凝土结构,施工方法宜采用现浇施工。图2-3为单箱双室箱梁(双线)横截面,箱梁顶宽8.0m,底宽2.4m,高1.8m。

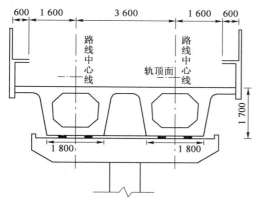
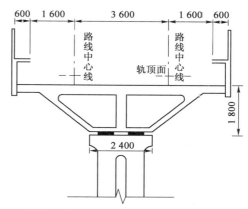

图 2-2　双箱单室箱梁(双线)横截面图(尺寸单位:mm)　　图 2-3　单箱双室箱梁(双线)横截面图(尺寸单位:mm)

2. 板梁结构

板梁结构建筑高度低，外形简洁，结构简单，便于预制拼装施工。预应力板梁的经济跨度为 16~20m。板梁主要有空心板梁(图 2-4)和低高度板梁(图 2-5)两种形式。空心板梁每跨可根据桥面宽度采用 4~8 片拼装而成，而低高度板梁通常采用两片拼装组成。

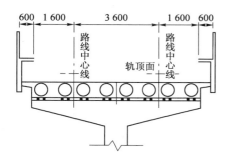
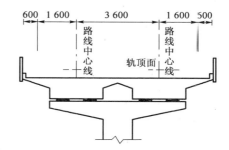

图 2-4　空心板梁横截面图(尺寸单位:mm)　　图 2-5　低高度板梁横截面图(尺寸单位:mm)

3. T 形梁

T 形梁的设计、施工经验比较成熟，常采用工厂预制，现场吊装，其施工速度快，对既有道路交通干扰少。同时，T 形截面又是最经济的桥梁截面形式，该结构与箱梁相比可以减少 25%左右的工程数量。T 形梁的经济跨径在 20~25m，一般 T 形梁的横截面如图 2-6 所示，其中梁肋尺寸为 0.5m×1.8m，翼缘尺寸为 0.5m×0.2m。为了提高拼装 T 形梁的整体刚度与稳定性，需在两片 T 形梁间设置一定数量的横隔板。

4. 槽形梁

槽形梁为下承式结构，其建筑高度低，两侧主梁可兼作隔声屏障和电缆支架，截面综合利用率较高。其缺点是结构受力复杂，需布置多向预应力钢筋；截面形式不十分适宜承受正弯矩的作用，主体结构工程数量指标较高；需要较大的施工及预应力张拉空间，另外槽形梁的造价比等跨径的单箱单室箱梁约高 30%。槽形梁主要适用于由地下转入高架及建筑高度受限制的地段。图 2-7 为上海轨道交通 4 号线采用的槽形梁结构，整个槽形梁宽为 9.8m，其中主梁高 1.9m。

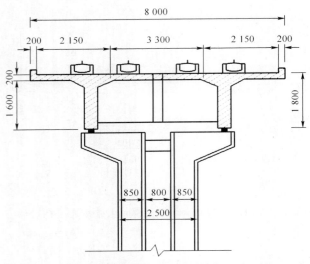

图2-6 T形梁横截面图(尺寸单位:mm)　　　图2-7 槽形梁横截面图(尺寸单位:mm)

综上所述,城市轨道交通高架区间梁式结构选择的一般原则如下:

(1)对于周边空旷、线路布置在路侧的一般区段,优先选用单箱单室箱梁(双线)。

(2)对于线路位于既有道路路中,为减少施工时对地面交通的影响,优先选用预制拼装的双箱单室箱梁。对于线路位于规划道路路中的情况,将根据规划道路建设情况选择具体的施工方法。

(3)对于线间距变化且线间距小于5m的路段,可比较选用双箱单室箱梁或单箱多室箱梁。

(4)对于线间距大于5m的路段,可比较选用单箱多室箱梁或单箱单室单线箱梁。

(5)对于高档住宅区和学校等对降低噪声要求较高的区域,推荐采用槽形梁。

二、一体化高架结构

一体化的高架结构是指轨道交通与城市道路高架一体化的高架结构,如图2-8所示,中部为轨道交通列车走行结构,上部为高架道路汽车行走结构。上海共和新路高架是国内第一条一体化的高架结构,中间轨道交通区间架构梁采用单箱单室梁,上部道路高架区间采用的是T形梁。

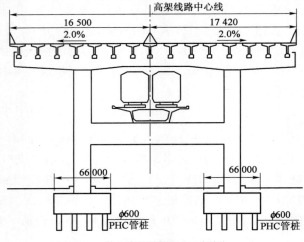

图2-8 一体化高架结构图(尺寸单位:mm)

三、桥墩结构

城市轨道交通高架桥的桥墩,除必须承受上部结构的荷载外,还应考虑美观。适用于城市高架桥的桥墩形式有T形墩、双柱墩、V形墩、Y形墩及框架墩等。

1. T形墩

T形墩台既能够减轻墩身重量、节约工程材料、减少占地面积,又较为美观,特别适用于高架桥与地面道路斜交的情况,如图2-9所示。墩身截面一般为圆形、圆端形、矩形、六角形等。如将T形墩与区间T形梁、箱形梁、槽形梁等上部结构相结合,则上下结构的轮廓线可平顺过渡、受力合理。

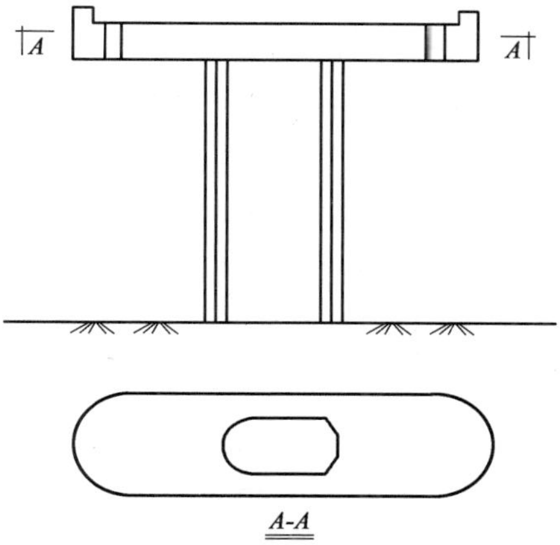

2. 双柱墩

双柱墩质量轻、节约工程材料,且承载能力和稳定性均较强,其盖梁的工作条件比T形墩有利。常用的结构形式如图2-10所示。但双柱墩的美观性较差,透视性不好,占地面积大。

3. Y形墩

Y形墩兼有T形墩和双柱墩的优点,质量轻,占地面积少,外表美观简洁,造型轻巧,视野良好,并有利于桥下交通。但其结构相对较复杂,施工也比较麻烦。常见的Y形墩结构如图2-11所示。

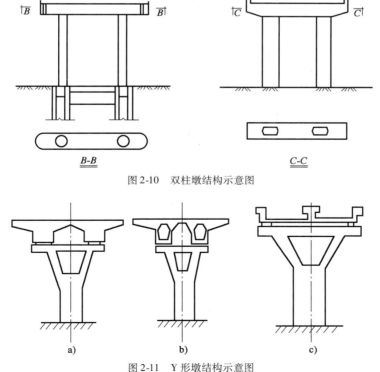

图2-9 T形墩示意图

图2-10 双柱墩结构示意图

图2-11 Y形墩结构示意图

第二节 高架车站结构

高架车站既不是单一的房屋结构,也不是单一的桥梁结构,而是桥梁和房建融合在一起的结构体系。高架车站一般采用的方案包括:车站建筑与桥梁分离式结构,车站建筑与桥梁联合式结构两种。车站建筑与桥梁分离式结构是指区间高架桥在车站范围内连续贯通,但与桥台和站厅的梁、板、柱及基础分离,各自形成独立的结构受力体系。车站建筑与桥梁联合式结构是指轨道梁直接搁置或固定在车站横梁上面的一种车站结构形式。车站建筑与桥梁联合式结构又可以分为两种:空间框架式结构和车站建筑与桥梁整体式结构。

一、车站建筑与桥梁分离式结构

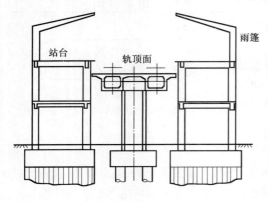

图 2-12 车站建筑与桥梁分离式结构示意图

车站建筑与桥梁分离式车站的主体结构分为两个部分,即车站建筑和高架桥。车站建筑设在高架桥之外,高架桥从房屋建筑中穿过,两者在结构上完全分开,受力明确,传力简洁,如图 2-12 所示。

车站建筑和高架桥受力分别自成系统,可防止列车运行对车站建筑的不利影响,解决了基础的不均匀沉降和车站建筑的振动问题。高架桥和车站建筑可分别依据现行的国家或行业规范进行独立的结构设计和计算。

二、空间框架式结构

空间框架式高架车站的结构形式如图 2-13 所示,轨道区和站台区同时设置在空间框架结构之上,而桥墩作为站房框架结构的一部分。这种结构体系受力合理,结构整体性和稳定性好。此外,框架纵、横梁对桥墩均能起到约束作用,减小了桥墩计算高度,降低了线路高程和建

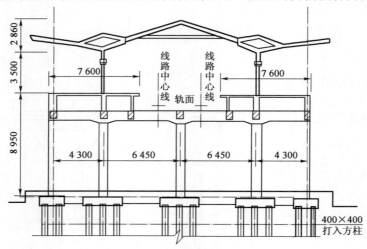

图 2-13 空间框架结构图(尺寸单位:mm)

筑高度,可节省工程造价。但空间框架式结构车站设计没有现行统一的规范和标准可循,设计时对不同的构件需采用不同的规范,结构计算也较复杂。

高架轨道区所受的荷载和房屋建筑所受的荷载完全不同,轨道区活载占的比例大,而且受载点不断变化。框架结构受载不均匀,易造成基础的不均匀沉降,特别是在地质条件不好的地段。一旦发生基础不均匀沉降,将损坏结构,而修复又非常困难。

当列车以一定速度通过高架车站时,高架车站产生振动,框架结构的动力稳定性一般比桥梁结构差。因此,高架车站的振动控制已成为结构分析和设计的关键问题之一。

三、车站建筑与桥梁整体式结构

车站建筑与桥梁整体式结构如图 2-14 所示,采用这种形式的车站,结构体系的传力途径比较明确,结构的整体性能好。但是,轨道梁与区间的接口不好处理,同时结构施工的难度大,桥道板与其下的结构板不易施工。

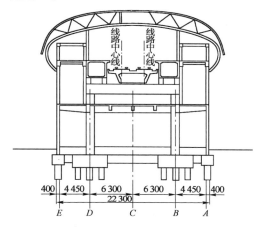

图 2-14 车站建筑与桥梁整体式结构图(尺寸单位:mm)

第三节 地下车站结构

地下车站通常包含站台区、设备区和客流集散区,建筑空间比较大。一般根据不同的施工方法,地下车站可以采用不同的结构形式。如,以围护结构为临时支护主体的明挖法和盖挖法等方法施作的地下车站常采用矩形框架结构;以浅埋暗挖法施工的地下车站常采用拱形结构;以洞桩法施工的地下车站常采用大跨度或小间距的连拱结构。地下车站的结构形式与选择的施工方法密切相关。

一、矩形框架结构

明挖法施工的地下车站主体结构一般为长条形多层、多跨框架结构,地下两层、地下三层单柱或双柱的框架结构形式,当建筑使用功能上有特殊要求时,车站有时需要局部加宽,采用三柱四跨,甚至四柱五跨结构形式。图 2-15 为地下两层双柱三跨车站结构,总跨度为 25.1m,

左侧跨度为8.9m,中间跨为6.8m,右侧跨度为9.4m。图2-16为地下两层单柱双跨结构,两跨跨度都为10.9m。图2-17所示的是站内设置停车线后,车站较宽,为了满足结构受力合理的需要,在车站中心设置四根立柱的四柱五跨结构,从左向右各跨跨度分别为4.25m、7.8m、6.2m、7.8m和4.25m。

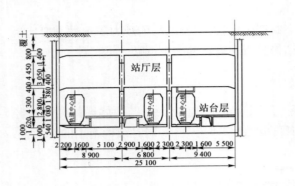

图2-15 地下两层双柱三跨车站结构图(尺寸单位:mm)

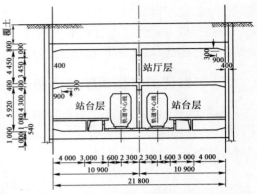

图2-16 地下两层单柱双跨车站结构图(尺寸单位:mm)

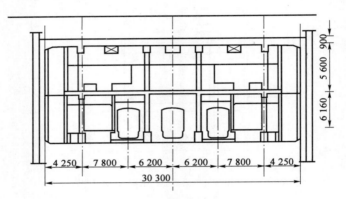

图2-17 地下两层四柱五跨车站结构图(尺寸单位:mm)

二、拱形结构

拱形地铁车站一般采用暗挖法施工,也有采用盾构法施工的。拱形地铁车站根据线路、建筑使用功能、现场的地质条件和施工方法的不同,可以采用地下单层或者两层的结构,其拱形可以采用单拱式、双拱式或者三拱式结构,双拱式或三拱式结构既可以采用连拱的结构形式,也可以采用小间距拱的结构形式。

国内外暗挖地铁车站方案根据工程地质条件的不同主要有以下几种类型。

1. 大跨度双层单拱结构

此种结构适用于大块状结构完整的花岗岩或侏罗系砂岩等地层,如重庆轻轨交通朝沙线某单拱地下站的初步设计方案,采用了大跨度双层单拱方案(图2-18),北京地铁蒲黄榆站(图2-19)也采用了双层单拱结构。

2. 单层双连拱结构

德国柏林广场地铁站(图2-20)、广州地铁3号线林河西站(图2-21)、北京市北新桥地铁站(图2-22)、美国纽约地铁站(图2-23)等都采用了单层双连拱方案,施工方法均采用浅埋暗挖法。

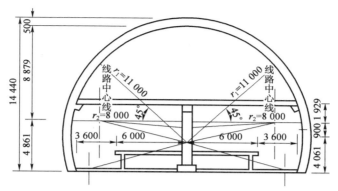

图2-18 大跨双层单拱结构图(尺寸单位:mm)

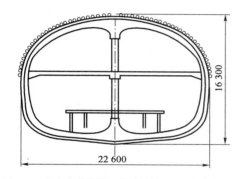

图2-19 北京市蒲黄榆地铁站结构图(尺寸单位:mm)

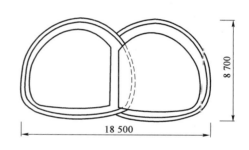

图2-20 德国柏林广场地铁站结构图(尺寸单位:mm)

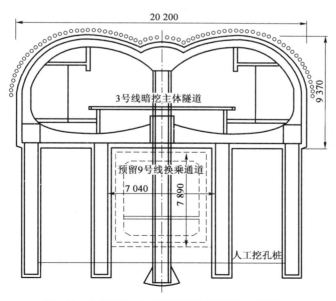

图2-21 广州地铁3号线林河西站结构图(尺寸单位:mm)

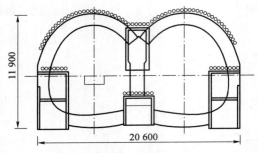
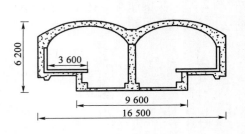

图2-22 北京市北新桥地铁站隧道断面结构图(尺寸单位:mm)　　图2-23 美国纽约地铁站结构图(尺寸单位:mm)

3. 单层三连拱结构

图2-24为哈尔滨轨道交通一期工程中结合既有的"7381"人防车站结构改造的单层三连拱车站结构形式。

4. 双层双连拱结构

在深圳地铁设计方案中,部分车站采用了如图2-25所示的双层双连拱方案,施工方法采用浅埋暗挖法。

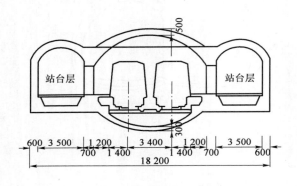
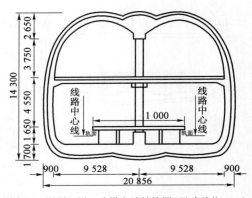

图2-24 哈尔滨单层三连拱车站结构图(尺寸单位:mm)　　图2-25 深圳双层双连拱车站结构图(尺寸单位:mm)

5. 双层三连拱结构

北京地铁1号线的西单、天安门、王府井、东单等站采用的是如图2-26所示的双层三连拱结构,采用浅埋暗挖法施工。

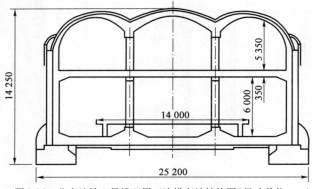

图2-26 北京地铁1号线双层三连拱车站结构图(尺寸单位:mm)

6. 分离式结构

采用这种结构已建成的地铁车站主要有：广州地铁越秀公园站，南京地铁1号线南京站（图2-27），北京地铁10号线呼家楼站、光华北路站（图2-28、图2-29）等。

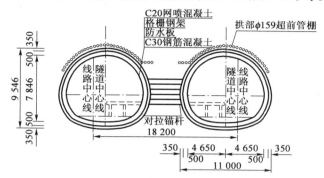

图2-27　南京地铁1号线南京站结构图（尺寸单位：mm）

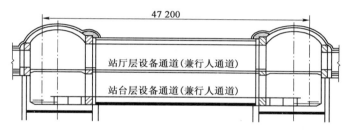

图2-28　北京地铁10号线呼家楼站结构图（尺寸单位：mm）

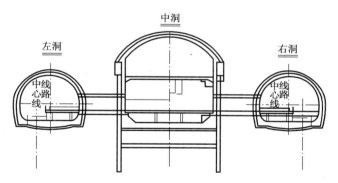

图2-29　北京地铁10号线光华北路站结构图

第四节　地下区间结构

地下区间结构为联结两个地下车站之间的建筑物，应根据沿线的工程地质和水文地质条件、埋深、城市规划以及工程投资等具体条件来选择相应的施工方法和结构形式。修建地下区间结构一般采用的方法有浅埋暗挖法、盾构法、明挖法，而对应的结构形式有拱形、圆形、矩形和U形等。

一、明挖法

地铁区间隧道明挖法一般用于场地较开阔的地段,要求该地段地面建筑和地下管线少,对道路交通影响小,或道路交通量小,或有条件进行交通疏解,或结合市政工程的建设进行明挖施工。

结构形式一般为整体浇筑钢筋混凝土矩形框架结构(图 2-30),可设中隔墙或根据线路要求采用单跨结构,隧道出地面后为钢筋混凝土 U 形槽结构(图 2-31)。顶板上可敷设城市地下管网和设施。

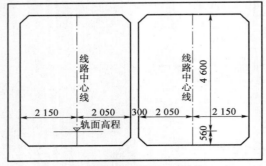

图 2-30 矩形隧道结构图(尺寸单位:mm)

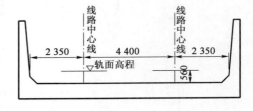

图 2-31 敞开段 U 形结构图(尺寸单位:mm)

明挖法施工作业相对简单,施工工期短,造价相对较低。但施工对周边环境、地下管线和交通的影响较大。在地质条件较差、隧道埋深较深的情况下,明挖施工时,基坑围护的工程量大,此时明挖施工的综合造价较高。

二、浅埋暗挖法

采用浅埋暗挖法修建的区间隧道一般为单跨拱形,图 2-32 为南京地铁 1 号线珠江路站至鼓楼站区间隧道断面形式,图 2-33 为北京市地铁复兴门折返线断面形式。当区间隧道存在渡线时,也可以采用连拱隧道,图 2-34 和图 2-35 为渡线范围内浅埋暗挖法区间隧道的平面和剖面形式。

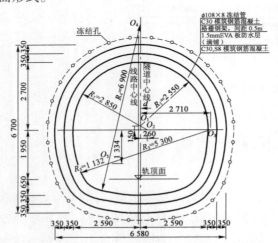

图 2-32 南京地铁 1 号线珠江路站至鼓楼站区间隧道断面形式图(尺寸单位:mm)

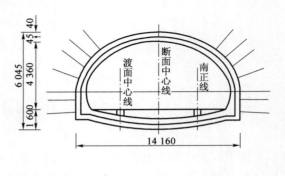

图 2-33 北京市地铁复兴门折返线断面形式图(尺寸单位:mm)

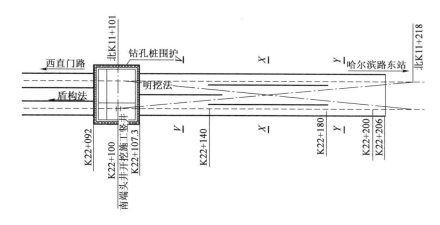

图 2-34 渡线平面图

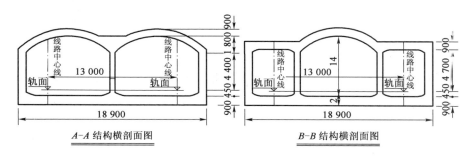

图 2-35 渡线范围隧道横剖面图(尺寸单位:mm)

三、盾构法

盾构法是在盾构机刚壳体保护下,依靠其前部的刀盘或挖掘机开挖地层,并在盾构机壳体内完成出渣、管片拼装、推进等工作。采用盾构法修建的隧道一般为单圆或多圆隧道。目前国内采用较多的是单圆盾构隧道,如上海、广州、南京、深圳等地的地铁区间隧道,如图 2-36 所示。上海轨道交通 8 号线采用了双圆盾构隧道,如图 2-37 所示。

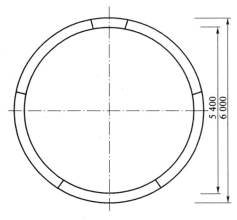

图 2-36 单圆盾构隧道结构图(尺寸单位:mm)

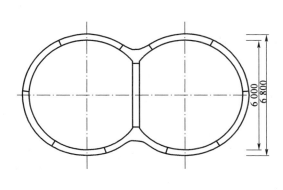

图 2-37 双圆盾构隧道结构图(尺寸单位:mm)

盾构衬砌类型一般有单层、双层装配式衬砌和挤压式混凝土衬砌等。单层装配式衬砌具有施工工艺单一、操作简单、施工周期短、工程投资小、质量容易保证等特点，同时也能满足刚度、变形控制及防水的要求。因此，根据国内地铁工程施工经验，一般采用钢筋混凝土管片单层装配式衬砌。

第五节　地面线的路基结构

地面线是指在较空旷的地带，道路和建筑物稀少，采用类似普通铁路的路基作为轨道基础的线路形式，如图2-38所示。地面线的路基高度一般要高出通过地段的最高地下水位和当地50年一遇的暴雨积水水位，以免路基出现淹没、翻浆冒泥而影响运营。地面线的优点是土建工程造价低，其缺点是隔断线路两侧的交通，使线路两侧难以沟通，不利于两侧土地的商业开发利用，同时运营时的噪声较大。地面线设计时要注意以下几个问题：

(1) 要结合沿线土体的使用性质从长远的规划上综合慎重考虑是否设置地面线，因城市轨道交通的行车密度大，地面线要防护隔离，这将隔断线路两侧的联系，并带来很大的噪声。

(2) 在南方地区要充分考虑路基的防淹和排水问题，调查搜集当地的暴雨积水强度来确定最小路面高程，以确保线路的运营安全。如上海轨道交通9号线经过一处高压走廊，因受高压线高度控制，局部线路由高架降为地面线，且路基高度根据当地30年一遇的暴雨积水高度确定，并采取了一定的排水和保护措施。

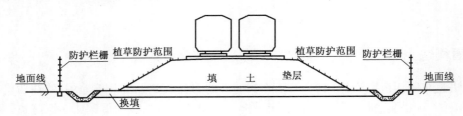

图2-38　地面线路基横断面图

【历史沿革】

城市轨道交通的结构类型和形式不仅取决于设计理念，还在很大程度上依赖于材料、施工方法和工艺。下面将主要结合施工方法和材料的发展分述高架线、地下线及地面线结构形式发展变化的主要脉络。

(1) 高架线

城市轨道交通高架线兼具了铁路桥梁和市政高架桥的部分特点：其结构形式（如外形）与市政高架桥相似，而在结构受力分析上更接近于铁路桥梁（如活载占比较大）。图2-39、图2-40所示为国内第一条高架城市轨道交通线——上海明珠线传统双柱式高架线和跨越沪闵高架及其匝道时所采用的主跨128m的拱桥；图2-41为城市轨道交通与市政道路一体化高架线路;图 2-42 为最高运行速度达 110km/h 的北京机场线。近年来,随着新型城市轨道交通的不断发展,高架线结构形式也日趋多样,图 2-43 为我国首条自主知识产权的磁悬浮线路——长沙磁悬浮线的窄桥面高架线,图 2-44 为我国拥有完全自主知识产权的新型城市轨道交通系统——世界首条新能源空铁试验线所采用的侧挂式高架线。

图 2-39　上海明珠线双柱式桥墩

图 2-40　上海明珠线最大跨度高架桥

图 2-41　上海共和新路混合型桥墩

图 2-42　北京机场线 Y 形桥墩高架段

图 2-43　长沙磁悬浮高架线

图 2-44　成都双流空铁高架试验线

(2)地下线

尽管 Marc Isambard Brunel 在 1818 年就获得了盾构机(矩形截面)的发明专利权(图 2-45),但最初并非用于建设地铁隧道(图 2-46)。1863 年伦敦诞生世界上第一条市内载客地铁,限于当时工程技术水平,全线采用明挖法施工,并充分利用了拱顶结构的承载特性

(图2-47);1869年伦敦地铁下穿泰晤士河,成为世界上第一条下穿河流的地铁,此时的地铁隧道通过Brunel盾构法修建,依然采用拱顶结构,如图2-48所示。之后Peter William Barlow将盾构机改进为圆截面,使得受力和施作都得以优化,如图2-49所示。迄今,盾构法隧道仍主要以圆形截面为主,但盾构机更为先进,如图2-50所示;近年来类矩形截面的盾构机及隧道亦有所发展,如宁波市轨道交通3号线陈婆渡站到车辆段出入线明挖区间之间就采用了类矩形盾构修建隧道,如图2-51所示。除明挖法和盾构法之外,矿山法亦是常用的隧道施工方法,采用矿山法施工的马蹄形断面隧道也体现了对拱结构承载特征的利用。事实上,早期由于受到建筑材料和施工工艺的限制,包括地铁隧道在内的诸多建筑均或多或少都借助于拱结构的荷载传递特性。随着混凝土、钢材等高强度人工材料的出现,矩形结构才开始为工程师所用,城市轨道交通明挖车站和区间也逐渐由拱顶结构改用矩形结构。

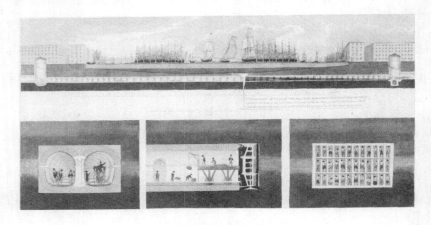

图2-45　采用盾构法修建的泰晤士河隧道(1830年)

图2-46　人和马车通行的泰晤士河隧道(1943年)

就我国城市轨道交通地下线的发展而言,最初的北京地铁1号线一期工程采用明挖法施工,之后随着矿山法、盾构法等暗挖法引入到地铁施工中,北京、广州等地逐渐以矿山法为主。而最初用于修建越江隧道的盾构法凭借成本低、对环境影响小的优势,在上海、江苏、浙江等沿海软土地区获得了极大的推广和广泛应用,仅上海在建设高峰期地下就有100台以上的盾构机同时掘进施工。对于地铁车站,长期以来都以明挖法为主要施工方法;近年来,随着地下空间的不断开发,地铁车站的深度、体量也越来越大,如2015年12月19日启用的上海地铁13

号线淮海中路站最深处达到地下 33.1m，深度相当于 10 层楼的高度。

图 2-47　明挖法修建的伦敦地铁(1870 年)

图 2-48　Brunel 盾构法(拱顶矩形截面)修建的泰晤士隧道(1866 年)

a)　　　　　　　　　　　　　　　b)

图 2-49　圆截面盾构法修建的伦敦地铁隧道(左 1900 年，右 1969 年)

(3)地面线

最初，城市轨道交通地面线采用与铁路相同或相近的轨下基础结构，如图 2-52 所示；之后随着城市出行需求的多样化和环境要求提高等多方面因素影响，其建设理念也发生了变化，例如，有轨电车的出现使得轨下基础的结构形式得以更加简洁、美观，如图 2-53 所示。

图 2-50　现代圆截面盾构施工

图 2-51　现代矩形截面盾构隧道(2016 年)

图 2-52　上海地铁 1 号线路基段

图 2-53　有轨电车及其轨下基础

【思 考 题】

1. 结构类型的选取应考虑哪些因素？
2. 矩形结构、拱形结构和盾构隧道的圆形结构各有什么特点？
3. 对比分析高架车站建筑与桥梁合建式和分离式的受力特征。

第三章
限界

现象一：当汽车行驶至曲线段时，需要适当加宽路幅宽度以便于车辆通行。同理，为保障列车安全通过，轨道交通线路曲线段的限界也需要进行特殊加宽处理。

现象二：虽然现有设计中考虑到了车体在曲线段的运行轨迹与直线段有所差异，并基于此增大了曲线段的设备限界（现象一）；然而受施工、曲线段列车动荷载等诸多因素影响，曲线段隧道的运营期变形显著大于直线段，并直接影响到曲线段设备限界的变化量，致使设备限界和车辆限界面临安全间距不足的风险。

现象三：当列车在长隧道中运行时，敏感的乘客会感受到耳压有所变化，这是列车在隧道中运行产生的活塞效应，是一种空气动力学现象；随着车速的提高，为避免活塞效应加剧影响乘客舒适度等，应对限界进行调整。

城市轨道交通的列车是沿固定轨道在特定的空间中运行的。限界（gauge）是指限定车辆运行或轨道周边构筑物超越的轮廓线，也是列车沿固定的轨道安全运行时所需要的空间尺寸。为保证列车运行安全，各种建筑物和设备均不得侵入各自的限界范围。

隧道、桥梁和路基的断面尺寸需要根据限界来确定。限界越大越安全，但随着限界的增大，工程量和工程投资也随之增加。因此，制订限界的目的，就是要确定一个既能保证列车运行安全，又不增大桥隧或路基断面的经济空间，以防止车辆在直线或曲线上运行时与各种建筑物及设备发生接触、碰撞。

评价轨道交通的限界是否合理,一般以有效面积比来衡量。该比值定义为限界断面的面积除以车辆断面面积。一般的合理限界值为2~3。

第一节　限界的分类

轨道交通的限界是根据车辆外轮廓线及技术参数、轨道特性、各种误差和变形,并考虑列车的运动状态等因素,经分析计算确定。轨道交通的限界分为车辆限界、设备限界和建筑限界等。其中起控制作用的主要是设备限界和建筑限界。

1. 限界坐标系

限界的基准坐标系采用与线路纵向中心线相垂直平面内的二维直角坐标。该坐标系的横坐标 X 轴与平直轨道两根钢轨在名义位置且无磨耗时的顶面相切,纵坐标 Y 轴垂直于 X 轴,为车辆横断面的垂直中心线与平直轨道横断面的垂直中心线相重合的一条轴线。X 轴与 Y 轴的交点为坐标系的原点 O_{XY} 如图3-1所示。

2. 车辆轮廓线

车辆轮廓线即车辆横断面的外轮廓线,是确定车辆限界和设备限界的依据。

车辆轮廓线的确定需要使用到计算车辆的概念。计算车辆是指认定具有某一横断面轮廓尺寸和水平投影轮廓尺寸及认定结构的车辆在轨道上运行,并使用该车辆作为确定车辆限界及设备限界尺寸的依据,这种车辆称为计算车辆。实际运行的新车和旧车只要符合车辆限界及其纳入限界的校核,就能通行无阻,不必与计算车辆取得一致。

3. 车辆限界

车辆限界是车辆在平直轨道上按规定速度运行,计及车辆和轨道的公差、磨耗、弹性变形及振动等正常运行状态下的一条最大动态包络线,是限制车辆横断面最大允许尺寸的轮廓图形。无论空车或重车停在水平直线上时,该车所有一切突出部分和悬挂部分都应在车辆限界轮廓之内。直线地段车辆限界应根据车辆轮廓线和车辆有关技术参数,考虑在最高车速条件下,在静态和动态情况下的横向和竖向偏移量及偏转角度,结合轨道有关参数和接触网相关条件,按规定的计算方法和可能产生的最不利情况进行组合计算确定。

受电弓或受流器限界是车辆限界的组成部分。受电弓限界决定于车辆受电弓升起高度允许值,及可能的偏移、倾斜、允许磨耗量以及接触网安装需要的高度。接触轨限界属于设备限界的辅助限界。

4. 设备限界

设备限界是车辆在故障运行状态下所形成的动态包络线,用以限制轨道区的设备安装界限。列车在故障状态下严禁突破设备限界。所有固定设备及土木工程(接触轨及站台、屏蔽门除外)的任何部分都不得侵入设备限界。受电弓设备限界或接触轨限界是设备限界组成部分。

设备限界是在车辆限界的基础上,再计入轨道的轨距、水平、方向、高低等出现最大允许误差并考虑车辆在一系或二系悬挂故障状态下引起车辆的偏移和倾斜等附加偏移量,以及在设计、施工、运营中尚未预计的因素在内的安全预留量。因此,对不同的设备和不同的安装工艺应分别考虑各自的制造和安装误差,以满足设备限界要求。

对于双线轨道交通,当两线间无墙柱及其他设备时,两设备限界之间应设置不小于100mm的安全量。

5. 建筑限界

建筑限界是在设备限界的基础上,满足设备和管线安装尺寸后的最小有效断面。

建筑限界和设备限界之间的空间,应能安装各种电缆线、消防水管及消防栓、动力照明箱、信号箱及信号灯、照明灯、扩音器、通风管、架空接触网及其固定设备或接触轨及其固定设备等。

图 3-1 为我国 A 型车车辆限界、设备限界坐标及综合图,表 3-1 为 A 型车车辆轮廓线、车辆限界、设备限界坐标表(隧道内)。

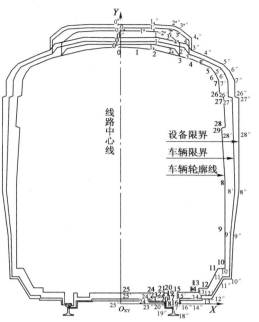

图 3-1 A 型车直线地段限界图(隧道内)

A 型车直线段车辆轮廓线坐标值(mm) 表 3-1a

控制点	0	1	2	3	4	5	6	7	8	9	10	11	12
X	0	250	500	850	1 031	1 300	1 365	1 412	1 500	1 500	1 500	1 400	1 250
Y	3 800	3 790	3 759	3 677	3 623	3 504	3 416	3 313	1 800	1 130	520	520	234
控制点	13	14	15	16	17	18	19	20	21	22	23	24	25
X	1 120	1 120	811.5	811.5	708.5	708.5	676.5	676.5	626	620	450	450	0
Y	234	170	170	0	0	−28	−28	160	160	95	95	160	160
控制点	26	27	28	29	0_s	1_s	2_s	3_s	4_s	0_k	1_k	2_k	
X	1 425	1 481	1 507	1 452	0	325	615	687	850	0	466	772	
Y	3 078	3 064	2 621	2 605	4 040	4 040	4 022	3 992	3 856	3 842	3 842	3 780	

A 型车直线段车辆限界坐标值(mm) 表 3-1b

控制点	0′	1′	2′	3′	4′	5′	6′	7′	8′	9′	10′
X	0	525	916	984	1 171	1 437	1 499	1 544	1 642	1 578	1 565
Y	3 878	3 885	3 794	3 700	3 630	3 503	3 414	3 309	1 677	1 007	399
控制点	11′	12′	13′	14′	15′	16′	17′	18′	19′	20′	23′
X	1 465	1 303	1 155	1 155	846	841	738	738	647	643	421
Y	401	122	125	80	82	−18	−18	−54	−54	42	42
控制点	24′	25′	26′	27′	28′	$0_s'$	$1_s'$	$2_s'$	$3_s'$	$4_s'$	
X	415	0	1 550	1 606	1 620	0	464	753	824	984	
Y	73	75	3 074	3 058	2 498	4 084	4 084	4 066	4 036	3 900	

A 型车直线段设备限界坐标值(mm) 表 3-1c

控制点	0″	1″	2″	3″	4″	5″	6″	7″	8″	9″	10″
X	0	531	952	1 016	1 193	1 477	1 570	1 644	1 703	1 622	1 593
Y	3 938	3 945	3 848	3 758	3 686	3 551	3 452	3 309	1 677	1 007	368
控制点	11″	12″	13″	14″	15″	16″	17″	18″	19″	20″	23″
X	1 482	1 308	1 170	1 170	859	856	753	753	633	629	408
Y	371	71	74	50	52	−18	−18	−69	−69	30	30
控制点	24″	25″	26″	27″	28″	$0_s''$	$1_s''$	$2_s''$	$3_s''$	$4_s''$	
X	405	0	1 645	1 700	1 700	0	465	765	851	1 016	
Y	43	45	3 074	3 058	2 498	4 134	4 134	4 115	4 079	3 938	

图 3-2、表 3-2 及图 3-3、表 3-3 分别为我国 B1 型车(接触轨供电)、B2 型车(接触网供电)车辆限界、设备限界坐标及综合图。

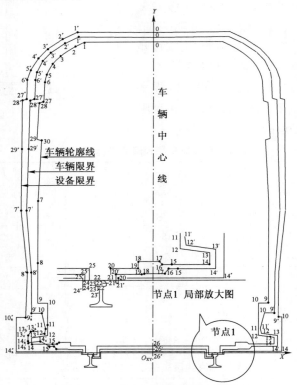

图 3-2 B1 型车直线地段限界图(隧道内)

B1 型车直线段车辆轮廓线坐标值(mm) 表 3-2a

控制点	0	1	2	3	4	5	6	7	8	9	10
X	0	840	950	1 129	1 229	1 299	1 318.0	1 400	1 400	1 400	1 277
Y	3 800	3 800	3 750	3 636	3 538	3 406	3 315	1 860	1 100	600	600
控制点	11	12	13	14	15	16	17	18	19	20	21
X	1 277	1 277	1 473	1 473	1 220	1 160	1 140	1 000	1 000	818	818
Y	350	210	185	105	105	105	125	125	80	80	0
控制点	22	23	24	25	26	27	28	29	30		
X	717.5	717.5	676.5	676.5	0	1 332	1 387	1 413	1 358		
Y	0	−25	−25	80	80	3 077	3 063	2 621	2 605		

B1 型车直线段车辆限界坐标值（mm） 表 3-2b

控制点	0′	1′	2′	3′	4′	5′	6′	7′	8′
X	0	911	1 073	1 250	1 348	1 416	1 433	1 540	1 480
Y	3 859	3 867	3 790	3 672	3 572	3 439	3 347	1 740	980
控制点	9′	10′	11′	12′	13′	$13_a'$	$13_b'$	$13_c'$	14′
X	1 475	1 353	1 306	1 316	1 512	1 455	1 486	1 517	1 512
Y	481	482	296	233	208	271	258	211	77
控制点	$14_a'$	$14_b'$	$14_c'$	15′	16′	17′	18′	19′	20′
X	1 518	1 515	1 364	1 259	1 027	852	852	717.5	717.5
Y	14	125	140	77	77	45	45	40	40
控制点	21′	22′	23′	24′	25′	26′	27′	28′	29′
X	647	647	0	1 443	1 498	1 516	1 199	1 174	1 034
Y	−18	−18	−51	−51	420	420	77	45	45

B1 型车直线段设备限界坐标值（mm） 表 3-2c

控制点	0″	1″	2″	3″	4″	5″	6″	7″	8″
X	0	925	1 101	1 289	1 398	1 492	1 533	1 604	1 527
Y	3 919	3 927	3 841	3 718	3 607	3 465	3 347	1 740	980
控制点	9″	$9_a''$	10″	$10_a''$	14″	$14_a''$	20″	21″	22″
X	1 522	1 545	1 568	1 660	1 568	1 660	867	867	733
Y	432	432	432	432	15	15	15	−180	−180
控制点	23″	24″	25″	26″	27″	28″	29″		
X	733	632	632	0	1 538	1 592	1 597		
Y	−660	−66	15	15	3 109	3 094	2 501		

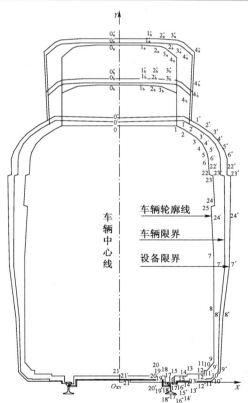

图 3-3　B2 型车直线地段限界图（高架线）

B2型车车辆轮廓线坐标值(mm)　　　　　　　　表3-3a

控制点	0	1	2	3	4	5	6	7	8	9	10	11
X	0	850	950	1 129	1 229	1 299	1 318	1 400	1 400	1 400	1 300	1 255
Y	3 800	3 800	3 750	3 636	3 538	3 406	3 315	1 860	1 100	300	180	180
控制点	12	13	14	15	16	17	18	19	20	21	22	23
X	1 255	1 000	1 000	811.5	811.5	708.5	708.5	676.5	676.5	1 332	1 387	1 413
Y	125	125	95	95	0	0	−25	−25	95	3 077	3 063	2 621
控制点	24	25	0_a	1_a	2_a	3_a	4_a	0_b	1_b	2_b	3_b	4_b
X	1 358	0	0	325	615	687	850	0	325	615	687	850
Y	2 605	95	5 000	5 000	4 982	4 952	4 816	4 400	4 400	4 382	4 352	4 216

B2型车车辆限界坐标值(隧道外直线)(mm)　　　　　　　　表3-3b

控制点	0′	1′	$1'_0$	2′	3′	4′	5′	6′	7′	8′	9′	10′
X	0	943	1 033	1 149	1 323	1 418	1 482	1 497	1 562	1 482	1 462	1 353
Y	3 859	3 879	3 829	3 764	3 641	3 538	3 403	3 311	1 718	958	163	51
控制点	11′	12′	13′	14′	15′	16′	17′	18′	19′	20′	21′	22′
X	1 290	1 290	1 035	1 035	846	841	738	738	647	647	0	1 500
Y	53	47	49	19	20	−18	−18	−51	−51	42	43	3 073
控制点	23′	24′	$0'_a$	$1'_a$	$2'_a$	$3'_a$	$4'_a$	$0'_b$	$1'_b$	$2'_b$	$3'_b$	$4'_b$
X	1 554	1 560	0	564	853	924	1 081	0	536	825	896	1 053
Y	3 056	2 478	5 044	5 044	5 026	4 996	4 860	4 444	4 444	4 426	4 396	4 260

B2型车设备限界坐标值(隧道外直线)(mm)　　　　　　　　表3-3c

控制点	0″	$1''_0$	1″	2″	3″	4″	5″	6″	7″	8″	9″
X	0	958	1 066	1 181	1 363	1 469	1 559	1 597	1 626	1 530	1 492
Y	3 919	3 940	3 878	3 815	3 687	3 573	3 427	3 311	1 718	958	150
控制点	10″	15″	16″	17″	18″	19″	20″	21″	22″	23″	24″
X	1 360	860	856	753	753	632	632	0	1 594	1 648	1 641
Y	15	15	−18	−18	−66	−66	30	31	3 073	3 056	2 478
控制点	$0''_a$	$1''_a$	$2''_a$	$3''_a$	$4''_a$	$0''_b$	$1''_b$	$2''_b$	$3''_b$	$4''_b$	
X	0	566	865	951	1 113	0	538	837	923	1 085	
Y	5 094	5 094	5 075	5 039	4 897	4 494	4 494	4 475	4 439	4 297	

第二节　限界制订的原则

轨道交通的限界是确定轨道周围构筑物净空的大小和各种设备及管线安装相互位置的依据，是工程设计和施工中各专业间必须共同遵守的技术规定。因此，限界应根据以下原则制订。

（1）限界应保证列车安全、正常运行。确定的限界应经济合理，安全可靠，且满足各种设备和管线安装的需要。

（2）限界应根据车辆的轮廓尺寸、技术参数、轨道特性、受电方式、设备及管线安装、施工方法等因素，进行综合分析后由计算确定。

（3）限界一般按平直轨道的条件制订。曲线段和道岔区的限界，应在直线地段限界的基础上，根据车辆的有关尺寸以及不同曲线半径、超高和不同的道岔类型分别进行加宽和加高。

（4）设备限界与车辆限界之间的间隙主要为安全预留量，应全面考虑横向安全预留量和竖向安全预留量。

（5）建筑限界和设备限界之间，应充分考虑建筑物上的设备和管线安装位置，在宽度方向上设备和管线与设备限界之间应留出20~50mm安全间隙。当建筑物侧墙或顶板上无设备或管线时，建筑限界和设备限界之间的最小间隙不宜小于200mm，困难地段不得小于100mm。

（6）建筑限界中，不包括施工误差、测量误差、结构沉降、变形等因素。结构设计和施工中，对上述误差、设备制造和安装误差以及在施工、运营中难以预计的其他因素在内的安全预留量，都应予以考虑。

第三节　制订限界的主要技术参数

轨道交通的限界是根据有关技术参数制订的。这些技术参数主要分为三大类：线路与轨道参数、车辆参数和其他参数。

1. 线路与轨道参数

这类参数主要包括线路及车站最小曲线半径、辅助线及车场线最小曲线半径、轨距、轨道最大超高值、轨道结构高度、道岔类型等。

2. 车辆参数

包括车体长度、最大宽度、最大高度、车辆定距、转向架轴距、车厢地板面距轨顶面的高度等车体尺寸。在实际计算中，一般采用计算车辆的有关尺寸参数。

3. 其他参数

站台装修完成后的地面距轨顶面的高度，站台边缘距线路中心线的距离，供电方式，接触网接触线底面距轨顶面的高度等。

表3-4为我国城市轨道交通常用的A、B型车主要技术参数表。

城市轨道交通车辆基本参数表　　　　　　　表3-4

序号	项目名称	单位	车型		
			A型车	B型车	
				B1型	B2型
				上部受流	下部受流	
1	车体计算长度	mm	22 100	19 000	
2	车体最大宽度	mm	3 000	2 800	
3	车辆最大高度	mm	3 800	3 800	

续上表

序号	项目名称		单位	车型 A型车	车型 B型车 B1型 上部受流	车型 B型车 B1型 下部受流	车型 B型车 B2型
4	车辆定距		mm	15 700	12 600		
5	转向架固定轴距		mm	2 500	2 200~2 300		
6	客室地板面距轨顶面高度		mm	1 130	1 100		
7	受电弓落弓高度		mm	3 810	—		3 810
8	受电弓最大工作高度		mm	5 410	—		5 410
9	受流器工作点至转向架中心线水平距离	750V	mm	—	1 417.5	1 401	—
9	受流器工作点至转向架中心线水平距离	1 500V	mm	—	—	144 4	—
10	受流器工作面距走行轨面高度	750V	mm	—	140	160	—
10	受流器工作面距走行轨面高度	1 500V	mm	—	—	200	—

第四节 设备限界的计算

车辆限界考虑了车辆在正常运行状态下的最大动态包络线,而设备限界则考虑了车辆故障状态下,即车辆限界计算中未计及的一些因素,如一系弹簧折断、二系空气弹簧过充或失气,以及其他一些未计及因素引起的车辆额外偏移等产生的风险,但不包括车辆事故状态下发生的偏移。因此直线地段设备限界与车辆限界之间应留有一定的安全余量。

考虑上述因素中最主要的是车辆角偏移,因此车体肩部横向间距取最大值 100mm,边梁下端横向间距为 30mm,车体顶部向上的量值在考虑全线最小竖曲线产生的竖向加高量时为 60mm,受电弓竖向加高量为 50mm,车体下悬挂物下降量为 50mm。受电弓设备限界与受电弓限界之间应留有不少于 50mm 的安全余量。转向架部件最低点设备限界距离轨顶面净距:A 型车为 25mm、B 型车为 15mm。

一、直线段设备限界的确定

直线段设备限界是在车辆限界的基础上,采用基准坐标系确定直线段设备限界的坐标。直线地段设备限界坐标计算公式为

$$\begin{cases} X''_n = X'_n + \sum X \pm Y'_n i + \varepsilon \\ Y''_n = Y'_n + \sum Y'_x + X'_n i + \varepsilon \end{cases} \quad (3-1)$$

式中:X'_n、Y'_n——车辆横、竖向限界坐标值;

$\sum X$——轨道横向最大可能容许偏差;

$\sum Y'_x$——轨道竖向最大可能容许偏差;

i——轨道倾斜度;

ε——安全间距。

二、曲线段设备限界的计算

曲线地段设备限界的计算是曲线地段建筑限界计算的基础。曲线地段设备限界计算主要包括平面偏移、超高偏移和附加偏移三部分。

1. 平面偏移

平曲线地段设备限界应在直线地段设备限界基础上,进行加宽和加高处理。

(1) 车体

曲线外侧:

$$T_a = \frac{L_0^2 - (l_1^2 + a^2)}{8R} \tag{3-2}$$

曲线内侧:

$$T_i = \frac{l_1^2 + a^2}{8R} \tag{3-3}$$

式中:L_0——车体计算长度(mm);

l_1——车辆定距(mm);

a——转向架固定轴距(mm);

R——平面曲线半径(mm)。

根据车型参数,可以简化上述公式,如 A 型车为:$T_a = 29\,500/R$,$T_i = 31\,600/R$。

(2) 转向架

曲线外侧:

$$T_{ba} = \frac{m(m+a)}{2R} \tag{3-4}$$

曲线内侧:

$$T_{bi} = \frac{a^2}{8R} \tag{3-5}$$

式中:m——计算断面至相邻轴的距离(mm)。

A 型车代入参数后,为 $T_{ba} = 820/R$,$T_{bi} = 780/R$。

2. 过(欠)超高引起的设备限界加宽量和加高量的计算

(1) 车体横向加宽量

曲线内侧:

$$\Delta X_{Qi} = \frac{h_{ac}}{1\,500} m_B g \left[(Y - h_{cp}) \cdot \frac{h_{sc} - h_{cp}}{k_{\phi p}} + (Y - h_{cs}) \cdot \frac{h_{sc} - h_{cs}}{k_{\phi s}} \right] (1 + S) \tag{3-6}$$

曲线外侧:

$$\Delta X_{Qa} = \frac{h_{dc}}{1\,500} m_B g \left[(Y - h_{cp}) \cdot \frac{h_{sc} - h_{cp}}{k_{\phi p}} + (Y - h_{cs}) \cdot \frac{h_{sc} - h_{cs}}{k_{\phi s}} \right] (1 + S) \tag{3-7}$$

(2) 车体竖向加高量

曲线内侧:

$$\Delta Y_{Qi} = \frac{h_{ac}}{1\,500} m_B g X \left(\frac{h_{sc} - h_{cp}}{k_{\phi p}} + \frac{h_{sc} - h_{cs}}{k_{\phi s}} \right)(1 + S) \tag{3-8}$$

曲线外侧：

$$\Delta Y_{Qa} = \frac{h_{dc}}{1\,500} m_B g X \left(\frac{h_{sc} - h_{cp}}{k_{\phi p}} + \frac{h_{sc} - h_{cs}}{k_{\phi s}} \right)(1 + S) \tag{3-9}$$

式中：h_{dc}——欠超高值(mm)；

　　　h_{ac}——过超高值(mm)；

　　　m_B——满载车体重量(kg)；

　　　g——自由落体加速度，取 9.81m/s^2；

　　X、Y——直线地段设备限界计算点横向和竖向坐标值(mm)；

　　　h_{cp}——一系弹簧上支承面距轨面高度(mm)；

　　　h_{sc}——车体重心距轨面高度(mm)；

　　　h_{cs}——二系弹簧上支承面距轨面高度(mm)；

　　　$k_{\phi p}$——$0.5 n_p \cdot c_p \cdot b_p^2$；

　　　$k_{\phi s}$——$0.5 n_s \cdot c_s \cdot b_s^2 + 2 k_{\phi n}$；

　　　S——重力倾角附加系数，$S = mB \cdot g[(h_{sc} - h_{cp})/k_{\phi p}] + [(h_{sc} - h_{cs})/k_{\phi s}]$。

上述各式中参数应根据不同车型取值，可参看《地铁限界标准》(CJJ 96—2003)。

3. 曲线轨道参数变化及车辆参数变化引起的设备限界加宽量

1) 车体及转向架横向曲线外侧加宽量

整体道床：

$$\Delta X_{ca} = \Delta S_a + l + \Delta_{wq} \tag{3-10}$$

碎石道床：

$$\Delta X_{ca} = \frac{1\,000\,000}{R} + \Delta S_a + l + \Delta_{wq} \tag{3-11}$$

2) 车体及转向架横向曲线内侧

整体道床：

$$\Delta X_{ca} = \Delta S_a + l + \Delta_{wq} \tag{3-12}$$

碎石道床：

$$\Delta X_{ci} = \frac{1\,000\,000}{R} + \Delta S_i \tag{3-13}$$

式中：ΔS_a——曲线外轨磨耗(mm)，与车辆无关，当 $R \geqslant 800$m 时为 3mm，$800 > R > 200$m 时为 $3 + 300/R$；

　　　l——曲线轨道横向弹性变形增量(mm)，取 1.4mm；

　　　Δ_{wq}——车辆一系及二系弹簧横向位移在曲线及直线的差值(mm)，车体取 9mm，转向架取 4mm；

　　　ΔS_i——曲线轨距加宽及内轨磨耗(mm)，当 $R \geqslant 800$m 时为 0，$800 > R > 200$m 时为 $300/R$。

此外，计算中还应考虑轨道在小半径曲线地段轨距加宽和曲线地段钢轨磨耗、内外侧钢轨在离心力或重力作用下的弹性变形、曲线地段车辆在离心力或重力作用下一系弹簧和二系弹簧横动量、碎石道床在离心力和重力作用下道床松动引起的轨道内外移动量 1 000 000/R (mm)等,其中曲线地段的弹性变形相对直线地段应增加 1.4mm。上述附加值总和一般计 20mm。

曲线地段设备限界总的加宽加高量则按式(3-14)~式(3-17)计算。

(1)车体横向加宽和过超高(或欠超高)偏移方向相同时

曲线外侧:

$$\Delta X_a = T_a + \Delta X_{Qa} + \Delta X_{ca}$$
$$\Delta Y_a = -\Delta Y_{Qa} \tag{3-14}$$

曲线内侧:

$$\Delta X_i = T_i + \Delta X_{Qi} + \Delta X_{ci}$$
$$\Delta Y_i = -\Delta Y_{Qi} \tag{3-15}$$

(2)车体横向加宽和过超高(或欠超高)偏移方向相反时

曲线外侧:

$$\Delta X_a = T_a - \Delta X_{Qa} + \Delta X_{ca}$$
$$\Delta Y_a = \Delta Y_{Qa} \tag{3-16}$$

曲线内侧:

$$\Delta X_i = T_i - \Delta X_{Qi} + \Delta X_{ci}$$
$$\Delta Y_i = -\Delta Y_{Qi} \tag{3-17}$$

式中: T_a、T_i——曲线几何偏移量(mm);

ΔX_{Qa}、ΔX_{Qi}、ΔY_{Qa}、ΔY_{Qi}——由过超高或欠超高引起的曲线偏移量(mm);

ΔX_{ca}、ΔX_{ci}——曲线轨道参数及车辆参数变化引起的曲线偏移量(mm)。

曲线地段设备限界坐标值即为直线地段设备限界坐标值加上上述加宽加高值后得到的坐标值。

第五节 建 筑 限 界

一、区间建筑限界

轨道交通的区间一般包括地下区间、高架区间、地面线区间和过渡段。各种区间结构根据不同的施工方法有不同的限界断面。

1. 地下线建筑限界

地下线区间隧道,根据不同施工方法,可分为矩形隧道、单圆隧道、双圆隧道和马蹄形隧道建筑限界等。

1)矩形隧道建筑限界

矩形隧道建筑限界宽度和高度分别为:

线路中心线至隧道侧墙净空 = 设备限界之半 + 设备宽度 + 50mm。

受电弓车辆建筑限界高度＝接触网安装高度＋接触网系统高度＋轨道结构高度。

接触轨车辆建筑限界高度＝轨道结构高度＋车辆设备限界高度＋200mm。

对于 A 型车，直线段单线矩形隧道建筑限界宽度为 4 420mm（考虑设置应急平台），高度为 5 060mm（接触网供电），如图 3-4 所示。

B 型车单线矩形隧道建筑限界宽度则为 4 330mm（按设置应急平台考虑），其建筑限界高度则与采用的供电方式有关，采用接触网供电时与 A 型车一致，采用接触轨供电时则为 4 700mm。

2）圆形隧道建筑限界

（1）单圆隧道建筑限界

盾构法施工的单圆隧道，在直线和曲线地段只能采用同一直径盾构，因此应按全线最小曲线半径选用盾构直径，以满足圆形隧道的建筑限界要求。如对于 A 型车，线路最小曲线半径 $R = 300$m，单圆隧道建筑限界直径采用 $\phi 5\,200$mm，应急平台设于行车方向右侧。如图 3-5 所示。

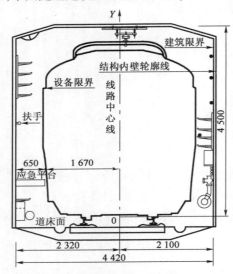

图 3-4 A 型车区间直线段矩形隧道建筑限界（尺寸单位：mm）

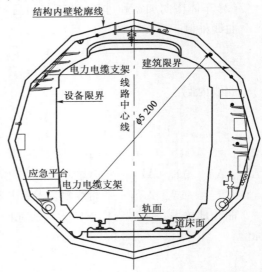

图 3-5 A 型车单圆隧道建筑限界（尺寸单位：mm）

（2）双圆隧道建筑限界

双圆盾构施工的双圆隧道，也需要根据车辆参数和全线最小曲线半径来确定盾构直径和线间距。目前上海采用了双圆盾构，其线间距为 4 600～4 800mm，限界直径 $\phi 5\,200$mm，可适用于最小曲线半径 $R = 400$m 的区间地段，如图 3-6 所示。

3）马蹄形隧道建筑限界

马蹄形隧道断面需根据围岩条件来确定其形式，当围岩条件较好时，可采用拱形直墙式或拱形曲墙式。当围岩条件较差时，要增设仰拱。仰拱曲率可根据围岩条件、隧道埋深及其宽度、轨道结构高度、排水沟深度等条件确定。马蹄形隧道内部净空尺寸应考虑其施工误差，一般在建筑限界的两侧及顶部各增加 100mm。矿山法施工的浅埋暗挖隧道多采用马蹄形断面。单线马蹄形断面建筑限界一般最大宽度为 4 820mm，最大高度 5 160mm。

2. 高架线桥面建筑限界

高架区间根据结构形式的不同，有箱梁、槽形梁结构等。一般高架区间直线段建筑限界宽度为:线间距+线路中心线至护栏柱或防护墙内侧面距离×2。建筑限界高度根据车辆高度、供电方式等予以确定,如图3-7所示。

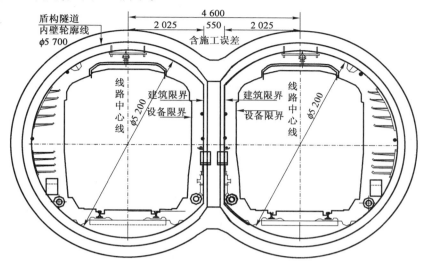

图3-6 A型车区间直线段双圆隧道建筑限界(尺寸单位:mm)

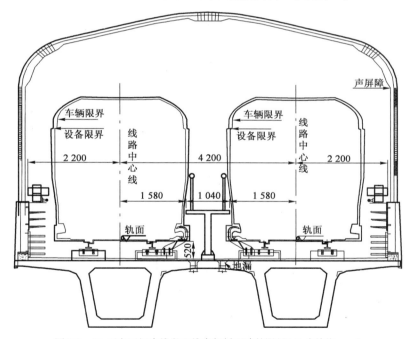

图3-7 B1型车区间直线段双线高架桥面建筑限界(尺寸单位:mm)

3. 地面线建筑限界

地面线的建筑限界计算方法与高架线相同。不同的是地面线供电电缆及通信信号电缆一般布设在线路路基两侧的电缆槽内。

二、区间曲线段建筑限界

车辆在曲线轨道上运行时,会产生偏移。而曲线地段轨道设置超高,引起车辆竖向中心线偏离轨道的竖向中心线,因此车辆在轨道平面和立面上都会产生一定偏移量,曲线段建筑限界应进行加宽。

1. 圆形隧道和马蹄形隧道

圆形隧道包括单圆隧道和双圆隧道。直线段和曲线段圆形隧道的直径是统一的。圆形隧道和马蹄形隧道在曲线超高地段,采用隧道中心向线路基准线内侧偏移的方法,解决轨道超高引起的内外侧不均匀位移量,位移量计算公式如下。

$$\begin{cases} X = h_0 \sin\alpha \\ Y = -h_0(1-\cos\alpha) \end{cases} \quad (3\text{-}18)$$

式中:α——轨道超高角度,$\alpha = \sin^{-1}(h/s)$;

h_0——直线段圆心距轨面高度(mm);

h——轨道超高值(mm);

s——内外轨中心距离(mm),一般取1 500 mm。

2. 矩形隧道

曲线地段矩形隧道建筑限界,应在曲线地段设备限界基础上,按下列公式计算确定:

曲线地段建筑限界外侧宽度 B_α:

$$B_\alpha = X_{k\alpha}\cos\alpha - Y_{k\alpha}\sin\alpha + b_2(\text{或}b_1) + c \quad (3\text{-}19)$$

曲线建筑限界内侧宽度 B_i:

$$B_i = X_{ki}\cos\alpha - Y_{ki}\sin\alpha + b_1(\text{或}b_2) + c \quad (3\text{-}20)$$

曲线建筑限界高度 B_u 应按下式计算确定:

$$B_u = X_{kh}\sin\alpha - Y_{kh}\cos\alpha + h_2 + h_3 \quad (3\text{-}21)$$

其中:

$$\alpha = \sin^{-1}\left(\frac{h}{1\ 500}\right) \quad (3\text{-}21\text{a})$$

上述式中: h——轨道超高值(mm);

X_{kh}、Y_{kh}、X_{ki}、Y_{ki}、$X_{k\alpha}$、$Y_{k\alpha}$——曲线地段设备限界控制点坐标值(mm);

b_1、b_2——右侧、左侧设备或支架最大安装宽度值(mm);

c——设备安装误差和安全间隙(mm);

h_2——接触网系统高度(mm);

h_3——轨道结构高度(mm)。

对于缓和曲线地段,一般有图解法和公式法等方法。目前采用较多的则是图解与公式相结合的方法,将内、外侧加宽分开计算。

(1) 内侧加宽量

$$\begin{cases} E_{hn} = e_{pn} + N_{hn} \\ e_{pn} = \dfrac{X_2 l^2}{8C} \\ N_{hn} = X_n\cos\alpha_x + Y_n\sin\alpha_x - X_n \end{cases} \quad (3\text{-}22)$$

式中:E_{hn}——缓和曲线内侧加宽量(mm);

e_{pn}——缓和曲线平面几何因素引起的内侧加宽值(mm);

N_{hn}——超高引起的内侧加宽值(mm)。

(2)外侧加宽量

$$\begin{cases} E_{hw} = e_{pw} + W_{hw} \\ e_{pw} = \dfrac{(L^2 - l^2)(3X_3 + L)}{24C} \\ W_{hw} = X_w \cos\alpha_x - Y_w \sin\alpha_x - X_w \end{cases} \tag{3-23}$$

式中:E_{hw}——缓和曲线外侧加宽值(mm);

e_{pw}——缓和曲线平面几何因素引起的外侧加宽值(mm);

W_{hw}——超高引起的外侧加宽值(mm);

X_3——计算断面处距缓和曲线起点的长度(mm);

C——$C = Rl_0$,l_0 为缓和曲线长度;

α_x——$\alpha_x = \sin^{-1}(h_x/s)$;

h_x——缓和曲线地段计算断面处的超高值(mm)。

根据车辆所处的不同工况,将建筑限界内外侧加宽量绘制成图,即常用圆曲线和缓和曲线地段建筑限界加宽量图,这样可方便使用。

3. 竖曲线地段建筑限界

竖曲线地段建筑限界在直线地段上根据公式(3-24)和式(3-25)进行加高。

(1)凹形竖曲线

$$\Delta H_1 = \frac{l^2 + a^2}{8R_1} \tag{3-24}$$

式中:ΔH_1——凹形竖曲线段建筑限界加高量(mm);

R_1——凹形竖曲线的半径(mm);

l——车辆定距(mm);

a——转向架固定轴距(mm)。

(2)凸形竖曲线

$$\Delta H_2 = \frac{L^2 - (l^2 + a^2)}{8R_2} \tag{3-25}$$

式中:ΔH_2——凸形竖曲线段建筑限界加高量(mm);

R_2——凸形竖曲线的半径(mm);

L——车体计算长度(mm)。

对于轨道交通线路而言,由于一般竖曲线半径都比较大,根据上述公式计算得出的竖曲线加高值很小,故可以忽略不计。竖曲线半径很小时,可根据需要进行核算。

三、道岔区建筑限界

道岔区,由于车辆由正线进入侧线或渡线时要产生内外侧偏移,因此,道岔区的建筑限界应在直线地段的建筑限界基础上,根据不同道岔类型和车辆有关尺寸计算出的加宽量和安装设备所需的加高量,进行加宽和加高。加宽分道岔外侧(直股一侧和导曲线外侧)加宽和内侧(侧股的导曲线内侧)加宽。

道岔区的建筑限界内外侧加宽量可以采用计算法,也可以采用图解法求解车辆内外侧偏移量。城市轨道交通的正线、辅助线道岔一般采用9号道岔。道岔外侧钢轨不设超高。道岔尖轨有曲线形和直线形两种。图3-8为60kg/m钢轨9号曲线尖轨单开道岔($R_0=200$m)内、外侧加宽量图(A型车)。

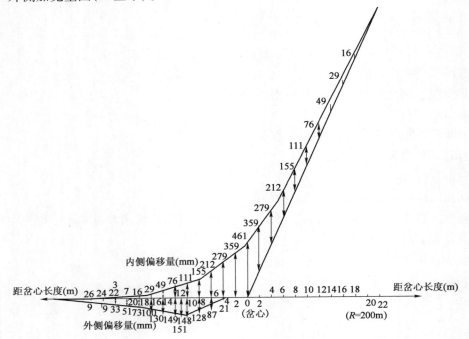

图3-8 60kg/m钢轨9号曲线尖轨单开道岔内、外侧加宽量图

注：1．本图适用条件：
（1）道岔：60kg/m钢轨9号道岔（图号STB-GJ—030401），曲线尖轨，导曲线半径$R=200$m；
（2）车辆：车体计算长度22.1m，车辆定距为15.7m；
2．道岔"内侧偏移量"，包括导曲线切线支距。

在道岔区域内安装接触网支柱、信号机、道岔转辙机等固定设备时，应考虑车辆进入岔区时所产生的内外侧偏移量对它们的影响，以保证行车安全。

四、车站限界

轨道交通车站范围的限界与一般区间的限界有所不同，考虑车站地段车辆限界计算中偏斜系数取值并将轮轨间隙作为随机项处理，因此其车辆限界较小。

1．地下车站

地下车站的建筑限界主要考虑站台边缘至线路中心线间距离、站台面距轨顶面高度、线路中心线至外墙距离及建筑限界高度等。

直线段地下车站有效站台范围内站台边缘距线路中心线距离，根据车辆限界及必要的安全余量确定。在站台计算长度范围内，站台边缘与车辆限界之间的安全间隙不应小于10mm，同时距车辆轮廓线之间的间隙，当采用整体道床，车辆为内藏门时不应大于100mm，车辆为塞拉门时不应大于110mm。当采用碎石道床时不应大于120mm。在任何情况下，曲线站台间隙不应大于180mm。站台计算长度范围外的站台边缘距设备限界的距离不宜小于80mm。

站台计算长度范围内站台面至轨顶面高度，车站站台装修完成面低于车厢地板面的高差不应大于50mm。

车站内线路中心线至隧道边墙内侧面的距离,一般为设备限界+设备支架最大宽度+安全余量。对于A型车为2 200mm,B型车为2 100mm。当外墙面无任何设备和管线时,直线车站站台有效长度两端以外的所有用房的外墙面距线路中心线的距离宜不小于1 850mm。

地下车站建筑限界的高度,一般与区间相同即能满足设备限界的要求。但由于建筑装修及部分设备与管线(如排热风管等)安装的需要,其建筑限界高度都比区间大。一般需要考虑设备限界高度、接触网高度(接触轨时为200mm余量)和排热风管等的高度。图3-9为直线段矩形隧道岛式车站建筑限界图。图3-10为直线段某高架侧式车站桥面建筑限界图。

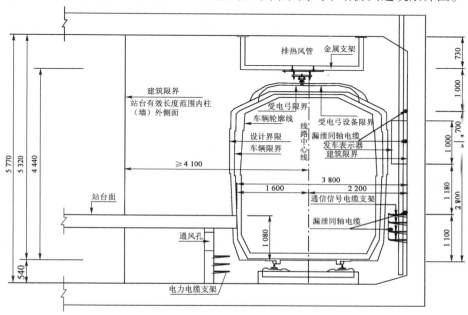

图3-9 直线段矩形隧道岛式车站建筑限界图(尺寸单位:mm)

2. 高架车站

轨道交通的高架车站根据车站形式的不同,分为侧式车站和岛式车站。

(1)侧式车站

$$A = (a_0 + 站台宽度) \times 2 + l_0 \tag{3-26}$$

(2)岛式车站

$$A = b_0 \times 2 + l_0 \tag{3-27}$$

式中:A——车站建筑限界值(mm);

a_0——线路中心线至站台边缘距离(mm),A型车为1 600mm;

l_0——线间距(mm);

b_0——线路中心线至护栏柱内侧距离。

3. 屏蔽门与安全门建筑限界

车站屏蔽门与安全门的建筑限界,一般按屏蔽门与安全门的安装尺寸在不考虑弹性变形状态下,屏蔽门(安全门)最外突出点至车站地段车辆限界之间应有不小于25mm的安全间隙考虑。

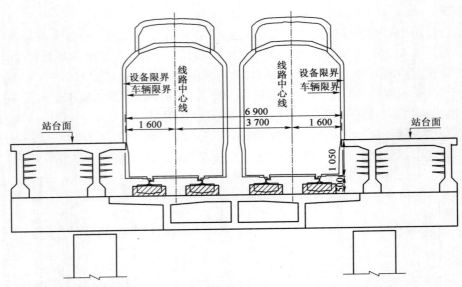

图 3-10　直线段高架侧式车站桥面建筑限界（A 型车、接触网供电）（尺寸单位：mm）

4. 曲线车站

轨道交通的站位，由于受到平面条件的诸多限制，部分车站站台需要设置在曲线上。设在曲线上的车站，应在直线地段车站的有关限界基础上，根据所选用的车辆有关尺寸、平曲线半径以及轨道超高值进行加宽，有屏蔽门时其立柱按折线布置，加宽包括曲线内侧加宽和曲线外侧加宽。

曲线段车站计算内侧或外侧加宽时，采用车辆限界，其控制点的坐标高度，在车体倾斜后，计算内侧加宽时不低于站台高度，计算外侧加宽时不高于站台高度。加宽计算中除了考虑平面几何加宽，还要考虑外轨超高和外轨超高顺坡引起的超高加宽。

位于曲线地段的车站，在运营过程中会遇到一些特殊情况，如列车有可能不停站通过，同时也为了防止在曲线地段内轨出现反超高，外轨一般设置 15mm 左右的超高，以保证列车安全运行。

圆曲线地段站台限界的内、外侧加宽由平面曲线偏移量，轨道超高产生的偏移量和弹簧压缩量等附加值三部分组成。其中平面曲线偏移量可分别按凹形站台和凸型站台进行计算。

对于凹形站台，加宽量：

$$\alpha = \frac{l_1^2 + a^2}{8R} \tag{3-28}$$

对于凸形站台，加宽量：

$$\beta = \frac{L^2 - (l_1^2 + a^2)}{8R} \tag{3-29}$$

式中：l_1——车辆定距（mm）；

L——车体计算长度（mm）；

a——转向架固定轴距（mm）；

R——站台段圆曲线半径；

α、β——凹形站台和车辆中部，凸形站台与车辆端部的间隙增加量，如设轨道超高，还需考虑因超高引起的加宽量。

由上述式中可以看出，不同的车体长度在同样的站台曲线段，车辆与站台的间隙是不同的。车体越长,间隙越大。曲线车站站台与车辆间隙如图3-11所示。

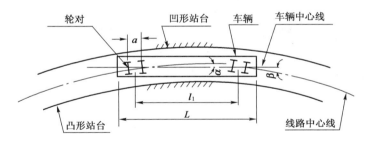

图3-11 曲线车站站台与车辆间隙示意图

缓和曲线地段站台限界的加宽可按式(3-30)~式(3-33)进行计算。

内侧加宽:

$$E_{H内} = e_{p内} + N_{h内} \tag{3-30}$$

其中:

$$e_{p内} = \frac{(x-s_0)l^2}{8Rl_0} \tag{3-30a}$$

$$N_{h内} = X_0\cos\alpha_x + Y_0\sin\alpha_x - X_0 \tag{3-30b}$$

外侧加宽:

$$E_{H外} = e_{p外} + W_{h外} \tag{3-31}$$

其中:

$$e_{p外} = \frac{(L^2-l^2)[3(x-l-l')+L]}{24Rl_0} \tag{3-31a}$$

$$W_{h内} = X_0'\cos\alpha_x + Y_0'\sin\alpha_x - X_0' \tag{3-31b}$$

上述式中:$E_{H内}$、$E_{H外}$——缓和曲线内(外)侧加宽量(mm);

$e_{p内}$、$e_{p外}$——缓和曲线平面几何因素引起的内(外)侧加宽值(mm);

$N_{h内}$、$W_{h外}$——超高引起的内(外)侧加宽值(mm);

x——加宽起点至计算点长度(m);

l'——中心销至车端(计算断面)距离,A型车为3.2m;

l_0——缓和曲线长度(m);

X_0、Y_0、X_0'、Y_0'——车辆限界加宽计算控制点坐标;

s_0——ZH点至内侧加宽起点,其值按不小于一个车辆全轴距取整(m)。

站台限界在加宽计算中,必须注意控制点的选取原则。同时与缓和曲线或圆曲线连接的直线内、外侧加宽值也需考虑,可采用内插法计算。

【历史沿革】

城市轨道交通限界的发展是城市轨道交通设施设备发展的一个缩影。最早开通的北京、天津地铁只开行一种车型的列车(B型车,宽2.8m)且最高运行速度均为80km/h,采用第三轨供电系统,因此限界基本是统一的。1993年开通的上海地铁1号线首次采用A型车(宽3.0m)和功率较大的接触网供电系统,由于列车尺寸的增大及接触网供电系统较第三轨供电系统而言需要的断面空间更大,因此采用了新的限界标准。与此同时,城市轨道交通列车的最高速度也开始超过80km/h,目前部分线路最高运行速度已达到100km/h(上海地铁11号线等)和110km/h(北京机场线),在建的北京新机场线的设计最高速度更是达到了160km/h,限界标准也相应地有所提高。目前,我国城市轨道交通采用的列车车型日趋多样,有A、B、C、L型车等,其中B型车在我国应用最为广泛,A型车次之;受列车车型和气候影响,供电方式可选择第三轨系统和接触网系统;列车速度仍普遍为80km/h。这些因素的变化都会影响限界的设计。

虽然北京地铁1号线作为我国第一条地铁早在1953年就破土动工,但直到2003年,我国才颁布实施了《地铁限界标准》(CJJ 96—2003)(以下简称《标准》),对轨道交通限界设计做了规范性规定并沿用至今。但当下审视其中限界设计的细则,不难发现一些不足之处,例如,《标准》规定站台边缘与车厢地板面高度处的车辆轮廓线之间的水平间隙不应大于100mm,而实际上,不同屏蔽门对站台限界的要求是不同的。以塞拉门和滑动门为例,塞拉门在停车后开门,要在车体轮廓线基础上外推56±2mm,广州、深圳采用塞拉门的实践表明,站台边缘和车体(未开门时)之间留有100mm的间隙可以保证开门时的安全,而采用滑动门(内藏或外挂)时,这一间隙可以缩小。值得一提的是,2013年出版的《地铁设计规范》(GB 50157—2013)(以下简称《规范》)中对上述间隙有更为细致的补充:当车辆采用塞拉门时采用100^{+5}_{0}mm;当车辆采用内藏门或外挂门时采用70^{+5}_{0}mm。由此可见,标准、规范在制定时难免囿于制定时城市轨道交通的发展水平,随着新型结构、设备(如设备的小型化)的发展及安全标准的不断提高,实际工程中应视情况对标准、规范中限界的规定做针对性调整。

【思 考 题】

1. 曲线站台和直线站台相比,在设计方面应该注意哪些问题?
2. 区间隧道采用盾构法修建时,盾构机直径的选择应考虑哪些因素?
3. 线路的状况对限界产生什么样的影响?
4. 限界与行车速度之间存在哪些关系?
5. 若受电方式采用第三轨供电,对应的限界特征是什么?

第四章
钢筋混凝土结构设计原理

现象一：图4-1、图4-2分别是某地铁明挖区间隧道壁环向裂缝和斜向裂缝的典型照片。这些裂缝基本由下往上发展，分布于整个明挖隧道区间。裂缝间距0.3~0.8m不等，长短不一，宽度普遍在0.1~0.3mm。部分裂缝超出了规范规定的允许值。请问从设计的角度是否可以避免上述现象？

 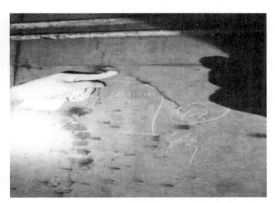

图4-1　明挖区间隧道壁环向裂缝　　　　　　图4-2　明挖区间隧道壁斜向裂缝

现象二：车站主体结构中一般不设置变形缝，主体结构与出入口间设置变形缝，变形缝距离主体结构外墙约1 500mm。车站端墙与区间结构间设置一道变形缝,变形缝距离端墙外侧约1 500mm。请问为什么要设置这道变形缝?

相对钢结构而言,钢筋混凝土结构具有低噪声的特点。因此,城市轨道交通的立体结构,多采用钢筋混凝土结构或预应力混凝土结构。钢筋混凝土结构主要由钢筋、混凝土两种材料组成。由于钢筋和混凝土是物理性质、力学性能明显不同的两种材料,要使它们能够有效地结合在一起共同承受外力,必须保证它们之间有足够的黏结力,使得两者能够相互传递力,且变形协调。

钢筋混凝土结构具有如下优点。

(1)充分发挥了钢筋和混凝土两种材料的特点,其构件有较大的强度和刚度。

(2)耐久性和耐火性较好,维护费用低。

(3)可模性好,可根据需要浇筑成各种形状的结构。

(4)混凝土材料中大部分为砂石,便于就地取材。

(5)耐辐射、耐腐蚀性能较好。

然而,钢筋混凝土也存在如下缺点。

(1)自重较大,使得结构的很大一部分承载能力消耗在承受其自身重量上,例如在大跨度桥梁中,约80%的内力是结构自重产生的。

(2)检查、加固、拆除等比较困难。但随着现代探伤技术和控制爆破技术等的发展和应用这些缺点正逐步得到克服。

在高架结构中常用的预应力混凝土结构具有以下优点。

(1)提高了构件的抗裂强度和刚度,对构件施加预应力后,可使构件在使用荷载作用下不出现裂缝,或使裂缝推迟出现,有效地改善了构件的使用性能,提高了构件的刚度,增加了结构的耐久性。

(2)可以节省材料,减少自重。由于预应力混凝土采用高强材料,因而可减小构件截面尺寸,节省钢材与混凝土用量,降低结构物的自重。这对自重比例很大的大跨度桥梁来说,有着显著的优越性。大跨度和重荷载结构采用预应力混凝土结构一般是经济合理的。

(3)可以减小混凝土梁的竖向剪应力和主拉应力。预应力混凝土梁的曲线钢筋(束),可使梁支座附近的竖向剪应力减小,又由于混凝土截面上预应力的存在,使荷载作用下的主拉应力也相应减小,这有利于减小梁的腹板厚度,使预应力混凝土梁的自重可以进一步减小。

(4)结构质量安全可靠。施加预应力时,钢筋(束)与混凝土都同时经受了一次强度检验。

(5)预应力可作为结构构件连接的手段,促进了新型大跨度结构体系与施工方法的发展。

此外,预应力还可以提高结构的耐疲劳性能。因为具有强大预应力钢筋的存在,在使用阶段由加载或卸载所引起的应力变化幅度相对较小,所以引起疲劳破坏的可能性也小。这对承受动荷载的桥梁结构来说是很有利的。

预应力混凝土结构也存在着一些缺点。

(1)施工工艺较复杂,对施工质量要求很高。

(2)需要有专门的设备如张拉机具、灌浆设备等。先张法需要有张拉台座,后张法还要耗用数量较多质量可靠的锚具等。

(3)预应力反拱度不易控制。它随混凝土徐变的增加而加大,造成桥面不平顺。

(4)预应力混凝土结构的施工费用较大,对于跨度小、构件数量少的工程,成本较高。

但是，缺点是可以通过技术措施克服的。例如应用于跨度较大的结构，或跨度虽不大，但构件数量很多时，采用预应力混凝土结构就比较经济了。总之，只要从实际出发，因地制宜地进行合理设计和妥善安排，预应力混凝土结构就能充分发挥其优越性。因此，它在近数十年来得到了迅猛的发展，尤其对桥梁新体系的发展起到了重要的推动作用，成为一种极有发展前途的工程结构。

结构设计的目的是使设计的结构能够完成由其用途所决定的全部功能要求。结构的功能要求包括。

（1）安全性。结构在预定的使用期限内。应能承受正常施工、正常使用时，可能出现的各种荷载、外加变形（如超静定结构的支座不均匀沉降）、约束变形（如由于温度及收缩引起的构件变形受到约束时产生的变形）等作用。在偶然荷载（如地震、强风）作用下或偶然事件发生时和发生后，应仍能保持结构的整体稳定性，不发生倒塌或连续破坏。

（2）适用性。结构在正常使用荷载作用下具有良好的工作性能，例如不发生影响正常使用的过大挠度、永久变形和动力效应（过大的振幅和振动），或产生令使用者感到不安的裂缝宽度。

（3）耐久性。结构在正常使用和正常维护条件厂，在规定的使用期限内应有足够的耐久性。例如不发生由于混凝土保护层碳化或裂缝宽度过大，导致的钢筋锈蚀，以致影响结构的使用寿命。

我国现行《混凝土结构设计规范》（GB 50010—2010）、《铁路桥涵混凝土结构设计规范》（TB 10092—2017）等对混凝土及预应力混凝土构件的设计理念不同，《混凝土结构设计规范》（GB 50010—2010）要求混凝土构件根据承载能力极限状态和正常使用极限状态进行设计，而《铁路桥涵混凝土结构设计规范》（TB 10092—2017）规定混凝土构件主要依据容许应力法进行设计，本书主要参照《铁路桥涵混凝土结构设计规范》（TB 10092—2017），兼顾《混凝土结构设计规范》（GB 50010—2010）进行介绍。

第一节　材料的物理力学性质

一、钢筋

钢筋按照生产工艺和力学性能不同可以分为：热轧钢筋、冷拉钢筋、钢丝和钢绞线、热处理钢筋。

一般普通混凝土结构所用钢材为热轧钢筋和冷拉钢筋，预应力混凝土结构所用钢筋为高强钢丝、钢绞线、热处理钢筋和冷拉钢筋。

钢筋混凝土结构对钢筋性能的要求表现在。

（1）较高的钢筋强度可节约钢材、降低成本。

（2）钢筋混凝土结构要求钢筋要有足够的塑性变形能力。

（3）钢筋与混凝土之间的黏结强度的要求。为了保证钢筋与混凝土之间的共同工作，要求两者之间应具有足够的黏结强度。

（4）可焊性的要求。由于大量的钢筋在结构中需要焊接，钢筋混凝土结构要求钢筋有较好的可焊性。

钢筋的计算强度如表 4-1 所示，钢筋弹性模量如表 4-2 所示。

钢筋的计算强度(MPa)　　　　　　　　　　　　　　　　　　　　　　　　表 4-1

钢筋类型		抗拉计算强度 f_p 或 f_u	抗压计算强度 f'_p 或 f'_u
预应力筋	钢丝、钢绞线、预应力混凝土用螺纹钢筋	0.9	380
普通钢筋	HPB235	235	235
	HRB335	335	335

钢筋的弹性模量(MPa)　　　　　　　　　　　　　　　　　　　　　　　　表 4-2

钢筋种类	符号	弹性模量
钢丝	E_p	2.05×10^5
钢绞线	E_p	1.95×10^5
预应力混凝土用螺纹钢筋	E_p	2.0×10^5
HPB235	E_p	2.1×10^5
HRB335	E_p	2.0×10^5

二、混凝土

1. 立方体抗压强度 $f_{cu,k}$

采用边长 150mm 的立方体,在温度为 20℃ ± 2℃,相对湿度在 95% 以上的潮湿空气中养护 28d,按标准试验方法加压到破坏,所测得的具有 95% 保证率的抗压极限强度值,确定为混凝土的立方体标准强度,用 $f_{cu,k}$ 表示。混凝土强度等级是以立方体抗压强度标准值来确定。强度等级有 C15、C20……C80 共 14 级。

高架结构钢筋混凝土强度等级可采用 C25、C30、C35、C40、C45、C50、C55、C60。钢筋混凝土桥跨结构的混凝土强度等级不得低于 C30,预应力混凝土桥跨结构的混凝土强度等级不低于 C40,钢筋混凝土墩台的混凝土强度等级不得低于 C30,其他钢筋混凝土结构强度等级不得低于 C25。

2. 轴心抗压强度 f_c 和轴心抗拉强度 f_{ct}

轴心抗压强度 f_c 用 150mm × 150mm × 450mm 或 100mm × 100mm × 300mm 等尺寸制作成棱柱体试件测得的抗压强度用 f_c 表示,f_c 的标准值 f_{ck} 可用 $f_{cu,k}$ 表示:$f_c = 0.88 f_{ck} = 0.88 \times 0.76 f_{cu,k} = 0.67 f_{cu,k}$。

混凝土用轴心抗拉和劈裂两种方法来测试。

混凝土的极限强度如表 4-3 所示,受压或受拉时的弹性模量如表 4-4 所示。

混凝土的极限强度(MPa)　　　　　　　　　　　　　　　　　　　　　　　　表 4-3

强度等级	符号	混凝土强度等级								
		C20	C25	C30	C35	C40	C45	C50	C55	C60
轴心抗压	f_c	13.5	17.0	20.0	23.5	27.0	30.0	33.5	37.0	40.0
轴心抗拉	f_{ct}	1.70	2.00	2.20	2.50	2.70	2.90	3.10	3.30	3.50

混凝土受压或受拉时的弹性模量（MPa） 表4-4

混凝土强度等级	C20	C25	C30	C35	C40	C45	C50	C55	C60
弹性模量 E_c	2.80×10^4	3.00×10^4	3.20×10^4	3.30×10^4	3.40×10^4	3.45×10^4	3.55×10^4	3.60×10^4	3.65×10^4

3. 混凝土的徐变

徐变是指混凝土在长期压力作用下，当压力保持不变时，随着时间推移混凝土变形继续增长的现象。

影响徐变的因素很多，归纳起来主要有下面几点。

(1) 混凝土的龄期：龄期越短徐变越大。
(2) 水泥用量：水泥用量越大徐变越大。
(3) 集料的弹性模量：骨料弹性模量越高，徐变越小。
(4) 水灰比：水灰比越大，徐变越大。
(5) 养护时相对湿度对徐变的影响：湿度越小徐变越大。
(6) 构件的形状尺寸也会影响徐变值：构件尺寸越大，徐变越小。
(7) 捣制越密实，徐变越小。

徐变对结构也有影响。徐变会使受弯构件挠度增大2～3倍，使柱的偏心距增大，徐变还会导致预应力损失。另外，徐变还会使构件或结构物产生应力重分布，可减小温度变化和支座不均匀沉降产生的应力集中现象。

4. 混凝土的收缩

混凝土的收缩是指混凝土在空气中结硬时体积减小的现象，收缩随时间而增长。影响收缩的因素有。

(1) 水泥用量：用量越大，收缩越大。
(2) 水灰比：水灰比越大，收缩越大。
(3) 集料弹性模量越大，收缩越小。
(4) 集料级配好，密实度越大，则收缩越小。
(5) 养护环境：温度越高，湿度越小，收缩越大。
(6) 混凝土体表比越小，收缩越大。
(7) 水泥强度等级越高，收缩越大。

当混凝土收缩受到制约时，混凝土中会产生拉应力，从而导致表面或内部产生收缩裂缝。在预应力混凝土中还会导致预应力损失。另外，混凝土在水中结硬时体积会产生膨胀。

三、钢筋与混凝土的黏结

1. 黏结力的组成和作用

1) 黏结力的作用：黏结力的主要作用是保证钢筋与混凝土共同工作，阻止钢筋在混凝土中滑移。
2) 黏结力的组成有。
(1) 化学胶着力。混凝土在结硬过程中，水泥胶体与钢筋间产生吸附胶着作用。
(2) 摩擦力。由于混凝土的收缩使钢筋周围的混凝土产生握裹力，当钢筋和混凝土间出现相对滑动的趋势时，则在接触面上产生摩擦力。
(3) 机械咬合力。由于钢筋表面粗糙不平所产生的机械咬合作用。

(4)钢筋端部加弯钩、弯折或在锚固区焊接钢筋等产生锚固力。

2. 保证钢筋与混凝土之间黏结力的构造措施

为保证钢筋与混凝土之间黏结力,可采取以下构造措施:
(1)满足钢筋的锚固长度。
(2)光圆钢筋端头做弯钩。
(3)保证钢筋的搭接长度。

第二节　钢筋混凝土受弯构件抗弯设计

工程中受弯构件(或称为梁)的截面形式多种多样,常用的有矩形、T形、工字形、空心板、箱形、槽形等截面。矩形截面常用于荷载小和跨度小的情况,T形、工字形、箱形、槽形截面常用于荷载大和跨度大的情况,箱形截面还具有抗扭刚度大的特点。各类截面形式的梁的主要受弯力学性能及设计方法是类似的,本书主要以矩形截面梁为例进行介绍。

梁内的钢筋有:纵向受力钢筋(也称主筋)、箍筋、斜筋(也称弯起钢筋)和架立钢筋。

一、钢筋混凝土受弯构件的破坏形态

钢筋混凝土梁按其截面配筋率不同可分为三类:少筋梁、适筋梁、超筋梁,它们的破坏形式各不相同。

(1)当梁的配筋率很低时为少筋梁破坏。少筋梁的开裂弯矩大于构件的极限弯矩,因此梁一开裂,裂缝处的钢筋就进入屈服阶段,裂缝迅速向上延伸,梁从中部被劈成两个,破坏突然,属脆性破坏。

(2)当梁的配筋率适当时为适筋梁破坏。适筋梁破坏始于受拉区钢筋屈服,直到受压区混凝土被压碎,此过程经历时间较长,梁有明显挠曲变形,破坏前有明显预兆,属延性破坏。

(3)当梁的配筋率很高时为超筋梁破坏。超筋梁破坏始于受压区混凝土的压碎,受拉区钢筋达不到屈服,此种梁不能充分利用钢筋强度,破坏时梁挠度无明显增长,裂缝小,受压区高度延伸不高。破坏前无明显预兆,属脆性破坏。

以上三种梁中少筋梁与超筋梁的破坏形态都既不安全又不经济,设计中应予以避免。适筋梁中钢筋和混凝土两种材料的性能基本上都能得到充分利用,因此在土木工程中必须把受弯构件的正截面设计为适筋截面。

根据适筋梁破坏的形态,适筋梁破坏的三个阶段为。

(1)第Ⅰ阶段,即弹性工作阶段:构件尚未开裂,混凝土基本上处于弹性工作状态,直至受拉区裂缝将要出现而未出现,受拉区混凝土应变达到极限拉应变 $\varepsilon_{1max} = (1.0 \times 10^{-4} \sim 1.5 \times 10^{-4})$(图4-1、图4-2),即构件承受弯矩达到开裂弯矩 M_{cr},此阶段作为构件抗裂极限状态计算的依据。

(2)第Ⅱ阶段,即带裂缝工作阶段:截面弯矩超过构件的开裂弯矩以后,构件即开裂,受拉区混凝土几乎全部退出工作,中性轴上移。随荷载增加,钢筋和混凝土应力不断增加,直至受拉钢筋达到屈服,受压混凝土进入塑性阶段,应力呈曲线分布。在第Ⅱ阶段末时,受拉区钢筋应变 $\varepsilon_y = f_y/E_s$,截面承受的弯矩达到 M_y(图4-3、图4-4)。此阶段作为构件变形及裂缝宽度计算的依据。

(3) 第Ⅲ阶段,即破坏阶段:此时钢筋应力达到屈服,当荷载继续增加,钢筋在应力不变的情况下应变继续增长,此时裂缝不断向上延伸,中性轴不断上移,混凝土压应力不断增大,此时由于构件内力臂的增大,构件所能承受的弯矩还能有所增加,最后直至受压区混凝土被压碎,受压混凝土应变达到 ε_{cu},梁宣告破坏——构件承受弯矩达到极限弯矩值。此阶段作为构件承载力极限状态计算的依据(图4-3、图4-4)。

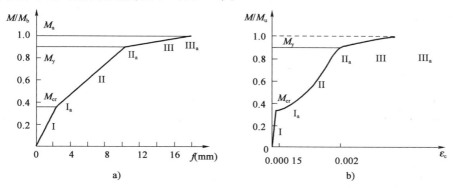

图 4-3　矩形截面适筋梁受弯构件破坏的三个阶段
a)适筋梁弯矩—挠度关系曲线;b)适筋梁弯矩—应变关系曲线

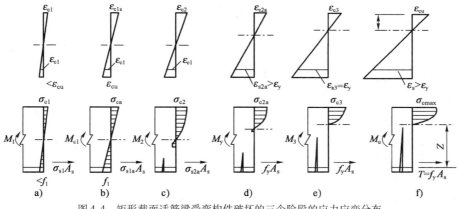

图 4-4　矩形截面适筋梁受弯构件破坏的三个阶段的应力应变分布
a)Ⅰ;b)I_a;c)Ⅱ;d)II_a;e)Ⅲ;f)III_a

二、正截面受弯承载力计算的基本假定

(1)平截面假定(几何关系)。即认为构件横截面上的平均应变符合平截面假定。
(2)不考虑受拉区的混凝土参与工作假定(平衡关系)。忽略受拉区混凝土的拉应力。
(3)受压区混凝土应力—应变曲线采用抛物线加直线的曲线形式,如图4-5所示。钢筋应力—应变曲线采用两段直线的曲线形式,如图4-6所示。

三、受弯构件正截面受弯的应力图形

受弯构件正截面受弯时的应力图形包括实际应力图形、理论应力图形和计算应力图形。
(1)受弯构件正截面受弯弹性极限状态时的实际应力图形如图4-4a)所示。
(2)受弯构件正截面受弯达到极限状态时的理论应力图形如图4-7所示。

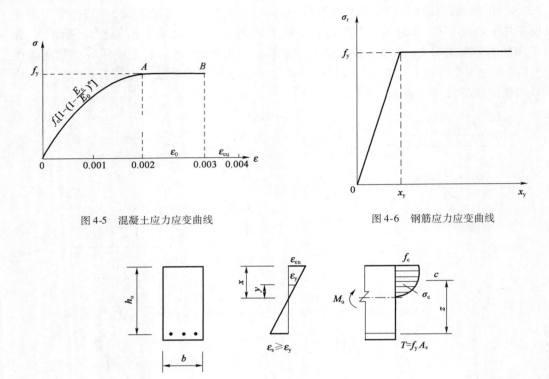

图 4-5　混凝土应力应变曲线　　　　图 4-6　钢筋应力应变曲线

图 4-7　混凝土正截面理论应力应变分布图

(3) 受弯构件正截面受弯承载力计算的应力图形。

为使计算简单明确，按照合力大小不变，合力作用点位置不变的原则，将理论应力图形经简化变为等效矩形应力图形，使受弯构件正截面承载力计算大大简化，如图4-8所示。

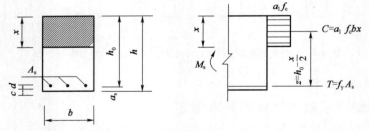

图 4-8　矩形截面受弯构件正截面等效应力分布及受压区高度

四、基本计算公式

我国现行《铁路桥涵混凝土结构设计规范》(TB 10092—2017)规定对于钢筋混凝土结构应按容许应力法进行设计，表4-5给出了混凝土容许应力。

Q235钢筋在主力或主力加附加力作用下，容许应力分别为130MPa和160MPa。HRB335钢筋，母材及纵向加工(打磨)的闪光对焊接头在主力或主力加附加力作用下，容许应力分别为180MPa和230MPa，未经纵向加工的闪光对焊接头在主力及主力加附加力作用下，容许应力参见《铁路桥涵混凝土结构设计规范》(TB 10092—2017)第3.3.4条。

混凝土容许应力(MPa)

表 4-5

序号	应力种类	符号	混凝土强度等级							
			C25	C30	C35	C40	C45	C50	C55	C60
1	中心受压	$[\sigma_c]$	6.8	8.0	9.4	10.8	12.0	13.4	14.8	16.0
2	弯曲受压及偏心受压	$[\sigma_b]$	8.5	10.0	11.8	13.5	15.0	16.8	18.5	20.0
3	有箍筋及斜筋时的主拉应力	$[\sigma_{tp-1}]$	1.80	1.98	2.25	2.43	2.61	2.79	2.97	3.15
4	无箍筋及斜筋时的主拉应力	$[\sigma_{tp-2}]$	0.67	0.73	0.83	0.90	0.97	1.03	1.10	1.17
5	梁部分长度中全由混凝土承受的主拉应力	$[\sigma_{tp-3}]$	0.33	0.37	0.42	0.45	0.48	0.52	0.55	0.58
6	纯剪应力	$[\tau_c]$	1.00	1.10	1.25	1.35	1.45	1.55	1.65	1.75
7	光钢筋与混凝土之间的粘结力	$[c]$	0.83	0.92	1.04	1.13	1.21	1.29	1.38	1.46
8	局部承压应力	$[\sigma_{l-1}]$	$6.8 \times \beta$	$6.8 \times \beta$	$6.8 \times \beta$	$6.8 \times \beta$	$6.8 \times \beta$	$6.8 \times \beta$	$6.8 \times \beta$	$6.8 \times \beta$

注：β 为混凝土局部承压应力提高系数，可按《铁路桥涵混凝土结构设计规范》(TB 10092—2017)式(3.1.5)计算。

钢筋混凝土适筋受弯构件,处于弹性工作状态,其混凝土的压应力计算式如下。

$$\sigma_c = \frac{M}{W_0} \leqslant [\sigma_b] \tag{4-1}$$

钢筋的拉应力:

$$\sigma_s = n\frac{M}{W_s} \leqslant [\sigma_s] \tag{4-2}$$

式中:σ_c、σ_s——混凝土和钢筋的压应力和拉应力(MPa);
M——计算弯矩(MN·m);
W_0、W_s——对混凝土受压边缘及对所检算的受拉钢筋重心处的换算截面抵抗矩(m^3);
n——钢筋的弹性模型与混凝土的变形模型之比。

中性轴处的剪应力:

$$\tau = \frac{V}{bz} \tag{4-3}$$

式中:τ——混凝土中性轴处剪应力(MPa);
V——计算剪力(MN);
b、z——构件中性轴处的腹板宽度(m)和内力偶力臂(m)。

(1)单筋矩形截面梁计算公式

根据图4-9,如按《混凝土结构设计规范》(GB 50010—2010)进行极限状态法设计,单筋矩形截面梁承载能力极限状态,其计算公式如下。

$$\sum N = 0, f_y A_s = \alpha_1 f_c bx \tag{4-4}$$

$$\sum M_{A_s} = 0, M_u = \alpha_1 f_c bx\left(h_0 - \frac{x}{2}\right) \tag{4-5}$$

或

$$M_u = f_y A_s\left(h_0 - \frac{x}{2}\right) \tag{4-6}$$

式中:M_u——正截面极限承载力(N·mm);
f_c——混凝土抗压设计强度(MPa);
f_y——钢筋的抗拉设计强度设计值(MPa);
A_s——受拉钢筋截面面积(mm^2);
b——截面宽度(mm);
x——应力图形换算成矩形后的受压区高度(mm);
h_0——截面有效高度,$h_0 = h - a_s$(mm);
α_1——当混凝土强度等级不超过C50时,取$\alpha_1 = 1$,当混凝土强度等级为C80时,取$\alpha_1 = 0.94$,其间按线形内插法取值;
a_s——受拉钢筋合力点至截面受拉边缘的距离(mm)。$a_s = c$(净保护层厚)$+ d/2$(d为钢筋直径)。

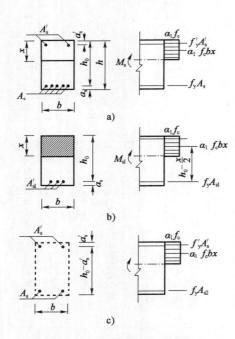

图4-9 双筋矩形截面工作原理

(2)双筋矩形截面梁计算公式

实际工程中,当截面所受的弯矩较大,但截面的高度又不能再增加时,可在截面的受压区配置受压钢筋 A'_s,帮助截面抵抗弯矩,形成双筋矩形截面。若截面在不同的情况下,分别承受正、负弯矩,则也应采用双筋截面。双筋矩形截面的受弯性能和单筋矩形截面基本类似,但由于在截面的受压区配置了受力钢筋,使双筋矩形截面又具有独特之处。双筋矩形截面的工作原理如图 4-9 所示。双筋矩形截面梁承载能力极限状况计算公式如下。

$$\sum N = 0, f_y A_s = f'_y A'_s + \alpha_1 f_c bx \tag{4-7}$$

$$\sum M_{A_s} = 0, M_u = \alpha_1 f_c bx\left(h_0 - \frac{x}{2}\right) + f'_y A'_s (h_0 - a'_s) \tag{4-8}$$

式中:f'_y——钢筋的抗压设计强度设计值;

A'_s——受压钢筋截面面积(mm^2);

a'_s——受压钢筋中心线到截面受压区边缘的距离(mm)。

第三节 受弯构件斜截面承载能力计算

一、受弯构件斜截面破坏形态

受弯构件根据其有无腹筋(箍筋、斜筋等)分为无腹筋构件和有腹筋构件,其斜截面破坏形态有三种:斜拉破坏、剪压破坏、斜压破坏。靠近支座的集中荷载作用点到支座之间的距离称为剪跨,剪跨与梁有效高度 h_0 的比值称为剪跨比 λ。

1. 斜拉破坏

对无腹筋梁,当 $\lambda > 3$ 时会发生斜拉破坏;对有腹筋梁,当 $\lambda > 3$ 且腹筋配筋过少时,会发生斜拉破坏。对无腹筋梁,当 $\lambda > 3$ 时,斜裂缝一出现,就迅速延伸到集中荷载作用点处,使梁沿斜向拉裂成两部分而突然破坏,即称为拉裂破坏;对有腹筋梁,当 $\lambda > 3$ 且箍筋配筋数量又过少时,斜裂缝一旦出现,箍筋承受不了原来由混凝土所承担的拉力,所以箍筋立即屈服,不能限制斜裂缝的开展,因此与无腹筋梁相似,仍将发生斜拉破坏。斜拉破坏属脆性破坏,设计中不允许出现。

2. 剪压破坏

对无腹筋梁,当 $1 \leq \lambda \leq 3$ 时,弯剪斜裂缝可能不止一条,当荷载增大到某一值时,几条弯剪斜裂缝将形成一条主要的斜裂缝,称为临界斜裂缝。临界斜裂缝出现后,梁所能承受的荷载还能继续增加,最后,由于剪压区截面不断缩小,剪压区混凝土被压碎。对配有腹筋的梁同样存在剪压破坏的情况,即主斜裂缝出现后,由于荷载的增加,通过斜裂缝的腹筋屈服,然后剪压区混凝土压碎。剪压破坏属脆性破坏,但它能够充分利用混凝土和箍筋的强度,设计中允许出现。

3. 斜压破坏

对无腹筋梁,当 $\lambda < 1$ 时,由于受到支座反力和荷载引起的单向直接压力的影响,在梁腹部出现若干条大体相互平行的斜裂缝。随着荷载的增加,梁腹部被这些斜裂缝分割成几个斜向的受压柱体,最后它们沿斜向受压破坏。破坏时,斜向裂缝多而密,在腹部发生类似于斜向

短柱压坏的现象,称为斜压破坏。对有腹筋梁,当腹筋配筋过多时也会发生斜压破坏。斜压破坏属脆性破坏,而且破坏时没有充分利用钢筋的强度,设计中不允许出现。

为了保证有腹筋梁的斜截面受剪承载力,通常在设计中采用以下措施。

(1)要求腹筋配筋率≥最小配筋率,以保证斜截面不出现斜拉破坏。

(2)限制截面最小尺寸,以防止斜截面发生斜压破坏。

(3)对于剪压破坏,则采用计算的方法来确定腹筋配筋率。

二、影响斜截面受剪承载力的主要因素

影响斜截面受剪承载力的主要因素有如下。

1. 剪跨比

随着剪跨比 λ 的增大,构件破坏形态按斜压、剪压、斜拉的顺序逐渐演变,受剪承载力亦随之降低。

对于承受均布荷载的构件,往往用"跨高比"来代替"剪跨比","跨高比"即梁的跨度与截面有效高度的比值 L/h。随"跨高比"增大,构件承载力亦随之降低。

2. 混凝土强度

在其他条件相同的情况下,构件受剪承载力随混凝土强度 f_c 的提高而提高,且呈线性关系。

3. 纵筋配筋率

纵筋配筋率越大,构件抗剪承载力越强。

4. 梁截面尺寸

梁截断尺寸越大,构件承载力越强。

5. 荷载作用形式

梁顶加荷构件抗剪承载力高于梁腹或梁底加荷构件,因此对于梁腹部或底部承受集中荷载的构件要配置吊筋或附加箍筋。

三、有腹筋梁受剪性能

《混凝土结构设计规范》(GB 50010—2010)规定,当梁内配置箍筋以后,箍筋可以被斜裂缝分割的混凝土块牢牢的连在一起,此时可将开裂后的混凝土块体视为桁架的上弦杆和受压腹杆,纵筋视为下弦杆,箍筋视为受拉腹杆。由此整个构件可比拟成一个平面桁架。

有腹筋梁受剪承载力基本公式:

$$V_u = V_c + V_s + V_{sb} \tag{4-9}$$

式中: V_u ——构件的受剪极限承载力;

V_c ——剪压区混凝土承受的剪力;

V_s ——与斜裂缝相交箍筋所承受的剪力;

V_{sb} ——与斜裂缝相交弯起钢筋所承受的剪力。

均布荷载作用下的梁受剪承载力计算公式(或T形截面、工形截面任意荷载或作用时):

$$V_c = 0.7 f_t b h_0 \tag{4-10}$$

$$V_s = 1.25 f_{yv} \frac{A_{sv}}{s} h \quad (4\text{-}11)$$

$$V_{sb} = 0.8 f_y A_{sb} \sin\alpha \quad (4\text{-}12)$$

$$V_u = 0.75 f_t b h_0 + 1.25 f_{yv} \frac{A_{sv}}{s} h_0 + 0.8 f_y A_{sb} \sin\alpha \quad (4\text{-}13)$$

或

$$V_u = \frac{1.75}{\lambda + 1} f_t b h_0 + f_{yv} \frac{A_{sv}}{s} h_0 + 0.8 f_y A_{sb} \sin\alpha \quad (4\text{-}14)$$

式中：f_t——混凝土轴心抗拉强度设计值(MPa)；

　　b——受剪构件截面宽度(mm)；

　　h_0——受剪构件截面有限高度(mm)；

　　f_{yv}——箍筋抗拉强度设计值(MPa)；

　　s——箍筋间距(mm)；

　　f_y——弯起钢筋强度设计值(MPa)；

　　A_{sv}——通过斜裂缝的弯起钢筋截面面积(mm^2)；

　　A_{sb}——同一弯起平面内的弯起钢筋的截面面积(mm^2)；

　　α——弯起钢筋弯起角度；

　　λ——剪跨比，取 $1.4 \leqslant \lambda \leqslant 3$。

第四节　钢筋混凝土受压构件设计

轴心受压构件的材料选用：一般混凝土选用 C20 以上等级的混凝土，钢筋选用 HRB400 级以下的钢筋。这主要是因为轴心受压钢筋混凝土材料破坏时，混凝土的压应变 $\varepsilon_0 = 0.002$ 时轴心受压柱破坏，此时钢筋应变 $\varepsilon_s = 0.002$，钢筋的应力最大只能达到 $\sigma_s = E_s \varepsilon_s = 2 \times 10^5 \times 0.002 = 400 \text{MPa}$，因此选用高强钢筋不能发挥作用($f_y > 400 \text{MPa}$ 钢筋)。

钢筋直径要求最小直径为 12mm，这主要是为了防止钢筋在箍筋之间受压失稳。

一、轴心受压构件

轴心受压构件在长期压力作用下，由于徐变的存在，使得受压钢筋的压应力随着时间不断增长直至达到 f_y，而受压混凝土的应力随时间不断减小，这种应力分布的变化称为轴心受压构件的应力重分布。由于徐变的存在使轴心受压构件在突然卸载以后，混凝土处于受拉，钢筋处于受压状态，此时由于混凝土拉应力过大，混凝土开裂。

轴心受压短柱一般破坏时钢筋应力达到 f_y，然后混凝土压碎，属材料破坏。对于轴心受压混凝土长柱，由于偶然作用会产生偏心影响，将产生附加弯矩，而附加弯矩产生的挠度又进一步加大偏心距，最终使轴心受压长柱在轴心压力和弯矩的共同作用下破坏，有时可能产生失稳破坏。

我国现行《铁路桥涵混凝土结构设计规范》(TB 10092—2017)第 6.2.2 条规定，对于具有纵筋及一般箍筋的轴心受压构件的强度与稳定性应根据下式计算。

(1) 强度

$$\sigma_c = \frac{N}{A_c + mA'_s} \leq [\sigma_c] \quad (4\text{-}15)$$

(2) 稳定性

$$\sigma_c = \frac{N}{\varphi(A_c + mA'_s)} \leq [\sigma_c] \quad (4\text{-}16)$$

式中：σ_c——混凝土压应力（MPa）；

N——计算轴向压力（MN）；

A_c——构件横截面的混凝土面积（m²）；

A'_s——受压区纵筋截面积（m²）；

$[\sigma_c]$——混凝土容许压应力（MPa）；

φ——纵向弯曲系数，如表 4-6 所示；

m——钢筋抗拉强度标准值与混凝土抗压极限强度之比，如表 4-7 所示。

纵向弯曲系数 φ 值   表 4-6

l_0/b	<8	10	12	14	16	18
l_0/d	<7	8.5	10.5	12	14	15.5
l_0/i	<28	35	42	48	55	62
φ	1.0	0.98	0.95	0.92	0.87	0.81
l_0/b	20	22	24	26	28	30
l_0/d	17	19	21	22.5	24	26
l_0/i	69	76	83	90	97	104
φ	0.75	0.70	0.65	0.60	0.56	0.52

注：1. l_0 为构件计算长度（m），两端固定时 l_0 取 $0.5l$，l 为构件全长（m）；一端刚性固定另一端为不移动的铰时，l_0 取 $0.7l$，两端均为不移动的铰时，l_0 取 l；一端刚性固定另一端为自由端时，l_0 取 $2l$。
2. b 为矩形截面构件的短边尺寸（m）；d 为圆形截面构件的直径（m）；i 为任意形截面构件的回转半径（m）。

m 取   表 4-7

钢筋种类	混凝土强度等级							
	C25	C30	C35	C40	C45	C50	C55	C60
HPB300	17.7	15.0	12.8	11.1	10.0	9.0	8.1	7.5
HRB400	23.5	20.0	17.0	14.8	13.3	11.9	10.8	10.0
HRB500	29.4	25.0	21.3	18.5	16.7	14.9	13.5	12.5

采用螺旋式或焊接环式间接钢筋的轴心受压构件，其强度应按下式计算。

$$\sigma_c = \frac{N}{A_{he} + mA'_s + 2.0A_j} \leq [\sigma_c] \quad (4\text{-}17)$$

$$A_j = \frac{\pi d_{he} a_j}{s} \quad (4\text{-}18)$$

式中：A_{he}——构件核心截面面积（m²）；

m——纵向钢筋及间接钢筋抗拉强度标准值与混凝土抗压极限强度之比；

A_j——间接钢筋的换算截面积（m²）；

d_{he}——构件核心直径（m）；

a_j——单根间接钢筋的截面积（m²）；

s——间接钢筋的间距(m)。

二、偏心受压构件

在偏心压力作用下,柱先在远离偏心压力作用一侧出现水平裂缝,随着压力的增加,受拉一侧的受拉钢筋先被拉屈,然后受压一侧混凝土被压碎,其破坏过程与双筋矩形截面梁的适筋破坏类似。

在偏心压力作用下,远离偏心压力作用的一侧的受拉钢筋不屈服,而在受压一侧混凝土先被压碎,其破坏过程与双筋矩形截面梁的超筋破坏类似。

矩形截面偏心受压构件根据其破坏形态可分为大偏心受压和小偏心受压,前者为受拉破坏,后者为受压破坏。

我国现行《铁路桥涵混凝土结构设计规范》(TB 10092—2017)第6.2.5条规定,对于偏心受压构件的混凝土的正应力按下式计算。

$$\sigma_c = \frac{N}{A_0} + \frac{\eta M}{W_0} \leqslant [\sigma_b] \quad (4\text{-}19)$$

其中:

$$\eta = \frac{1}{1 - \frac{KN}{\alpha \frac{\pi^2 E_c I_c}{l_0^2}}} \quad (4\text{-}19\text{a})$$

$$\alpha = \frac{0.1}{0.2 + \frac{e_0}{h}} + 0.16 \quad (4\text{-}19\text{b})$$

式中:σ_c——混凝土压应力(MPa);
N——换算截面重心处的计算轴向压力(MN);
A_0、W_0——钢筋混凝土换算截面积(不计受拉区,m^2)及其对受压边缘或受压较大边缘的截面抵抗矩(m^3);
M——计算弯矩(MN·m);
η——挠度对偏心距的增大系数;
K——安全系数,主力时取2.0,主力加附加力时取1.6;
E_c——混凝土受压弹性模量(MPa);
I_c——混凝土全截面的惯性矩(m^4);
α——考虑偏心距的影响系数;
e_0——轴向力作用点至构件截面重心的距离(m);
h——弯曲平面内的截面高度(m);
l_0——压杆的计算长度(m)。

第五节 钢筋混凝土受弯构件的变形计算及裂缝控制

控制挠度主要基于以下4个理由:
(1)结构构件挠度过大会损害其使用功能。

（2）高架结构受弯构件板挠度过大会导致行车不平顺，甚至车辆发生安全事故。

（3）根据经验，人们能够耐受的最大挠度大致为 $l_0/250$（l_0 为构件计算跨度），超过这个限度就会引起用户的关注和不安。

（4）梁端转角过大将改变其支承面积和支承反力的作用位置并可能危及砖墙（板）的稳定，墙体产生沿楼板的水平裂缝。构件挠度过大，在可变荷载作用下会发生颤动，出现动力效应，使结构内力增大，甚至发生共振。

关于导致挠度过大的荷载条件，《混凝土结构设计规范》（GB 50010—2010）规定，对正常使用极限状态按荷载持续时间的长短采用两种组合。在短期效应组合中，包括了整个使用期限内出现时间很短的荷载值。故荷载短期效应组合出现的时间是短暂的；而在长期效应组合中，只包括在整个使用期内出现时间很长的荷载值，故荷载长期效应组合历时很长。

对挠度限值，既应考虑短期效应组合，也应考虑长期荷载效应组合。但目前对正常使用极限状态的各种限值及结构可靠度分析方法还不完善，《混凝土结构设计规范》（GB 50010—2010）仍以过去的工程设计使用经验为基础，规定受弯构件的最大挠度应按荷载的短期效应组合并要考虑长期效应的影响进行计算，计算值不超过《混凝土结构设计规范》（GB 50010—2010）规定值。

计算结构变形时，截面的抗弯刚度应按 $0.8E_cI$ 计算。E_c 为混凝土受压弹性模量。对于静定结构，计算 I 时不计混凝土受拉区，计入钢筋；而对于超静定结构，计算 I 时应包括全部混凝土截面受拉区，不计钢筋。

混凝土抗拉强度比其抗压强度低得多。当钢筋混凝土构件受到弯矩、剪力、拉力和扭矩等荷载效应作用时，或由于基础不均匀沉降、混凝土收缩和温度作用而产生的外加变形受到钢筋或其他结构构件约束时，或因钢筋锈蚀而体积膨胀时，混凝土中便生抗拉应力，该拉应力超过其抗拉强度时即开裂。另外冻融和化学作用等也往往导致混凝土开裂。一般混凝土构件在正常使用状态下出现裂缝是难免的。

基于外观要求及耐久性要求应限制裂缝开裂宽度。

（1）外观要求。外观是评价结构质量的重要因素。而裂缝开裂过宽有损结构外观，令人产生不安全感。

（2）耐久性要求。近年来国内对处于室内正常环境条件下的钢筋混凝土构件最大裂缝外形观测结果，以及国外的一些工程调查结果均表明，不论裂缝宽度大小、使用时间的长短、地区湿度的差异，凡钢筋上不出现结露或水膜，其裂缝处钢筋基本上未发现明显的锈蚀痕迹。故就耐久性要求而言，对于处于这种环境条件下的钢筋混凝土一般构件，其裂缝宽度的允许值可予适当放宽。而对处于露天或室内高温环境的钢筋混凝土构件，外形观测表明，裂缝处钢筋都有不同程度的表皮锈蚀，当裂缝宽度大于 0.2mm 时，裂缝处钢筋有轻微的表皮锈蚀。

关于裂缝控制标准，我国《混凝土结构设计规范》（GB 50010—2010）与《铁路桥涵混凝土结构设计规范》（TB 10092—2017）有不同的规定。

根据《混凝土结构设计规范》（GB 50010—2010），以过去的工程使用经验和耐久性的研究成果，考虑了环境条件对钢筋锈蚀的影响，钢筋种类对锈蚀的敏感性及构件的工作条件等，将钢筋混凝土和预应力钢筋混凝土构件的裂缝控制统一划分为3级，分别用应力及裂缝宽度进行控制。

一级——严格要求构件不出现裂缝,按短期荷载效应组合进行计算时,构件受拉边缘混凝土不产生拉应力。

二级——一般要求不出现裂缝的构件,按长期荷载效应组合进行计算时,构件受拉边缘混凝土不应产生拉应力,而按短期荷载效应组合进行计算时,构件受拉边缘允许产生拉应力,但拉应力不应超过f_{tk}。

三级——构件允许出现裂缝,最大裂缝宽度按短期荷载效应组合并考虑长期荷载效应组合的影响进行计算,其计算值不应超过允许值。

根据《铁路桥涵混凝土结构设计规范》(TB 10092—2017)第6.2.6条规定,混凝土结构构件的计算裂缝宽度不应超过表4-8的限值。裂缝宽度计算公式,可参见第6.2.7和第6.2.8条进行。

裂缝宽度容许值(mm) 表4-8

环境类别	环境等级	$[w_f]$
碳化环境	T1、T2、T3	0.20
氯盐环境	L1、L2	0.20
	L3	0.15
化学腐蚀环境	H1、H2	0.20
	H3、H4	0.15
盐类结晶破坏环境	Y1、Y2	0.20
	Y3、Y4	0.15
冻融破坏环境	D1、D2	0.20
	D3、D4	0.15
磨蚀环境	M1、M2	0.20
	M3	0.15

注:1. 表列数值为主力作用时的容许值,当主力加附加力作用时可提高20%。
2. 当钢筋保护层实际厚度超过30mm时,可将钢筋保护层厚度的计算值取为30mm。

第六节　预应力混凝土构件抗弯设计

一、预应力混凝土构件受弯性能

预应力结构能充分利用高强材料,以提高结构承载力,减轻自重,节约造价,提高构件刚度,减小变形,可以满足对裂缝控制的要求,广泛地应用于房屋建筑、道桥、水利、海洋、港口及原子能反应堆中。

预应力施加方法主要有:先张法、后张法、电热法等。先张法是指先在台座上张拉钢筋,然后浇注混凝土的预应力方法。后张法是指先浇筑混凝土,然后在构件上张拉钢筋的预应力方法。电热法是利用钢筋热胀冷缩的性能以达到在混凝土中产生预压应力的一种预加应力方法。

预应力构件,对钢筋有高强、与混凝土黏结性能好、有一定的塑性、有良好的加工性能及可焊性等要求;对混凝土有高强、收缩徐变小、快硬、早强的要求。

对于预应力混凝土受弯构件,从预加应力到承受外荷载,直至最后破坏,从构件所受应力角度而言,可分为:弹件阶段、开裂阶段及破坏阶段。弹性阶段大致又可包括:传力锚固(预加应力)阶段、运送和安装阶段、使用荷载作用阶段(运营阶段),弹性阶段属工作阶段。传力锚固、运送和架设以及使用荷载作用阶段是受弯构件的生产过程和正常工作状态。预应力混凝土各阶段的应力如图4-10所示。

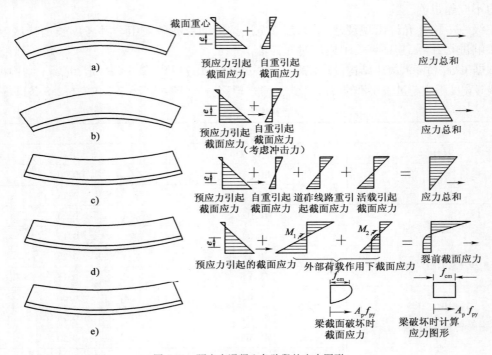

图 4-10 预应力混凝土各阶段的应力图形
a)预应力加载阶段;b)运送及安装阶段;c)使用荷载作用阶段;d)裂缝即将出现阶段;e)破坏阶段

对于正常使用荷载阶段,要保证预应力混凝土受弯构件全截面不出现拉应力,我们把这种设计思想归为全预应力混凝土受弯构件设计。显然,按全预应力混凝土设计的受弯构件在正常使用阶段不会出现裂缝。如前所述,在弹性阶段三个过程中,截面一般不允许出现拉应力,或允许出现不大的拉应力而仍能保证不裂(预加应力、运送和安装阶段),整个截面均参加工作,故可按弹性理论分析,由预加应力产生的混凝土正应力可按偏心受压构件计算,而由计算荷载(恒载和活载)弯矩产生的混凝土正应力则按材料力学公式计算,两者之和即为截面的总应力。

对于承载能力极限状态,由于此时混凝土已经开裂,因此承载力计算与钢筋混凝土较为相似,只不过截面上既有普通钢筋又有预应力钢筋,因此计算公式稍微复杂一些,但原理却没有什么本质的差别。

二、预应力损失计算

1. 预应力筋与孔道壁间的摩擦引起的损失 σ_{L1}

$$\sigma_{L1} = \sigma_{con}\left[1 - e^{-(\mu\theta + kx)}\right] \quad (4\text{-}20)$$

式中:k——考虑孔道每米长度局部偏差对摩擦影响的系数,按相应表格取用;

x——张拉端至计算截面间的孔道长度(m);

μ——预应力筋与孔道壁间的摩擦系数,按相应表格取用;
θ——张拉端至计算截面曲线孔道部分的切线夹角(rad);
σ_{con}——钢筋(锚下)控制应力(MPa)。

2. 张拉端锚具变形和钢筋内缩引起的预应力损失 σ_{l2}

对于直线钢筋:

$$\sigma_{l2} = \frac{\Delta l}{l} E_p \qquad (4\text{-}21)$$

式中:l——张拉端至锚固端的长度(mm);
Δl——锚具变形值和预应力筋回缩值(mm);
E_p——预应力筋的弹性模量(N/mm^2)。

3. 对于先张法构件,混凝土加热养护时,先张拉的预应力筋与台座之间温差引起的损失 σ_{l3}

$$\sigma_{l3} = 2\Delta t \qquad (4\text{-}22)$$

式中:Δt——先张拉钢筋与承受张拉力设备间的温差。

对于在钢模上张拉的构件,钢模和构件一同加热养护,可不考虑此项损失。

4. 预应力筋的应力松弛引起的损失 σ_{l4}

$$\sigma_{l4} = \zeta \sigma_{con} \qquad (4\text{-}23)$$

式中:σ_{con}——先张梁采用预应力钢筋(锚下)控制应力,后张梁采用传力锚固时的预应力钢筋的应力。

ζ——松弛系数,对于精轧螺纹钢筋,一次张拉,取 0.05,超张拉时,按 0.035 采用;对于钢丝,普通松弛时,按 $0.4(\sigma_{con}/f_{pk} - 0.5)$ 采用;对钢丝、钢绞线,低松弛时,当 $\sigma_{con} \leq 0.7 f_{pk}$ 时,$\zeta = 0.125(\sigma_{con}/f_{pk} - 0.5)$;当 $0.7 f_{pk} < \sigma_{con} \leq 0.8 f_{pk}$ 时,$\zeta = 0.2(\sigma_{con}/f_{pk} - 0.575)$。

5. 混凝土收缩和徐变引起的损失 σ_{l5}

该项损失计算公式复杂,可参见《铁路桥涵混凝土结构设计规范》(TB 10092—2017)相关规定计算。

6. 在后张法结构中,当分批张拉预应力钢筋时,对先张拉的钢筋应考虑由于混凝土的弹性压缩引起的应力损失 σ_{l6}

该项损失参见《铁路桥涵混凝土结构设计规范》(TB 10092—2017)相关规定计算。

后张法构件混凝土的预压应力,是与钢筋的预拉应力同时建立的。因此,张拉钢筋本身不会引起像先张法那样的弹性压缩应力损失,只有当多根钢束分批张拉时,才会对已张拉锚固的钢筋引起弹性压缩应力损失。

后张法是在混凝土已完成部分收缩变形之后进行张拉的。因此,由于混凝土硬化收缩所造成的应力损失要比先张法构件小。

三、预应力混凝土受弯构件的计算方法

我国《混凝土结构设计规范》(GB 50010—2010)与《铁路桥涵混凝土结构设计规范》(TB 10092—2017)对预应力混凝土构件的计算理念有所不同。下面主要参照《铁路桥涵混凝土结构设计规范》(TB 10092—2017)进行介绍。

1. 正截面承载力计算

矩形截面受弯构件正截面强度计算如图 4-11 所示，相应的验算式如下。

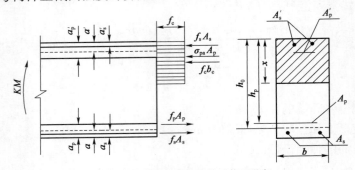

图 4-11　矩形截面受弯构件正截面强度

$$KM \leqslant f_c bx\left(h_0 - \frac{x}{2}\right) + \sigma'_{pa} A'_p (h_0 - a'_p) + f'_s A'_s (h_0 - a'_s) \tag{4-24}$$

中性轴位置按下式确定：

$$f_p A_p + f_s A_s - \sigma'_{pa} A'_p - f'_s A'_s = f_c bx \tag{4-25}$$

$$\sigma'_{pa} = f'_p - n_p \sigma_{c1} - \sigma'_{p1} \tag{4-26}$$

式中：M——计算弯矩（MN·m）；

f_c——混凝土抗压极限强度（MPa）；

σ'_{pa}——相应的混凝土受压破坏时，预应力钢筋 A'_p 中的应力（MPa）；

n_p——预应力钢筋弹性模量与混凝土弹性模量之比；

f'_p——预应力钢筋抗压计算强度（MPa）；

σ_{c1}——预应力钢筋 A'_p 重心处混凝土的有效预压应力（MPa）；

σ_{p1}——混凝土应力为 σ_{c1} 时，预应力钢筋 A'_p 中的有效预应力（MPa）；

h_0——截面的有效高度（m）；

f'_s——受压区非预应力钢筋抗压计算强度（MPa）；

A'_s——受压区非预应力钢筋的截面积（m²）；

b——矩形截面宽度（m）；

x——截面受压区高度（m）。

2. 斜截面承载力计算

配有预应力、非预应力钢筋、弯起钢筋梁斜截面受剪承载力应按下式计算。

$$V = V_{cs} + V_p + 0.8 f_y A_{sb} \sin\alpha + 0.8 f_{py} A_{pb} \sin\alpha_p \tag{4-27}$$

式中：V_{cs}——混凝土和箍筋提供的受剪承载力；

V_p——预应力筋所提供的受剪承载力，$V_p = 0.05 N_{p0}$；

N_{p0}——所计算截面上混凝土法向应力为零时，顶应力及非预应力钢筋合力，但若有弯起钢筋时，不应将弯起钢筋的面积计入；

A_{sb}、α——弯起的钢筋截面面积及其与构件纵轴所成夹角；

A_{pb}、α_p——弯起的预应力钢筋截面面积及其与构件纵轴所成夹角。

3. 使用阶段抗裂验算

根据《铁路桥涵混凝土结构设计规范》(TB 10092—2017)第7.3.9条,对不允许出现拉应力的构件,其正截面抗裂性按下面公式计算。

对于轴心受拉、小偏心受拉或小偏心受压构件:

$$K_f \sigma \leq \sigma_c + f_{ct} \tag{4-28}$$

对于受弯、小偏心受拉或大偏心受压构件:

$$K_f \sigma \leq \sigma_c + \gamma f_{ct} \tag{4-29}$$

$$\gamma = \frac{2S_0}{W_0} \tag{4-30}$$

式中:σ——计算荷载在截面受拉边缘混凝土中产生的正应力(MPa),可根据材料力学方法计算;

K_f——抗裂安全系数;

σ_c——扣除相应阶段预应力损失后混凝土的预压应力(MPa);

f_{ct}——混凝土抗拉极限强度(MPa);

γ——考虑混凝土塑性的修正系数;

W_0——对所检算的拉应力边缘的换算截面抵抗矩(m³);

S_0——换算截面中性轴以下的面积对中性轴的面积矩(m³)。

根据《铁路桥涵混凝土结构设计规范》(TB 10092—2017)第7.3.9条,斜截面抗裂计算式为:

$$\sigma_{tp} \leq f_{ct} \tag{4-31}$$

$$\sigma_{cp} \leq f_c \tag{4-32}$$

式中:f_{ct}——混凝土抗拉极限强度(MPa);

f_c——混凝土抗压极限强度(MPa);

σ_{tp}、σ_{cp}——按抗裂性计算所得的主拉、主压应力,按《铁路桥涵混凝土结构设计规范》第7.3.7条规定计算(MPa)。对于主力加附加力组合,式(4-32)可改为$\sigma_{cp} \leq 0.66 f_c$。

当不满足式(4-31)、式(4-32)要求时,应修改截面尺寸或提高混凝土强度等级。

运营荷载作用下正截面混凝土压应力(扣除全部应力损失后)应符合下面规定。

(1)对于主力组合作用时:

$$\sigma_c \leq 0.5 f_c \tag{4-33}$$

(2)对于主力加附加力组合作用时:

$$\sigma_c \leq 0.55 f_c \tag{4-34}$$

式中:σ_c——运营荷载及预应力钢筋有效预应力产生的正截面混凝土最大压应力(MPa)。

运营荷载作用下正截面混凝土受拉区应力(扣除全部应力损失后)应符合下面规定。

(1)对不允许出现拉应力的构件:

$$\sigma_{ct} \leq 0 \tag{4-35}$$

(2)对允许出现拉应力的构件,但不允许开裂的构件:

$$\sigma_{ct} \leq 0.7 f_{ct} \tag{4-36}$$

式中:σ_{ct}——运营荷载及预应力钢筋有效预应力在混凝土截面受拉边缘产生的应力(MPa)。

对允许出现拉应力及允许开裂的构件,运营荷载作用下,截面混凝土主应力(扣除全部应

力损失后)应符合下面规定:

$$\sigma_{tp} \leq 0.7 f_{ct} \tag{4-37}$$

4. 使用阶段最大裂缝宽度及变形验算

对允许开裂的预应力混凝土受弯构件,在恒载作用下正截面混凝土受拉区压应力(扣除全部应力损失后)不应小于1MPa,在运营荷载作用下的特征裂缝宽度应符合下列规定。

(1)对于主力组合,不得大于0.1mm。

(2)对于主力加附加力组合,不得大于0.15mm。

(3)对于特种超载荷载,不得大于0.25mm。

对于矩形、T形和工字形截面梁,在运营荷载作用下,其主要受力钢筋水平处的"特征裂缝宽度"可根据《铁路桥涵混凝土结构设计规范》(TB 10092—2017)第7.3.18条计算。

计算预应力混凝土构件结构的挠度与转角,可根据《铁路桥涵混凝土结构设计规范》(TB 10092—2017)第7.3.19条计算。

【历史沿革】

混凝土结构与砌体结构、钢结构、木结构相比,历史不长。自19世纪中叶开始使用,随着混凝土和钢筋材料性能的不断改进,结构理论及施工技术的进步使钢筋混凝土结构得到迅速发展。它的发展大致经历了四个阶段。

(1)钢筋混凝土小构件的应用,设计计算依据弹性理论方法。

1801年法国实业家Coignet发表了有关建筑原理的论著,指出混凝土这种材料抗拉性能较差。

1850年法国的Lambert首先建造了一艘小型水泥船,并于1855年在巴黎博览会上展出。

1867年法国的Monier制作了以金属骨架作配筋的混凝土花盆并以此获得专利。

1872年美国的Worde建造了第一幢钢筋混凝土构件的房屋。

1886年美国的Connar发表了第一篇关于混凝土结构的理论与设计手稿。

1906年美国的Turnor制造了第一个无梁平板。

(2)钢筋混凝土结构与预应力混凝土结构的大量应用,设计计算依据材料的破损阶段方法。

1922年英国的Thiessen提出了受弯构件按破损阶段的计算方法。

1928年法国工程师Freyssinet提出了预应力混凝土结构的思想。

1950年苏联学者根据极限平衡理论制定了"塑性内力重分布计算规程"。

1955年美国学者A.M.Freadentbal提出了结构可靠性理论,逐渐形成了极限状态设计法,从而结束了按破损阶段的设计计算方法。

(3)工业化生产构件与施工,结构体系应用范围扩大,设计计算依据极限状态法。

第二次世界大战后许多大城市百废待兴,重建任务繁重,工程中大量应用预制构件和机械化施工以加快建造速度。继苏联提出的极限状态设计法之后,1970年,英国、联邦德国、加拿大、波兰相继采用此方法。欧洲混凝土委员会与国际预应力混凝土协会(CEB-FIP)在第六届国际会议上,提出了混凝土结构设计与施工建议,形成了设计思想上的国际化统一准则。

（4）由于近代钢筋混凝土力学这一新的学科的科学分支逐渐形成,以统计教学为基础的结构可靠性理论已逐渐进入工程实用阶段。电算的迅速发展使复杂的数学运算成为可能,设计计算依据概率极限状态设计法。

【思 考 题】

1. 简述混凝土立方体抗压强度、混凝土等级、轴心抗压强度、轴心抗拉强度的意义以及它们之间的区别。
2. 简述混凝土应力—应变关系特征。
3. 混凝土收缩、徐变与哪些因素有关？
4. 如何保证钢筋和混凝土之间有足够的黏结？
5. 何为预应力混凝土先张法、后张法？
6. 预应力损失有哪几项？
7. 简述钢筋混凝土梁的破坏形态。
8. 简述预应力混凝土梁破坏形态。
9. 钢筋混凝土梁与预应力混凝土梁抗裂性验算有何区别？
10. 何为轴心受压构件、偏心受压构件、大偏心受压构件、小偏心受压构件,其设计原理有何不同？
11. 钢筋混凝土构件设计验算有何基本假定？
12. 钢筋混凝土梁正截面破坏与斜截面破坏的有何区别？

第五章
明挖法结构设计

现象一：图5-1是某明挖区间结构施工中型钢围檩被压溃的照片，从照片中可以发现，采用明挖法施工时，一旦围护结构发生变形，对结构产生的破坏力将大大增加。为什么土压力能把型钢压溃？

现象二：图5-2是某地下连续墙露筋的照片，发生大面积露筋时，墙体的刚度得不到保证，加大了施工的安全风险。为什么会发生这种情况？

从上述现象发现，明挖法设计的关键是确保基坑工程安全。

图5-1　型钢围檩压溃

图5-2　地下连续墙墙身露筋情况

明挖法结构建造是指在以桩(墙)锚体系、桩(墙)撑体系及土钉墙作为围护结构,由上向下开挖土体至设计基底高程后,自基底由下向上浇筑主体结构,并在主体结构完成后,进行覆土或恢复地面的一种施工方法。施工时开挖的地坑称为基坑;基坑工程是为保证基坑施工、主体地下结构的安全和周围环境不受损害而采取的支护结构、降水和土方开挖与回填的工程总称,包括勘察、设计、施工、监测等。

在地面交通和环境允许的条件下,明挖法施工一般是基坑工程施工的首选方法,尤其是在城市实施地铁车站工程等一般采用明挖法施工。明挖法的优点是施工技术相对简单、快速、经济,缺点主要表现在基坑开挖实施过程中对地面的交通会带来一定的影响,需采取临时措施解决相关的地面交通等,同时围护结构以及基坑开挖施工过程中的噪声、振动以及土体变形等对环境有一定的影响。

第一节　明挖法结构建设及设计流程

一、明挖法结构建设流程

明挖法结构建造施工程序,一般可以分为施工前期环境调查、围护结构施工、基坑地基处理、基坑降水、土方开挖及支撑的安装和浇筑、内部结构的施工及临时支撑体系的拆除、结构施工结束后覆土及路面结构的恢复等。在基坑实施过程中,应进行相关的基坑和环境的监测和测量等工作。

1. 施工前环境调查

明挖法基坑在工程实施前,应对周边的环境作详细调查,包括基坑实施影响范围的工程地质、水文地质、管线及地下障碍物核查、地面建筑物及周边交通状况调查,并根据调查情况制订相应的环境保护办法以及相应的应急预案等,对影响范围内的重要保护建(构)筑必要时应制订专项保护措施,确保基坑施工过程中周围环境和建(构)筑物的安全。

2. 围护结构施工

明挖法施工基坑围护结构,一般采用地下连续墙、钻孔灌注桩(一般外侧采用止水帷幕等措施)、SMW搅拌桩墙以及重力式搅拌桩墙等。围护桩(墙)施工时,应结合地层条件等因素制订合理的施工措施,并考虑施工过程中对环境及构(建)筑物造成的影响等因素。

3. 地基加固

基坑工程实施中,如果天然地基的强度或变形不能满足环境保护及基坑稳定要求时,可以采取各种方法进行地基加固。地基加固的方法种类较多,随着新工艺、新技术的不断涌现,各类加固技术发展较快。地基加固技术的应用既有较强的针对性,又有一定的灵活性,因此必须因地制宜选取有效而又经济可行的加固措施。

地基加固技术发展较快,种类也越来越多,各类加固技术相互交叉、渗透。常用地基加固技术主要有:排水固结法、振密挤密法、置换及拌入法、注浆加固、搅拌桩加固以及旋喷加固等方式。其中在软土地层基坑工程加固,一般根据土层特性可选用注浆加固、搅拌桩加固及旋喷加固等方式。

4. 基坑降水

基坑开挖施工过程中,为避免产生流沙、管涌、坑底突涌、防止坑壁土体的坍塌,保证施工的安全和减少基坑开挖对周围环境的影响,当基坑开挖深度位于饱和软土或含水层及下部承压水对基坑有影响时,一般在基坑开挖前需要根据工程地质和地下水文情况进行降水处理,使基坑开挖和施工达到无水状态,以保证工程质量和工程的顺利进行。

地下水根据其埋藏条件和赋存形式一般分为包气带水、潜水、承压水、孔隙水、裂隙水以及岩溶水。其中潜水和承压水是基坑开挖施工中降水的主要对象,饱和软土中的孔隙水也是基坑开挖降水的对象之一。

基坑降水的方法很多,一般有设各种排水沟排水和用各种井点系统降低地下水位两大类方法。其中以设明(暗)沟、集水井排水为施工中应用最为广泛、简单、经济的方法,各种井点主要应用于大面积深基坑降水。井点降水一般采用轻型井点及多级轻型井点、喷射井点、电渗井点、管井、砂(砾)渗井等形式。轻型井点一般用于基坑开挖深度相对较浅的基坑,对开挖深度较大的基坑降水一般采用管井(深井)降水。

5. 基坑开挖及支撑的施工

基坑开挖的顺序、方法,必须与设计要求相一致,并遵循"开槽支撑,先撑后挖,分层开挖,严禁超挖"的原则,基坑边界周围地面应设排水沟,对坡顶、坡面、坡脚采取降排水措施。

对开挖深度较浅的基坑开挖,应先进行测量定位,抄平放线,定出开挖长度,按放线分块(段)分层挖土。根据土质和水文情况,采取在四侧或两侧直立开挖或放坡,以保证施工操作安全。

对开挖深度较深的基坑土方开挖前,要详细确定挖土方案和施工组织;要对支护结构、地下水位及周围环境进行必要的监测和保护。

深基坑工程的挖土方案,首先合理选定基坑开挖及支撑的施工工序和施工参数,基坑开挖和支撑施工是决定基坑工程成败的关键工序。在基坑开挖中为了减少施工时土体扰动的范围,保持基坑稳定,并使变形满足要求,合理选定基坑开挖及支撑的施工工序和施工参数是决定性因素。开挖和支撑的施工工序一般是按分层、分步、对称、平衡的原则制订。一般基坑开挖主要有放坡挖土(无支护结构)、中心岛式(也称墩式)挖土、盆式挖土和逆作法挖土。基坑开挖过程中应采取有效措施防止深基坑挖土后土体回弹变形过大以及防止边坡失稳等。

支撑施工一般结合基坑开挖采取分步快挖快撑和支撑预加轴力的施工工艺。在软土深基坑开挖施工中,每步开挖中围护墙体的暴露空间和时间越小,则控制基坑变形的效果越大。因此加快开挖和支撑速度的施工工艺,是提高软土深基坑工程技术经济效果的重要环节。

6. 内部结构施工

基坑开挖至设计基底高程后,应及时浇筑素混凝土垫层,并依次实施内部结构的墙板柱等结构构件。在结构实施过程中根据设计要求分步拆除原临时支撑体系,必要时应设置临时换撑体系,满足内部结构施工期间的基坑安全。

7. 基坑施工监测

基坑工程施工中,由于材料的性质、荷载条件、地质条件和施工环境的复杂性,很难单纯从理论上预测各类工程问题,因此基坑开挖过程的现场施工监测十分重要。

基坑工程监测,一方面是基坑自身的安全监测,另一方面对环境的监测,同时基坑各类监测数据也为进行信息化反馈工程设计提供各类必要的计算参数。

工程施工监测项目一般可分为:坑周土体变位测量、围护结构变形及内力的量测、土压力的监测、支撑轴力的监测、孔隙水压力及地下水水位的量测和坑底隆起量测以及相邻建(构)筑物各类保护对象的等方面的量测。

二、明挖法结构设计流程

根据建设流程进行相应的结构设计,可分为施工期和正常使用期两个阶段。施工期设计主要指基坑工程的设计与计算,一般包括以下内容:环境调查及基坑安全等级的确定、支护结构选型、支护结构设计计算、节点设计、井点降水以及土方开挖方案、临时支撑拆除及监测要求等。正常使用阶段主要根据结构承受的主要荷载,进行结构强度、刚度等计算,以确定主体结构尺寸及耐久性等。

明挖法施工中支护结构及主体结构的设计流程如图5-3、图5-4所示。

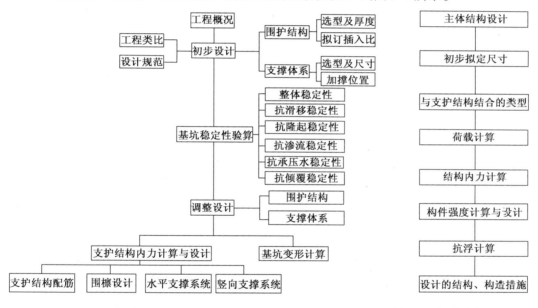

图5-3 施工期结构设计流程图　　　　图5-4 使用期主体结构设计流程图

必须注意的是,车站的结构设计必须是在建筑设计完成的基础上进行的,通过建筑设计的总平面设计、平面设计、剖面设计、出入口风井设计、防灾设计、无障碍设计、管线综合设计、装修设计等确定车站的外围尺寸、主要设施布置位置等。

第二节　地铁车站建筑设计

车站总平面设计是在资料的充分调研、分析的基础上,对车站的站址、站位、与周边其他公交形式等的换乘方式、与地下过街道及物业开发建筑等的结合或连接方式等进行设计,同时合理布置出入口通道和地面亭、风道、风亭和冷却塔等。设计时应在满足车站客流和功能的前提下,以合理控制总体造价和规模为目标,并尽量减少房屋的拆迁、管线拆移和施工期间对地面建筑物、交通及环境的影响。

地铁车站平面设计,必须满足客流需求,保证乘降安全、疏导迅速、布置紧凑、便于管理,并具有良好的通风、照明、卫生、防灾等设施,为乘客提供安全、舒适的乘车环境。地铁车站功能组成示意图见图5-5。

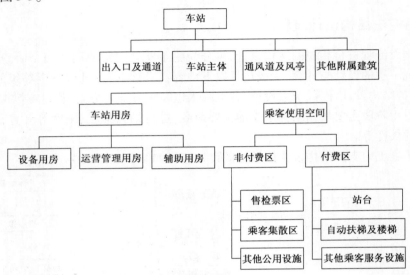

图 5-5 地铁车站功能组成示意图

地铁车站一般由公共区和内部管理区组成。公共区主要包括:站台、站厅(售检票厅)、通道、楼梯、自动扶梯、出入口等;设备管理区主要包括管理用房、设备用房、风道、紧急疏散口等。图5-6为地铁车站人流路线示意图,其中站厅一般是合并连通的,但有时受条件限制也可以是分离的。

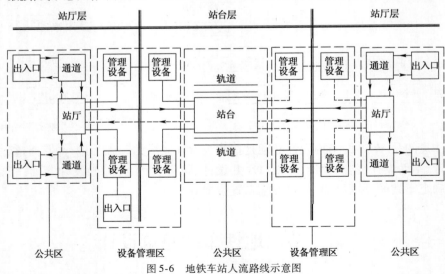

图 5-6 地铁车站人流路线示意图

车站设计规模,应根据远期高峰小时预测客流集散量和车站行车管理、设备用房的需要来确定,要与站厅、站台、出入口通道、楼扶梯以及售检票等部位的通过能力相匹配,同时满足事故发生时乘客紧急疏散的需要,人行楼梯及自动扶梯的设计除应满足上、下乘客的需要外,还应满足站台层的事故疏散时间不大于6min。超高峰系数根据车站规模及周边用地情况所决定的客流性质不同分别取1.1~1.4。对于相连区间有盾构工法要求的车站,应按功能要求分别满足盾构下井、出井、过站的条件。

一、站厅层设计

站厅层设计,应考虑功能分区,一般中间为公共区、两端为设备及管理用房区,站厅的布置形式有分离式、贯通式、与地下商业街或建筑连通。

分离式,站厅设在车站两端,地下局部一层,中间不连通。车站一般受到地下障碍物、地下管线的影响,综合各种因素布置的,图5-7为分离式车站站厅层平面图,北京地铁10号线呼家楼站、上海地铁1号线漕宝路站、地铁8号线嫩江路站均是这种站厅形式。

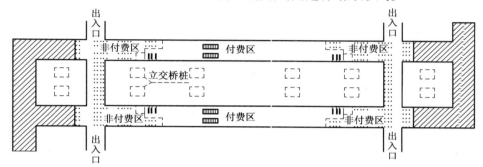

图5-7 分离式车站站厅层平面图

贯通式,站厅设在地下一层,两端站厅连通,非付费区有连通和不连通两种形式。考虑到乘客使用及管理的便利,一般车站应采用非付费区连通形式,而不连通的形式一般用于侧式车站站厅,图5-8为贯通式车站站厅层平面图,上海地铁10号线四川北路站、上海地铁6号线博兴路站、灵岩南路站等均是这种站厅形式。

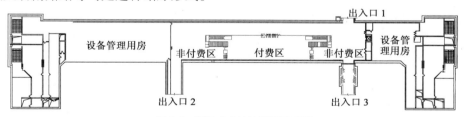

图5-8 贯通式车站站厅层平面图

与地下商业街或建筑连通,站厅设在地下一层,站厅非付费区、通道、出入口连通地下商业街、周边建筑或地面,交通方便,四通八达。上海地铁1号线徐家汇站、黄陂北路站、人民广场站、上海地铁10号线五角场站、江湾体育场站(图5-9)等均是这种站厅形式,很好地组织了客流,并带动了商业、经济。

站厅应根据客流流线及管理需要划分为付费区及非付费区。设于站厅两端的非付费区,宜用通道沟通。应合理布置通道口、电话亭、售票亭、检票机、栏栅、楼扶梯及电梯位置,使进出站客流流线尽量少交叉,流线短捷而有序。集散厅容量:当设计客流较小时,集散厅的长度以满足售检票、楼扶梯及电梯布置的基本要求为度;当客流较大时,集散厅容量以容纳高峰小时6min的双向客流集聚量为度(按$0.5m^2$/人计)。一般情况下非付费区大于付费区。楼梯宽度、自动扶梯数量既要满足平时客流集散需要,又要满足事故情况下紧急疏散需要。出入口通道、售票口、检票口、楼扶梯及电梯的通过能力应相互协调匹配。

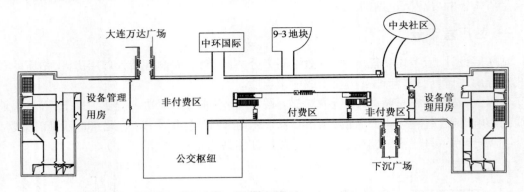

图 5-9　上海地铁 10 号线江湾体育场站站厅层平面图

二、站台层设计

站台是地铁车站内供乘客上、下列车的平台。站台层设计,一般中间为站台公共区、两端为设备及管理用房区,因此站台层的长度是根据站台长度和设备管理用房布置的需要来确定的。

站台的计算长度,应采用远期列车编组长度加停车误差,站台两端设备用房可伸入站台计算长度内,但不应超过半节车厢的长度,且不得侵占侧站台计算宽度,并满足距人行楼梯第一级踏步不少于 8m,距自动扶梯工作点不小于 12m 的要求。设备用房的布置需综合平衡站台层两端及站厅层设备用房的布置,使整个车站压缩到合理、经济的长度。

站台层的宽度是根据站台的宽度、站台边缘及侧墙至线路中心线距离确定的。设计时有效站台边缘、有效站台外站台边缘及侧墙至线路中心线距离需满足建筑限界的要求。站台的宽度应考虑车站客流量、列车编组长度及站厅与站台之间楼梯布置等因素计算确定,并满足最小站台宽度的要求,可按下列计算方法确定。

岛式站台宽度:
$$B_d = 2b + n \cdot z + t \tag{5-1}$$

侧式站台宽度:
$$B_c = b + z + t \tag{5-2}$$

其中:
$$b = \frac{Q_{上} \cdot \rho}{L} + b_a \text{ 或 } b = \frac{Q_{上,下} \cdot \rho}{L} + M \text{(两公式取大者)}$$

式中:b——侧站台宽度(m);

n——横向柱数;

z——横向柱宽(含装饰层厚度)(m);

t——每组人行梯与自动扶梯宽度之和(含与柱间所留空隙)(m);

$Q_{上}$——远期每列车高峰小时单侧上车设计客流量,换乘车站含换乘客流量(换算成高峰时段发车间隔内的设计客流量)(人);

$Q_{上,下}$——远期每列车高峰小时单侧上、下车设计客流量,换乘车站含换乘客流量(换算成高

峰时段发车间隔内的设计客流量)(人);
ρ——站台上人流密度(0.5m²/人);
L——站台计算长度(m);
M——站台边缘至屏蔽门立柱内侧距离(m);
b_a——站台安全防护宽度,取0.4m,采用屏蔽门时用M替代b_a值。

三、行车管理及设备用房的布置

设备、管理用房应在满足工艺和管理要求的基础上应尽量紧凑、要充分利用空间。主要有人值守的管理用房集中在站厅层一端紧凑布置,在该区域设置消防专用通道直达地面,同时在该区内设站厅至站台层的封闭楼梯间,满足消防要求。要根据设备工艺要求预留好各种孔洞,并考虑主要设备至吊装孔的搬运通道。站厅公共区管理及设备用房(通风空调机房、消防泵房除外)靠围护结构侧应设离壁墙。用房设置要求参考见表5-1和表5-2,具体设计时须以相关专业技术要求为准。

车站管理用房设置参考面积表　　　表5-1

序　号	房间名称	面积(m²)	设 置 要 求
1	车站控制室	35	设在站厅层客流较多一端,能直接观察站厅层公共区
2	站长室	12~15	与车站控制室相邻,地坪与车控室平
3	站务室	12	宜靠近站长室
4	会议室	25	站厅层管理区内较安静处设置,兼交接班、餐厅
5	警务室	10+15	靠近站厅公共区
6	客服中心	6	设在公共区的付费区与非付费区之间,靠近进站闸机
7	男/女更衣室	8×2	设在设备与管理用房相对集中处
8	男/女卫生间	8	设在设备与管理用房相对集中处
9	茶水间	4	设在设备与管理用房相对集中处
10	备品房	12	视具体情况适当增减
11	清扫间	6×2	站厅及每个站台各设一间
12	AFC票务室	15~20	设于车站控制室附近
13	站台值班室	12	设在站台层
14	男/女公共厕所	15/12	设在站台层公共区内。每个站台设置男、女厕坑位均为2~3个,男厕2~3个小便斗,均含残疾人厕位。其中残疾人厕位可单建(或设在站厅层非付费出入口旁)
15	司机换班室	12	设在折返线车站站台层,靠近折返端
16	通信仪表室	12×2	设在车控室一端
17	列检室	10	仅设在折返站站台层靠近道岔区

车站设备用房设置参考面积表　　　表5-2

序　号	房间名称	面积(m²)	备　注
1	混合变电所	350	尽量设在车站进线端
2	降压变电所	160~200	尽量设在站台层
3	照明配电室	10×4	站厅及站台两端各设一间,设在车控室另一端的AFC配电室,与照明配电室合用,面积酌情增加
4	电力电缆井	5×2	两端均有

续上表

序 号	房 间 名 称	面积（m²）	备 注
5	环控电控室	48×2	与通风空调机房相邻
6	屏蔽门控制室	18	设于站台层靠近屏蔽门处
7	气瓶间	15	靠近被保护房间，保护半径120m
8	通信设备室	50	靠近车控室布置
9	通信电源室	30	邻近通信设备室
10	信号设备室	40~80	靠近车控室布置，有道岔车站80m²，设备集中站80m²，一般车站40m²
11	公共无线引入室	20	邻近通信设备室布置
12	环控机房	(150~340)×2	—
13	小通风机房	60×2	可与通风空调机房合建
14	区间通风机房	(200~320)×2	设于车站两端部，各两台TVF风机
15	冷冻机房	60	设于变电所一端
16	AFC机房	15	站厅层靠近公共区
17	污水泵房	12	洗手间下方，内设污水池
18	废水泵房	15	位于车站最低点
19	消防泵房	36	含水喷淋系统，近出入口

四、车站主要设施

车站中的主要设施包括：自动扶梯、电梯、楼梯、售票机、检票机等。

1. 自动扶梯

自动扶梯的设置标准，一是满足客流量需要，二是考虑提升高度的需要。原则上从站台至站厅上行均考虑采用自动扶梯，下行采用人行楼梯；高差超过6m时，应设上、下行自动扶梯。车站出入口的提升高度超过6m时，应设上行自动扶梯；超过12m时应设上、下行自动扶梯。自动扶梯的倾角按30°考虑，有效净宽为1m，运输速度宜采用1m/s，通过能力按9 600人/h计；在布置自动扶梯时应考虑吊运空间及吊钩。出入口处自动扶梯下端应设集水坑。典型出入口处自动扶梯的结构图见图5-10。

2. 电梯

每个地下车站应在站厅层至地面及站厅层至站台层之间设置无障碍电梯（兼作工作人员电梯，同时兼顾老、弱、病、孕乘客使用），采用无机房曳引电梯。典型结构见图5-11。车站内站台至站厅的无障碍电梯一般宜设在付费区内以便为更多的乘客提供服务。特殊情况下因布置电梯影响车站规模和导致客流集散不便时无障碍电梯也可设置在非付费区内。

3. 楼梯

为保证客流需要，除需设置电梯、自动扶梯外，尚需在车站付费区内的站厅与站台层之间至少设一座人行楼梯，以便在自动扶梯不能运转时仍能保证站内乘客的疏散；同时应至少设一部供工作人员和消防人员使用的楼梯，该楼梯宜设在工作人员较集中的管理用房区内。楼梯最小净宽不得小于1.0m,踏步尺寸建议采用175mm×250mm。站台计算长度外每端设到车行轨面的人行楼梯,梯宽按两股人流计不得小于1.1m,宜平行轨道方向设置。

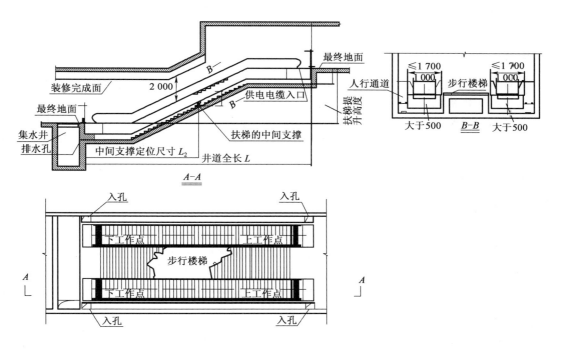

图 5-10　典型出入口处自动扶梯结构图(尺寸单位:mm)

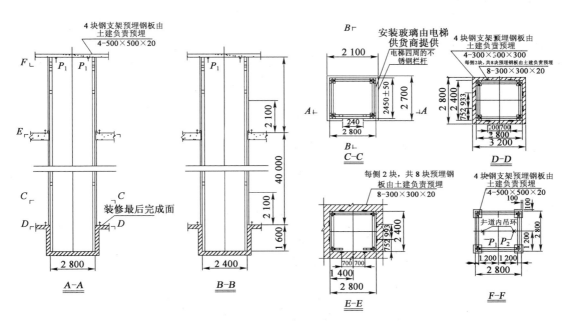

图 5-11　电梯土建要求结构图(尺寸单位:mm)

楼梯应按乘客或工作人员使用、以不同的标准进行设计。如乘客使用的踏步高应为150～

162mm、而工作人员使用应为162~175mm;踏步宽乘客为280~320mm、工作人员为250~280mm。

车站内公共区楼梯每个梯段的踏步数应不小于3级,不大于18级。休息平台宽为1 200~1 800mm。

4. 售票机

售票机的数量,应满足车站远期超高峰小时客流的需要,售票机应设在客流不交叉,且干扰小的地方。售票机前应留有足够的空间,供乘客排队购票及通行。

车站内售票机宜沿进站客流方向纵向排列。并应结合车站不同的客流方向布置,宜不少于两处。售票机的布置应注意与出入口通道及进站检票机保持适当的缓冲距离,并留有足够的取款及检修空间。

售票处距出入口通道口和进站检票处的距离不宜小于5m。

5. 检票机

进站检票机应设在售票处至站台的人流流线上。出站检票机应设在站台至出站通道的人流流线上,其数量应能满足车站远期超高峰小时客流的需要,并适当考虑扩容的余地。

检票口是付费区与非付费区的分界线,宜垂直人流方向设置。进出站检票机应合理布置,既要方便管理,又要避免进出站人流的交叉干扰。出站检票机处距梯口的距离不小于8m。

6. 屏蔽门

站台屏蔽门按车辆编组长度设置,以有效站台中心线为中心,向站台两端对称纵向布置,结构柱网布置时应尽量使车站立柱不正对屏蔽门开门,以方便乘客出行。屏蔽门设备室位于车站站台层,靠近屏蔽门端门,与车站综合控制室位于车站的同一端,并靠近信号设备室。屏蔽门剖面设计图见图5-12。

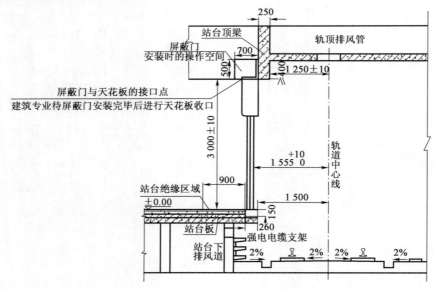

图5-12 屏蔽门剖面图(尺寸单位:mm)

第三节 基坑工程中的土压力和水压力

土压力是作用于基坑围护结构上的主要荷载,对围护结构体系的内力、变形和稳定性验算等有着重要的影响。土压力的大小与分布是土体与围护结构之间相互作用的结果,主要与土体的物理力学性质、地下水位状况、围护结构的变位方式以及方向和大小等有关。工程经验表明,支护结构的刚度、变形形态及施工时的时空效应等,对土压力的分布和变化起着控制作用。

一、土压力类型

经典土压力理论是指达到极限状态时的土体作用于墙上的压力,根据墙与土体的相对运动方向,分为主动土压力、被动土压力和静止土压力,见图 5-13。土压力与位移的关系见图 5-14,表 5-3、表 5-4 分别为《欧洲岩土设计规范 Eurocode7》(BSEN1997—1:2004)和《加拿大基础工程手册》(1985 年)给出的发挥极限土压力所需的位移,表中 y_a 为围护墙位移,h 为墙高。由表中可以看出,松散土达到极限状态时所需的位移较密实土要大;此外,达到被动土压力极限值所需的位移一般而言要较达到主动土压力极限值所需的位移大得多。

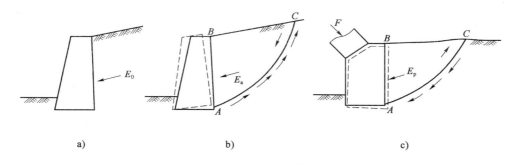

图 5-13 三种不同极限状态的土压力
a) 静止土压力;b) 主动土压力;c) 被动土压力

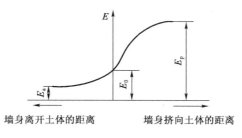

图 5-14 土压力与位移的关系

在基坑工程中,往往不允许墙体的变位达到极限状态,此时被动土压力值将低于被动极限值,主动土压力值将高于主动极限值,设计时的土压力取用值应为主动土压力提高值、被动土压力降低值。

发挥主动和被动土压力所需的位移　　　　　　　　　　　　　　表 5-3

墙体位移模式	达到主动土压力时的位移 $y_a/h(\%)$		达到被动土压力时的位移 $y_a/h(\%)$	
	松散土	密实土	松散土	密实土
(绕墙底转动)	0.4~0.5	0.1~0.2	7~15	5~10
(平移)	0.2	0.05~0.1	5~10	3~6
(绕墙顶转动)	0.8~1.0	0.2~0.5	6~15	5~6
(挠曲)	0.4~0.5	0.1~0.2	—	—

发挥主动和被动土压力所需的位移　　　　　　　　　　　　　　表 5-4

极限状态	墙体位移模式	土 类	达到极限状态时的位移 $y_a/h(\%)$
主动状态		密实砂土	0.1
		松散砂土	0.4
		硬黏土	1
		软黏土	2
被动状态		密实砂土	2
		松散砂土	6
		硬黏土	2
		软黏土	4

二、基坑工程中的土压力计算方法

目前,我国的基坑设计中主动土压力计算,一般采用朗金土压力理论,而被动土压力采用朗金或库仑土压力理论,静止土压力为静止土压力系数与竖向应力的乘积。地下水位以下的土压力计算应考虑水土分算或合算,同时考虑地下水是否有渗流的情况等。

1. 水土分算与合算的原则与方法

对地下水位以下的土体计算侧土压力时有两个计算原则:水土分算原则与水土合算的原则。

水土分算原则,即分别计算土压力和水压力,两者之和即总的侧压力。这一原则适用于土孔隙中存在自由的重力水的情况或土的渗透性较好的情况,一般适用于砂土、粉性土和粉质黏土。

水土合算的原则则认为土孔隙中不存在自由的重力水,而存在结合水,它不传递静水压力,以土粒与孔隙水共同组成的土体作为对象,直接用土的饱和重度计算侧压力,这一原则适用于不透水的黏土层。

按水土分算原则计算土压力时,可采用式(5-3)、式(5-4)进行计算。

$$p_a = (q + \sum \gamma_i h_i) K_a - 2c \sqrt{K_a} \tag{5-3}$$

$$p_p = (q + \sum \gamma_i h_i) K_p + 2c \sqrt{K_p} \tag{5-4}$$

式中:p_a——计算点处的主动土压力强度(kPa),$p_a \leq 0$ 时,$p_a = 0$;

p_p——计算点处的被动土压力强度(kPa);

γ_i——计算点以上各土层的重度(kN/m³);地下水位以上取天然重度,地下水位以下取水下重度;

q——地面超载,一般可取20kPa;

h_i——各土层的厚度(m);

K_a——计算点处土的主动土压力系数,$K_a = \tan^2(45° - \varphi/2)$;

K_p——计算点处土的被动土压力系数,$K_p = \tan^2(45° + \varphi/2)$;

c、φ——计算点处的抗剪强度指标,理论上地下水位以下应采用有效抗剪强度指标,但考虑到目前工程勘察报告中极少提供,可直接采用三轴固结不排水试验或直剪固结快剪试验峰值的总应力强度指标。

水土分算中的水压力计算应考虑地下水是否有稳定渗流的情况分别进行计算,无渗流时水压力按静水压力计算,此时围护结构所受的主动土压力见图5-15a)。

按水土合算原则计算土压力时,地下水位以下部分的土压力按式(5-5)、式(5-6)进行计算。

$$p_a = (q + \gamma H_1 + \sum \gamma_{sat} h_i) K_a - 2c \sqrt{K_a} \tag{5-5}$$

$$p_p = (q + \gamma H_1 + \sum \gamma_{sat} h_i) K_p + 2c \sqrt{K_p} \tag{5-6}$$

式中:H_1——地下水位以上土层的厚度(m);

h_i——地下水位以下到计算点处各土层的厚度(m);

γ_{sat}——土层的饱和重度(kN/m³);

γ——土的天然重度(kN/m³);

其余符号意义同前。

计算时土体的抗剪强度指标选用总应力指标,围护结构所受的主动土压力见图5-15b)。

2. 有渗流时的水压力计算

当基坑围护结构中止水帷幕插入地基土中的相对不隔水层一定深度,并满足抗渗流稳定性要求时,止水帷幕形成连续封闭的防渗止水系统,基坑内外地下水的作用可按静水压力直线分布计算,不考虑渗流作用对水压力的影响;当止水帷幕下仍为透水性土,且坑内外存在水头差时,基坑开挖后,由于渗透作用,地下水将从坑外绕过帷幕底渗入坑内,此时应考虑渗流作用对水压力的影响。

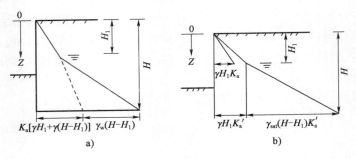

图 5-15 土压力计算
a)水土分算;b)水土合算

考虑渗流作用时的水压力计算方法很多,目前较多采用的是流网图法、本特·汉森法以及经验法等。

采用流网法计算水压力时,应先根据基坑的渗流条件作出如图 5-16 所示的流网图,而作用在墙体不同高程 z 处的渗透水压力可用其压力水头形式表示。

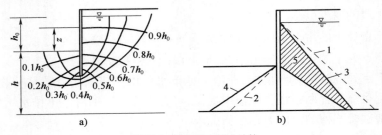

图 5-16 流网及水压力计算
a)流网图;b)水压力分布图
1-墙后静水压力线;2-墙前静水压力线;3-墙后渗透压力线;4-墙前渗透压力线;5-墙前后渗透压力线

$$p_w = \gamma_w(\beta h_0 + h - z) \tag{5-7}$$

式中:β——计算点渗透水头和总压力水头 h_0 的比值;

h——坑底水位高程,可从流网图上读出。

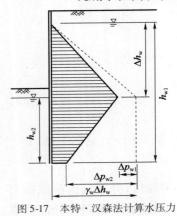

图 5-17 本特·汉森法计算水压力

本特·汉森法是一种近似计算方法,水压力分布如图 5-17 所示。

在主动侧的水压力低于静水压力,位于坑内地下水位高程处的修正值为:

$$\Delta p_{w1} = i_a \gamma_w \Delta h_w \tag{5-8}$$

修正后基坑内地下水位处的水压力可按式(5-9)计算。

$$p_{w1} = \gamma_w \Delta h_w - \Delta p_{w1} \tag{5-9}$$

式中:p_{w1}——基坑内地下水位处的水压力值(kPa);

Δp_{w1}——基坑内地下水位处的水压力修正值(kPa);

i_a——基坑外的近似水力坡降,取 $i_a = 0.7\Delta h_w/(h_{w1} + \sqrt{h_{w1}h_{w2}})$；

Δh_w——基坑内、外侧地下水位差(m), $\Delta h_w = h_{w1} - h_{w2}$；

h_{w1}、h_{w2}——基坑外侧、基坑内侧地下水位至围护墙底端的高度(m)。

在主动侧墙底的修正后水压力为：$\gamma_w h_{w1} - \Delta p'_1$。

其中修正值 $\Delta p'_1$ 值可按式(5-10)计算：

$$\Delta p'_1 = i_a \gamma_w h_{w1} \tag{5-10}$$

其中修正值 $\Delta p'_2$ 值可按式(5-11)计算：

$$\Delta p'_2 = i_p \gamma_w h_{w2} \tag{5-11}$$

两侧水压力相抵后,可得围护墙底端处的水压力：

$$p_{w2} = \gamma_w h_{w1} - \Delta p'_1 - (\gamma_w h_{w2} + \Delta p'_2) = \gamma_w \Delta h_w - (\Delta p'_1 + \Delta p'_2) \tag{5-12}$$

即围护墙底端处水压力值为：

$$p_{w2} = \gamma_w \Delta h_w - \Delta p_{w2} \tag{5-13}$$

式中：Δp_{w2}——围护墙底端处水压力的修正值(kPa),即：$\Delta p_{w2} = \Delta p'_1 + \Delta p'_2 = i_a \gamma_w h_{w1} + i_p \gamma_w h_{w2}$；

i_p——基坑内被动区的近似水力坡降, $i_p = 0.7\Delta h_w/h_{w2} + \sqrt{h_{w1}h_{w2}}$。

最后,作用在主动土压力侧的水压力分布,见图 5-17 的阴影部分。

工程中还常采用一种按渗径由直线比例关系确定各点水压力的简化方法,如图 5-18 所示。作用于围护墙上的水压力分布按以下方法计算。

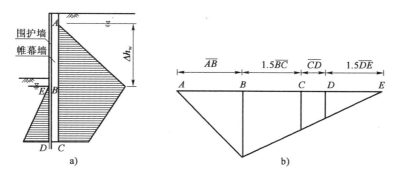

图 5-18 围护墙水压力计算的经验方法
a)水压力分布；b)水压力与渗径的直线比例关系

基坑内地下水位以上 AB 之间的水压力按静水压力直线分布,B、C、D、E 各点的水压力按图 5-18b)的渗径由直线比例法确定。

对计算深度的确定,设隔水帷幕墙时,计算至隔水帷幕墙底；围护墙自防水时,计算至围护墙底。通过对比计算,这一方法的水压力计算值与本特·汉森方法的计算值相比稍大一些。

3. 地面超载作用下的土压力计算

地面超载可包括集中力荷载、局部均布荷载、半无限的均布荷载等。这些荷载作用下的土压力计算可采用 Rankine 土压力理论,也可采用弹性力学的方法进行计算。

目前采用较多的地面局部超载作用下的土压力计算图示如图 5-19。计算时,从荷载的两点 O 及 O' 点作两条辅助线 OC、$O'D$,它们都与水平面成 $(45°+\varphi/2)$ 角,认为 C 点以上和 D 点以下的土压力不受地面荷载的影响,C、D 之间的土压力按均布荷载计算。

局部均布荷载作用下的弹性力学计算方法图示见图 5-20。

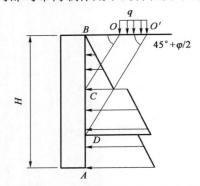 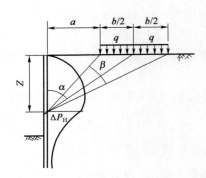

图 5-19 局部均布超载作用下的 Rankine 土压力计算图示　　图 5-20 地表局部均布荷载作用下的土压力计算图示

$$\Delta P_H = \frac{2q}{\pi}(\beta - \sin\beta\cos 2\alpha) \tag{5-14}$$

式中:ΔP_H——附加侧向土压力(kPa);

　　　q——地表局部均布荷载(kPa);

　　　α、β——见图 5-20,以弧度计。

4.相邻条形基础荷载作用时的土压力计算

当 $m \leqslant 0.4$

$$\Delta P_H = \frac{Q_L}{H_S}\frac{0.203n}{(0.16+n^2)^2} \tag{5-15}$$

$m > 0.4$

$$\Delta P_H = \frac{4Q_L}{\pi H_S}\frac{m^2 n}{(m^2+n^2)^2} \tag{5-16}$$

式中:Q_L——相邻基础底面处的线均布荷载(kN/m);

　　　m、n——分别为 $\dfrac{a}{H_S}$、$\dfrac{Z}{H_S}$ 的比值,a、Z 见图 5-20;

　　　H_S——相邻基础底面以下的围护墙体高度(m)。

计算图示见图 5-21。

5.非极限状态的土压力计算

国内外已有较多学者对非极限状态下的土压力计算方法进行了研究,提出了一些计算模型,但这些模型均考虑了部分影响因素,具有一定的局限性。

当土体进入极限平衡状态时,其相应的位移,尤其是被动极限平衡状态时相应的位移,往往是基坑围护结构变形所不允许的。因此,实际工程中的土压力应采用主动土压力的提高值或被动土压力的降低值。

主动土压力的提高值介于 k_a 与 k_0 之间,宜按场地的工程条件选用,见图 5-22。当对沉降有严格限制的建筑物或地下管线位于Ⅰ区范围时,采用 k_0 计算土压力;当位于Ⅱ区范围时,采

用 $1/2(k_0+k_a)$ 计算土压力。

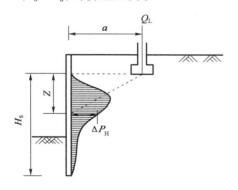

图 5-21 相邻基础荷载引起的侧向土压力计算图示

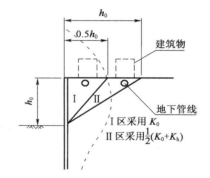

图 5-22 采用提高主动土压力的场地工程条件

当墙体的位移不容许达到极限状态时,被动土压力也达不到极限值。降低的被动土压力可以用极限的被动土压力系数 K_p 乘以折减系数 C_p 计算,见式(5-17)。

$$C_p = \frac{K_a + (K_p - K_a)X_p}{K_p} \quad (5\text{-}17)$$

其中:
$$X_p = \left[2\frac{S_a}{S_p} - \left(\frac{S_a}{S_p}\right)^2\right]^{0.5} \quad (5\text{-}17a)$$

式中:C_p——被动土压力折减系数;
S_a——容许的位移值;
S_p——被动极限时的位移值,取 $(0.02 \sim 0.04)h_0$;
K_p、K_a——被动土压力系数、静止土压力系数,均与 ϕ 有关。

三、基坑开挖支护中的土压力特点与分布规律

实际上,基坑支挡结构与周围土体是一个复杂的受力系统,土压力的大小和分布不仅与土体性质有关,还与支护结构的形式和刚度、基坑内土体开挖次序、基坑形状等有密切关系,是一个动态过程。图 5-23 为基坑开挖过程中板桩墙上土压力的变化过程。随着开挖深度的增加,支护结构开始变形,土压力从静止土压力向主、被动土压力过渡,开挖结束后,土压力才逐渐趋于稳定。

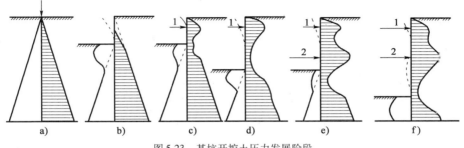

图 5-23 基坑开挖土压力发展阶段

可见,基坑开挖过程中实际支护结构所受到的土压力与经典理论有较大的差异,通过实测归纳出的几种适用于不同类型支护结构设计和计算的土压力分布图示,如图 5-24 所示。

(1) 三角形分布模式。如图 5-24a) 墙体的变位为绕墙底端或绕墙底端以下某一点转动,即墙顶端位移大、底端位移小;图 5-24b) 所示围护体在顶端弹性有支承并埋置较深,相当于下端固定的情况,变形与简支梁相近,主动土压力仍可近似按三角形分布模式。

(2) 三角形加矩形组合分布模式。如图 5-24c) 所示,围护体虽在顶端有弹性支承,但因其埋深较浅,下端水平位移较大;图 5-24d) 中多支撑或多锚围护体接近于平行移动。这两种情况下的土压力分布可以简化为主动土压力在基坑开挖面以上随深度的增加成线性增大分布,在开挖面以下为常量分布的三角形加矩形组合分布模式。

(3) R 形分布模式。对拉锚式板桩墙,实测的土压力分布呈现两头大中间小的 R 形分布。

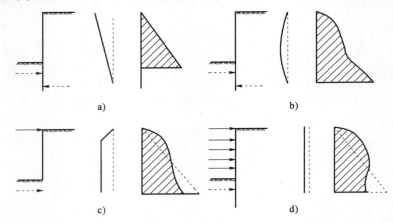

图 5-24 四种类型围护结构土压力示意图
a) 无支撑围护(下端固定);b) 单道顶撑围护(下端固定);c) 单道顶撑固定;d) 多支撑围护

第四节 支护结构选型与设计

在明挖法设计施工中,首先需综合考虑开挖深度、工程水文地质条件、周边环境等因素合理选用支护结构形式,可以采用放坡法施工。一般认为,支护结构是基坑工程中采用的围护墙、支撑(或土层锚杆)、围檩、防渗帷幕等结构体系的总称,主要包括围护结构和支撑结构体系。

支护结构的设计与计算是在选型的基础上,确定围护结构的插入比(入土段深度与基坑开挖深度之比)、支撑的设置、结构配筋等。主要考虑三方面的内容:稳定性验算、支护结构强度设计和基坑变形计算。稳定性验算主要是指基坑周围土体与支护结构一起保持稳定的能力;支护结构强度设计主要是计算支护结构体系以及各构件的内力,使其满足强度设计的要求;基坑变形计算主要结合基坑的保护等级以及周边建筑物、管线的保护要求,控制基坑开挖对周边环境的影响。不同类型的围护结构设计与计算内容、方法应根据其自身特点进行适当的调整,同时应考虑开挖及结构施作顺序的影响,如顺作、逆作或半逆作等。

一、围护结构类型

目前基坑开挖中可采用的围护结构种类较多,其施工方法、工艺和所用的施工机械也各异,应根据基坑深度、工程地质和水文地质条件、施工速度、结构防水性能、地面环境条件、工程造价等进行选择,特别要考虑到城市施工这一特点,经综合比较后确定。

1. 地下连续墙

地下连续墙简称地墙,具有挡土、防水抗渗及承重等多种功能,且施工时振动小、噪声低、对邻近建筑物或构筑物影响小等,因此在城市轨道交通中得到了广泛应用,但造价较高,且存在弃土和废泥浆处理,粉砂地层易引起槽壁坍塌及渗漏等问题。

根据施工方法,地下连续墙可分为现浇和预制两大类。

(1) 现浇地下连续墙

原位连续成槽浇注,施工时先在地面上构筑导墙,采用专门的成槽设备,沿着支护或深开挖工程的周边,在特制泥浆护壁条件下,每次开挖一定长度的沟槽至指定深度,清槽后,向槽内吊放钢筋笼,然后用导管法浇注水下混凝土,混凝土自下而上充满槽内并把泥浆从槽内置换出来,筑成一个单元槽段,并依次逐段进行,这些相互邻接的槽段在地下构筑一道连续的钢筋混凝土墙体就成为地下连续墙,其施工流程如图5-25所示。

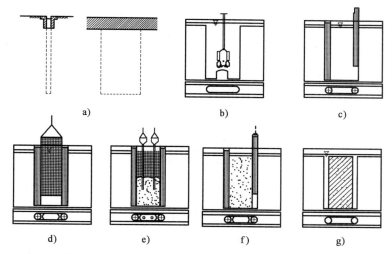

图5-25 地下连续墙施工流程(以液压抓斗式成槽机为例)

a) 准备开挖的地下连续墙沟槽;b) 用液压成槽机进行沟槽开挖;c) 安放锁口管;d) 吊放钢筋笼;e) 水下混凝土浇筑;f) 拔出锁口管;g) 已完工的槽段

槽段形式主要有:一字形、L形、T形和Π形等,见图5-26。单元槽段之间应设连接接头,根据受力特性可分为柔性接头和刚性接头。刚性接头能够承受弯矩、剪力和水平拉力,柔性接头则不能。工程上常用的接头见表5-5。

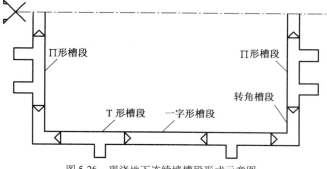

图5-26 现浇地下连续墙槽段形式示意图

各种接头形式及其特点 表5-5

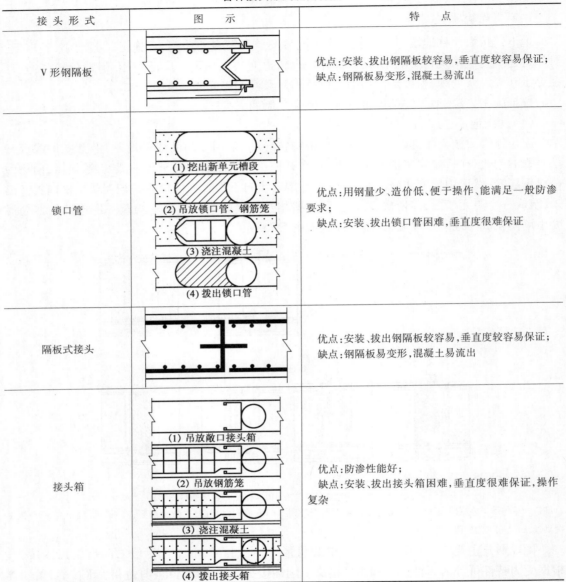

（2）预制地下连续墙

采用常规施工方法成槽后,在泥浆中先插入预制墙段等预制构件,然后以自凝泥浆或注浆置换成槽用的护壁泥浆,也可直接以自凝泥浆护壁成槽插入预制构件,以自凝泥浆的凝固体填塞墙后空隙和防止构件间接缝渗水,形成地下连续墙,见图5-27。

预制地下连续墙保证了墙体的施工质量,可直接作为地下室的建筑内墙,节约成本;与结构梁板、基础底板等连接处预埋件位置准确,不会出现钢筋连接器脱落现象等。但由于受到起重和吊装能力的限制,墙段长度受到了一定限制。

通常连续墙的厚度为600mm、800mm、1 000mm、1 200mm。幅宽应根据车站基坑平面布置、地质条件、施工机具性能、施工环境、结构布置、起吊能力等确定,一般幅宽为6~8m,但当地下连续墙邻近有建筑物、重要地下管线时,幅宽宜缩短。

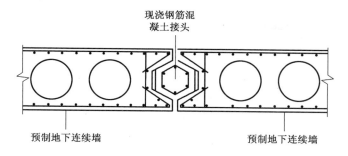

图 5-27 预制地下连续墙平面示意图

地下连续墙混凝土设计强度等级不应低于 C30,水下浇注时混凝土强度等级按相关规范要求提高。墙体和槽段接头应满足防渗设计要求,混凝土抗渗等级不宜小于 S6 级。受力钢筋应采用 HRB400 级和 HRB335 级钢筋,构造钢筋可采用 HRB235 级钢筋。

2. 排桩

排桩围护体是利用常规的各种桩体,例如钻孔灌注桩、挖孔桩、预制桩、SMW 工法桩(型钢水泥土搅拌桩)等,按一定间距或连续咬合排列形成的地下挡土结构。图 5-28 为几种常用排桩围护体形式。

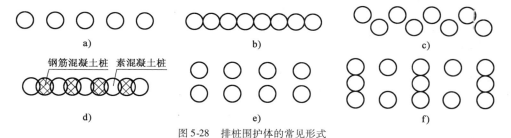

图 5-28 排桩围护体的常见形式
a)分离式;b)相切式;c)交错式;d)咬合式;e)双排式;f)格栅式

图 5-28 所示的各种形式,仅 d)所示的咬合式排桩兼具隔水作用,其他形式都没有隔水的功能。当在地下水位高的地区应用除咬合桩排桩以外的排桩围护体时,还需另行设置注浆、水泥搅拌桩、旋喷桩等隔水措施。其中最常见的隔水帷幕是采用水泥搅拌桩(单轴、双轴或多轴)相互搭接、咬合形成一排或多排连续的水泥土搅拌桩,主要形式见图 5-29。

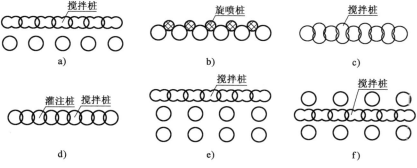

图 5-29 排桩围护体的止水措施

排桩围护体与地下连续墙相比,其优点在于施工工艺简单、成本低、平面布置灵活,缺点是防渗和整体性差,一般适用于中等深度的基坑围护。非打入式的钻孔灌注桩、挖孔桩等围护体与预制式板桩相比,具有无振害、无噪声、无挤土等优点。

3. 型钢水泥土搅拌墙

型钢水泥土搅拌墙通常称为SMW(Soil Mixing Wall)工法,是一种在连续套接的三轴水泥土搅拌桩内插入型钢形成的复合挡土隔水结构,见图5-30。施工时利用多轴钻掘搅拌机在原地层中切削土体,同时钻机前端低压注入水泥浆液,与切碎土体充分搅拌形成隔水性较高的水泥土柱列式挡墙,在水泥土混合体未结硬前插入H型钢等(多数为H型钢,亦有插入拉森式钢板桩、钢管等)。在地下水位较高的软土地区,插入的H型钢使得墙体本身具有较好的隔水效果,一般情况下不需额外施工隔水帷幕。

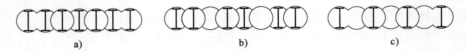

图5-30 型钢水泥土搅拌墙
a)型钢密插型;b)型钢插二跳一型;c)型钢插一跳一型

型钢水泥土搅拌墙围护结构在地下室施工完成后,可以将H型钢从水泥土搅拌桩中拔出,达到回收和再次利用的目的,因此该工法与常规的围护形式相比,不仅工期短、施工过程污染小、噪声小等,还可以节约社会资源,避免围护体在地下室施工完毕后永久遗留于地下,成为地下障碍物。

与地下连续墙、灌注排桩相比,型钢水泥土搅拌墙的刚度较低,基坑开挖时常常会产生相对较大的变形,在对周边环境保护要求高的工程中,例如基坑紧邻运营中的地铁隧道、历史保护建筑、重要地下管线等,应慎重选用。

4. 钢板桩围护体

钢板桩是一种带锁口或嵌口的热轧(或冷弯)型钢,钢板桩打入后靠锁口或嵌口相互连接咬合,形成连续的钢板桩围护体。常用的钢板桩断面形式见图5-31。

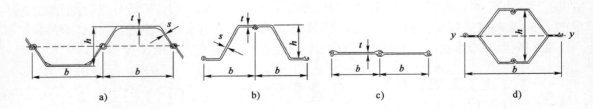

图5-31 常用的钢板桩断面形式
a)U形;b)Z形;c)直线形;d)CAZ形

钢板桩具有轻型、施工快捷的特点,基坑施工结束后钢板桩可拔除,循环利用,经济性较好。在防水要求不高的工程中,可采用自身防水;防水要求高的工程应设置隔水帷幕。

钢板桩围护体刚度较小,基坑开挖时变形较大,一般适用于开挖深度≤7m且邻近无重要建筑物或重要地下管线的砂土、粉土和黏土层的基坑。

5. 钢筋混凝土板桩围护墙

钢筋混凝土板桩围护墙是由钢筋混凝土板桩构件连续成桩后形成的基坑围护结构,立面示意图见图 5-32。板桩截面有矩形、T 形和工字形,也可采用圆管形或组合形。

为了增加封闭性,提高防水效果,一般在每根板桩桩身的两侧设有凹凸榫槽企口,常见的矩形截面榫槽见图 5-33。

钢筋混凝土板桩具有施工简单、现场作业周期短等特点,曾在基坑中广泛应用,但由于钢筋混凝土板桩的施打一般采用锤击方法,振动与噪声大,同时沉桩过程中挤土也较为严重,在城市工程中受到一定限制。此外,其制作一般在工厂预制,再运至工地,成本较灌注桩等略高。但由于其截面形状及配筋对板桩受力较为合理并且可根据需要设计,目前已可制作厚度较大(如厚度达 500mm 以上)的板桩,并有液压静力沉桩设备,故在基坑工程中仍是围护板墙的一种使用形式。

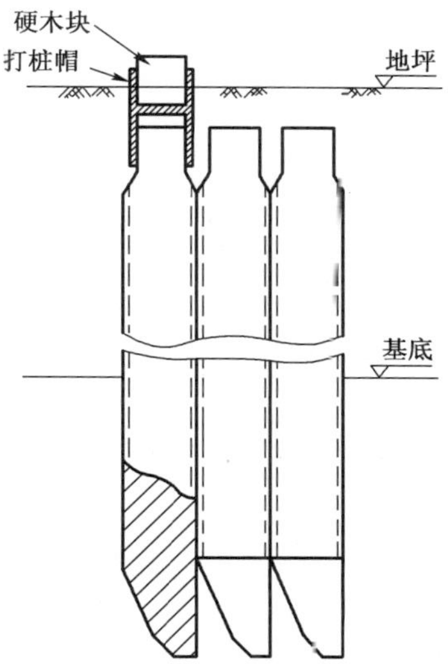

图 5-32 钢筋混凝土板桩围护墙立面图

6. 水泥土重力式围护墙

水泥土重力式围护墙是以水泥系材料为固化剂,通过搅拌机械采用喷浆施工将固化剂和地基土强行搅拌,形成有一定厚度和嵌固深度的连续搭接的水泥土柱状加固体挡墙。该围护墙是无支撑自立式挡土墙,依靠墙体自重、墙底摩阻力和墙前基坑开挖面以下土体的被动土压力稳定墙体。

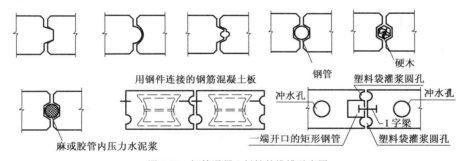

图 5-33 钢筋混凝土板桩的榫槽示意图

基坑周边可结合重力式挡墙的水泥土桩形成封闭隔水帷幕,隔水性能可靠;使用后遗留的水泥土墙体相对比较容易处理。但水泥土重力式围护墙占用空间较大,围护结构变形较大,由于采用水泥土搅拌桩或高压喷射注浆成墙,围护墙施工对邻近环境影响较大。

水泥土重力式围护墙一般在软土层中应用较多。适用于软土地层中开挖深度不超过 7.0m、周边环境保护要求不高的基坑工程。周边环境有保护要求时,采用水泥土重力式挡墙围护的基坑不宜超过 5.0m。

7. 土钉墙支护

土钉墙由分布于原位土体中的土钉、黏附于土体表面的钢筋混凝土面层、土钉之间被加固的原位土体及必要的防排水系统组成,是具有自稳能力的原位挡土墙,土钉墙的基本形式见图 5-34。土钉墙与各种隔水帷幕、微型桩及预应力锚杆(索)等构件结合起来,又可形成复合土钉墙。

土钉是置放于原位土体中的细长杆件,是土钉墙支护结构中的主要受力构件,常用的土钉有钻孔注浆型、直接打入型、打入注浆型等。钻孔注浆型是先用钻机等机械设备在土体中钻孔,成孔后置入杆体(一般采用HRB335带肋钢筋制作),然后沿全长注水泥浆;几乎适用于各种土层,抗拔能力较强、质量较可靠、造价较低,是最常用的土钉类型。直接打入型是在土体中直接打入钢管、角钢等型钢、钢筋、毛竹、圆木等,不再注浆;由于直径小、钉长受限制,承载力较低,但优点是不需预先钻孔、对原位土扰动较小、施工速度快等。打入注浆型是在钢管中部及尾部设置注浆孔成为钢花管,直接打入土中后压灌水泥浆形成土钉;具有直接打入钉的优点且抗拔力较高。

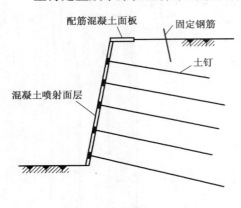

图 5-34 土钉墙的基本形式

面层不是土钉墙支护结构的主要受力构件,通常采用钢筋混凝土结构,混凝土一般采用喷射工艺而成,也采用现浇,或用水泥砂浆代替混凝土。面层与土钉间、土钉与土钉间需设置连接件,面层与土钉间的连接方式主要有钉头筋、垫板两种,土钉间的连接一般采用加强筋。

土钉墙具有以下优点:施工设备及工艺简单,对基坑形状适应性强,经济性较好;坑内无支撑体系,可实现敞开式开挖;支护柔度大,有良好的延性;施工所需场地小,支护结构基本不占用场地内的空间等。但土钉墙的土钉长度较长,需占用坑外地下空间,而且土钉墙施工与土方开挖交叉进行,对现场施工组织要求较高。

土钉墙支护结构适用于地下水位以上或经人工降水后的人工填土、黏性土和弱胶结砂土,一般用于开挖深度不大于12m,周边环境保护要求不高的基坑工程。

二、支撑结构体系

当无法采用自立式挡墙(包括重力式和悬臂式)时,必须采用内支撑或锚杆体系来平衡土压力,以维持围护结构的稳定性。

锚杆体系中的锚杆一端与围护墙连接,另一端锚固在稳定地层中,使作用在围护结构上的水土压力,通过自由段传递到锚固段,再由锚固段将锚杆拉力传递到稳定土层中去。与其他内支撑的支护形式相比,采用锚固支护形式,节省了大量内支撑和竖向支承钢立柱的设置和拆除,经济上有较大优势,而且为基坑工程的土方开挖、地下结构施作创造了开阔的空间。但锚固支护受到地层条件和环境条件的限制,主要指地层的地质条件使锚杆力能否有效传递,以及锚杆有可能超越用地红线,对红线以外的已建建筑物形成不利影响或者形成将来地下空间开发的障碍等。

内支撑具有支撑刚度大、控制基坑变形能力强,而且不侵入周围地下空间形成障碍物等优点,但相对于锚杆系统而言,其工程造价高、支撑的设置对地下结构的回筑施工等将造成一定程度的影响。

1. 内支撑结构体系的组成

内支撑结构体系由水平支撑和竖向支承两部分组成。内支撑体系由围檩、水平支撑、钢立柱和立柱桩等基本构件组成,典型的内支撑系统示意图见图 5-35。围檩是协调支撑和围护墙结构间受力与变形的重要受力构件,起到加强围护墙的整体性、将力传递给支撑构件的作用,要求具有较好的自身刚度和较小的垂直位移。水平支撑是平衡围护墙外侧水平作用力的主要构件,要求传力直接、平面刚度好而且分布均匀。钢立柱和立柱桩的作用是保证水平支撑的纵向稳定,加强支撑体系的空间刚度和承受水平支撑传来的竖向荷载。

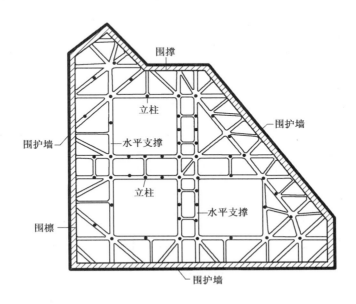

图 5-35　内支撑系统示意图

2. 内支撑结构体系的分类

从结构体系上分,内支撑结构体系分为单层或多层平面支撑体系和竖向斜撑体系。

平面支撑体系可以直接平衡支撑两端围护墙上所受到的侧压力,其构造简单、受力明确、使用范围广,但当支撑长度较大时,应考虑支撑自身的弹性压缩以及温度应力等因素对基坑围护结构位移的影响。典型的多层平面支撑体系见图 5-36。

根据基坑的形状、尺寸、地质条件等,可采用不同的平面支撑布置方式,常用的平面支撑体系布置方式见表 5-6。也可根据需要,采用几种支撑方式的组合,如一般的地铁车站基坑为长条形基坑,标准段可设置为短边方向的对撑体系,端头井可设置水平角撑 + 对撑体系。

常用支撑体系的特点　　　　　　　　　表 5-6

序号	布置形式	图　例	特　点
1	同一水平面的直交式,非同一平面的直交式		1. 在软土地层,环境保护要求高的条件下,这是应用最多的布置形式; 2. 安全稳定,有利于控制墙体位移; 3. 支撑布置与开挖土方设备和工艺不协调时土方开挖和主体结构施工较为困难

续上表

序号	布置形式	图例	特点
2	井字形集中布置	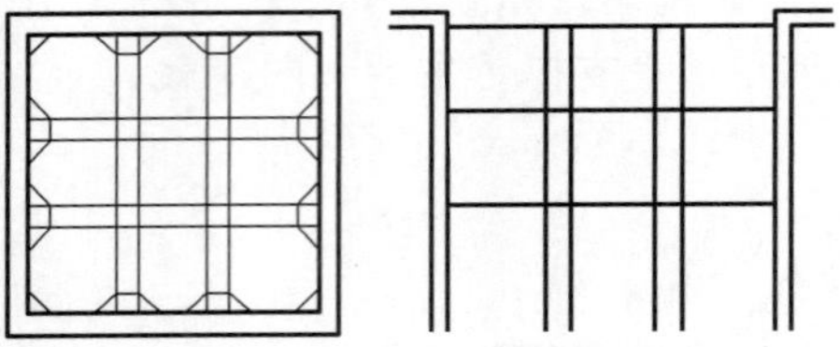	1. 一般在采用钢筋混凝土支撑时, 在环境保护要求高的条件下, 将水平直交的支撑集中布置成井字型与角撑结合的支撑体系以方便土方开挖和主体工程施工; 2. 钢筋混凝土支撑使用时可与施工用栈桥平台结合设计
3	角撑体系布置	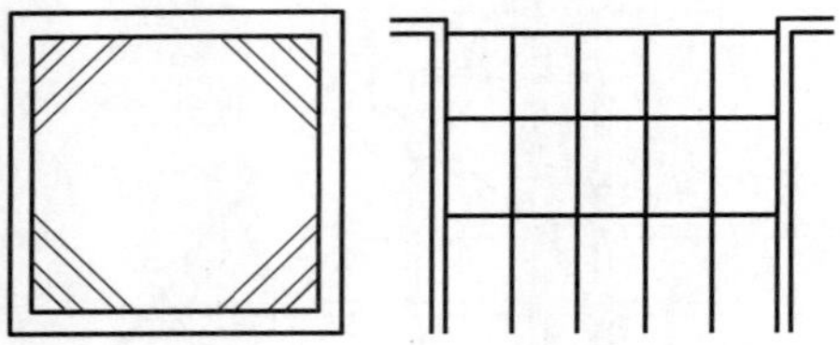	1. 方便土方开挖和主体结构的施工; 2. 整体稳定性及变形控制效果不及水平直交式支撑及井字形集中式布置者
4	边桁架	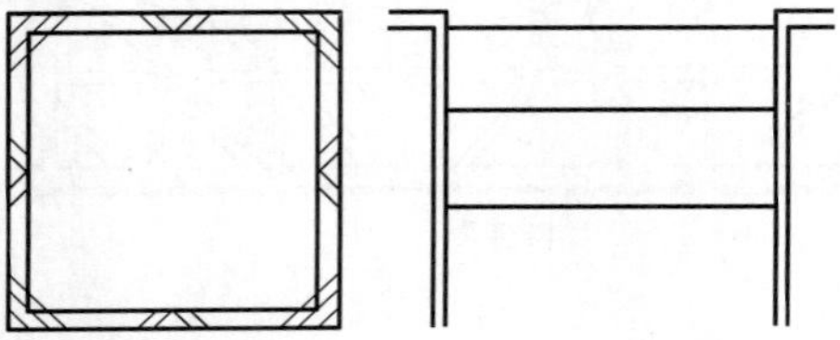	1. 方便土方开挖和主体结构的施工; 2. 整体稳定性及变形控制效果不及水平直交式支撑及井字形集中式布置者
5	圆形环梁布置		1. 在采用钢筋混凝土支撑时, 因地制宜采用环梁方案, 可方便中间筒体, 主楼施工, 方便土方开挖; 2. 将支撑体系受力主构件化为圆形结构, 受力条件较好, 可节省钢筋混凝土量; 3. 在坑外周荷载不均匀, 土性软硬差异较大, 部分地层水平基床系数很小时, 此布置形式要慎用
6	竖向斜撑	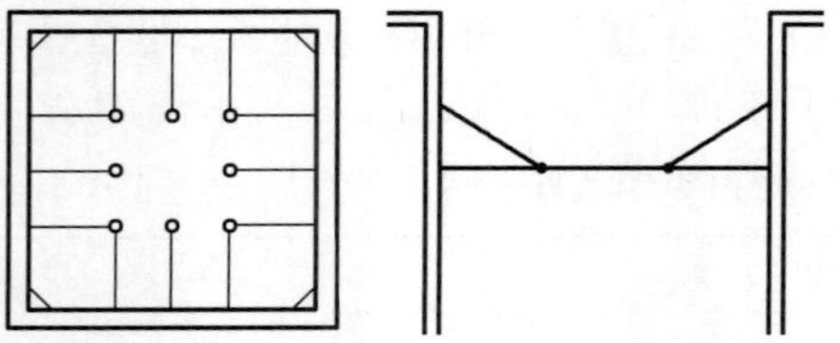	1. 节省立柱和支撑材料; 2. 有利于开挖面积较大, 深度较小的基坑; 3. 在软弱地层中, 不易控制基坑稳定和变形; 4. 斜撑与底板相交处结构施工较困难

竖向斜撑体系见图 5-37, 主要是将围护体所受的水平力通过斜撑传到基坑中部先浇筑好的斜撑基础上。

3. 水平支撑材料

水平支撑结构体系从材料上可分为钢支撑、钢筋混凝土支撑以及钢和混凝土组合支撑, 见图 5-38。

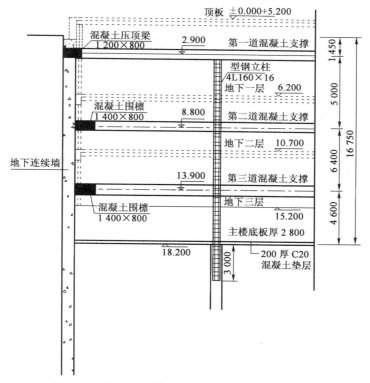

图 5-36 多层平面支撑体系（尺寸单位：mm，高程单位：m）

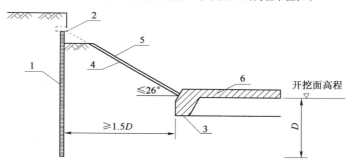

图 5-37 竖向斜撑体系
1-围护墙；2-围檩；3-斜撑基础；4-斜撑；5-土堤；6-压杆或底板

钢支撑体系是在基坑内将钢构件用焊接或螺栓拼接起来的结构体系。目前常用的形式一般有钢管和型钢两种，钢管大多选用 $\phi 609 \text{mm}$，壁厚为 10mm、12mm、14mm；型钢大多选用 H 型钢，常用的有 H700mm × 300mm、H500mm × 300mm 等。钢结构支撑构件的拼接应满足截面强度的要求，常用的连接方式有焊接和螺栓连接。钢支撑架设和拆除的速度快、架设完毕后不需等待即可直接开挖下层土方，而且可以通过施加和复加预应力控制变形、支撑材料可重复循环使用等，对节省基坑工程造价和加快工期具有显著优势。但由于复杂的钢支撑节点现场施工难度大、施工质量不易控制，以及现可供选择钢支撑类型较少、承载能力有限等限制了其应用范围，主要适用于开挖深度一般、平面形状规则、狭长形的基坑工程。目前钢支撑几乎成为地铁车站基坑工程首选的支撑体系。

图 5-38 钢支撑以及钢筋混凝土支撑

a)钢筋混凝土支撑及立柱；b)钢支撑

钢筋混凝土支撑体系具有刚度大、整体性好的特点，而且可采取灵活的平面布置形式适应基坑工程的各项要求。相对钢支撑而言，钢筋混凝土支撑造价高、需要现场浇筑和养护，而且基坑工程结束后还需进行拆除，因此其经济性和施工工期不及相同条件下的钢支撑。

根据钢支撑和钢筋混凝土支撑的不同特点及应用范围，在一定条件下的基坑工程可以采用钢和混凝土组合支撑。常用的有两种形式：一为同层支撑平面内的组合，如在长条形基坑中，基坑中部设置短边方向的钢支撑对撑、基坑两边设置钢筋混凝土角撑；二为分层组合，如第一道为钢筋混凝土支撑，第二及以下为钢支撑。

4. 竖向支承系统

基坑内部架设水平支撑的工程，一般需要设置竖向支承系统，用以承受混凝土支撑或者钢支撑杆件的自重等荷载。特别在开挖宽度较大时，为了缩短横撑的自由长度，防止横撑失稳，并承受横撑倾斜时产生的垂直分力，在建造挡土结构的同时建造中间桩柱以支承横撑。

基坑的竖向支承系统，通常采用钢立柱插入立柱桩桩基的形式。立柱一般可采用角钢格构式钢柱、H型钢柱或钢管柱；立柱桩常采用钢筋混凝土的钻(挖)孔灌注桩，也可以采用钢管桩。

角钢格构柱由于构造简单、便于加工且承载能力较大，在工程中得到了广泛的应用。最常用的角钢格构柱采用4根角钢拼接而成，选用的角钢规格主要为 L120mm×12mm，L140mm×14mm，L160mm×16mm 和 L180mm×18mm 等，钢材牌号常为 Q235B 或 Q345B，典型的型钢格构柱拼接示意图见图 5-39。为满足下部连接的稳定与可靠，钢立柱一般需要插入立柱桩顶以下 3~5m。

三、支护结构的稳定性验算

支护结构的稳定性验算通常包括以下内容。

(1)整体稳定性验算：防止因围护墙插入深度不够，使基坑边坡沿着墙底地基中某一滑动面产生整体滑动。

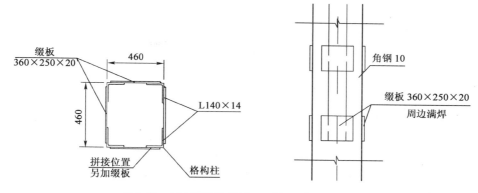

图 5-39　角钢拼接平面图和立面图（尺寸单位：mm）

（2）围护墙体抗倾覆稳定验算：防止开挖面以下地基水平抗力不足，使墙体产生绕前墙趾倾倒。

（3）围护墙底面抗滑移验算：防止墙底底面与地基接触面上的抗剪强度不足，使墙底底面产生滑移。

（4）基坑围护墙前抗隆起验算：防止围护墙底部地基强度不足，产生向基坑内涌土。

（5）抗竖向渗流验算：在地下水较高的地区，在基坑内外水头差或者坑底以下可能存在的承压水头作用下，防止由于地下水竖向渗流使开挖面以下地基土的被动抗力和地基承载力失效。

最终确定的围护墙插入比应同时满足以上各项验算的要求，（2）、（3）项验算主要针对重力式挡墙。

1. 整体稳定性验算

整体稳定性计算方法比较常用的是基于极限平衡理论的条分法。条分法是将滑动面上的土体竖直分成若干土条，根据滑动面上的破坏条件以及土条的力和力矩平衡方程求解的边坡稳定性分析方法。该方法在力学上是超静定的，在应用上一般对条间力要作各种各样的假定，因此也就产生了瑞典圆弧滑动法、简化 Bishop 法、Janbu 法等。瑞典圆弧滑动法是条分法中最简单最古老的方法，本书将主要介绍该方法，其他方法可参考其他书籍。

瑞典圆弧滑动法假定滑动面是一个圆弧面，并认为条块间的作用力对整体稳定性影响不大，可以忽略，或者说，假定每一土条两侧条间力合力方向均和该土条底面相平行，而且大小相等、方向相反且作用在同一直线上，因此在考虑力和力矩平衡条件时可以相互抵消，如图 5-40 所示。

在分条确定后，便可按各分条的断面积，以纵向延长为 1m 求体积，并据已知土的重度求各分条的重量 Q_i。作通过圆心的垂线，和圆弧段法线的夹角为 α_i 即切线与水平线夹角，由此便可得土条在该圆弧段的法向分力 N_i 和切向分力 T_i，以及按圆弧段土的计算指标 φ_i 和 c_i

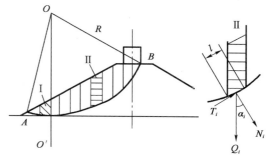

图 5-40　瑞典条分法示意图

及圆弧段的长度 l_i，得抗滑力 $N_i\tan\varphi_i + c_i l_i$。将各土条圆弧段的抗滑力与下滑力乘以对滑动圆心的力臂 R，则滑动面上土体的稳定系数 K 按式(5-18)计算。

$$K = \frac{\sum_{i=1}^{n} N_i\tan\varphi_i + \sum_{i=1}^{n} c_i l_i}{\sum_{i=1}^{n} T_i} \tag{5-18}$$

用圆弧滑动面法的条分法检算边坡的稳定性也要作多次试算求得 $K_{\min}$ 值才能判定。一般要求 $K_{\min}$ 应大于或等于允许的安全系数。

检算支护结构和地基的整体抗滑动稳定性时，其最危险滑动面的圆心一般在上墙上方，靠坑内侧附近。考虑内支撑作用时，通常不会发生整体稳定破坏，因此对只设一道支撑的支护结构需验算整体滑动，而对设置多道内支撑时可不作验算。

当存在水的渗流情况时，可采用考虑滑动面上孔隙水压力影响的有效应力法，此时土体的抗剪强度指标采用有效应力的抗剪强度指标；也可采用简化的替代重度法，即计算抗滑力时，水位线以下土体的重量用有效重度代替饱和重度，而在滑动力计算时仍采用饱和重度。

2. 围护墙体抗倾覆稳定验算

验算重力式围护结构的抗倾覆稳定性时，通常假定围护结构绕其前墙趾转动，见图5-41。抗倾覆稳定安全系数的计算公式如下。

$$K_q = \frac{M_R}{M_s} \tag{5-19}$$

式中：M_s——坑外侧土压力 F_a、水压力 F_w 以及墙后地面荷载所产生的侧压力对墙底前趾的倾覆力矩($kN \cdot m/m$)，$M_s = F_a Z_a + F_w Z_w$；

M_R——水泥土围护墙自重 G_k 以及坑内墙前被动侧压力 F_p 对墙底前址的稳定力矩($kN \cdot m/m$)，$M_R = F_p Z_p + G_k B/2$，各物理量意义见图5-41。

板式支护结构抗倾覆稳定计算时以最下一道支撑或锚锭点为转动点，抗倾覆力矩取基坑开挖面以下围护墙入土部分坑内侧压力对最下一道支撑的转动力矩；倾覆力矩取最下一道支撑以下围护墙外侧压力对最下一道支撑的转动力矩。计算简图见图5-42，抗倾覆稳定系数为：

$$K_Q = \frac{M_{RC}}{M_{OC}} \tag{5-20}$$

式中：M_{RC}——抗倾覆力矩 $M_{RC} = F_p Z_p$；

M_{OC}——倾覆力矩 $M_{OC} = F_a Z_a$。

3. 抗滑移稳定性验算

抗滑移稳定性验算主要考察重力式围护墙体沿底面滑动的可能性，计算示意图见图5-41，抗滑动安全系数为：

$$K_{HL} = \frac{墙体抗滑力}{墙体滑动力} = \frac{G_k\tan\varphi_0 + c_0 B + F_p}{F_a} \tag{5-21}$$

式中：G_k——每延米墙体自重(kN/m)，为 $\gamma_0 B(D + H_0)$；

B——墙宽(m)；

γ_0——墙体平均重度(kN/m^3)，根据水泥掺量取 $18 \sim 19 kN/m^3$，坑底深度下取浮重度；

φ_0、c_0——墙底土层的内摩擦角(°)和黏聚力(kPa)；

K_{HL}——墙底抗滑安全系数,应不小于1.2。当基坑边长不大于20m时,K_{HL}应不小于1.0。

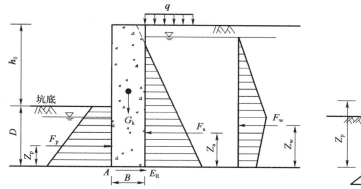

图5-41 重力式围护结构抗倾覆计算简图

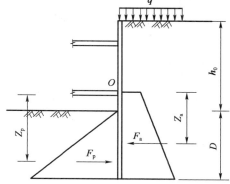

图5-42 板式支护结构抗倾覆稳定性计算简图

4. 抗隆起稳定分析

基坑抗隆起稳定性验算是基坑支护设计中十分关键的设计内容,它不仅关系着基坑的稳定安全问题,也与基坑的变形密切相关。目前我国基坑工程实践中主要采用地基承载力模式以及圆弧滑动的稳定分析模式。

(1)地基承载力模式

计算简图如图5-43所示,以验算支护墙体底面的地基承载力作为抗隆起分析依据,计算式(5-22)是根据Terzaghi建议的浅基础地基极限承载力计算模式,但由于基础宽度不能明确界定,对计算公式进行了简化。

$$K_a = \frac{\gamma_2 D N_q + c N_c}{\gamma_1 (H+D) + q} \tag{5-22}$$

式中:D——入土深度(m);

H——基坑开挖深度(m);

c——坑底土体的黏聚力(kN/m^2);

q——地面超载,一般可取20kPa;

γ_1——坑外地表至围护墙底,各层土天然重度的加权平均值(kN/m^3);

γ_2——坑底以下至围护墙底,各层土天然重度的加权平均值(kN/m^3);

N_q、N_c——地基承载力系数。

如果基底光滑,用Prandtl公式,N_q、N_c分别为:

$$N_q = e^{\pi\tan\varphi} \tan^2\left(45° + \frac{\varphi}{2}\right) \tag{5-23}$$

$$N_c = \frac{N_q - 1}{\tan\varphi} \tag{5-24}$$

如果基底粗糙,用Terzaghi公式为:

$$N_q = \frac{1}{2}\left[\frac{e^{\left(\frac{3}{4}\pi - \frac{\varphi}{2}\right)\tan\varphi}}{\cos\left(45° + \frac{\varphi}{2}\right)}\right]^2 \tag{5-25}$$

$$N_c = \frac{N_q - 1}{\tan\varphi} \tag{5-26}$$

式中：φ——围护墙底地基土的内摩擦角。

（2）圆弧滑动的抗隆起分析模式

该分析模式认为，土体沿围护墙体底面滑动，且滑动面为一圆弧，圆弧滑动的中心位于最下一道支撑处，地面超载、土体自重等产生滑动力矩，滑动面上的抗剪强度产生抗滑动力矩。计算图式如图 5-44 所示，计算公式见式(5-27)。

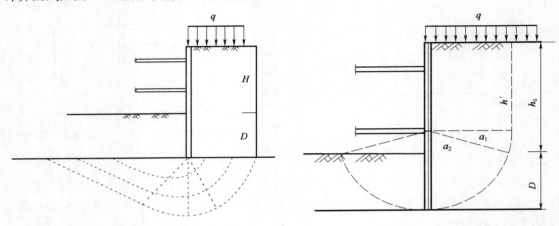

图 5-43　地基承载力模式抗隆起分析示意图　　　　图 5-44　基坑底抗隆起计算简图

$$K_L = \frac{M_{RL}}{M_{SL}} \tag{5-27}$$

式中：M_{RL}——抗滑动力矩(kN·m/m)；

M_{SL}——隆起力矩(kN·m/m)；

K_L——抗隆起安全系数。

$$M_{RL} = R_1 K_a \tan\varphi + R_2 \tan\varphi + R_3 c \tag{5-28}$$

$$M_{SL} = \frac{1}{2}(\gamma h_0' + q) D^2 \tag{5-29}$$

其中：

$$R_1 = D\left(\frac{rh_0^2}{2} + qh_0\right) + \frac{1}{2}D^2 q_f (a_2 - a_1 + \sin a_2 \cos a_2 - \sin a_1 \cos a_1) - \tag{5-29a}$$

$$\frac{1}{3}rD^3(\cos^3 a_2 - \cos^3 a_1)$$

$$R_2 = \frac{1}{2}D^2 q_f \times \left[a_2 - a_1 - \frac{1}{2}(\sin 2a_2 - \sin 2a_1)\right] - \tag{5-29b}$$

$$\frac{1}{3}rD^3\left[\sin^2 a_2 \cos a_2 - \sin^2 a_1 \cos a_1 + 2(\cos a_2 - \cos a_1)\right]$$

$$R_3 = h_0 D + (a_2 - a_1) D^2 \tag{5-29c}$$

$$q_f = \gamma h_0' + q_0 \tag{5-29d}$$

式中：γ——坑外地表至围护墙底，各土层自然重度的加权平均值(kN/m³)；

D——围护墙在基坑开挖面以下的入土深度(m)；

K_a——主动土压力系数，取 $K_a = \tan^2\left(\dfrac{\pi}{4} - \dfrac{\varphi}{2}\right)$；

c、φ——滑裂面以上地基土的黏聚力(kPa)和内摩擦角(°)的加权平均值；

h_0——基坑开挖深度(m);
h_0'——最下一道支撑距地面的深度(m);
a_1——最下一道支撑与基坑开挖面之间的水平夹角(°);
a_2——以最下一道支撑为圆心的滑裂面圆心角(°);
q——坑外地面荷载(kPa)。

5. 抗渗透稳定性分析

抗渗透稳定性分析包括抗渗流以及抗承压水的突涌验算。抗渗流稳定性计算主要是针对基坑坑底土体在内外水头差作用下是否会发生流土现象;当基坑下存在不透水层且不透水层又位于承压水层之上时,应检算坑底是否会被承压水冲溃,即突涌验算。

板式围护结构的抗渗流稳定性计算图式见图5-45,计算公式见式(5-29):

$$K_S = \frac{i_c}{i} \tag{5-30}$$

其中:

$$i_c = \frac{G_s - 1}{1 + e} \tag{5-30a}$$

$$i = \frac{h_w}{L} \tag{5-30b}$$

$$L = \sum L_h + m \sum L_v \tag{5-30c}$$

式中:K_S——抗渗流或管涌稳定性安全系数,取1.5~2.0。基坑底土为砂性土、砂质粉土或黏性土与粉性土中有明显薄层粉砂夹层时取大值;

i_c——坑底土体的临界水力坡度,根据坑底土的特性计算;

i——坑底土的渗流水力坡度;

G_s——坑底土的比重;

e——坑底土的天然孔隙比;

h_w——基坑内外土体的渗流水头(m),取坑内外地下水位差,见图5-36;

L——最短渗径流线总长度(m);

$\sum L_h$——渗径水平段总长度(m);

$\sum L_v$——渗径垂直段总长度(m);

m——渗径垂直段换算水平段的系数,单排帷幕墙时$m = 1.5$,多排帷幕墙时$m = 2$。

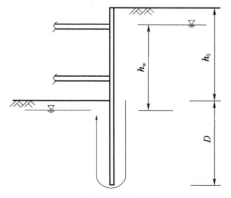

图5-45 抗渗流稳定性计算示意图

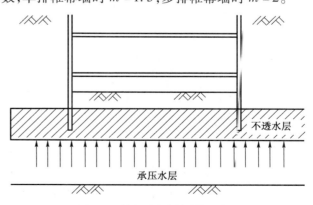

图5-46 抗突涌稳定性计算示意图

抗突涌稳定性计算图式见图 5-46,计算公式见式(5-31)。

$$K_y = \frac{p_{cz}}{p_{wy}} \tag{5-31}$$

其中:

$$p_{cz} = \sum \gamma_i z_i \tag{5-31a}$$

式中:p_{cz}——基坑开挖面以下至承压水层顶板间覆盖土的自重应力(kN/m^2);

p_{wy}——承压水层的水头压力(kN/m^2);

K_y——抗承压水头的稳定性安全系数,取 1.05;

γ_i、z_i——开挖面与承压水层顶板间土层的天然重度和层厚。

四、支护结构的内力计算

支护结构体系以及各构件的内力必须满足强度设计的要求,因此支护结构内力分析是明挖法基坑设计中的重要内容。

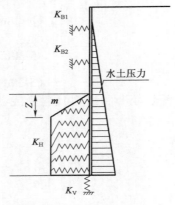

图 5-47 弹性地基梁法计算简图

1. 挡土结构的内力计算

在计算设有多层支撑的挡土结构内力时,常用的计算方法有荷载结构法、修正的荷载结构法以及有限单元法,而有限单元法中又以弹性地基梁或杆系有限元法应用最为广泛。

平面弹性地基梁法假定挡土结构为平面应变问题,取单位宽度的挡土墙作为竖向放置的弹性地基梁,支撑和锚杆简化为弹簧支座,基坑开挖面以下土体采用弹簧模拟,挡土结构外侧作用已知的水压力和土压力,计算简图如图 5-47 所示。

图 5-47 中的水土压力按前述的方法进行计算。基坑内支撑点弹性支座的压缩弹簧系数 K_B 应根据支撑体系的布置和支撑构件的材质与轴向刚度等条件,按式(5-32)确定。

$$K_B = \frac{2\alpha EA}{L \times S} \tag{5-32}$$

式中:K_B——内支撑的压缩弹簧系数($kN \cdot m/m$);

α——与支撑松弛有关的折减系数,一般取 0.5~1.0;混凝土支撑或钢支撑施加预应力时,取 α=1.0;

E——支撑结构材料的弹性模量(kN/m^2);

A——支撑构件的截面积(m^2);

L——支撑的计算长度(m);

S——支撑的水平间距(m)。

基坑开挖面以下,水平弹簧支座和垂直弹簧支座的压缩弹簧刚度 K_H 和 K_V,可按式(5-33)、式(5-34)计算。

$$K_H = k_H bh \tag{5-33}$$
$$K_V = k_V bh \tag{5-34}$$

式中:K_H、K_V——水平向和垂直向压缩弹簧系数(kN/m);

k_H、k_V——地基土的水平向和垂直向基床系数(kN/m^3),开挖面以下一定深度内的水平向基床系数取为三角形分布,三角形分布区内的水平向基床系数 $k_H = mz$;m

为水平向基床系数沿深度增大的比例系数;z 为影响深度,一般取开挖面以下 $3\sim5$m,坑底地基土软弱或受扰动较大时取大值,反之取小值;

b、h——弹簧的水平向和垂直向计算间距。

计算时,考虑到土体的分层、水平支撑的存在等实际情况,需沿着竖向将弹性地基梁划分为若干单元;同时,应根据基坑开挖、支撑施加顺序等进行支护结构的变形和内力计算,图 5-48 为一明挖法车站支护结构内力计算工况简图,图中考虑了拆撑、主体结构施工等对支护结构内力的影响。

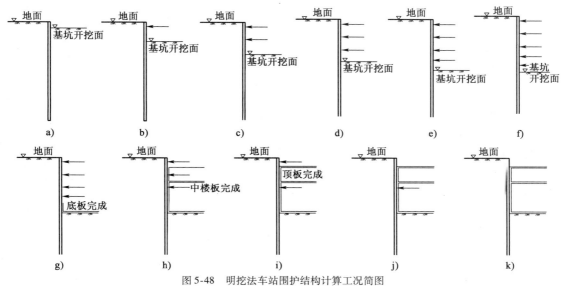

图 5-48 明挖法车站围护结构计算工况简图

a)工况一:开挖至第一道支撑下 0.5m;b)工况二:安装好第一道支撑,开挖至第二道支撑下 0.5m;c)工况三:安装好第二道支撑,开挖至第三道支撑下 0.5m;d)工况四:安装好第三道支撑,开挖至第四道支撑下 0.5m;e)工况五:安装好第四道支撑,开挖至第五道支撑下 0.5m;f)工况六:安装好第五道支撑,开挖至基坑底;g)工况七:浇筑好车站底板,强度达 70%,撤除第五道支撑;h)工况八:浇筑好车站底层内衬墙和中楼板,强度达 70%,撤除第四道支撑;i)工况九:浇筑好车站顶层内衬墙和顶板,强度达 70%,撤除第二道支撑;j)工况十:撤除第一道支撑;k)工况十一:撤除第三道支撑

为考虑施工过程中墙体受力和变形的继承性,一般采用荷载总量法或增量法计算,图5-49及图 5-50 是设有三道支撑的围护结构的"总量法"和"增量法"计算图示。

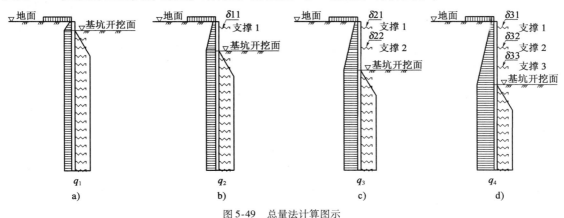

图 5-49 总量法计算图示

a)第一步开挖;b)第二步开挖;c)第三步开挖;d)第四步开挖

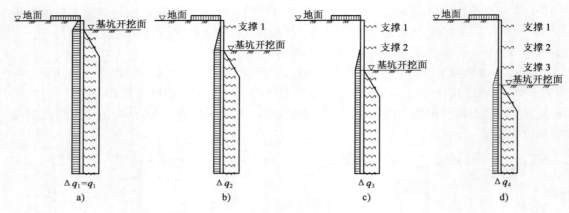

图 5-50 增量法计算图示
a) 第一步开挖；b) 第二步开挖；c) 第三步开挖；d) 第四步开挖

所谓"总量法"，是指对每一个施工工况，相应的主动侧压力全部作用于围护结构上，在支撑处加入设置支撑前该点已产生的围护结构水平位移，求得的内力和位移，即为该工况的实际内力和位移值。

所谓"增量法"，是将整个施工过程分成若干个工况，将前后两个工况的荷载改变值，称为荷载增量。由荷载增量引起的位移和内力，称为位移增量和内力增量，累计从开始到当前施工阶段各工况的位移增量和内力增量，则可得到当前工况的实际位移和实际内力。

2. 水平支撑体系内力计算

对于十字交叉对称的钢筋混凝土支撑或钢支撑，内支撑主要受轴力作用，其轴力即为弹性地基梁计算得到的内支撑点处的弹性支座反力。

对于较复杂杆系结构的水平支撑系统，可将弹性地基梁计算得到的内支撑点处的弹性支座反力作用于由水平支撑构件和围檩组成的水平支撑系统上，采用空间杆系模型即可计算得到水平支撑体系的变形和构件内力。计算时需添加适当的约束，一般可考虑在结构上施加不交于一点的三个约束链杆，见图 5-51。

3. 竖向支承系统

钢立柱的可能破坏形式有强度破坏、整体失稳和局部失稳破坏等几种。基坑施工阶段，应根据每一施工工况对立柱进行承载力和稳定性验算。当基坑开挖至坑底、底板尚未浇筑前，最底层一跨钢立柱承受最不利荷载，是钢立柱的最不利工况。一般截面形式的钢立柱可按照轴心受压构件进行设计计算，在两道支撑之间的立柱计算跨度可取为上一道支撑杆件中心至下一道支撑杆件中心的距离，最底层一跨立柱计算跨度可取为上一道支撑杆件中心至立柱桩顶高程。

钢立柱在实际施工中不同程度存在水平定位偏差和竖向垂直度偏差等，因此应按照偏心受压构件验算一定施工偏差下钢立柱的承载力，以确保足够的安全度。

立柱桩的设计计算方法与主体结构工程

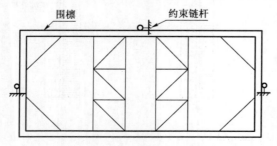

图 5-51 水平支撑系统内力计算示意图

桩相同,可按照国家标准或工程所在地区的地方标准进行。立柱桩以桩与土的摩阻力和桩的端阻力来承受上部荷载,在基坑施工阶段承受钢立柱传递下来的支撑结构自重荷载与施工超载。

五、基坑变形与计算

基坑支护结构的施加不仅要保证城市轨道交通基坑施工过程中本身的安全与稳定,而且要有效控制变形,以满足周边环境保护及施工质量要求。

基坑变形一般指围护墙体变形、坑底隆起变形以及地表沉降等,估算方法可分为理论、经验算法和数值计算方法。本书主要介绍经验算法。

1. 围护墙体水平变形

围护墙体的变形及变形形状与围护结构形式、刚度、施工方法等均有着密切的关系。一般而言,可认为围护结构的变形形式可分为三类,第一类为悬臂式位移,第二类为抛物线形位移,第三类为上述两种形态的组合,见图5-52。

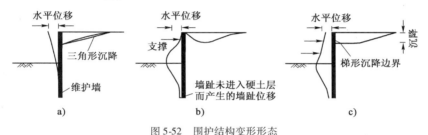

图5-52 围护结构变形形态
a)悬臂式位移;b)抛物线形位移;c)组合位移

当基坑开挖较浅,还未设支撑时,表现为墙顶位移最大,向基坑方向水平位移,成悬臂式位移分布;随着开挖深度的增加,刚性墙体继续表现为向基坑内的三角形水平位移或平行刚体位移,而一般柔性墙如果设支撑,则表现为墙顶位移不变或逐渐向基坑外位移,墙体腹部向基坑内突出,即抛物线形位移;理论上有多道内支撑体系的基坑,墙体变形为第三类,其围护体的最大变形位置一般都位于开挖面附近。

另外,对于墙趾进入硬化或风化岩层的围护结构,围护结构底部基本没有位移,而对于墙趾位于软土中的围护结构,当插入深度较小时,墙址出现较大变形,呈现出"踢脚"状态,从而影响整个围护结构的变形及稳定。

基坑施工过程中的围护墙体水平变形可结合内力计算、通过弹性地基梁法获得。

2. 围护墙体竖向变形

在实际工程中,墙体的竖向变形量测往往被忽视,事实上由于基坑开挖土体自重应力的释放使坑底土隆起,致使墙体有所上升,而支撑、楼板的重量施加又会使墙体下沉,特别是当围护墙底下因清孔不净有沉渣时,围护墙在开挖过程中会出现较大的下沉。围护结构上升或下沉导致的围护结构本身与立柱之间的差异下沉会产生较大的危害,如冠梁拉裂、楼板或梁系出现裂缝等,设计和施工时应引起足够的重视。

3. 坑底隆起变形

坑底的隆起变形主要是由于开挖卸载导致坑内竖向应力降低和围护结构的挤压作用引起的,

变形过大会影响到底板的施作质量及立柱变形甚至危及工程的安全,其变形形态与大小均与土质、开挖深度、开挖宽度等有关,一般而言,可分为中间大两边小或两边大中间小两种形态,见图5-53。

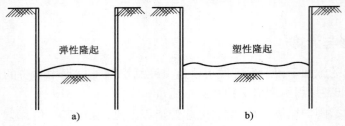

图5-53 基底的隆起变形

中间大两边小的隆起形态一般出现在开挖深度不大、坑底为弹性隆起的状态;当开挖达到一定深度且基坑较宽时,出现塑性隆起,隆起量也逐渐由中部最大转变为两边大中间小的形式,但对于较窄的基坑或长条形基坑,仍是中间大两边小的分布。

基底隆起量的经验公式:

$$\delta = -29.17 - 0.167\gamma H' + 12.5\left(\frac{D}{H}\right)^{-0.5} + 5.3\gamma c^{-0.04}(\tan\varphi)^{-0.54} \quad (5-35)$$

其中:

$$H' = H + \frac{p}{\gamma} \quad (5-35a)$$

式中:δ——基底隆起量(cm);

H——基坑开挖深度(m);

p——地面超载(kN/m²);

c、φ、γ——土的黏聚力(kg/m²)、内摩擦角(°)、重度(kN/m³);

D——墙体入土深度(m)。

根据经验公式绘制成的隆起量计算图见图5-54。

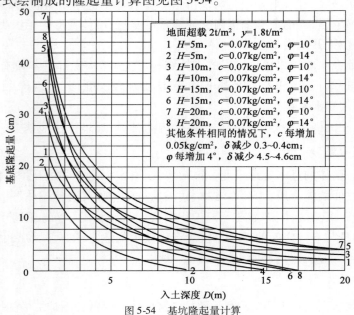

图5-54 基坑隆起量计算

4. 地表变形

地表变形的典型形态见图 5-53。对于地表的凹槽形变形[图 5-53b)],最大沉降值的发生位置根据统计的情况一般介于 0.4~0.7 倍的开挖深度,沉降范围一般为 1~4 倍的开挖深度;地表变形如表现为三角形沉降[图 5-53a)],砂土和硬黏土的沉降影响范围一般在 2 倍开挖深度内,而软土为 2.5~4 倍;地表范围的大小取决于地层的性质、开挖深度、墙体入土深度、下卧软弱土层深度、开挖支撑施工方法等。

基坑开挖引起的地表变形可以用经验方法、地层损失法以及有限元法等进行计算。地层损失法即是根据围护结构变形的包络面积来推算墙后的地表变形。首先根据杆系有限元或弹性地基梁法计算围护体的变形(挠曲线);计算挠曲线与初始轴线之间的面积 $S_w = \sum_{i=1}^{n} \delta_i \Delta H$(为计算方便,将发生变形的围护体分成 n 段,δ_i 为 i 段的挠曲线与初始轴线之位移差,ΔH 为 i 段的长度);选取典型地表沉降曲线形式(此处以三角形沉降曲线为例),地表沉降的范围假定为 $x_0 = H_g \tan(45° - \varphi/2)$($H_g$ 为围护墙的高度,φ 为墙体穿越土层的平均内摩擦角),并认为地表沉降面积与墙体的侧移面积相等,可得地表沉降最大值为:

$$\delta_{V\max} = \frac{2S_w}{x_0} \tag{5-36}$$

第五节 主体结构设计

主体结构设计的主要任务是确定主体结构材料和尺寸满足使用阶段的耐久性要求。主体结构尺寸的拟定是在满足建筑限界和建筑设计、施工工艺及其他使用要求的基础上,考虑施工误差、测量误差、结构变形及后期沉降等因素,根据地质和水文资料、车站埋深、结构类型、施工方法等条件经过计算确定。主体结构的截面大小应根据各结构构件按最不利荷载组合进行承载能力极限状态和正常使用极限状态验算,同时进行结构刚度、稳定性和抗浮计算,对钢筋混凝土构件尚应进行抗裂和裂缝开展宽度验算。

一、构造要求

明挖法施工的地下主体结构一般由底板、侧墙、顶板以及楼板、梁、柱等组成的长条形地下多层多跨框架结构。为抵抗水土压力、车辆荷载以及特殊荷载,结构的顶板、底板、边墙往往都较厚,一般为 0.6~1.0m;顶梁、底梁的截面高度也很大,一般为 1.6~2.2m;中间楼板由于要承受较大的设备荷载、人群荷载及装修荷载,其厚度也比一般的楼板厚许多,一般为 0.3~0.5m。

1. 顶板和楼板

车站的顶板和楼板可采用单向板(或梁式板)、井字梁式板、无梁板或密肋板等形式,典型的楼板形式如图 5-55 所示。井字梁式板和无梁板可以形成美观的顶棚和建筑造型,但造价较高,一般只有在板下不走管线时方可考虑采用。

单向板或梁式板多将板支承在与车站轴线平行的纵梁和侧墙上,单向受力;纵梁除采用 T

形梁外，为便于横向穿管或满足建筑需要，也可采用十字梁或反梁等形式。这种结构方案具有施工简单、省模板，可以利用底板至梁底的空间沿车站纵向布置管线，结构的总高度较小等优点。

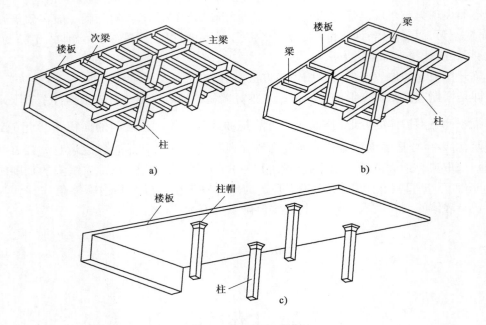

图 5-55　典型楼盖示意图
a) 单向板肋梁楼盖；b) 双向肋板梁楼盖；c) 无梁楼盖

井字梁式板由纵横两方向高度相等的梁所支承，双向受力，故板厚可以减薄。为使结构经济合理，两个方向的跨度宜接近相等，一般为 6～7m。由于造价较高，仅在地铁车站中荷载较大的顶、楼板或因施工特别需要时才被采用。

无梁板的特点是没有梁系，将板直接支承在立柱和侧墙上，传力简捷，省模板，但板的厚度较大，且用钢量较多。柱帽是无梁板的重要构件，用以提高板的刚度并改善其受力，同时又是车站装饰的组成部分，多作为喇叭口形。

密肋板具有重量轻、材料用量较少等优点。肋可以是单向的，也可以是双向正交的，间距在 1m 左右，多用于装配式结构的顶板。

2. 底板

底板主要按受力和功能要求设置，几乎都采用以纵梁和侧墙为支承的梁式板结构，因为这有利于整体道床和站台下纵向管道的铺设。

埋置于无地下水的岩石地层中的明挖车站可不设置受力底板，但铺底应满足整体道床的使用要求。

3. 侧墙

侧墙可采用以顶、底板或楼板为支承的单向板，当围护结构采用地下连续墙或钻孔灌注桩时，可利用它们作为主体结构侧墙的一部分或全部，该种结构形式在目前的地铁车站结构设计中应用较广泛。具体设计原则及方法将在第六节进行介绍。

4. 立柱

明挖车站的立柱一般采用钢筋混凝土结构,可采用方形、矩形、圆形或椭圆形等截面。按常荷载设计的地铁车站的柱距一般取 6~8m。当车站与地面建筑合建或为特殊荷载控制设计,柱的设计荷载很大时,可采用钢管混凝土柱或劲性钢筋高强度混凝土柱。

二、主体结构设计荷载

主体结构的设计荷载分永久荷载、可变荷载和偶然荷载三类,如表 5-7 所示,在决定荷载的数值时,应考虑施工和使用过程中发生的变化,根据现行国家标准《建筑结构荷载规范》(GB 50009—2012)及相关规范规定的可能出现的最不利情况确定不同荷载组合时的组合系数。

荷 载 分 类 表　　　　　　　　　　表 5-7

荷 载 分 类		荷 载 名 称
永久荷载		结构自重
		地层压力
		隧道上部和破坏棱体范围的设施及建筑物压力
		混凝土收缩及徐变影响力
		预加应力
		设备重量
		地基下沉影响力
可变荷载	基本可变荷载	地面车辆荷载及其冲击力
		地面车辆荷载引起的侧向土压力
		地下铁道车辆荷载及其冲击力
		人群荷载
	其他可变荷载	温度影响力
		施工荷载
偶然荷载		地震荷载
		沉船、抛锚或河道疏浚产生的撞击力等灾害性荷载

主体结构承受的地层压力分为竖向压力、水平向压力、土压力,明挖法结构一般顶部覆土厚度较薄,顶板承受的竖向地层压力可按计算截面以上全部土柱重量计算,水平向压力可取为水土合算的静止土压力。

车站站台、楼板和楼梯等部位的人群均布荷载的标准值应采用 4.0kPa;设备用房楼板的计算荷载应根据设备安装、检修和正常使用的实际情况(包括动力效应)确定,其标准值不得小于 4.0kPa;在设计换乘站中直接承受地铁车辆荷载的楼板等构件时,地铁车辆竖向荷载应按其实际轴重和排列计算,并考虑动力作用的影响,同时尚应按线路通过的重型设备运输车辆的荷载进行验算。

地面超载一般可取 20kPa,有特殊要求时可适当放大,上部建有建筑物时,应分析计入其荷载。

三、主体结构内力计算

地下结构内力计算方法有荷载结构模型、连续介质模型、约束—收敛法等,目前设计中较多采用荷载结构模型,即地层对结构的作用简化为外荷载,如图5-56所示。根据对主体结构梁、板等的模拟方法不同,主体结构可分别采用空间梁系、空间板系、空间梁板系以及横断面计算法等,前三者可较好地模拟各结构构件受力的实际情况,但计算复杂,因此目前设计中采用较多的是横断面计算法,即沿车站纵向截取单位长度的横断面结构,将墙、板假设成单位长度的梁或板单元,将框架柱按刚度或面积换算成单位长度的厚度,底板与地基间采用弹性假定,用竖向基床系数与底板单元长度的积作为地基弹簧刚度,用荷载—结构模型按有限元法进行内力计算,根据不同的荷载组合得到结构的内力包络图;对于纵梁,则是根据通常的板梁柱传力方式,由板传给梁,形成梁的荷载,柱作为梁的支点,根据多跨连续梁结构进行梁的内力计算。

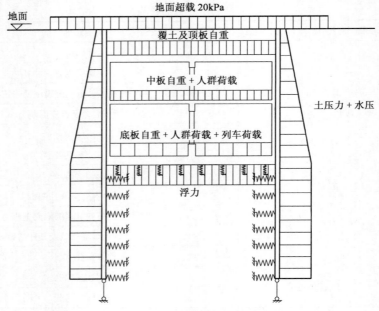

图5-56 主体结构内力计算的荷载结构模型

按横向框架计算得到的主体结构承受的使用阶段弯矩、剪力、轴力典型图示如图5-57所示。

四、主体结构抗浮计算

地下水丰富时,需对主体结构进行抗浮验算,使抗浮安全系数满足允许值的要求,我国各大城市地铁采用的抗浮安全系数见表5-8。

各城市地铁采用的抗浮安全系数 表5-8

城 市	不计侧壁摩阻力时	计入侧壁摩阻力时	说 明
上海	1.05	1.10	摩阻力采用值根据实践经验决定,考虑软黏土的流变特性,一般取极限摩阻力的一半
广州、南京、深圳、北京	1.05	1.15	—

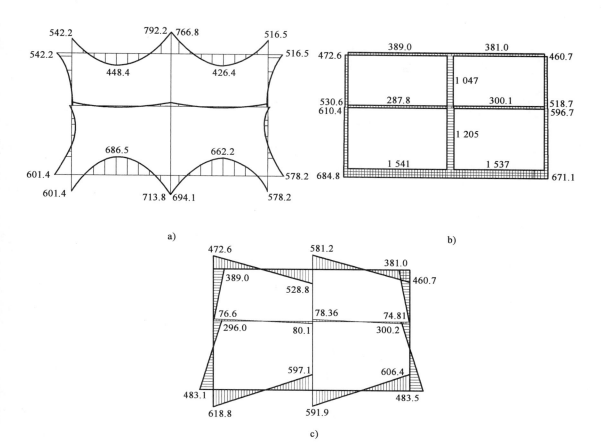

图 5-57 主体结构内力图(弯矩单位:kN·m,轴力单位:kN,剪力单位:kN)
a)弯矩图;b)轴力图;c)剪力图

抗浮安全系数计算方法分为考虑围护结构侧摩阻力和不考虑围护结构侧摩阻力两种,考虑围护结构侧摩阻力的计算图示见图 5-58。抗浮安全系数按下式计算。

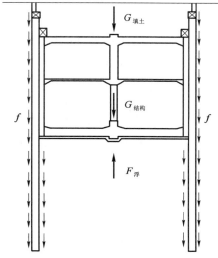

图 5-58 考虑围护结构侧摩阻力的抗浮计算图示

$$K_{浮} = \frac{G_{填土} + G_{结构} + F_{侧摩阻力}}{F_{浮}} \tag{5-37}$$

式中：$G_{填土}$——结构上覆填土自重(kN)；

$G_{结构}$——结构自重(kN)；

$F_{侧摩阻力}$——围护结构所受侧摩阻力(kN)；

$F_{浮}$——围护结构所受浮力(kN)。

当有抗拔桩时，尚应考虑抗拔力对抗浮安全系数的影响。

当车站顶因埋设较大管线时，必须扣除管线所占的覆土重量，一旦抗浮安全系数不满足，应采用抗浮措施，如使用抗拔桩，或在车站底板上设置泄水孔以减少底板浮力，避免结构上浮，待顶板覆土和上部结构完成后，再将泄水孔封闭。

第六节 支护结构与主体结构相结合的结构设计

一、支护结构与主体结构相结合的类型

支护结构与主体结构相结合是指临时的支护体作为主体结构的一部分构件（如地下室侧墙），或主体结构体为临时结构的一部分（如水平梁板、中间支承柱和桩）或全部构件。从构件相结合的角度而言，分为侧墙与围护墙体相结合、主体结构的梁板构件与水平支撑体系相结合、结构竖向构件与支护结构竖向支承系统相结合。体现在实际工程施工中，可分为侧墙与围护墙体相结合，坑内临时支撑系统、主体结构采用顺作法施工，临时围护体结合坑内水平梁板体系替代支撑采用逆作法施工（自上而下逐层开挖土体并建造主体结构直至底板）；侧墙与围护墙体相结合、地下结构的水平梁板体系替代水平支撑、结构的立柱和立柱桩作为竖向支承系统的支护结构与围护结构全面相结合、主体结构逆作法施工等。

1. 侧墙与围护墙体相结合

侧墙与围护结构结合的方式在地铁车站结构中得到了广泛的应用。围护结构和侧墙组成的结构体系又大体分为单一墙、复合墙和叠合墙体系，如图 5-59 所示。单一墙体系是将围护结构直接作为主体结构的侧墙，不另作参与结构受力的内衬结构，此时连续墙槽段之间的接头需有较好的防渗性能，并需满足结构受力要求。复合墙体系是围护结构和内衬结构之间设置防水隔离层，与结构的顶、底板防水层形成整体密封形式，为了保证防水效果，围护结构与内衬墙之间、围护结构与板之间一般不用钢筋拉接，墙面之间不能传递剪力和弯矩，只能传递法向压力，内衬墙的作用主要是承受使用期间的水压力，并为车站提供光洁的内表面。所谓叠合墙体系，就是通过结构和施工措施，保证围护结构与内衬墙叠合面的剪力传递，使围护结构与内衬墙组成叠合式结构，叠合后将两者视为整体，共同承担外部荷载。

2. 水平结构构件与支护结构相结合

利用地下结构的梁板等内部水平构件兼作为基坑工程施工阶段的水平支撑系统的方法，围护结构可采用地下连续墙或临时围护结构，结构楼板可采用多种结构体系，如梁板结构体系和无梁楼盖结构体系。采用梁板结构体系时，既可将肋梁楼盖直接作为水平支撑，也可采用在

开挖阶段仅浇筑框架梁作为内支撑,基础底板浇筑后再封闭楼板结构的方法。前者比较适于逆作法施工、结构受力明确等优点,后者可减少施工阶段竖向支承的竖向荷载,同时也便于土方开挖,不足之处在于梁板二次浇筑,存在止水和连接的整体性问题。

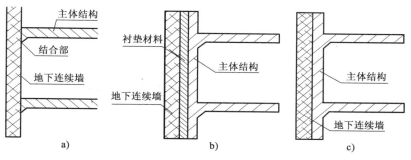

图 5-59 地下连续墙的结合方式
a)单一墙;b)复合墙;c)叠合墙

3. 结构竖向构件与支护结构竖向支承系统相结合

结构竖向构件与支护结构竖向支承系统相结合的方法是将地下结构的竖向承重构件(立柱或立柱桩)作为逆作法施工过程中结构水平构件的竖向支承构件,其作用是在逆作法施工期间、在底板未浇筑之前承受地下和地上各层的结构自重和施工荷载,在底板浇筑后,与底板连成整体,作为结构的一部分。可采用"一柱一桩、一柱多桩"等多种形式。

"一柱一桩"指逆作阶段在每根结构柱位置仅设置一根钢立柱和立柱桩,以承受相应区域的荷载。钢立柱设置在主体结构的结构柱位置,待逆作施工至基底并浇筑基础底板后再逐层在钢立柱的外围浇注外包混凝土,与钢立柱一起形成永久性的组合柱。一般情况下,若逆作阶段立柱所需承受的荷载不大或者主体结构框架柱下是大直径钻孔灌注桩、钢管桩等具有较高竖向承载能力的工程桩,应优先采用"一柱一桩"。根据工程经验,一般对于仅承受 2~3 层结构荷载及相应施工超载的基坑工程,可采用常规角钢拼接格构柱与立柱桩组成的竖向支承系统;若承受的结构荷载不大于 6~8 层,可采用钢管混凝土柱等具备较高承载力钢立柱所组成的"一柱一桩"形式。

在相应结构柱周边设置多组"一柱一桩"则形成"一柱多桩"。"一柱多桩"可采用"一柱(结构柱)两桩、一柱三桩"的形式,见图 5-60。一柱多桩需要设置多根临时钢立柱,钢立柱大多需要在结构柱浇筑完毕并达到设计强度要求后割除,而不能外包混凝土形成"一柱一桩"设计中的结构柱构件。

二、支护结构与主体结构相结合的结构设计内容与方法

与常规的临时支护方法相比,采用支护结构与主体结构相结合的形式避免了临时支护浪费的现象,且由于梁板的刚度比临时支撑大,对基坑开挖变形的控制强于临时支撑。当支护结构作为主体结构的一部分时,其受力复杂,不仅要承受使用期荷载,而且要承受施工期施工荷载等,因此主体结构设计除了应满足使用期设计要求外,尚应进行各种施工工况条件下的内力、变形等计算,使其满足施工期、竣工期和使用期等各种情况下的承载能力和正常使用状态的设计要求。

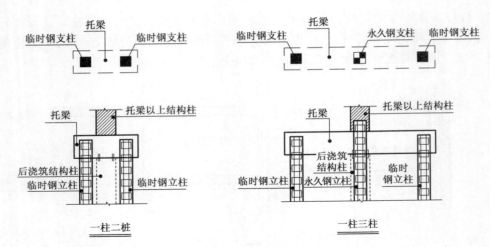

图 5-60 一柱多桩布置示意图

1. 侧墙与围护墙体相结合

当围护结构与主体结构的侧墙共同承担使用阶段的外荷载时,应考虑侧墙与围护墙体相结合后共同作用的效果。

单一墙体系可直接把墙作为主体结构的侧墙进行内力分析,复合墙和叠合墙目前一般采用简化的算法,如复合墙的内外墙内力按刚度分配进行计算;叠合墙按整体墙进行计算,墙体计算厚度取内外墙厚之和。

复合墙和叠合墙的内力计算也可根据荷载的传递特点,在内外墙之间施加不同的传力系统,如复合墙的围护结构与内衬墙间由两端铰接连杆模拟,只传递压力,不能传递弯矩和剪力,水压力由内衬墙承受,土压力由围护墙和内衬墙共同承受;叠合墙体系的围护墙和内衬墙连成整体共同承受水平压力,主体结构板与地下连续墙按刚性节点考虑,但考虑到钢筋连接器难以做到绝对刚接,支座及跨中处设计弯矩要适当进行调幅,跨中截面设计弯矩增加 10% 左右,必要时也可适当考虑接头弯矩与跨中弯矩间的内力重分布。

由于地下连续墙作为永久结构的一部分或全部,直接承受使用阶段主体结构的垂直荷载,因此尚应进行地下连续墙的承载力及沉降计算。

2. 水平结构构件与支护结构相结合

水平结构构件除应满足地下结构使用期设计要求外,尚应进行各种施工工况条件下的内力、变形等计算,作为施工通道的顶板,应考虑土方工程施工机械的巨大动荷载作用。顶板的受力可采用简化计算方法或平面有限元法进行计算分析。常用的计算图示见图 5-59,图中的主体结构采用逆作法施工,水平弹簧模拟地层对侧墙及中间桩水平位移的约束作用,竖向弹簧模拟地层对底板和侧墙底部及中间桩底部垂直位移的约束作用,切向弹簧模拟地层摩阻力对侧墙及中间桩垂直位移的约束作用。

同时,应验算混凝土温度应力、干缩变形、临时立柱以及立柱桩与地下结构外墙之间差异沉降等引起的结构次应力影响,并采取必要措施,防止有害裂缝的产生。

3. 结构竖向构件与支护结构竖向支承系统相结合

当结构竖向构件与支护结构竖向支承系统相结合时,内力计算方法及图示如图 5-61 所示,此时应分析不同施工阶段立柱的最不利工况荷载,对其竖向承载力、整体稳定性以及局部稳定性等进行计算;立柱桩的承载能力和沉降均需要进行计算。主体结构永久使用阶段,应根据该阶段的最不利荷载,对立柱外包混凝土后形成的劲性构件进行计算;兼做立柱桩的主体结构工程桩应满足相应的承载能力和沉降计算。

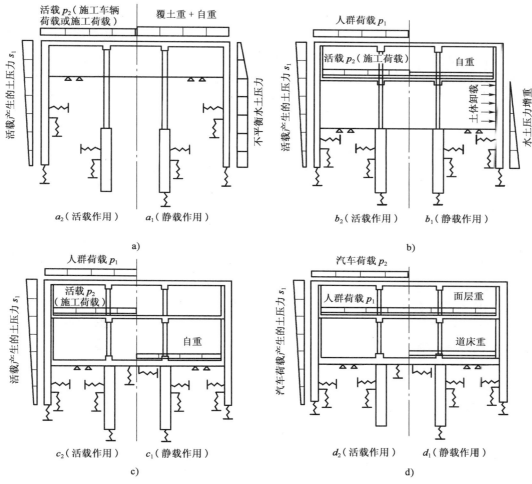

图 5-61 逆作法施工的结构内力计算模型
a)开挖至楼板底;b)开挖至底板底;c)封底;d)平时使用荷载作用时

立柱桩的竖向承载力计算方法与工程桩相同。基坑开挖施工阶段由于底板尚未形成,立柱桩之间的刚度联系较差,实际尚未形成一定的沉降协调关系,可按单桩沉降计算方法近似估算最大可能沉降值,通过控制最大沉降的方法以避免桩间出现较大的不均匀沉降。

三、结构构造要求

1. 侧墙与围护墙体相结合

作为永久结构一部分的围护墙还涉及与主体结构构件连接、墙体在正常使用阶段的整体性能、与主体结构的沉降协调等一系列问题,需要采用一整套的设计构造措施,以满足正常使用阶段的受力和构造要求。叠合式结构设计中先期修建的连续墙与顶、楼、底板等水平构件的连接一般有两种构造方案。

(1) 在连续墙内预埋弯起钢筋，将其扳直后与水平构件的内外层主筋搭接(或焊接)，浇注混凝土后水平构件与连续墙连成一体，并通过墙上预留的凹槽传递竖向剪力。为了防止钢筋弯折时脆断，预埋钢筋必须采用韧性较好但强度较低的 HRB235 钢，且直径不宜太大，间距不能太小(一般选用直径小于 22mm，间距大于 150mm 的单排筋)。

(2) 通过事先埋在连续墙内的钢筋连接器(接驳器)与水平构件的主筋连接。接驳器实际为一套管，内腔为锥形，一端与连续墙内的锚固筋连接，预埋在墙内，另一端加保护帽后露在墙上预先设置的凹槽内，基坑开挖后，打开保护帽即可方便地将头部车有锥螺纹的水平筋旋入接驳器内。由于接驳器能可靠地传递拉力，并通过墙上预留的凹槽共同传递竖向剪力，故此种接头可视为刚接。

2. 水平结构构件与支护结构相结合

当水平结构构件与支护结构相结合时，应考虑水平结构与围护结构的连接方式。当结构梁板与可作为永久结构一部分或全部的围护墙体连接时，可根据实际情况采用多种连接方式，如可在地下连续墙内预埋钢筋接驳器与梁连接，预埋钢筋与板连接，或在结构楼板周边设置边环梁，边环梁通过地下连续墙内的预埋钢筋与地下连续墙连接，结构梁板与边环梁整体浇筑等。当围护体仅作为临时结构时，围护墙和结构外墙两墙分开，此时逆作的施工工艺要求结构外墙只能顺作；从结构受力、构造要求以及防水的角度出发，结构外墙与相邻结构梁板须整体连接，二者一次浇筑施工，这就要求逆作施工地下各层结构的边跨位置必须内退结构外墙一定的距离，逆作施工结束后，结构外墙与相邻的结构梁板一起浇筑，而临时围护体与内部结构之间必须设置可靠的水平传力支撑体系；临时围护体与首层及地下一层主体结构的连接平面、剖面图分别见图 5-62、图 5-63。

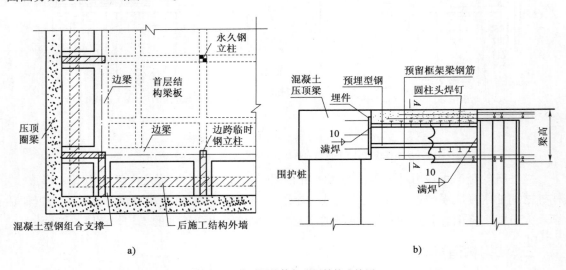

图 5-62 临时围护体与顶层结构连接图
a) 平面图；b) 剖面图

此外，根据施工因素或结构功能的要求，需要在适当的位置预留从地面直通底层的施工孔洞(图 5-64)，孔洞尺寸应满足垂直运输能力和进出材料、设备及构件的尺寸要求，预留孔在逆作施工结束如根据结构要求需进行封闭,其孔洞周边应预先留设钢筋或抗剪埋件等结构连接措施,以及膨胀止水条、刚性止水板或预埋注浆管等止水措施,以确保二次浇筑结构的连接整体性及防水可靠性。

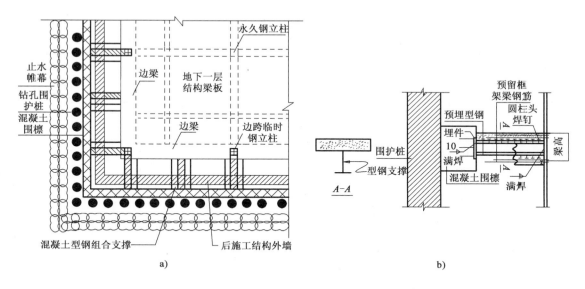

图 5-63 临时围护体与地下一层结构连接图
a)平面图;b)剖面图

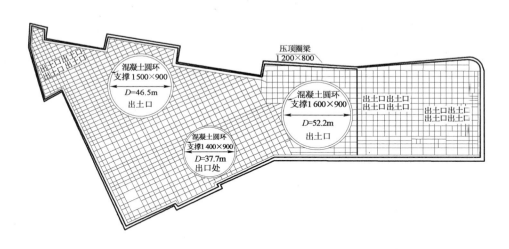

图 5-64 预留出土口的基坑支护结构平面图

3. 结构竖向构件与支护结构竖向支承系统相结合

竖向支承系统立柱与结构梁板节点的设计,应保证节点在基坑逆作施工阶段能够可靠地传递结构梁板的自重及各种施工荷载,并保证在永久使用阶段外包混凝土形成劲性柱后,节点质量和内力分布满足主体结构的受力要求。

角钢格构柱与结构梁板的连接方式可分为设置抗剪钢筋、栓钉以及钢牛腿等,见图 5-65。钢管或钢管混凝土立柱与梁受力钢筋的连接一般通过传力钢板法连接,见图 5-66。

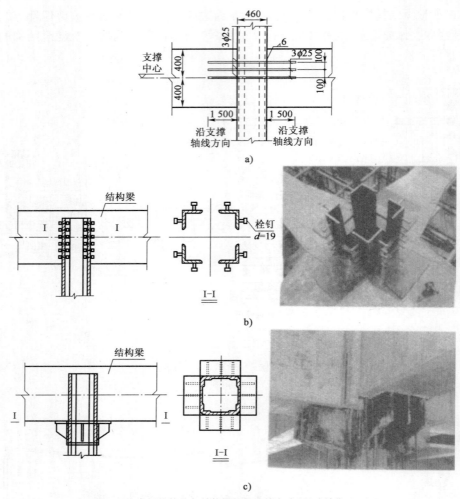

图 5-65 角钢格构柱与结构梁板的连接方式(尺寸单位:mm)

a)钢立柱设置抗剪钢筋与结构梁板的连接节点;b)钢立柱设置抗剪栓钉与结构板连接节点;c)设置钢牛腿作为抗剪件

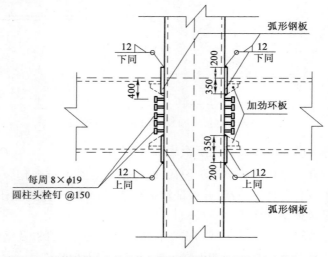

图 5-66 钢管混凝土立柱的传力钢板连接构造示意图(尺寸单位:mm)

第七节 盖挖法施工的车站结构设计

盖挖法施工是首先修筑地下结构的顶板或临时路面盖板,然后在其遮护下修建地下结构其他部分的半明挖施工方法的通称。按其主体结构的施工顺序,盖挖法可分为盖挖顺作法、盖挖逆作法、盖挖半逆作法等。

在路面交通不能长期中断的道路下修建车站主体结构时,可考虑采用盖挖顺作法,该方法系在现有道路上,按结构所需宽度,由地表面完成基坑围护结构和桩柱后,以定型的预制标准路面覆盖结构(包括纵、横梁和路面板)置于基坑围护结构上维持交通,往下进行开挖和加设横撑,直至结构底板设计高程。然后由下而上施工主体结构和防水层,最后恢复道路。

当开挖面较大、覆土较浅、周围有临近的建筑物时,为尽量防止因基坑开挖而引起邻近建筑物的变形或沉陷,或需尽早恢复路面交通,但又缺乏定型覆盖结构,常采用盖挖逆作法施工,即利用主体结构顶板作为横撑,在顶板覆盖下自上而下逐层开挖并建造主体结构直至底板。

盖挖半逆作法类似逆作法,其区别仅在于车站顶板完成及恢复路面后,向下挖土至设计高程后先建筑底板,再依次序向上逐层建筑侧墙、楼板。在半逆作法施工中,一般都必须设置横撑并施加预应力。

盖挖法施工能够实现的关键之一,是建造一个稳固、经济的临时路面系统。可重复利用的路面板应既能满足强度、刚度和稳定性要求,又满足快速安装、拆卸及经济性要求。

盖挖法施工中的路面板可采用三种形式:型钢路面板、混凝土路面板、钢路面板。混凝土路面板采用外包角钢的单跨预制板,安全可靠,但混凝土板自重太大,施工不便,且对纵横梁体系影响较大;钢路面板(2cm 厚钢板)刚度较小,需按 1m 间隔设置纵向槽钢作横向次梁,且车行噪声较大;型钢路面板,并排焊接 5 根 H 型钢,并且两端用平钢进行加固,不仅可以作为社会交通的路面,也可用于施工工地的栈桥,具有用途广泛的优点,虽一次性投入较高,但可重复利用,综合效益较好。

盖板梁可选用钢支撑或钢筋混凝土支撑,由于钢筋混凝土支撑稳定性好、对控制深基坑变形有利,目前采用较多。也有采用军便梁,如图 5-67 所示。

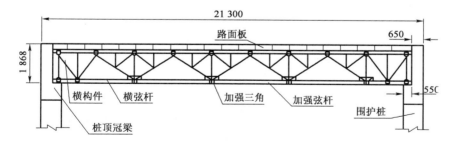

图 5-67 某工程军便梁构造示意图(尺寸单位:mm)

盖板梁与首道支撑可有分离设置、结合设置两种处理方法。在地质较好的地区进行盖挖法施工时,往往将盖板梁和首道支撑分离设置;由于土体自立性好,盖板梁不承受水平方向的荷载,仅承受路面的竖向荷载,同时将该荷载传递给中间立柱;根据施工所需空间要求,第一道支撑一般设置在地表以下 2m 深处。盖板梁兼作首道支撑时,必须使得该构件能同时承受上部传来的竖向荷载及基坑挡土墙传来的水平荷载,约束挡墙的水平变形,也即该构件必须同时是抗弯构件,又要是抗压构件。

盖挖法施工要求先做围护结构与中间立柱、立柱桩,共同构成路面系统的竖向支承体系。竖向支承体系不仅要受到基坑开挖土体应力释放的影响,还要承受上部道路荷载作用,在这些荷载作用下,发生沉降与抬升,同时立柱桩承载的不均匀,增加了立柱桩间及立柱桩与地下墙之间产生较大差异沉降的可能,若差异沉降过大,将会对路面体系产生较大的附加应力,严重时会影响安全。因此,如何减少中间立柱桩、围护结构的沉降以及差异沉降,是盖挖法施工的要点之一。

盖挖法的结构内力计算应根据施工工况分别进行,但盖挖法是在盖板的保护下进行施工的,所以要考虑作用在盖板上的汽车荷载及冲击荷载。汽车荷载的计算可以参照《公路桥涵设计通用规范》(JTG D60—2015)中的相关条款。

【历史沿革】

最早古人用一些非常简易的木桩作为支撑,开挖基坑用来储存食物。20 世纪以来,基坑技术得到了广泛的发展与拓宽,伴随着各种理论的提出,现在基坑工程技术已经将土力学、基础工程、变形控制、支护结构、施工监测等问题完全综合起来。20 世纪 40 年代初 Peck 和 Terzaghi 提出基坑开挖过程中基坑的稳定和支护结构的内力的计算研究方法。50 年代 Eide 和 Bjerrum 提出基坑底板回弹理论。60 年代 Peck 根据施工监测数据分析,提出地层损失分析概念,指出地表沉降曲线近似呈正态分布。在 70 年代初推出第一部深基坑施工的法规,深基坑技术才日益走向成熟。

在我国,深基坑工程是最近 20 多年中迅速发展起来的一个领域。前几十年中,由于基坑深度较浅,没有专门的设计,也并没有引起工程界的太多关注。近 20 多年来,由于高层建筑、地下空间的发展,深基坑工程的规模之大、深度之深,成为岩土工程中事故最为频繁的领域,给岩土工程界提出了许多技术难题。20 世纪 80 年代改革开放刚刚开始阶段,由于技术的制约,深基坑问题开始慢慢暴露出来。简单的支护结构设计造成了较多次深基坑事故,引起了社会和工程界的广泛关注。地下连续墙和 SMW 工法得到了广泛的发展和推广,一些技术指南相应诞生,但没有较为正规的设计规范。20 世纪 90 年代,经过总结前十年的经验,深基坑工程在设计和施工中逐渐规范,上海、武汉、深圳等地开始制定适合当地地质条件的地方规范,同时两本行业规范也诞生。上海、北京等地开始出现深度达 20m 以上,面积达 30 000m^2 的超大深基坑。更多、更安全有效的支护结构也应运而生。除了地下连续墙和 SMW 法开始普及使用外,复合式土钉墙在浅基坑中得到了广泛的使用。内支撑中开始出现大直径圆环的形式和两道支撑合用围檩的方案,最大限度克服了支撑对施工的干扰。一些商业化的深基坑设计软件开始大量使用。21 世纪以后,随着城市不断地发展,更多的城市开始大规模兴建超高层建筑、地下铁路、地下工程等。深基坑的深度已经达到 30m 左右,最深达到了 50m,基坑面积达到了 30 000~40 000m^2。与此同时,逆作法施工、支护结构与主体结构相结合的设计方法在工程中被广泛推广。

支护体系的发展历程：

基坑工程起初不存在任何支护结构，即为直接放坡开挖。随着基坑深度的增加，支护结构得到了应用与发展。桩基的应用最为古老，6 000～7 000 年以前，中国古人已经开始应用木桩。西方工业革命催生了钢筋混凝土桩的发展及应用。日本约在 1915 年开始应用水泥土，20 世纪 50 年代搅拌桩问世于美国。水泥土重力式围护墙在我国大量应用则是在 20 世纪 90 年代。1950 年意大利米兰的 C. Veder 开发了地下连续墙的施工技术，并最早于 Santa Malia 大坝的防渗墙中应用。型钢水泥土搅拌墙源于美国的 MIP 工法。1955 年在日本大阪市进行了试验，尝试将 MIP 工法依次连续施工做成了一道柱列式地下连续墙，即 SMW 雏形。1971 年，日本开发了多轴搅拌钻机，为型钢混凝土搅拌墙的广泛应用创造了条件，之后该工法得到了不断的完善与发展。20 世纪 70 年代，德国、法国、美国、西班牙、巴西、匈牙利、日本等国家几乎在同一时期各自独立开始了现代土钉墙技术的研究与应用。有详细记载的是，1972 年法国在凡尔赛附近的一处铁路路堑边坡支护工程中首次应用了土钉墙。在围护结构发展进步的同时，内部支撑体系、拉锚体系及地基加固手段也随之不断完善与进步。至今基坑支护体系已经发展成为一套适用于不同基坑深度、不同地层及不同环境的完整体系。

【思 考 题】

1. 简述明挖法结构设计的主要内容与流程。
2. 围护结构的主要类型有哪些？各有什么特点？
3. 支撑体系包括哪几种？如何设置？
4. 明挖法施工中挡土结构承受的土压力有什么特点？如何计算？
5. 支护结构的稳定性计算包括哪些内容？如何计算？
6. 简述支护结构的内力计算方法。
7. 简述主体结构设计的主要内容与方法。
8. 简述支护结构与主体结构相结合的主要形式。

第六章
暗挖结构设计

现象一：图 6-1 是某地铁暗挖隧道施工中发生塌陷的照片。为什么在坍塌区之外的地表还处于稳定状态？坍塌之前有哪些细小的工程现象？

现象二：图 6-2 是某地铁暗挖隧道施工中发生掌子面塌方的照片。掌子面塌方有什么后果？应该如何控制掌子面的安全？

图 6-1　隧道开挖引起路面塌陷

图 6-2　隧道掌子面坍塌

第一节 概 述

浅埋暗挖法是在浅埋情况下,围岩不能形成承载拱时的一种施工方法。虽然该方法吸纳了新奥法施工中信息化监测的思路,但浅埋暗挖法与新奥法相比,在设计理念上有着本质的区别。新奥法是通过围岩体的位移释放来减少围岩对支护结构的压力,其中利用了围岩的自承能力。浅埋暗挖需严格控制围岩的变形,否则会引起松动破坏或产生过量的变形并波及地表。在浅埋时,通常覆跨比较小,依靠围岩自身难以形成承载拱,于是超前预支护是浅埋暗挖的常用手段。图 6-3 是围岩变形与支护刚度的特征曲线,一般地,只有当围岩发生 U_A 的变形之后,才能施作支护,从支护施作到支护达到一定的刚度并发挥支撑作用时,洞周的变形为 U_C。当土质较差时,洞周的变形会快速发展到 C',甚至接近或达到 B 点即松散破坏点,所以在浅埋时应设法让 $U_A=0$,对应的技术措施就是预支护。

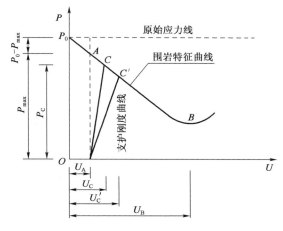

图 6-3 围岩特征曲线与支护刚度曲线示意图

浅埋暗挖法适用于工程地质条件较差的土质或软弱无胶结的砂、卵石等地层,一般情况覆跨比大于 0.2,特殊情况覆跨比可以小于 0.2。对于高水位的软弱地层,采用堵水、降水、排水等技术措施后也适用。尤其对于结构埋置浅、地面建筑物密集、交通运输繁忙、地下管线密布,且对地面沉陷要求严格的城市城区,这项技术方法更为适用。

浅埋暗挖法与明挖法相比,具有拆迁占地少、不扰民、不干扰交通、节省大量拆迁投资等优点;与盾构法相比,具有简单易行,无需多种专门设备,灵活方便,适用于不同地层、不同跨度、多种断面等优点。

第二节 隧道围岩分级

围岩级别是隧道或其他地下洞室设计和施工中不可缺少的基础资料,一个完善的、符合工程实践的围岩分级,对于改善隧道或其他地下洞室的结构设计、发展新的施工工艺、降低工程造价等都有十分重要的意义。

一、围岩分级的依据

目前,围岩大多是按洞室围岩的稳定性进行分级的。由大量工程实践可知,隧道或其他地下洞室围岩的稳定性与岩体中的初始应力状态、岩体结构特征、地下水情况和岩性特征等地质因素有关。除此之外,洞室形状和跨度大小、施工方法、支护措施等因素也影响洞室的稳定性。实践表明,在同类围岩中,跨度越大,洞室围岩的稳定性越差。因为随着洞室跨度增加,岩体的破碎程度也增加。洞室形状不同,在同样地质条件下,洞室围岩周边的应力状态也不同(图6-4)。因此,在可能的条件下,应选择有利于围岩稳定的洞室断面形状。此外,在同类岩体中,采用的施工方法不同,对洞室围岩稳定性的影响也不同,例如控制性爆破方法就比普通爆破方法对围岩的扰动小。

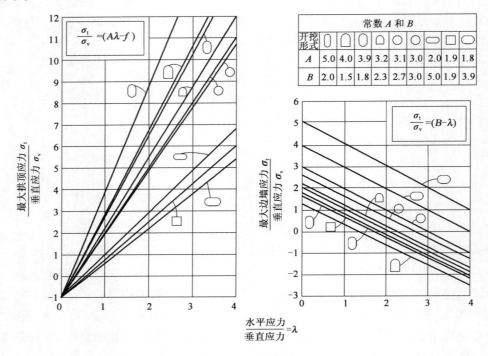

图6-4 应力比和开挖形式对拱顶边墙应力的影响

上述地质方面和施工方面的因素,对围岩的稳定性都有很大的影响。但在围岩分级中,一般把施工方面的因素作为分级的适用条件来处理,而主要考虑地质因素。因此,在围岩分级中,关键问题是选择哪些地质因素作为分级的指标,这些分级指标与围岩稳定有何关系,以及采用什么方法来判断这些指标等。从国内外围岩分级的发展看,分级依据大体可以归纳为下列三种。

1. 单一的岩性指标

单一的岩性指标一般是在某种特定目的的分级中采用,例如确定钻眼工效或炸药消耗量时,可考虑以岩石的抗钻性或抗爆性来进行分级;在土石方工程中,为了划分岩石的软硬或开挖的难易程度,可采用岩石的抗压强度来进行分级等。这些单一的岩性指标虽然反映了岩石某一方面的特性,也可通过试验等方法取得可靠的数据,但是用以判断受多种因素影响的围岩稳定性往往并不理想。因此,现在围岩的分级,大多抛弃了以岩石某一性质作为分级指标的方法。

2. 单一的综合岩性指标

所谓单一的综合性指标,即指标是单一的,但反映的因素确是综合的。例如,岩心质量指标(RQD),既反映了岩体的破碎程度,又反映了岩体的软硬程度,其数据可通过修正钻探岩心采取率来加以确定。又如弹性波速度,也是既能反映岩体的软硬程度和致密程度,又可以反映岩体的破碎程度。通过测试弹性波速,岩体的强度可以用式(6-1)计算得到。

$$R_{岩体} = \left(\frac{v}{V}\right)^2 R_b \tag{6-1}$$

式中:$R_{岩体}$——岩体强度;

R_b——岩块强度;

v——围岩弹性波速度;

V——岩块试件的弹性波速度;

$(v/V)^2$——通常称为裂隙系数,用以反映岩体的破裂特征。

单一的综合性指标大多与地质测试技术的发展有关,其精确度受测试方法的技术条件和地质特征的影响。目前有许多分类是采用单一的综合性指标的。

3. 复合指标

复合指标是指进行围岩分级时采用了两个或两个以上指标。可根据各指标对围岩分级的影响程度将其相加,或将其相乘,并据此进行分级。由于复合指标考虑了相关的多种因素对围岩稳定性的影响,比较全面地反映了洞室围岩的工程性质,因而是比较好的方法,也是目前围岩分级发展的一种趋势。

根据围岩分级的发展趋势以及目前国内外的一些围岩分级方法,在分级中主要考虑下列几方面的指标。

(1)岩块强度或岩体强度。一般多用抗压强度表示,因为它们反映了岩块或岩体的力学性质,故能表示围岩物质的基本性质。但是,由于自然界中的岩石普遍存在着裂隙,采用岩体的强度更为合适。

(2)岩体的完整程度。这取决于岩体在地质构造作用下的影响程度以及结构面的特征(组数、间距、产状、张开度、填充程度和抗剪强度等)。可用地质构造影响程度、结构面发育程度以及诸如裂隙系数、结构面组数、间距、产状或岩石质量指标(RQD)等指标表示。

(3)地下水的影响。地下水对围岩的稳定性虽然有较明显的影响,但是很难用具体的指标来表示。目前是把地下水按统计流量分级,再考虑其影响程度;或根据涌水状况及围岩受地下水影响的程度,适当把围岩的稳定性降低。

(4)天然应力状态。考虑到天然应力对围岩稳定性的影响,应该了解天然应力的大小和方向,但是目前还只能通过复杂的、费时的实地测试来确定。在围岩分级中如何考虑地质构造特征,还是个尚待研究的问题。

除了上述地质方面的指标外,还应考虑施工方面的有关指标。施工方法不同,围岩的稳定性不同。由于洞室的跨度和高度均对洞室围岩稳定性有一定的影响,应对高跨比作出一定的限制,超过某个限制后应考虑尺寸的影响。此外,洞室跨度和裂隙间距的比值反映了洞室围岩的相对完整性,这也是决定洞室围岩稳定性的重要因素。洞室形状不同时,可考虑洞室形状系数的影响。

综上所述,影响围岩稳定的因素是多方面的,在围岩分级中应考虑的指标也是多方面的。但是,正如前面所指出的,关键是如何确定这些指标与围岩稳定性的具体的、特别是定量的关系,以及这些指标是采用什么方法加以判定的。从目前围岩分级发展状况来看,有的指标已经符合这一要求,但有些还是经验性的。因此,围岩分级有待于不断深入研究,进一步发展岩体测试技术,并在实践中积累大量的经验数据,使围岩分级水平得到进一步的发展。

二、围岩分级的基本标准

目前,铁路隧道围岩的分级标准是以岩石的坚硬程度和岩体的完善程度这两个基本指标。根据《铁路隧道设计规范》(TB 10003—2005)的规定,围岩分级的基本标准如表6-1所示。

铁路隧道围岩分级的基本标准   表6-1

级别	围岩主要工程地质条件		围岩开挖后的稳定状态(单线)	围岩弹性纵波速度 v_p (km/m)
	主要工程地质特征	结构特征和完整状态		
Ⅰ	极硬岩(单轴保护抗压强度 R_c > 60MPa):受地质构造影响轻微,节理不发育,无软弱面(或夹层),层状岩层为巨厚层或厚层,层间结合良好,岩体完整	呈巨块状整体结构	围岩稳定,无坍塌,可能产生岩爆	>4.5
Ⅱ	硬质岩(R_c > 30MPa):受地质构造影响较重,节理较发育,有少量软弱面(或夹层)和贯通微张节理,但其产状及组合关系不致产生滑动;层状岩层为中厚层或厚层,层间结合一般,很少有分离现象,或硬质岩石偶夹粉质岩石	呈巨块或大块状结构	暴露时间长,可能会出现局部小坍塌;侧壁稳定,层间结合差的平缓岩层,顶板易塌落	3.4~4.5
Ⅲ	硬质岩(R_c > 30MPa):受地质构造影响严重,节理发育,有层状软弱面(或夹层),但其产状及组合关系尚不致产生滑动;层状岩层为薄层或中层,层间结合差,多有分离现象;硬、软质岩石互层	呈块(石)碎(石)状镶嵌结构	拱部无支护时可产生小坍塌,侧壁基本稳定,爆破震动过大易坍塌	2.5~4.0
	较软岩(R_c = 15~30MPa):受地质构造影响较重,节理较发育;层状岩层为薄层、中厚层或厚层,层间结合一般	呈大块状结构		
Ⅳ	硬质岩(R_c > 30MPa):受地质构造影响较严重,节理较发育;层状软弱面(或夹层)已基本破坏	呈碎石状压碎结构	拱部无支护时,可产生较大的坍塌,侧壁有时失去稳定	1.5~3.0
	软质岩(R_c ≈ 5~30MPa):受地质构造影响严重,节理较发育	呈块(石)碎(石)状镶嵌结构		
	土体: 1. 具压密或成岩作用的黏性土、粉土及砂类土; 2. 黄土(Q1、Q2); 3. 一般钙质、铁质胶结的碎石土、卵石土、大块石土	1和2呈大块状压密结构,3呈巨块状整体结构		

续上表

级别	围岩主要工程地质条件		围岩开挖后的稳定状态（单线）	围岩弹性纵波速度 v_p （km/m）
	主要工程地质特征	结构特征和完整状态		
V	岩体：软岩，岩体破碎至极破碎；全部极软岩及全部极破碎岩（包括受构造影响严重的破碎带）	呈角砾碎石状松散结构	围岩易坍塌，处理不当会出现大坍塌，侧壁经常小坍塌；浅埋时易出现地表下沉（陷）或塌至地表	1.0~2.0
	土体：一般第四系坚硬、硬塑黏性土，稍密及以上、稍湿或潮湿的碎石土、卵石土、圆砾土、角砾土、粉土及黄土（Q3、Q4）	非黏性土呈松散结构，黏性土及黄土呈松软结构		
VI	岩体：受构造影响严重呈碎石、角砾及粉末、泥土状的断层带	黏性土呈易蠕动的松软结构，砂性土呈潮湿松散结构	围岩极易坍塌变形，有水时土砂常与水一齐涌出；浅埋时塌至地表	一般情况下 <1.0 饱和状态的土 <1.5
	土体：软塑状黏性土、饱和的粉土、砂粉土等			

注：1. 表中"级别"和"围岩主要工程地质条件"栏，不包括膨胀性围岩、多年冻土等特殊岩土。

2. 层状岩层的层厚划分：
巨厚层：厚度大于 1.0m；
厚层：厚度大于 0.5m，且小于等于 1.0m；
中厚层：厚度大于 0.1m，且小于等于 0.5m；
薄层：厚度小于或等于 0.1m。

三、围岩级别的修正

围岩级别的正确判定应以表6-1为基础，结合地下洞室的特点，考虑地下水状态、初始应力等因素，对围岩的级别进行修正。

根据渗水量可将地下水状态分为 I、II、III 级（表6-2），因地下水影响而对围岩级别进行修正，可参考表6-3。

地下水状态的分级　　　　　　　　　　　表6-2

级　别	状　态	渗水量 [L/(min·10m)]
I	干燥或湿润	<10
II	偶有渗水	10~25
III	经常渗水	25~125

地下水影响的修正　　　　　　　　　　　表6-3

地下水状态分级 \ 修正级别 \ 围岩级别	I	II	III	IV	V	VI
I	I	II	III	IV	V	—
II	I	II	IV	V	VI	—
III	II	III	IV	V	VI	—

因初始低应力的影响而对围岩级别的修正可按表 6-4 进行。

初始低应力影响的修正　　　　表 6-4

修正级别＼围岩级别＼初始低应力状态	Ⅰ	Ⅱ	Ⅲ	Ⅳ	Ⅴ
极高应力	Ⅰ	Ⅱ	Ⅲ 或 Ⅳ	Ⅳ	Ⅴ
高应力	Ⅰ	Ⅱ	Ⅲ	Ⅳ 或 Ⅴ	Ⅵ

注：1. 围岩岩体为较破碎的极硬岩或较完整的硬岩时，定为Ⅲ级；围岩岩体为完整的较软岩或较完整的软硬岩互层时，定为Ⅳ级。
2. 围岩岩体为破碎的较硬岩或较破碎及破碎的硬岩时，定为Ⅳ级；围岩岩体为完整及较完整的软岩或较完整及较破碎的较软岩时，定为Ⅴ级。

地下洞室埋深较浅时，应根据围岩受地面的影响进行围岩级别的修正。若围岩仅受地面影响，应将相应围岩降低 1～2 级。

第三节　深埋隧道与浅埋隧道

隧道埋置深度不同，对应的设计与施工方法会有很大区别。隧道的深埋或浅埋，并非单纯指洞顶地层厚度，还应结合上覆地层的水文地质与工程地质特征，松散状况，围岩构造特征，风化、破碎、断层影响的程度与结构强度以及地下水等因素来综合判定。另外，与洞顶的稳定与隧道施工方法也有直接影响，因此要严格判定隧道的深埋、浅埋分界是困难的，一般根据工程地质条件，结合大量的现场观测资料，在综合分析的基础上确定深埋与浅埋。

一、区分深埋隧道和浅埋隧道的几种计算方法

1. 根据隧道塌落拱高度

围岩变形过大时隧道上方会形成塌落拱（压力拱），如图 6-5 所示。塌方是围岩因失稳而破坏的最直观形式，大量统计资料表明，当埋深大于 2 倍塌方高度时，才能用塌落拱公式计算。塌落拱高度与围岩级别有很大关系，根据我国铁路隧道调查资料，Ⅲ级以下的围岩体强度较高，一般不会由于浅埋而出现围岩失稳进而破坏的情况，因此，通常在Ⅲ～Ⅵ级围岩中才考虑浅埋隧道的设计问题。

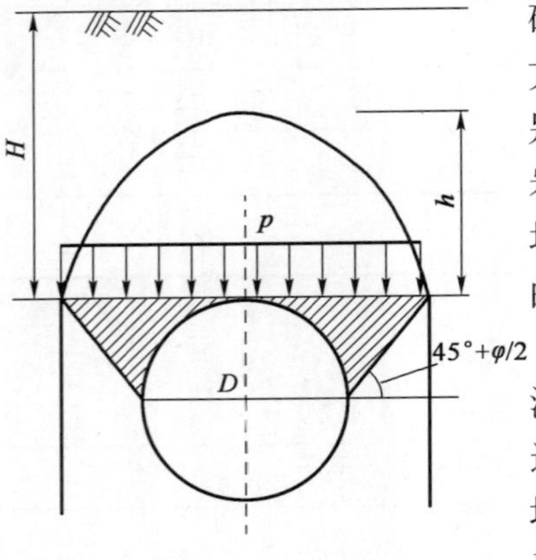

根据工程设计实践经验，对于单线和双线隧道，深埋与浅埋隧道分界以 2.5 倍塌方高度来确定。当地面水平或接近水平，且隧道上覆土厚度小于表 6-5 所列数值时，可按浅埋隧道设计，表中的上限值在水文及工程地质条件较差时采用；反之，采用表中的下限值。

图 6-5　塌落拱图示

浅埋隧道上覆土厚度(m)   表6-5

围 岩 级 别	Ⅲ	Ⅳ	Ⅴ
单线隧道覆盖厚度	5~7	10~14	18~25
双线隧道覆盖厚度	8~20	15~20	30~35

2. 根据实测土压力

地下工程的深埋与浅埋也可以采用实测土压力 p 与隧道上方垂直土柱重量 γh 之比来划分。根据实测资料统计,当 $p/\gamma h > 0.4 \sim 0.6$ 时为浅埋隧道;当 $p/\gamma h \leq 0.4$ 时为深埋隧道。

3. 根据隧道覆跨比

由前述分析可知,采用暗挖法施工的地下工程断面变化较大,因此在判别隧道深埋与浅埋时,还须考虑地下工程的跨度,即通过隧道上覆土厚度 H 与结构跨度 D 之比来判断。

图6-6为国内外近50座隧道(主要是地铁和铁路隧道)试验段实测的 H/D 与 $p/\gamma h$ 的关系。$p/\gamma h = 0.4$ 附近为深埋与浅埋隧道分界值。Ⅵ级围岩(淤泥质、带水的黏土和砂等)压力接近土柱重,实测值 $p/\gamma h \geq 0.6$,属于超浅埋隧道。Ⅴ级围岩(破碎软岩、黏土、沙等),测点绝大部分在 $p/\gamma h = 0.5$ 和 $H/D = 2.5 \sim 3.5$ 交点的左上方(即 $H < 2.5D$、$p > 0.4\gamma h$ 的浅埋区)和右下方(即 $H > 2.5D \sim 3.5D$、$p < 0.4\gamma h$ 的深埋区)。Ⅳ级围岩(软岩、老黄土等)一般都在 $H/D > 1.5$ 的地段进行压力试验(覆盖层浅,便于明挖法施工),压力变化不大,一般在 $p/\gamma h = 0.4$ 以下,基本上属于深埋。

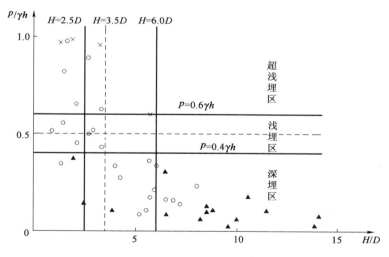

图6-6 H/D 与 $P/\gamma h$ 关系

注:×表示Ⅵ级围岩;○表示Ⅴ级围岩;▲表示Ⅳ级围岩。

结合各级围岩塌方统计高度,并参考国内外资料、规定和理论计算的基础上,建议深埋与浅埋隧道分界深度采用下列值:Ⅵ级围岩为 $4D \sim 6D$,Ⅴ级围岩为 $2.5D \sim 3.5D$,Ⅳ级围岩为 $1.5D \sim 2.5D$,Ⅲ级围岩为 $0.5D \sim 1.0D$。同时,分界深度与施工方法以及施工技术水平密切相关。

二、浅埋和超浅埋的判定方法

浅埋与超浅埋隧道的区别目前尚无规范可依,但通常有下列四种判定方法。

(1) 覆跨比判别法。覆跨比即上覆土厚度 H 与隧道跨度 D(隧道断面直径)之比,$H/D \leqslant 0.4$ 为超浅埋隧道。

(2) 上覆土整体下沉时,若洞内拱顶沉降值≤地面沉降值时(即 $s_{顶} \leqslant s_{表}$)可视为超浅埋。

(3) 若隧道结构顶部进入地面以下 5m 范围的管道层中时,统称超浅埋。

(4) 在具备试验条件的情况下,用实测压力 p 与垂直土柱重量 γh 之比确定深埋、浅埋或超浅埋。当 $p/\gamma h \leqslant 0.4$ 为深埋隧道,$0.4 < p/\gamma h \leqslant 0.6$ 为浅埋隧道,$p/\gamma h > 0.6$ 为超浅埋隧道。超浅埋隧道在初期支护作用下,围岩塑性区一般可达到地面,上覆土易发生整体下沉位移。

对于城市轨道交通工程中所涉及的暗挖结构(地铁车站、区间隧道、出入口通道),其埋深一般为几米至十几米,特别是地铁车站和出入口通道的埋深则更浅,而地铁车站的跨度一般为十几米,甚至二三十米,区间隧道的跨度多为几米,渡线部分可能出现十几米甚至更大,出入口通道的跨度一般为几米;另外,目前国内城市轨道交通工程中的暗挖隧道多处于 IV 级以下围岩。根据上述的浅埋与深埋的分界标准可知,国内城市轨道交通工程中的暗挖隧道多为浅埋隧道甚至超浅埋隧道。

第四节 超前预支护设计

在采用浅埋暗挖法修建地下隧道时,常采用的超前预支护方法主要有超前小导管、管棚法、水平旋喷加固法、冷冻法、浅层地表超前锚杆注浆加固法等。

一、超前小导管法

超前小导管是沿着开挖轮廓线向外将管壁带孔的小导管打入地层内,并以一定压力向管内压注具有固化作用的浆液,使围岩形成注浆的固体,小导管自身起加筋的作用,既可以提高岩体的整体性,也可以封堵地下水。

一般情况下,小导管的直径为 30~50mm,长度 3~4m。小导管一般布置在开挖轮廓线拱部的一定范围,外插角 5°~30°,开挖面内由格栅或型钢等支撑,如图 6-7 所示。

加固范围由地质情况、断面尺寸大小及开挖长度决定。施工中,一般根据地质情况的相对好坏确定使用双排管或单排管。小导管注浆能够加固的范围就是其设计加固范围,如果双排管还不能满足施工要求,则应选用其他预加固措施。小导管参数的选择考虑以下几项。

1. 小导管的直径

为满足现场便于施工的要求,小导管的直径一般取 30~50mm,太大则不宜用简单的工具钻眼和打入,太小则起不到导管的支撑和注浆通道的作用。

2. 小导管的长度

小导管长度由隧道一次开挖长度和围岩的自稳能力来确定。围岩的自稳能力由岩体的内摩擦角 φ 来确定,小导管的长度可按下式计算。

$$L = 1 + H\cot\varphi + 0.5 \tag{6-2}$$

式中：L——小导管的长度(m)；

φ——围岩的坍落角度(°)；

H——围岩的坍落度(m)。

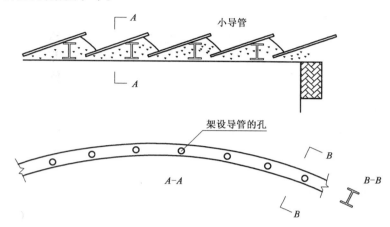

图 6-7　超前小导管预支护示意图

φ 角大小，反映了掌子面岩体的稳定性，φ 角越大，说明岩体的自稳能力越强。在 φ 角确定的情况下，H 越大，掌子面处岩体的坍塌可能性越大。施工中，一般塌落角度 $\varphi<60°$，根据以上计算，小导管长度宜控制在 3.5~6m 之间，岩体较差时，长度取大值，岩体相对较好时，长度取小值。在处理塌方时，以小导管的最大打入长度为设计长度，小导管越长越有利于施工。

3. 外插角

根据理论计算和试验确定注浆半径 r 以后，依据注浆半径和小导管长度确定小导管打入角度，以保证浆液至少能扩散到洞室开挖的外轮廓。外插角按下式进行计算。

$$\alpha = \arcsin\left(\frac{r}{L}\right) \tag{6-3}$$

式中：α——小导管的外插角(°)；

r——注浆半径(m)；

L——小导管的长度(m)。

实际工程中，小导管的注浆半径一般取 0.5m，长度一般取 3.5~6m，故小导管的外插角一般为 5°~10°。

4. 间距

在处理塌方体时，小导管间距宜以密排为原则；在进行围岩预加固施工时，若岩体非常破碎，如碎石土、砂卵石层等，则采用密排原则，否则间距取 $2d$（d 为小导管的直径）；在断裂破碎带地段取 30cm 左右。

5. 环向范围

一般拱脚以上部分为环向加固范围，在围岩具有膨胀性或侧压力比较大的情况下考虑在侧墙部分设置小导管。

图 6-8 是深圳市向西北路人行地道工程的小导管设计情况,该工程下穿深圳市主干道深南大道,隧道跨度 7.35m,高 4.65m,埋深浅,环境要求高,施工难度大,导管设计参数为:直径 42mm(壁厚 3.5mm),长 3.5m,环向间距 30cm,该方法能够有效地控制了深南大道的变形。

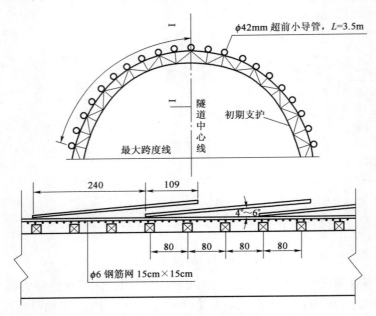

图 6-8 深圳向西北路人行地道工程中小导管布置(尺寸单位:cm)

二、管棚法

管棚法是在隧道开挖之前,沿着隧道开挖轮廓线外的设定部位,铺设钢管,并可以通过钢管的注浆孔向围岩注浆,对管棚周围的围岩进行加固,使管棚层成为隧道后续开挖的防护伞(棚),达到安全施工的目的。管棚作为隧道顶部和边墙的超前预支护,可以有效防止掌子面的坍塌及地层过量变位,为隧道开挖提供了安全保障。同时,管棚施工快、安全性高,被认为是隧道施工中预防冒顶事故的最有效、最合理的辅助措施之一。随着城市地铁浅埋暗挖法施工数量的增加,管棚法被用于广州、深圳、南京、北京等地地铁的重要工程建设之中。

管棚法的作用机理是与初期支护的格栅拱架共同形成棚架体系,其中管棚的主要作用是形成"微拱"、扩散围岩压力和减少应力释放,格栅是主要承载构件,是控制变形的主体。

1. 管棚的布设

管棚的排列形状有帽形、方形、一字形及拱形,如图 6-9 所示,可依据工程需要及断面形式确定。一字形布置适用于洞室形状跨度不大,仅上部土层易坍塌的地段;帽形布置适用于大型洞室工程上部土层不稳定地段;拱形布置适用于地铁,地下隧道土层不稳定段;方形布置适用于大型洞室工程松软土层段。

2. 管棚法的设计计算模型

管棚的设计参数主要包括管棚的数量、管径、间距等,在浅埋条件下,还得考虑各施工阶段引起的沉降以便对沉降控制采取相应的措施。根据管棚法施工时开挖阶段的实际情况,借助双参数弹性地基梁模型,建立了管棚作用的简化分析模型,如图 6-10 所示,该分析模型由未开挖段土体、管棚及已支护段三部分组成,管棚采用梁模拟,未开挖段和支护段对管棚作用用 Winkler 弹簧模拟,管棚两端近似为固定约束,以考虑套拱作用。结构所承受的竖向荷载为上覆土重,侧向压力取静止土压力。

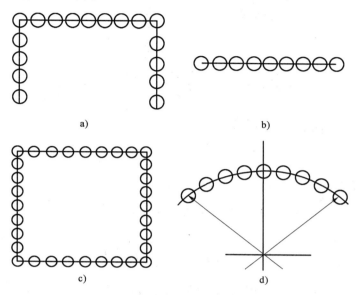

图 6-9 管棚超前支护布管形式示意图
a) 帽形;b) 一字形;c) 方形;d) 拱形

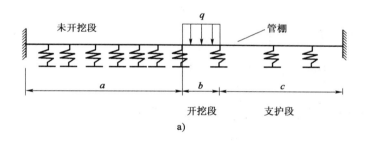

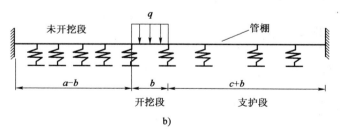

图 6-10 开挖阶段管棚分析模型
a) 第 i 步开挖;b) 第 $i+1$ 步开挖

应用 Fourier 级数法求解,施工过程因单循环步释放荷载引起的管棚位移如下。

$$w_{(x)} = \sum_{n=1}^{\infty} w_n \cdot \sin\frac{n\pi x}{l} + \frac{M_0 l^2}{6EI}\left[\frac{2x}{l} - 3\left(\frac{x}{l}\right)^2 + \left(\frac{x}{l}\right)^3\right] + \frac{M_1 l^2}{6EI}\left[\frac{x}{l} - \left(\frac{x}{l}\right)^3\right] \quad (6-4)$$

式中:w_n、M_0、M_1——待求系数,与开挖引起的释放荷载、管棚、土体基床系数及支护结构刚度特性相关。

EI——管棚简化后梁的抗弯刚度；

x——梁挠度曲线中坐标与梁端点的水平距离；

l——管棚简化后的梁长。

位移边界条件满足 $\begin{cases} w_{(0)} = 0 \\ w_{(l)} = 0 \end{cases}$

$$w'_{(x)} = \frac{n\pi}{l} \cdot \sum_{n=1}^{\infty} w_n \cos\frac{n\pi x}{l} + \frac{M_0 l^2}{6EI}\left[\frac{2}{l} - \frac{6}{l}\left(\frac{x}{l}\right) + \frac{3}{l}\left(\frac{x}{l}\right)^2\right] + \frac{M_1 l^2}{6EI}\left[\frac{1}{l} - \frac{3}{l}\left(\frac{x}{l}\right)^2\right] \tag{6-5}$$

$$w''_{(x)} = -\left(\frac{n\pi}{l}\right)^2 \cdot \sum_{n=1}^{\infty} w_n \cdot \sin\frac{n\pi x}{l} + \frac{M_0 x}{EIl} - \frac{M_1 x}{EIl} - \frac{M_0}{EI} \tag{6-6}$$

根据最小势能原理，得：

$$\beta_1 M_0 + \beta_2 M_1 + \beta_3 w_n + \sum_{m=1} w_m \beta_4 = \beta_5 \tag{6-7}$$

其中：$\beta_1 = \dfrac{4l}{3EI} \cdot \dfrac{\partial M_0}{\partial w_n} - \dfrac{4l}{3EI} \cdot \dfrac{\partial M_1}{\partial w_n} + \dfrac{k_1 \cdot l^2}{6EI} \cdot \xi_2 + \dfrac{k_1 \cdot l^4}{36E^2 I^2} \cdot \xi_3 + \dfrac{k_2}{6EIl} \cdot \xi_7 + \dfrac{k_2 l^4}{36E^2 I^2} \cdot \xi_8 \cdot \dfrac{\partial M_1}{\partial w_n} -$

$\dfrac{1}{l}\left(\dfrac{n\pi}{l}\right)^2 \cdot \int_0^l x \cdot \sin\dfrac{n\pi x}{l} dx + \left(\dfrac{n\pi}{l}\right)^2 \cdot \int_0^l \sin\dfrac{n\pi x}{l} dx + \dfrac{k_1 l^4}{36E^2 I^2} \cdot \dfrac{\partial M_0}{\partial w_n} \cdot \xi_1 +$

$\dfrac{k_2 \cdot l^4}{36E^2 I^2} \cdot \xi_4 \cdot \dfrac{\partial M_0}{\partial w_n} + \dfrac{k_2 \cdot l}{3EI} \cdot \xi_5 - \dfrac{k_2}{2EI} \cdot \xi_6$

$\xi_1 = \int_0^a \left[\dfrac{2x}{l} - 3\left(\dfrac{x}{l}\right)^2 + \left(\dfrac{x}{l}\right)^3\right] dx$

$\xi_2 = \int_0^a \sin\dfrac{n\pi x}{l}\left[\dfrac{2x}{l} - 3\left(\dfrac{x}{l}\right)^2 + \left(\dfrac{x}{l}\right)^3\right] dx$

$\xi_3 = \int_0^a \left[\dfrac{2x}{l} - 3\left(\dfrac{x}{l}\right)^2 + \left(\dfrac{x}{l}\right)^3\right]\left[\dfrac{x}{l} - \left(\dfrac{x}{l}\right)^3\right] dx$

$\xi_4 = \int_{ab}^l \left[\dfrac{2x}{l} - 3\left(\dfrac{x}{l}\right)^2 + \left(\dfrac{x}{l}\right)^3\right]^2 dx$

$\xi_5 = \int_{ab}^l \sin\dfrac{n\pi x}{l} \cdot x \cdot dx$

$\xi_6 = \int_{ab}^l \sin\dfrac{n\pi x}{l} \cdot x^2 \cdot dx$

$\xi_7 = \int_{ab}^l \sin\dfrac{n\pi x}{l} \cdot x^3 \cdot dx$

$\xi_8 = \int_{ab}^l \left[\dfrac{2x}{l} - 3\left(\dfrac{x}{l}\right)^2 + \left(\dfrac{x}{l}\right)^3\right]\left[\dfrac{x}{l} - \left(\dfrac{x}{l}\right)^3\right] dx$

$\beta_2 = \dfrac{l}{3EI} \cdot \dfrac{\partial M_1}{\partial w_n} + \dfrac{l}{6EI} \cdot \dfrac{\partial M_0}{\partial w_n} + \dfrac{1}{l}\left(\dfrac{n\pi}{l}\right)^2 \cdot \zeta_1 + \dfrac{k_1 \cdot l^4}{36E^2 I^2} \cdot \dfrac{\partial M_1}{\partial w_n} \cdot \zeta_2 +$

$\dfrac{k_1 \cdot l^4}{6EI}(\zeta_3 - \zeta_4) + \dfrac{k_1 l^4}{36E^2 I^2} \cdot \xi_3 \cdot \dfrac{\partial M_0}{\partial w_n} + \dfrac{k_2 l^4}{36E^2 I^2} \cdot \xi_5 \cdot \dfrac{\partial M_1}{\partial w_n} + \dfrac{k_2 l^2}{6EI}\left(\dfrac{\xi_5}{l} - \dfrac{\xi_7}{l^3}\right)$

$$\zeta_1 = \int_0^l \sin\frac{n\pi x}{l} \cdot x \cdot \mathrm{d}x$$

$$\zeta_2 = \int_0^a \left[\frac{x}{l} - \left(\frac{x}{l}\right)^3\right]^2 \mathrm{d}x$$

$$\zeta_3 = \int_0^a \sin\frac{n\pi x}{l} \cdot \frac{x}{l}\mathrm{d}x$$

$$\zeta_4 = \int_0^a \sin\frac{n\pi x}{l} \cdot \left(\frac{x}{l}\right)^3 \mathrm{d}x$$

$$\zeta_5 = \int_{ab}^l \left[\frac{x}{l} - \left(\frac{x}{l}\right)^3\right]^2 \mathrm{d}x$$

$$\beta_3 = \frac{\pi^4 E I n^4}{2l^3} + \frac{k_1}{2}\left(a - \frac{l}{2n\pi}\sin\frac{2n\pi a}{l}\right) + k_2\chi_1$$

$$\chi_1 = \frac{C}{2} + \frac{l}{4n\pi} \cdot \sin\frac{2n\pi \overline{ab}}{l}$$

$$\beta_4 = -\frac{1}{l} \cdot \left(\frac{m\pi}{l}\right)^2 \cdot \zeta_1 \cdot \left(\frac{\partial M_0}{\partial w_n} - \frac{\partial M_1}{\partial w_n}\right) + \left(\frac{m\pi}{l}\right)^2 \cdot \int_0^l \sin\frac{m\pi x}{l} \cdot \frac{\partial M_0}{\partial w_n} + \frac{k_1}{2} \cdot \zeta_2 +$$

$$\frac{k_1 l^2}{6EI}\left[\frac{2}{l} \cdot \zeta_3 - \frac{3}{l^2} \cdot \zeta_4 + \frac{1}{l^3} \cdot \zeta_5\right] \cdot \frac{\partial M_0}{\partial w_n} + \frac{k_1 l^2}{6EI}\left[\frac{\zeta_3}{l} - \frac{\zeta_5}{l^3}\right] \cdot \frac{\partial M_1}{\partial w_n} +$$

$$\frac{k_2 \cdot l^2}{6EI}\left[\frac{2}{l}\zeta_6 - \frac{3}{l^2}\zeta_7 + \frac{1}{l^3}\zeta_8\right] \cdot \frac{\partial M_0}{\partial w_n} + \frac{k_2 \cdot l^2}{6EIl} \cdot \left[\frac{\zeta_6}{l} - \frac{\zeta_8}{l}\right] \cdot \frac{\partial M_1}{\partial w_n}$$

$$\zeta_1 = \int_0^l x \cdot \sin\frac{m\pi x}{l}\mathrm{d}x$$

$$\zeta_2 = \left[\frac{l}{(m-n)\pi} \cdot \sin\frac{(m-n)\pi a}{l} - \frac{l}{(m+n)\pi} \cdot \sin\frac{(m+n)\pi a}{l}\right]\bigg|_{n \neq m}$$

$$\zeta_3 = \int_0^a x \cdot \sin\frac{m\pi x}{l}\mathrm{d}x$$

$$\zeta_4 = \int_0^a x^2 \cdot \sin\frac{m\pi x}{l}\mathrm{d}x$$

$$\zeta_5 = \int_0^a x^3 \cdot \sin\frac{m\pi x}{l}\mathrm{d}x$$

$$\zeta_6 = \int_{ab}^l x \cdot \sin\frac{m\pi x}{l}\mathrm{d}x$$

$$\zeta_7 = \int_{ab}^l x^2 \cdot \sin\frac{m\pi x}{l}\mathrm{d}x$$

$$\zeta_8 = \int_{ab}^l x^3 \cdot \sin\frac{m\pi x}{l}\mathrm{d}x$$

$$\beta_5 = -\frac{ql}{\pi} \cdot \frac{1}{n}\int_a^{ab} \sin\frac{n\pi x}{l}\mathrm{d}x + \frac{ql^2}{6EI}\eta_1 \cdot \frac{\partial M_0}{\partial w_n} + \frac{ql^2}{6EI} \cdot \eta_2 \cdot \frac{\partial M_1}{\partial w_n}$$

$$\eta_1 = \int_a^{ab}\left[\frac{2x}{l} - 3\left(\frac{x}{l}\right)^2 + \left(\frac{x}{l}\right)^3\right]\mathrm{d}x$$

$$\eta_2 = \int_a^{ab}\left[\frac{x}{l} - \left(\frac{x}{l}\right)^3\right]\mathrm{d}x$$

求解上述方程,可获得管棚的位移。

管棚弯矩可按照叠加原理,将管棚两端内力、均布力 q 和集中力 P 引起的弯矩进行叠加而得到。

均布力 q 所引起的两端内力为:

$$\overline{M}_0 \mid_q = -\frac{ql^2}{12}, \overline{Q}_0 \mid_q = \frac{ql}{2} \tag{6-8}$$

$$\overline{M}_c \mid_q = -\frac{ql^2}{12}, \overline{Q}_c \mid_q = -\frac{ql}{2} \tag{6-9}$$

在集中荷载 P 作用下,如图 6-11 所示梁两端的内力为:

$$\overline{M}_0 \mid_P = -\frac{Pab^2}{l^2}, \overline{Q}_0 \mid_P = \frac{Pb(l+2a)}{l^3} \tag{6-10}$$

$$\overline{M}_c \mid_P = -\frac{Pa^2b}{l^2}, \overline{Q}_c \mid_P = -\frac{Pa^2(l+2b)}{l^3} \tag{6-11}$$

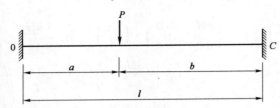

图 6-11 集中力作用下梁计算模型

根据式(6-6)采用积分方法,得到 OA 段弹簧反力引起的梁两端内力为:

$$\begin{aligned}
\overline{M}_0 \mid_{k_1} &= -\frac{1}{l^2} \int_0^a k_1 w_x (l-x)^2 x \mathrm{d}x \\
&= -\frac{k_1}{l^2} \sum_{n=1}^{\infty} w_n \int_0^a \sin\frac{n\pi x}{l}(l-x)^2 x \mathrm{d}x - \\
&\quad \frac{k_1}{l^2} \frac{M_0 l^2}{6EI} \int_0^a \left[2\left(\frac{x}{l}\right) - 3\left(\frac{x}{l}\right)^2 + \left(\frac{x}{l}\right)^3\right] \cdot x \cdot (l-x)^2 \mathrm{d}x - \\
&\quad \frac{k_1}{l^2} \frac{M_1 l^2}{6EI} \int_0^a \left[\left(\frac{x}{l}\right) - \left(\frac{x}{l}\right)^3\right] \cdot x \cdot (l-x)^2 \mathrm{d}x
\end{aligned} \tag{6-12}$$

$$\begin{aligned}
\overline{M}_c \mid_{k_1} &= \frac{k_1}{l^2} \int_0^a w_x (l-x) x^2 \mathrm{d}x \\
&= \frac{k_1}{l^2} \sum_{n=1}^{\infty} w_n \int_0^a x^2 (l-x) \sin\frac{n\pi x}{l} \mathrm{d}x + \\
&\quad \frac{k_1 M_0}{6EI} \int_0^a \left[2\left(\frac{x}{l}\right) - 3\left(\frac{x}{l}\right)^2 + \left(\frac{x}{l}\right)^3\right](l-x) x^2 \mathrm{d}x + \\
&\quad \frac{k_1 M_1}{6EI} \int_0^a \left[\left(\frac{x}{l}\right) - \left(\frac{x}{l}\right)^3\right](l-x) x^2 \mathrm{d}x
\end{aligned} \tag{6-13}$$

$$\begin{aligned}
\overline{Q}_0 \mid_{k_1} &= \frac{1}{l^3} \int_0^a k_1 w_x (l-x)^2 (l+x) \mathrm{d}x \\
&= \frac{k_1}{l^3} \int_0^a w_x (l-x)^2 (l+x) \mathrm{d}x
\end{aligned}$$

$$= \frac{k_1}{l^3}\sum_{n=1}^{\infty}w_n \cdot \int_0^a \sin\frac{n\pi x}{l}(l-x)^2(l+x)dx +$$

$$\frac{k_1 M_0}{6EIl}\int_0^a\left[2\left(\frac{x}{l}\right)-3\left(\frac{x}{l}\right)^2+\left(\frac{x}{l}\right)^3\right](l-x)^2(l+x)dx +$$

$$\frac{k_1 M_1}{6EIl}\int_0^a\left[\left(\frac{x}{l}\right)-\left(\frac{x}{l}\right)^3\right](l-x)^2(l+x)dx \tag{6-14}$$

$$\overline{Q}_c\Big|_{k_1} = -\frac{k_1}{l^3}\int_0^a w_x x^2[l+2(l-x)]dx$$

$$= -\frac{k_1}{l^3}\sum_{n=1}^{\infty}w_n\int_0^a \sin\frac{n\pi x}{l}x^2[l+2(l-x)]dx -$$

$$\frac{k_1 M_0}{6EIl}\int_0^a\left[2\left(\frac{x}{l}\right)-3\left(\frac{x}{l}\right)^2+\left(\frac{x}{l}\right)^3\right](3l-2x)x^2dx -$$

$$\frac{k_1 M_1}{6EIl}\int_0^a\left[\left(\frac{x}{l}\right)-\left(\frac{x}{l}\right)^3\right](3l-2x)x^2dx \tag{6-15}$$

BC 段弹簧反力引起的梁两端内力的推导过程与 OA 段类似，不再赘述。

开挖段管棚的弯矩为：

$$M_x = Q_0 x + M_0 + \int_0^a k_1 \cdot (x-\xi) \cdot w_\xi d\xi \tag{6-16}$$

将 $w_\xi = \sum_{n=1}^{\infty}w_n \cdot \sin\frac{n\pi\xi}{l}+\frac{M_0 l^2}{6EI}\left[\frac{2\xi}{l}-3\left(\frac{\xi}{l}\right)^2+\left(\frac{\xi}{l}\right)^3\right]+\frac{M_1 l^2}{6EI}\left[\frac{\xi}{l}-\left(\frac{\xi}{l}\right)^3\right]$ 代入式(6-16)，则开挖段内力主要由三部分构成。

第一项：

$$\int_0^a (x-\xi)\sum_{n=1}^{\infty}w_n \cdot \sin\frac{n\pi\xi}{l}d\xi$$

$$= k_1\sum_{n=1}^{\infty}w_n\int_0^a(x-\xi)\cdot\sin\frac{n\pi\xi}{l}d\xi$$

$$= -\frac{k_1 l}{\pi}\sum_{n=1}^{\infty}\frac{w_n}{n}\left[(x-a)\cdot\cos\frac{n\pi a}{l}-x+\frac{l}{n\pi}\cdot\sin\frac{n\pi a}{l}\right]$$

第二项：

$$\int_0^a k_1 \cdot (x-\xi) \cdot w_\xi d\xi$$

$$= \frac{k_1 M_0 l^2}{6EI}\int_0^a\left[2\left(\frac{\xi}{l}\right)-3\left(\frac{\xi}{l}\right)^2+\left(\frac{\xi}{l}\right)^3\right](x-\xi)d\xi$$

第三项：

$$\frac{k_1 M_1 l^2}{6EI}\int_0^a\left[\left(\frac{\xi}{l}\right)-\left(\frac{\xi}{l}\right)^3\right](x-\xi)d\xi$$

未开挖段管棚内力：

$$M_x = Q_0 x + M_0 + \int_0^x k_1 \cdot (x-\xi) \cdot w_\xi d\xi \tag{6-17}$$

支护段管棚内力：

$$M_x = -Q_c - M_c - \int_x^l k_2 \cdot (\xi - x) \cdot w_\xi \mathrm{d}\xi \tag{6-18}$$

3. 管棚法的合理直径

管棚直径是管棚设计和施工中的一个控制性参数,不仅影响建立的双参数弹性地基梁模型、施工机具、施工方法的选择,而且直接影响工程的安全、造价及管棚作用能否有效发挥。计算分析不同管棚长度 l、开挖跨度 s 以及管径 d 条件下,跨中位移敏感度以及最大位移的变化规律如图 6-12 所示。由计算可以发现,合理管径与管棚长度、支护结构情况密切相关,支护结构跨度小时,采用管径 $\phi 108 \sim 159 \mathrm{mm}$ 基本合适;当结构跨度大时,提高管棚直径对于位移控制效果明显;当管棚较长时,管径敏感度下降,采用 $\phi 108 \mathrm{mm}$ 就可以满足要求。

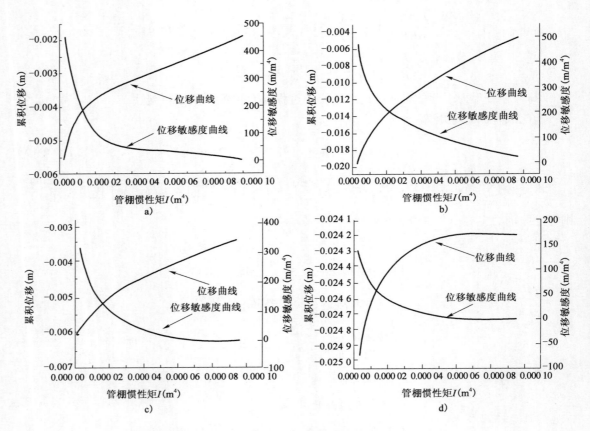

图 6-12 不同管棚长度及开挖跨度下跨中位移和敏感度随管径的变化规律
a) $l=10\mathrm{m}, s=3.6\mathrm{m}$; b) $l=10\mathrm{m}, s=7.2\mathrm{m}$; c) $l=30\mathrm{m}, s=3.6\mathrm{m}$; d) $l=30\mathrm{m}, s=7.6\mathrm{m}$

三、水平旋喷法

高压喷射注浆技术是 20 世纪 60 年代后期起源于日本日产冻结有限公司的一种加固松软土体的技术。该技术采用钻机先钻进土层的预定位置后,由钻杆一端安装的特别喷嘴,把水泥浆液高压喷出,以喷射流切割搅动土体。同时,钻杆边旋转边提升,使土体与水泥浆混合凝固,从而形成一个均匀的圆柱状水泥加固土体,以达到加固地基和止水防渗的目的。一般情况,钻机都为垂直钻孔,称为垂直旋喷注浆法。水平旋喷注浆法,就是在土层中水平(亦可作小角度的俯、仰和外斜)钻进成孔,注浆管呈水平状,喷嘴由里向外移动进行旋喷、注浆,适用于砂类土、黏性土、黄土和人工填土等地层,水平旋喷法加固隧道周边示意图见图6-13。

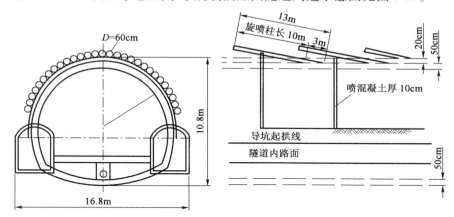

图6-13 水平旋喷法加固隧道开挖周边示意图

水平旋喷注浆法的工艺类型有三种,即单管法、二重管法和三重管法。

1. 单管旋喷注浆法

单管旋喷注浆法是利用钻机等设备,把安装在注浆管底部侧面的特殊喷嘴置入土层预定深度后,使用高压泥浆泵把浆液从喷嘴中喷射出去,冲击、破坏土体,同时借助注浆管的旋喷和提升运动,使浆液与从土体上崩落下来的土体搅拌混合,经过一定时间凝固,在土中形成圆柱状的固结体,直径为0.4~1.0m。

2. 二重管旋喷注浆法

使用双通道的二重注浆管,当二重注浆管钻进到土层的预定深度后,通过管底部侧面的一个同轴双重喷嘴,同时喷出高压浆液和空气这两种介质的喷射流,冲击、破坏土体,喷嘴一面喷射一面旋转和提升,最后在土体中形成圆柱状的固结体,直径为0.6~1.5m。

3. 三重管旋喷注浆法

分别使用输送水、气、浆三种介质的三重注浆管,在高压泵、高压发生装置产生高压水喷射流的周围,环绕一股高压的圆筒状气流,高压水喷射流和气流同轴喷射,冲切土体,形成较大的空隙,再由泥浆泵注入浆液填充,喷嘴做旋转和提升运动,最后在土中凝固成直径较大的圆柱状固结体,直径为0.8~2.0m。

水平旋喷桩的施工效率高,水平搅拌桩无需成孔,其钻进、搅拌、注浆同步进行,施工速度快,安全可靠,质量稳定,另外其止水、防渗效果好,可避免过量抽排地下水引起的地表下沉。但也存在钻进方向可控性差、遇障碍物难以处理、对地层扰动大等不足。

近年来,在我国的广州、深圳、北京等城市地下工程中,先后采用水平旋喷技术进行了隧道超前预支护,如广州地铁2号线新(港东站)－磨(碟沙站)区间在穿越华南新干线高速公路,采用水平旋喷搅拌桩方案加固地层,在隧道周边施作止水帷幕。采用周边全封闭形式水平旋喷搅拌桩(两排φ500mm,间距350mm,咬合150mm)超前预支护,通过环向桩间咬合搭接,可有效地形成止水帷幕,防止涌水流砂事故的发生,水平旋喷的设计情况如图6-14所示。

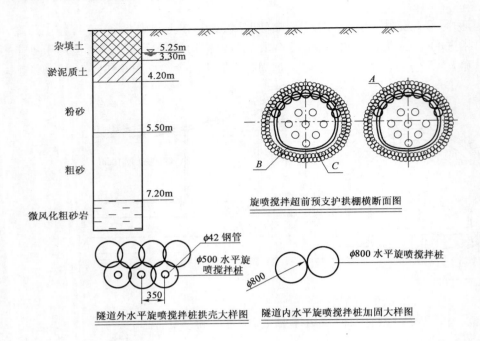

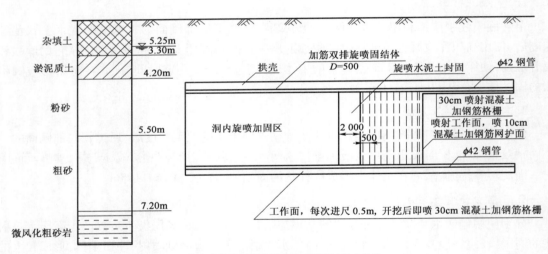

图 6-14　旋喷搅拌超前预支护设计示意图(尺寸单位:mm)
A-水平旋喷桩;B-混凝土衬砌;C-挂网喷射混凝土

四、冷冻法

冷冻法是利用人工制冷技术加固含水地层的一种特殊工法,其基本施工过程是:在拟建地下构筑物周围地层中安装冻结管,并在冻结管内循环低温液体或气体,使冻结管周围的含水地层逐步结冰,形成冻土帷幕,然后在冻土帷幕包围中安全地进行地下构筑物施工,如图 6-15 所示。

由于冻土帷幕强度较高,冻土帷幕本身的密封性及其与其他结构物如混凝土等的黏结性极好,几乎适用于各种复杂地层,且对施工条件要求较宽,只要能钻孔即可。冷冻法主要工程对象是含水地层,尤其适用于流沙、淤泥等极不稳定地层。冷冻法设计要解决的主要内容包括:

1. 冻结类型和冻结方法

冻结法施工首先要确定施工类型,即在掌握详细的地质水文资料和总体设计资料的基础上,根据工程要求,进行技术和经济分析,选择合适的冻结类型。

冻结法可采用的类型主要有 3 种,即水平、垂直和倾斜。浅埋隧道多位于建筑物或道路、桥梁之下,地面场地受限制,因此冻结类型以水平冻结为主。

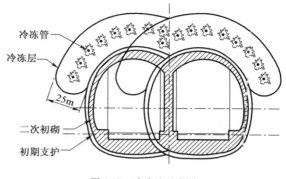

图 6-15 冷冻法示意图

2. 冻结体平均温度

由于冻结壁是一个不稳定的温度场,冻土介质边界可能随时变化,冻土结构物的温度状况决定冻结壁的强度性能。为了从整体上评价冻结壁的性能,在工程应用中常沿冻结壁截面上的平均温度作为评估标准,一般取 $-10° \sim -7°$。

3. 冻结厚度

冻结体作为临时支护,其厚度主要取决于地压大小和冻土强度。对于浅埋隧道,目前还没有可靠的冻结体厚度计算公式,但可借鉴矿山立井井筒冻结壁厚度的计算方法。

立井井筒冻结体属于厚壁圆筒形垂直冻结壁,其冻结厚度一般在 $2 \sim 6m$ 之间。由于冻结体内温度分布的差异,冻土体也属于非均质和流变体。立井井筒冻结壁厚度的计算,目前尚无较为合理的流变理论公式,仍采用弹塑性理论计算。例如,对于埋深较浅(<100m) 的立井,其冻结厚度设计计算公式和能量公式如下。

冻结厚度公式:

$$l_d = R_n \sqrt{\frac{[\sigma]}{[\sigma] - 2p} - 1} \qquad (6-19)$$

能量公式:

$$E_d = R_n \sqrt{\frac{[\sigma]}{[\sigma] - \sqrt{3}p} - 1} \qquad (6-20)$$

式中:R_n——冻结体内半径(m);

$[\sigma]$——冻土的容许应力(MPa);

p——地层地压(MPa)。

4. 冻结孔布孔间距

在取得冻结体设计厚度的基础上进行冻结孔布置设计,确定冻结孔间距时需要考虑以下因素。

(1)需要冻结地层的地质水文情况。

(2)设计冻结厚度和冻结体形状。

(3)考虑钻孔偏斜度,控制终孔的孔间距。

隧道水平冻结时,冻结孔开孔间距一般以 $0.5 \sim 1.0m$ 为宜。

5. 冻结时间

冻结时间是冻结孔交圈需要的时间，根据盐水温度和冻土扩展速度来确定。冷冻法具有以下特点。

（1）适应性强。冻结法适应于各种复杂地质及水文条件下的任何含水地层的加固，并且基本上不受主要构筑物几何形式和尺寸的限制。

（2）支护结构灵活、易控制。可根据不同地质条件、环境及场地条件灵活布置冻结孔、调节冷媒剂的温度，从而获得高质量的冻土帷幕，特殊情况下还可以采用液氮进行快速抢险，近年来同时可通过地温监测指导施工，符合现代信息化施工的要求。

（3）隔水性好。它本身就是地下水的控制系统，防渗性能是其他施工方法无法相比的。

（4）环境影响小。它充分利用土体自身的特点，材料是土体本身，对地下水及周围环境无污染，冻结壁解冻后，冻结管可回收，地下土层恢复原状，对环境较为有利。但也存在造价昂贵、工期长、后期混凝土结构施作困难、解冻后对地层和结构影响大等不足之处。

五、浅层地表超前锚杆注浆加固法

地表砂浆锚杆预加固是浅埋隧道预计破裂范围内从地表向下钻孔灌入水泥砂浆再打入锚杆。使砂浆锚杆与岩土结成一体，提高地层的整体强度和稳定性，抑制隧道开挖后岩土体的移动，防止塌方事故的发生，图6-16是地表超前锚杆注浆加固的示意图。

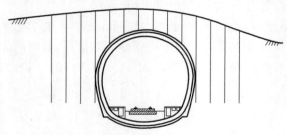

图 6-16 地表超前锚杆注浆加固示意图

地表锚杆一般采用全长砂浆锚杆，锚杆与砂浆共同组成锚固体，它的锚固作用是通过锚杆与砂浆之间、砂浆与岩土体之间的摩擦阻力来实现的，通过地表锚杆可以提高岩土体的整体强度，增强岩土体的摩擦阻力，抑制岩土体的沉陷滑移。

目前，地表锚杆的设计，一般按照经验类比进行，也可按照下面方法对锚杆参数作验证，使工程类比与计算相结合。

1. 加固范围的确定

隧道横断面稳定如图 6-17 所示，假定洞顶土体下沉，带动两侧土体的变形、下沉，出现 AC 和 BD 破裂面，β 为产生最大推力的破裂面与水平面之间的倾角，按下式计算。

$$\tan\beta = \tan\varphi \sqrt{\frac{(\tan^2\varphi + 1)\tan\varphi}{\tan\varphi - \tan\theta}} \tag{6-21}$$

式中：φ——计算内摩擦角（°）；

θ——滑动面的摩擦角（°）。

横向加固范围为：

$$AB = b + 2H\cot\beta \tag{6-22}$$

式中：b——隧道宽度（m）；

H——地表至隧道底部高度（m）。

掌子面前方的纵向稳定情况如图 6-18 所示，在破裂面前方一定范围之内作稳定加固，其加固范围为：

$$L = H\cot\left(45° + \frac{\varphi}{2}\right) + C \tag{6-23}$$

式中：C——预留安全距离，可取 $1\sim3\mathrm{m}$。

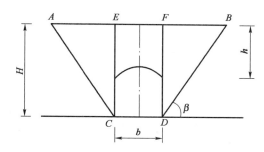

图 6-17 隧道横断面稳定

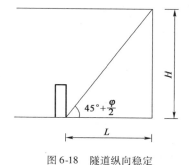

图 6-18 隧道纵向稳定

2. 锚杆数量

(1) 单根锚杆的锚固力

计算全长砂浆锚杆锚固力，为安全起见，锚固长度可按 $(L/3\sim L/2)$ 计，锚固力以砂浆与岩体之间的抗剪容许应力控制。

单根锚杆的锚固力为：

$$T = \left(\frac{1}{3}\sim\frac{1}{2}\right)L[\tau]\pi d \tag{6-24}$$

式中：T——锚固力；

L——锚杆长度；

$[\tau]$——岩土与砂浆抗剪容许应力；

d——锚杆直径。

计算出 T 后，应满足：$T \geq Q$，Q 为计算最大剪力。

(2) 锚杆根数计算

隧道顶部最大压力（即松散压力）：

$$P = bq = \gamma h(b - h\lambda\tan\theta) \tag{6-25}$$

其中：

$$\lambda = \frac{\tan\beta - \tan\varphi}{\tan\beta[1 + \tan\beta(\tan\varphi - \tan\theta) + \tan\varphi\cdot\tan\theta]} \tag{6-25a}$$

式中：P——隧道顶部最大压力；

γ——岩土体重度；

h——隧道埋深；

λ——侧压系数；

θ——破裂面摩擦角。

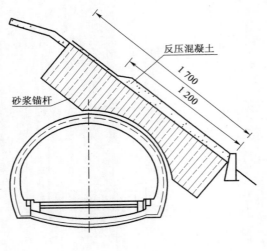

图 6-19 锚杆布置图(尺寸单位:cm)

(3)锚杆根数

$$n = \frac{kP}{T} \text{ 及 } n = \frac{kP}{N} \text{ 取两者最大值} \quad (6-26)$$

式中:T——锚固力;

N——锚杆抗拉力;

k——安全系数,取 2。

锚杆间距根据现场试验和模型试验资料,间距一般为 1~1.5m,多采用梅花形布置。

长安坝隧道位于陕西省石泉县境内,为双向双车道公路隧道,开挖跨度 13.16m,开挖高度 9.97m,洞口段为浅埋、偏压隧道,地质条件差。地表砂浆锚杆加固范围沿洞身纵向 75m,横向 17m,锚杆行距 1m,排距 1m,按梅花形布置,锚杆最长 9.8m。图 6-19 为长安坝隧道洞口段地表锚杆的设计布置图。

第五节 初期支护设计与变形控制

浅埋暗挖法施工的地下工程一般采用复合式衬砌,由初期支护和二次衬砌组成。初期支护在二次衬砌施作前应具有足够的强度和刚度,确保施工期间的安全和地面沉降不超过设计标准。初期支护是施工期间的承载结构,承受施工期间的主要荷载(土压力、部分水压力),二次衬砌和初期支护共同承担永久荷载。

一、初期支护类型及适用条件

在软弱破碎及松散、不稳定地层中采用浅埋暗挖法施工时,隧道初期支护施作的及时性和支护的强度和刚度,对保证开挖后隧道的稳定性、减少地层扰动以及地表沉降,都具有决定性的影响。不同地质条件下,初期支护的类型主要有喷射混凝土、钢筋网、锁脚锚杆、钢拱架或格构架组合而成。对于浅埋软弱地层,锚杆的作用明显降低。在诸多支护形式中,钢拱或无钢拱支撑的喷射混凝土是当前浅埋暗挖隧道广泛采用的支护手段。

1. 喷射混凝土

喷射混凝土是借助喷射机械,利用压缩空气或其他动力,将按一定配合比的拌和物,通过管道输送并高压速喷射到受喷面(岩面、模板)上,凝结硬化而成的一种混凝土。喷射混凝土的主要优点是能及时、分层喷射,早期强度较高,可控制围岩变形,提高围岩的自承能力,即使围岩发生较大变形,也不致产生坍塌。根据围岩条件,喷混凝土的作用效果主要有以下 5 种,详见表 6-6。

在硬岩、中硬岩中围岩的层理、节理等不连续面发育的场合,主要期待发挥防止局部掉块和补强软弱层、被覆等效果。在软弱围岩中主要期待发挥内压的约束、闭合效果等。在土砂围岩的围岩强度、变形特性支配隧道动态的场合,可并用钢支撑和锚杆等支护,主要发挥内压、闭合效果和外力分配效果。开挖后掌子面不稳定的场合,可向掌子面喷射厚 3~5cm 的混凝土,此时可期待发挥支护效果、补强效果和被覆效果。

喷混凝土作用效果　　　　　表6-6

喷混凝土的作用效果	示　意　图
● 与围岩的附着力、抗剪的支护效果 由于喷混凝土与围岩的附着力可分散作用在喷混凝土上的外力,加强了隧道周边裂隙的抗剪能力,并在壁面形成了承载拱,在裂隙发育的硬岩等地层中作用效果大	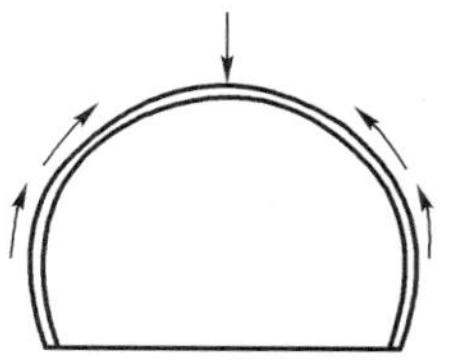
● 内压、闭合效果 喷混凝土作为一个连续的构件支持围岩,可约束围岩的变形,给围岩以支护力,使围岩保持三轴的应力状态。此外早期采用仰拱使断面临时闭合也发挥了支护效果。此效果在软岩和砂土围岩中较好	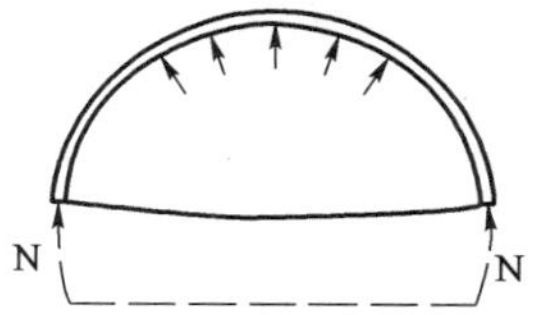
● 外力分配效果 通过传递土压到钢支撑、锚杆等上的构件而发挥作用	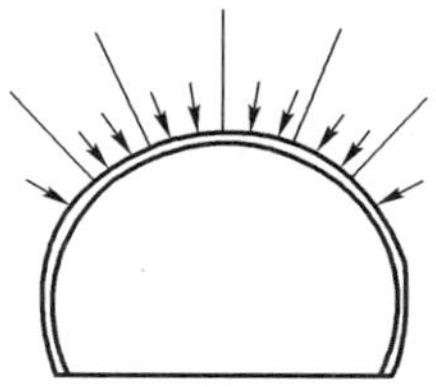
● 软弱层补强效果 填平凸凹不平处、跨越软弱层,可发挥防止应力集中、补强软弱层等的效果	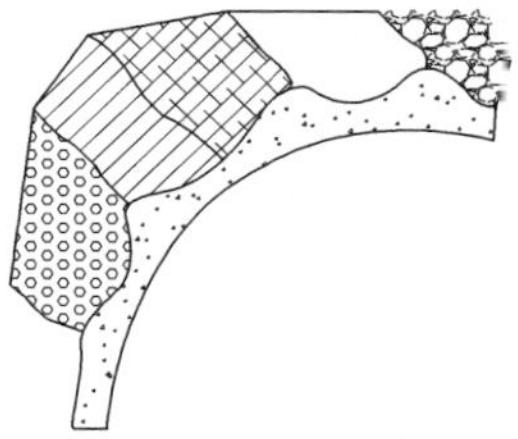
● 被覆效果 开挖后,因及早被覆壁面,可发挥防止围岩风化、止水、微粒子流失等的效果	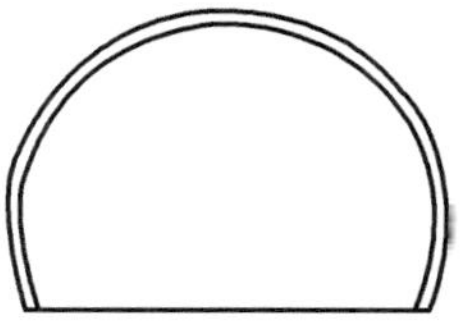

2. 喷射钢纤维混凝土

钢纤维喷射混凝土是一种采用喷射法施工的典型复合材料,同时含有抗拉强度不高的混凝土和抗裂性大、弹性模量高的钢纤维材料。通过掺入适量的钢纤维,可以明显提高混凝土的抗拉强度、阻止混凝土中原有缺陷(微裂缝)的扩展并延缓新裂缝的出现、提高混凝土的变形能力以及改善混凝土的韧性和抗冲击性能。

3. 水泥裹砂喷射混凝土

水泥裹砂喷射混凝土是将水泥与部分砂子拌和造壳,然后将其与砂石干混合料分别压送至喷嘴附近的混合管合流喷出,其粉尘量相当于或低于湿喷工艺,而回弹量则可降低到10% ~

20%以下,混凝土的强度也较高。在具体应用中可分为在干骨料中掺入速凝剂的早强型和掺入水泥的高强型。另外,还有掺入钢纤维的纤维水泥裹砂喷射混凝土,纤维长度可达30mm,且其喷射距离与干喷相同。由于该新工艺具有许多原喷射工艺所不具备的优点,因而其应用领域在不断扩大。

4. 锚杆

锚杆支护是一种有效的隧道支护方法,具有对原岩扰动小、施工速度快、安全可靠和经济有效等特点,其支护作用主要取决于锚杆与围岩的附着强度和抗剪强度。在施工中可以通过采取增大锚杆直径、改变锚杆的表面形状等措施来提高锚杆的附着性和抗剪强度。锚杆的作用效果见表6-7所示。

锚杆的作用效果　　　　表6-7

锚杆的作用效果	示　意　图
• 悬吊效果 把因爆破而松动的岩体固定在没有松动的围岩上,防止掉落。在裂隙发育的围岩中与喷混凝土并用,效果更佳	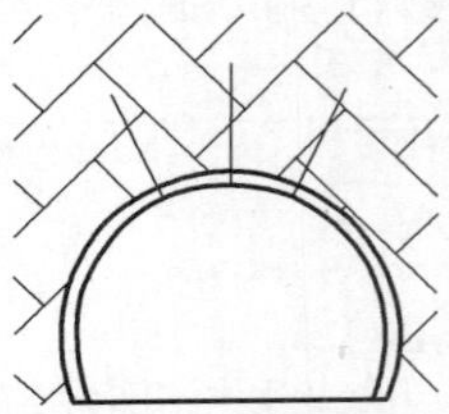
• 梁效果 锚杆的叠合效应可使隧道周边分离的层状围岩产生剪力,形成组合梁的效果	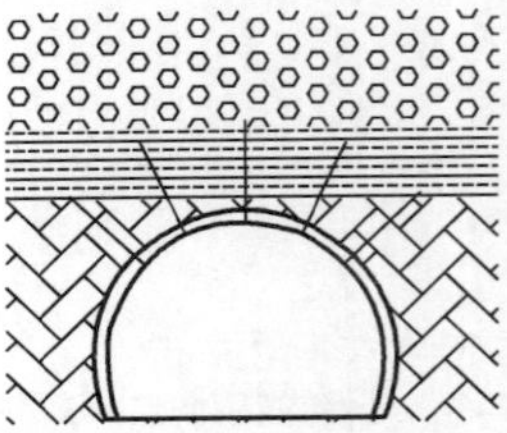
• 内压效果 锚杆轴力通过喷混凝土作用在隧道壁面上,发挥了内压效果,使隧道附近保持三轴应力状态。这抑制了隧道周边围岩的塑性化和扩大,同时也发挥了抑制隧道净空位移的效果	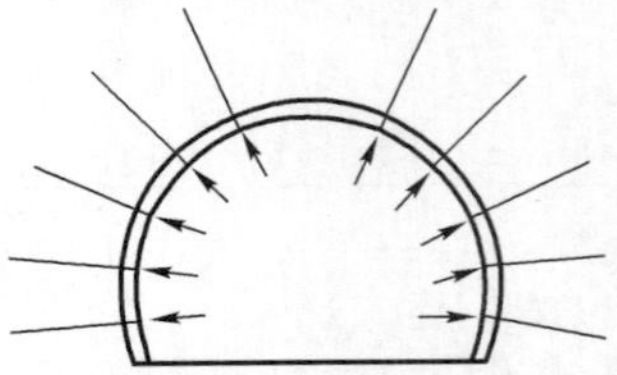
• 拱效果 由于系统锚杆的内压效果,对一体化的围岩,形成了承载拱,提高了隧道周边围岩的承载能力,也发挥了抑制隧道净空位移的效果	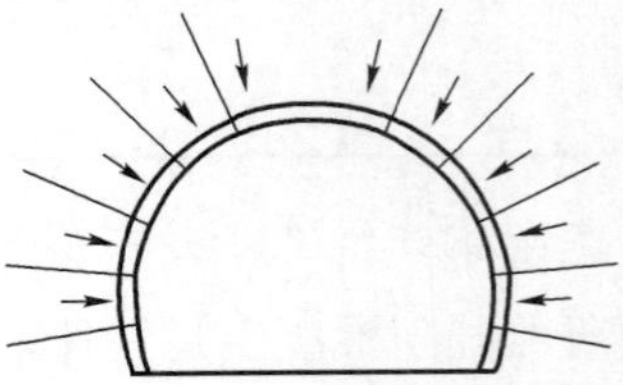
• 围岩改良效果 围岩内插入锚杆后增大了围岩自身的抗剪强度,围岩屈服后的残余强度也增大了。因此,锚杆能够改善围岩的特性	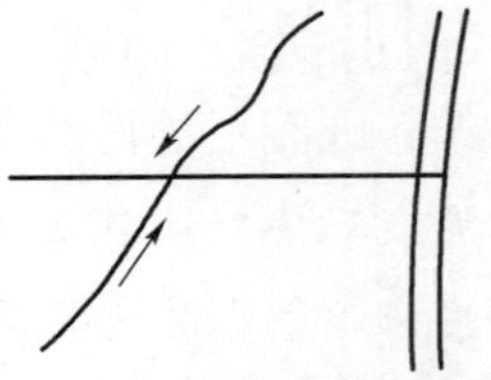

5. 型钢拱架和格栅钢架

在隧道的初期支护体系中,型钢拱架和格栅钢架的支护机理是在喷射混凝土还不能提供足够强度时,由钢拱架或格栅承受围岩荷载,减缓围岩变位速度,随着喷射混凝土层的凝结硬化和强度的逐渐增长,围岩荷载转向喷射混凝土、钢拱架或格栅联合支护体系共同承担。由于结构形式和制作工艺的差异,支护效果上二者存在一定的差别,都有其各自的优越性。

型钢拱架通常是用 I14～I20 型工字钢在重型机械(如装载机)的配合下制成拱形,拱架的连接件应尽可能采用快速对接的方法,目前最常用的是螺栓连接,如图 6-20 所示。用其作为支撑的优点是截面大、刚度大、承受隧道开挖后初期受力的能力强,即能有效控制隧道开挖后的初期变形。但是,由于其与混凝土的热膨胀系数不同,温度变化时经常沿着钢拱架产生环向收缩裂缝,而且钢拱架背后的喷射混凝土很难充填密实,影响支护效果和使用寿命。另外,型钢重量大,运输不方便。

图 6-20　螺栓连接板示意图

格栅拱架,一般由主筋和箍筋组成,其中主筋直径一般为 20～25mm 的 II 级钢筋,箍筋直径为 12～14mm。格栅的结构形式主要有两种:一种格栅由 4 根或 6 根主筋加箍筋和架立钢筋组成,如图 6-21 所示;第二种为麻花形格栅,为了改善主筋的抗压曲能力,采用如图 5-22 所示形式。钢格栅与混凝土接触面积大、黏结效果好,形成钢筋混凝土结构体系,其承载能力大于型钢拱架的承载能力,并能与围岩形成一体,有利于提高围岩的自承载能力。由于其拱架间空隙大,喷射混凝土较易充填密实。工程造价低,经济性好,且其重量轻,制作简单,运输和安装方便。但是,其抵抗初始变形的能力弱,整体刚度低。

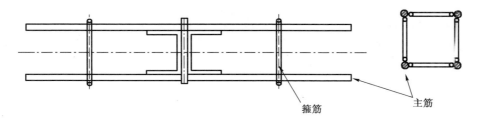

图 6-21　加主筋和箍筋格栅示意图

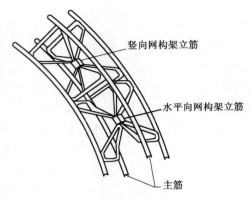

图 6-22 麻花状格栅示意图

型钢拱架与格栅拱架的对比见表 6-8。

型钢拱架与格栅拱架的比较 表 6-8

支撑形式	优 点	缺 点
型钢拱架	架设后能够立即承载,充分发挥其力学作用,加工比较容易,但需要较大的加工设备安装及构件连接比较简洁、方便	背后的混凝土不易填充密实,留有空隙,重量大,架设安装困难,钢支撑的变形与混凝土变形不协调,混凝土易开裂
格栅拱架	架设后不能立即承载,必须与喷混凝土配合,才能发挥其力学作用,加工容易,且不需要大型加工设备,重量小,易于架设安装,具有一定的柔性,能够适应围岩的变形	喷混凝土完全包裹格栅,整体性好,背后不易留有空隙,架设后不能立即承载,一次支护作用小,在围岩变形大的场合,不能有效地控制围岩变形

在实际工程中,可根据对变形控制需要、工程投资、施工便捷程度等方面综合考虑是采用型钢拱架还是格栅拱架。

二、初期支护设计

1. 初期支护的厚度

《锚杆喷射混凝土支护技术规范》(GB 50086—2015)中强调喷射混凝土的柔性,规定喷射混凝土的厚度不宜小于 50mm,不宜大于 250mm。而采用浅埋暗挖法设计的隧道则不同,由于初期支护要有一定的强度和刚度,需设置钢拱架,钢拱架要有一定厚度的保护层,因此初期支护的厚度一般不低于 250mm,常用的厚度为 250mm、300mm、350mm。实际工程应用统计表见表 6-9。

初期支护的厚度统计表 表 6-9

工程名称	北京地铁浅埋暗挖区间	广州、深圳地铁浅埋暗挖区间	杭州机场路人行过街通道	厦门杏林暗挖隧道工程	西单站
初期支护厚度(mm)	250	300	300	350	300
二次衬砌厚度(mm)	300	300	400	1 000	500

2. 强度等级

一般采用 C20 混凝土,跨度较大或受力较大的结构也可以采用 C25、C30 混凝土。

3. 钢拱架

钢拱架类型的选择钢拱架设计参数主要包括以下几个方面。

(1) 钢拱架的间距一般为 0.5~1.2m。

(2) 钢格栅主筋外净保护层厚度不小于 40mm。

(3) 接头是钢拱架的弱点,从受力角度考虑应尽量减少接头,从施工的角度考虑,接头过程难以施工,因此应综合考虑两方面因素确定接头的数量。拱部格栅长度一般为 2~3m。另外为了确保结构部分的喷射混凝土密实度,结构连接件应优先采用角钢螺栓连接。

4. 钢筋网

钢筋网可提高喷施混凝土的抗剪和黏结强度,能提高喷层的整体性,使其应力分布均匀,从而减少混凝土收缩和喷层裂缝。对其的构造要求主要包括以下几方面的内容。

(1) 钢筋直径一般为 4~10mm,常用的为 6~8mm。

(2) 钢筋间距宜为 100~300mm。

(3) 钢筋网保护层厚度应不小于 20mm。

5. 锚杆

在山岭隧道中,锚杆和喷射混凝土围岩共同组成支护体系,对提高围岩稳定性具有不可或缺的作用。锚杆的具体形式包括全长黏结型、端头锚固型、摩擦型等。具体布置时应遵守以下规定。

(1) 锚杆上下排间距不宜小于 2.5m,锚杆水平方向间距不宜小于 2m。

(2) 锚杆锚固体上覆土层厚度不应小于 4m,锚杆锚固段长度不应小于 4m。

(3) 倾斜锚杆的倾角不应小于 13°,并不得大于 45°,以 15°~35°为宜。

然而,在土质浅埋隧道中锚杆的作用却不明显,特别是在城市土质浅埋地下工程中一般不设锚杆,在需要加固地层的地方设注浆锚管。

三、变形控制技术

隧道施工实际上是一个应力释放和应力控制的过程,该过程是通过开挖、支护两个步骤实现的。开挖是应力释放的过程,不同的开挖方法,应力释放的过程和程度也是不同的;支护是应力控制的方法,不同的支护方法其应力控制的过程和程度也是不同的。因此,控制隧道开挖引起的变形可从以下几方面着手:

1. 选择合适的分步开挖方法

浅埋暗挖隧道施工常采用的开挖方法主要包括:环形开挖留核心土法、双侧壁导洞法(眼镜法)、中隔壁法(CD)、交叉中隔壁法(CRD)。在施工中,可根据隧道穿越的工程水文地质条件、隧道跨度、周围环境的沉降要求等进行选择。

2. 选择合适的超前预支护方法

根据围岩条件、施工方法、进度要求、机械配备和工程处环境等情况,选择合适的超前预支护方法来加固地层,确保不塌方,少沉降。

3. 加强初期支护

根据穿越的地层条件、周围环境变形控制要求等条件选择合理的初期支护方式及参数。

4. 控制施工进尺及台阶长度

根据暗挖隧道的开挖断面大小、围岩等级、分步开挖方法及初期支护钢架间距等情况,确定合理的开挖循环进尺;并根据围岩条件和施工机械设备情况合理确定台阶长度,在有利于围岩开挖稳定的前提下尽量便于施工机械作业。

5. 加强现场量测,为正确选择施作衬砌时间和掌握围岩变形状况提供依据

现场施工量测为合理把控衬砌施作时机,评价和修改衬砌施工方法、参数提供信息依据。通过施工现场量测可以掌握围岩和支护在施工过程中的变形动态、力学状态及稳定收敛程度,保障施工安全。

第六节 二次衬砌结构设计

一、计算原则

(1)隧道结构采用以概率理论为基础的极限状态设计法,以可靠指标度量结构构件的可靠度。

(2)结构构件应根据承载力极限状态及正常使用极限状态的要求,分别按下列规定进行计算和验算。

①承载力及稳定:所有结构构件均应进行承载力(包括压曲失稳)计算;需考虑地震、人防、施工等特殊荷载的作用,进行结构构件承载力计算。

②变形:对使用上需控制变形值的结构构件,进行变形验算。

③抗裂及裂缝宽度:对使用上要求不出现裂缝的构件,进行混凝土拉应力验算;对使用上允许出现裂缝的构件,按荷载的标准组合求出最大裂缝宽度进行裂缝宽度验算。地震力、人防等偶然荷载作用时,不验算结构的裂缝宽度。

(3)结构计算简化模型的确定,应根据结构的实际工作条件,并反映结构与周围地层的相互作用。

(4)隧道衬砌结构一般按平面受力进行分析。

(5)浅埋结构在地下水位以下时,还要进行结构抗浮检算。

二、计算模式

1. 荷载—结构模式

荷载—结构模式是仿效地面结构的计算模式,将荷载作用在结构上,以一般结构力学的方法进行计算。长期以来,地下支护结构一直沿用这种计算方法。旧的地下支护结构原理认为,结构上方的岩层最终要塌落,因此作用在支护结构上的荷载就是上方塌落岩体的重量。然而,一般情况下岩层由于支护的限制而不会塌落,实际上围岩向支护方向产生变形受到支护的阻止,从而对支护产生压力。这种情况下作用在支护结构上的荷载是未知的,引用荷载—结构模式就有困难。所以,荷载—结构模式只适用于浅埋情况及围岩塌落而出现松动压力的情况。

荷载结构模式还可以按荷载的不同细分成主动荷载模型、主动荷载加地层弹性约束模型、地层实测荷载模型,如图 6-23 所示。主动荷载模型不考虑结构与地层的共同作用,除了在结构底部受地层约束外,其他部分在主动荷载作用下可以自由变形,适用于结构与地层"刚度比"较大的情况;主动荷载加地层弹性约束模型不仅对衬砌结构施加主动荷载,而且由于结构与地层的相互作用,还对衬砌结构施加被动弹性抗力,即衬砌结构在主动荷载作用下,一部分发生向着围岩方向的变形,地层会对衬砌产生反作用力来抵制其变形,这种作用力就是弹性抗力,另一部分则背离地层向隧道内变形,形成所谓"脱离区",该模型适用于各类地层;实地量测压力模式是结构与地层共同作用的综合反映,既包含地层的主动压力,也含有被动压力,但实测的荷载值除与地层特性、埋深等因素有关外,还与选用的仪器设备有关。

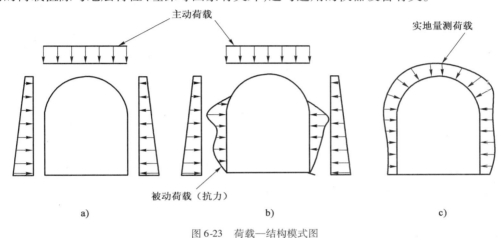

图 6-23 荷载—结构模式图
a) 主动荷载模型;b) 主动荷载加地层弹性约束模型;c) 地层实测荷载模型

2. 连续介质模式

连续介质模式是将地层与地下结构共同构成承载体系,结构内力与地层重分布应力一起按连续介质力学方法计算,地层与地下结构的相互作用以变形协调条件来实现。

这种模式的计算方法主要有数值解法和解析解法两种。数值解法是把围岩视作弹塑性体或黏弹塑性体,并与支护一起采用有限元或边界元方法进行求解。这类解法可以直接算出围岩与支护的应力和变形状态;解析解法往往具有多种功能,能考虑岩体中的节理裂隙、层面、地下水渗流、岩体膨胀性等影响,是目前理论计算法中的主要方法。

上述两种计算方法实质上是一致的,都是应用围岩与支护共同作用原理,按弹塑性理论或黏弹塑性理论求解;都是通过这两条特性曲线,即围岩特性曲线和支护特性曲线求解围岩压力,由此确定支护与围岩受力及变形情况,以判定围岩的稳定性及确定支护参数。两种方法的不同在于,前者多采用数解法,后者多采用图解法。

三、荷载计算方法

1. 荷载种类

作用在隧道结构上的荷载有永久荷载、可变荷载及偶然荷载三类。各种荷载详见表 6-10。

隧道结构荷载分类表　　　　　　　　　　　　　　　表 6-10

荷载类型	荷载名称		荷载计算及取值
永久荷载	结构自重		按实际考虑
	地层压力	竖向压力	按计算截面以上全部土柱重量计算
		水平压力	主、被动土压力按朗金土压力公式计算,水土压力采用水土分算
	水压力及浮力		按最不利地下水位计算静水压力及全部浮力
	混凝土收缩及徐变影响力		混凝土收缩的影响按降低温度的方法计算 混凝土徐变的影响按提高温度的方法计算
	侧向地层抗力及地基反力		侧向地层抗力及地基反力按结构形式及其在荷载作用下的变形、结构与地层刚度、施工方法等情况及土层性质,根据所采用的结构计算简图和计算方法加以确定
可变荷载	基本可变荷载	地面车辆荷载	地面车辆荷载按 $20kN/m^2$ 的均布荷载并不计冲击力的影响
		地面车辆引起的侧向力	按 $20kN/m^2$ 的均布荷载作用于地层上考虑
		地铁车辆荷载及其冲击力	地铁列车荷载按所采用的车辆轴重、排列和制动力计算,并按通过的重型设备车辆考虑
		人群荷载	按 $4kN/m^2$ 的均布荷载作用于站厅、站台板上考虑
		施工荷载	施工机具、地面堆载、材料堆载按 $20kN/m^2$ 考虑
偶然荷载	人防荷载		按当地人防等效静载
	地震作用		按当地设防烈度考虑

2. 荷载组合

(1)对于承载力极限状态,应依据作用效应的基本组合和偶然组合进行设计,具体组合可表示为。

基本组合:永久荷载 + 基本可变荷载。

偶然组合:永久荷载 + 部分可变荷载 + 地震荷载(或人防荷载)。

(2)对于正常使用极限状态采用荷载的基本组合。

荷载组合与分项系数见表 6-11。

荷载组合与分项系数　　　　　　　　　表 6-11

组合＼荷载种类	永久荷载	可变荷载	人防荷载	地震荷载
基本组合 1:永久荷载 + 基本可变荷载	1.35	1.4	—	—
标准组合 2:永久荷载 + 基本可变荷载	1.0	1.0	—	—
偶然组合 3:永久荷载 + 地震荷载	1.2	1.0	—	1.3
偶然组合 4:永久荷载 + 人防荷载	1.2	1.0	1.0	—

四、结构计算

暗挖隧道衬砌通常都为马蹄形复合式结构,所承受的主动荷载如图 6-21a)所示。由于施工对周围地层的扰动和破坏较小,可认为除脱离区外,支护的其他部位均受到地层的弹性抗力作用。因此,若采用荷载结构模式,则必须采用主动荷载加弹性抗力模型进行内力分析。

1. 简化计算图示

在主动荷载加弹性抗力计算模型中,基底反力或弹性抗力的大小和分布形态取决于变形,而结构变形又与弹性抗力有关。因此,考虑结构与地层共同作用的衬砌结构计算是个非线性力学问题,必须采用迭代法或某些线性化的假设,其简化计算图示主要有两种:弹性地基梁图示和弹性支承链杆图示。

1)弹性地基梁图示(图6-24)。首先将曲线形拱结构简化为一系列等截面直杆组成的折线形结构。采用矩阵位移法计算衬砌内力时,可假定在脱离区范围内的等直杆为普通梁单元,其余均为弹性地基等直梁单元。

2)弹性支承链杆图示(图6-25),其与弹性地基梁模式的不同之处在于:(1)将折线拱的全部杆件均视为普通等直梁单元。(2)将脱离区以外的分布的弹性抗力用一些离散的弹性支承链杆来代替,并作用在折线的节点处,其方向为沿结构轴线的法向,若需考虑切向弹性抗力,尚需在节点处设置切向弹性支承链杆。

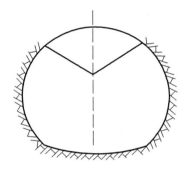

图6-24 弹性地基梁计算图示

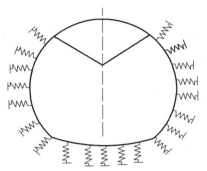

图6-25 弹性链杆法计算图示

2. 分析步骤

(1)结构离散。确定计算图示后,按对应的原则将初期支护衬砌结构划分为普通梁单元(图6-26)及弹性地基上的等截面直梁单元(图6-27)。

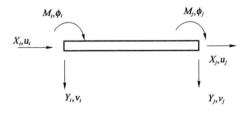

图6-26 普通梁单元

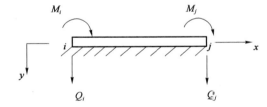

图6-27 Winkler弹性地基梁单元

(2)整体坐标系下的普通等直梁单元的刚度矩阵按下式计算。

$$[K]^e = \frac{EI}{L(1+\beta)} \begin{bmatrix} \frac{12}{L^2}(m^2+\alpha l^2) & -\frac{12}{L^2}(1-\alpha)lm & \frac{6m}{L} & -\frac{12}{L^2}(m^2+\alpha l^2) & \frac{12}{L^2}(1-\alpha)lm & \frac{6m}{L} \\ & \frac{12}{L^2}(\alpha m^2+l^2) & -\frac{6l}{L} & \frac{12}{L^2}(1-\alpha)lm & -\frac{12}{L^2}(\alpha m^2+l^2) & -\frac{6l}{L} \\ & & 4+\beta & -\frac{6m}{L} & \frac{6l}{L} & 2-\beta \\ & & & \frac{12}{L^2}(m^2+\alpha l^2) & -\frac{12}{L^2}(1-\alpha)lm & -\frac{6m}{L} \\ & & & & \frac{12}{L^2}(\alpha m^2+l^2) & \frac{6l}{L} \\ & & & & & 4+\beta \end{bmatrix}$$

(6-27)

其中：
$$\beta = \frac{12EI}{GA_sL^2}; \alpha = \frac{AL^2(1+\beta)}{12I}; l = \cos\varphi; m = \sin\varphi$$

式中：L——单元长度；
A——单元截面积；
A_s——单元有效剪切面积，对于矩形截面，$A_s = A/1.2$；
E——弹性模量；
G——剪切模量；
I——惯性矩；
φ——单元与整体坐标系的 x 轴正方向的夹角。

(3)若采用弹性地基梁图示，则计算整体坐标系下弹性地基上等直梁单元的刚度矩阵。仅考虑法向弹性抗力时，其计算公式如下。

$$[K]^e = \frac{EI}{L}\begin{bmatrix} \frac{T_{11}m^2+\alpha l^2}{L^2} & \frac{-(T_{11}-\alpha)lm}{L^2} & \frac{Q_{11}m}{L} & \frac{-(T_{12}m^2+\alpha l^2)}{L^2} & \frac{(T_{12}-\alpha)lm}{L^2} & \frac{Q_{21}m}{L} \\ & \frac{T_{11}l^2+\alpha m^2}{L^2} & \frac{-Q_{11}l}{L} & \frac{(T_{12}-\alpha)lm}{L^2} & \frac{-(T_{12}l^2+\alpha m^2)}{L^2} & \frac{-Q_{21}l}{L} \\ & & S_{11} & \frac{-Q_{12}m}{L} & \frac{-Q_{12}l}{L} & S_{12} \\ & & & \frac{T_{22}m^2+\alpha l^2}{L^2} & \frac{-(T_{22}-\alpha)lm}{L^2} & \frac{-Q_{22}m}{L} \\ & & & & \frac{T_{22}l^2+\alpha m^2}{L^2} & \frac{Q_{22}l}{L} \\ & & & & & S_{22} \end{bmatrix}$$

(6-28)

其中：
$$T_{11} = 2\lambda^2(SC+S'C')D_1; T_{22} = T_{11}$$
$$T_{12} = 2\lambda^2(S'C+SC')D_1; S_{11} = (SC-S'C')D_1$$
$$S_{22} = S_{11}; S_{12} = (S'C+SC')D_1$$
$$Q_{11} = \lambda(C^2-C'^2)D_1; Q_{22} = Q_{11}$$
$$Q_{12} = \lambda(2SS')D_1; Q_{21} = Q_{12}$$
$$D_1 = \frac{2\lambda}{L(S^2-S'^2)}; \lambda = L\sqrt[4]{\frac{K}{4EI}}$$
$$C' = \lambda; S' = \lambda$$
$$C = \text{ch}\lambda; S = \text{sh}\lambda$$

式中：K——地基的法向弹性抗力系数；
L——单元长度；
E——弹性模量；

I——惯性矩。

(4)若采用弹性支承链杆图示,即在梁单元的每一个节点处设置一个法向的弹性支承杆件,其刚度计算式如下。

$$K = K_n B l_i \tag{6-29}$$

式中:K_n——地层法向弹性抗力系数;
  B——梁计算宽度,常取 1m 或标准段;
  l_i——单元长度。

在单元长度较小的情况下,采用这一假定其精度能满足要求。

(5)将临时支撑划分为杆单元。对于小间距隧道中间土层亦简化为杆单元。其整体坐标系下单元的刚度矩阵计算式如下。

其中:
$$[K]^e = [T]^T [k]^e [T] \tag{6-30}$$

$$[T] = \begin{bmatrix} \lambda & \\ & \lambda \end{bmatrix}, [\lambda] = \begin{bmatrix} \cos\theta & \sin\theta & 0 \\ -\sin\theta & \cos\theta & 0 \\ 0 & 0 & 1 \end{bmatrix}; [k]^e = \frac{EA}{l} \begin{bmatrix} 0 & & & & & \\ 0 & 1 & & & & \\ 0 & 0 & 0 & & & \\ 0 & 0 & 0 & 0 & & \\ 0 & -1 & 0 & 0 & 1 & \\ 0 & 0 & 0 & 0 & 0 & 1 \end{bmatrix}$$

式中:θ——杆单元轴向与整体坐标系 x 轴的夹角,逆时针为正;
  A——支撑截面积;
  E——支撑或弹性模量;
  l——杆单元长度。

(6)将分布荷载按静力等效原则离散为等效节点力。

(7)按直接刚度法原理集成结构体系的总刚度矩阵和荷载列阵,形成结构体系的平衡方程:

$$[K]\{\delta\} = \{P\} \tag{6-31}$$

(8)引入必要的位移约束条件。

(9)求解平衡方程得到结构体系的节点位移:

$$\{\delta\} = [K]^{-1}\{P\} \tag{6-32}$$

(10)根据各单元的节点位移计算各单元的内力:

$$\{S\}^e = [K]^e [T]\{\delta\}^e = [B]\{\delta\}^e \tag{6-33}$$

式中:$[K]$——总刚矩阵;
  $\{P\}$——荷载列阵;
  $\{\delta\}$——位移列阵。

【历史沿革】

1. 我国隧道工程的发展历程

(1) 我国在汉朝开凿了世界上第一条人工隧道——石门隧道。之后历代陆续有用于交通、灌溉和军事用途的小规模土洞和岩洞出现。

(2) 截止到新中国成立前夕,全国仅有十几座公路隧道用于低等级公路穿山越岭,最长不超过200m,但铁路隧道有200多座,总延长近90km,最长的约4km,如滇缅铁路碧鸡关隧道、大转弯隧道、密马龙隧道等,但整体建设水平和质量较为落后,至今几乎全部废弃。

(3) 新中国成立后,在20世纪50年代我国仅有公路隧道30多座,总长约2 500m,且单洞长度均较短,六七十年代干线公路上修建了一些超过百米的隧道,主要用于低等级公路穿山越岭。到1979年,公路隧道达375座,通车里程52km,隧道建设规模和数量有所增长,主要出现在省道和国道公路上,诸如河南S229省道的愚公洞隧道和向阳洞隧道等。

(4) 截至1990年年底,我国已建成十余座千米级隧道,福建鼓山隧道成为我国第一座现代化公路隧道。至1993年公路隧道通车里程137km(683座),均以二级以下公路的短隧道为主,发展至2000年达627km(1 685座)。至2007年年底已建成公路隧道总里程2 055km,先后涌现出成渝环线高速公路中梁山隧道(3.16km)、沈海高速公路大溪岭隧道(4.116km)等一批特长或宽体扁坦隧道工程,面临的修建环境和地质条件越发艰难,隧道工程建设和运营技术空前复杂。

(5) 进入21世纪以来,我国公路隧道年均增长率高达20%,且有逐年加快的趋势,仅前十年公路建设年均隧道里程就高达555km,隧道建设与运营技术得到了长足发展。目前,我国已成为世界上隧道工程建设规模最大、数量最多和难度最高的国家,这不仅体现在隧道长度、埋深和断面尺寸的增长上,建设难度和技术创新也达到了空前的高度,各种新材料、新工艺等不断涌现。随着我国轨道交通的迅猛发展,轨道交通涉及的暗挖隧道建设呈现出井喷之势,越来越多的隧道工程将修建在高海拔、强风沙、高温高寒环境和高应力、软弱土、强岩溶区域,包括越江跨海等水下隧道,亟须发展新材料、新工艺、新方法和新技术,为未来隧道工程建设提供技术支撑。

2. 暗挖隧道技术的发展历程

钻爆法也称钻孔爆破法,是通过钻孔、装药、爆破开挖岩石的方法。最原始的岩石破碎是先用锤击岩石,然后根据热胀冷缩的原理,用木材烧热岩石,随后再用冷水浇淋,造成岩石碎裂。产业革命开始后,炸药的出现加速了近现代隧道开挖技术的发展。随着黑火药在军事上的发展使用,1627年Kasper Weinde首先在匈牙利使用黑火药进行了矿山岩石巷道的爆破,爆破法第一次应用于隧道工程施工。1863年,意大利Sommineller发明了风动凿岩机,风钻开始应用到隧洞开挖中。风动凿岩机的发明使得钻爆技术发生了划时代的飞跃。随着硝化甘油炸药及风洞凿岩机的推广使用,钻爆法施工技术渐渐发展起来。经过100多年的发展,钻爆法的施工方法得到了迅猛发展,先后出现了喷锚支护、控制爆破、新奥法、浅埋暗挖法等技术,使得隧道施工迈向全断面、大断面、机械化、高效率的发展方向。

20世纪60年代之前,我国隧道开挖普遍采用传统的钻爆法。20世纪60年代以来,隧道机械化施工水平的进一步提高和以岩体力学理论为基础的新奥法的引入,全断面液压凿岩台车和其他大型施工机具相继用于隧道钻爆法施工。20世纪90年代以后,我国隧道工程建设事业有了较快的发展,这与隧道爆破技术的进步密切相关。大量的锚喷支护工程实践和岩石力学的迅速发展,导致了现代支护理论的建立,在此基础上出现了新奥法、挪威法、新意法等更有效的施工方法;冲击钻头改进及全液压钻孔台车的出现,大能力装渣、运渣设备的开发,新型爆破器材的研制及爆破技术的完善,超前地质预报等新技术的应用,改善围岩条件及支护技术的进步等,极大地改良了施工环境,提高了掘进速度,使得钻爆法的掘进技术得到更新,也为水底隧道施工技术的发展(穿越江河、海湾)提供了新的有效手段。当前我国隧道施工中广泛采用的是与新奥法原理相结合的钻爆法。到目前为止,我国采用钻爆法已成功修建了全国99%的隧道,是采用钻爆法修建隧道数量较多的国家之一。我国隧道钻爆法施工技术已跻身世界领先行列,成为世界上隧道数量最多、发展速度最快、地质条件与施工环境最复杂、隧道结构形式多样的国家。

【思 考 题】

1. 为什么要区分深、浅埋?
2. 如何理解浅埋条件下预支护的作用?
3. 暗挖结构横断面形式选择的依据是什么?

第七章
盾构法隧道设计

现象一: 我国地铁区间盾构隧道的内径多采用5.5m,但管片的厚度有的采用300mm,有的则为350mm,管片的环宽有的选用1 200mm,有的则为1 500mm,为什么会出现这种情况?

现象二: 图7-1是某地铁区间采用泥水盾构施工的泥浆处理场地照片,占地面积超过1 000m²。为什么有些工地不用泥浆处理系统?

图7-1 泥浆处理

第一节　盾构法隧道的基本原理

盾构法(Shield)隧道,是指在地表以下土层或松软岩层中采用盾构机掘进施工的隧道,主要用于当明挖隧道施工对城市生活干扰较大或隧道埋深、地质条件不适合于用明挖法或其他方法建造隧道的情况,具有不影响地面交通、减少对附近居民的噪声和振动影响、施工易于管理和施工不受风雨等气候条件影响等优点。

盾构法隧道是1823年由布鲁诺尔首创,应用于英国伦敦泰晤士河的水底隧道。经过近200年的发展,其施工机械和施工控制技术等越来越趋于成熟,已成为隧道建设特别是城市隧道建设中的主要施工方法。其主要原理是利用盾构掘进机进行土体开挖的同时,在机器内部拼装管片形成衬砌支护环。施工时,一边控制开挖面及围岩不发生坍塌失稳,一边进行隧道掘进、出渣,同时拼装管片,实施壁后注浆等,尽可能在不扰动围岩的前提下完成结构施工,从而最大限度地减少对地面和地表建筑物的影响,图7-2为在建的盾构法隧道示意图。

盾构机是盾构隧道施工中最主要的施工机具,其外壳与隧道形状一致,机壳内装备有推进机构、挡土机构、出土运输机构和衬砌拼装机构等。盾构机根据需要可以设计成圆形、双圆形或矩形等特殊形状的钢筒结构。典型盾构机的组成如图7-3所示。切口部位装有掘削机和挡土设备;支承部是盾构的主体构造部,支承盾构的全部荷载,空间内装有刀盘驱动装置,排土装置等,盾尾部为管片拼装空间。盾构每推进一环距离,就在盾尾支护下拼装一环衬砌,并及时地向紧靠盾尾后面的开挖坑道周边和衬砌环外周之间的空隙中压注足够的浆体,以防止隧道及地面下沉。

图7-2　在建的盾构法隧道

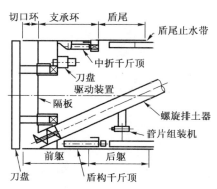

图7-3　典型盾构机组成图

为保证围岩不发生坍塌失稳或控制施工引起的周围土体或建筑物的变形,盾构法隧道施工过程中通过盾构机体主动控制围岩的应力释放和变形,根据面板与前方土体的平衡形式的不同,可以分为不同平衡系统的盾构机,如图7-4所示,典型的盾构掘进支护面板如图7-5所示。

目前使用较多的封闭式盾构机主要是通过土仓内的泥土或泥水压力来平衡和抵抗开挖面荷载。由于盾尾间隙的存在和施工过程中对土体的扰动,即使采取同步注浆也不可避免地引起地层变形,并导致不同程度的地面和隧道的沉降或隆起,地面和隧道沉降达到一定程度时,会影响附近建筑、地下设施和隧道本身的正常使用,因此在需要控制地层变形地区进行盾构隧道设计施工时,必须了解地层变形的规律,尽可能准确地预测沉降量、沉降范围,沉降曲线最大坡度及最小曲率半径和对附近建筑设施的影响程度,并分析影响沉降的各种因素,以便在设计和施工中采取措施减少变形。

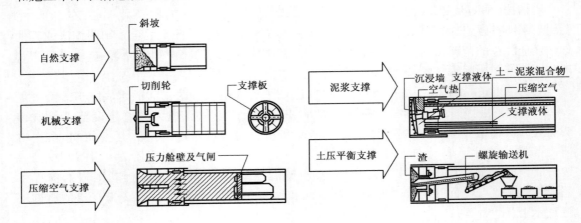

图 7-4　几种土体支护方法和与之相匹配的盾构类型

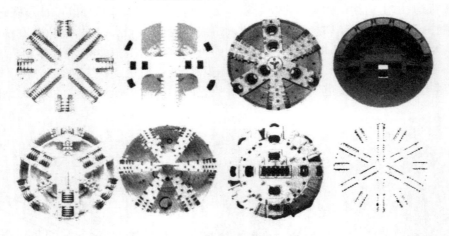

图 7-5　各种类型盾构掘进的支护面板

就断面形式而言,大部分盾构法隧道的断面形式为单圆形,主要是由于圆形断面受力合理、管片拼装方便,且线路纵向坡度、平面曲线半径变化不会改变断面形状等,其横截面的内轮廓尺寸除要根据建筑限界、施工误差、道床类型、预留变形等条件决定外,还要按线路的最小曲线半径进行验算。目前国内广州、上海和南京等城市的地铁盾构隧道内径均为 5.5m。

受城市既有地下构筑物的限制及适应不同工程的需要,近年来出现了双圆、三圆、矩形等多种断面形式,相应开发了双圆、三圆、矩形、球形盾构和子母盾构等。双圆隧道的断面形式如图 7-6 所示,可以采用上下、左右任意组合的结构形式,使之与周边条件相协调。三圆隧道和矩形隧道的断面形式分别如图 7-7 和图 7-8 所示,目前的三圆隧道一般用于车站,而矩形隧道具有净空利用率高等优点。

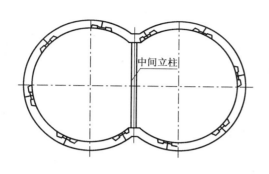

图7-6 双圆形断面区间隧道示意图

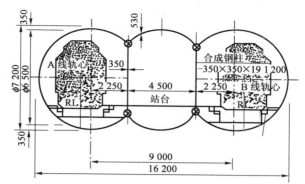

图7-7 站台居中的三圆搭接盾构隧道断面示意图(尺寸单位:mm)

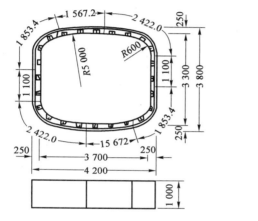

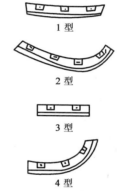

图7-8 矩形断面区间隧道示意图(尺寸单位:mm)

第二节 盾构法隧道衬砌结构

盾构隧道衬砌是直接支撑地层,防止渗漏,同时又能承受施工荷载的结构。盾构法修建的圆形隧道衬砌结构,分为单层衬砌和双层衬砌。单层衬砌,是在盾尾内一次拼装组成;双层衬砌,是在已拼装的管片的基础上施筑二次衬砌。二次衬砌通常是用来提高结构的刚度、加强管片防水和防锈的能力、起到内部装修的作用,在地铁隧道中还以此作为防振措施。一般而言,双层衬砌施工周期长、造价高,且它的止水效果在很大程度上取决于一次衬砌的施工质量和渗漏情况,所以只有当隧道功能上有特殊要求时才选用双层衬砌。目前,我国的绝大部分地铁隧道都采用单层预制装配式管片衬砌。

一、预制装配式衬砌环的分块与拼装

地铁隧道的预制装配式衬砌环的分块,一般有两种方式,如图7-9所示。一种是由四块标准

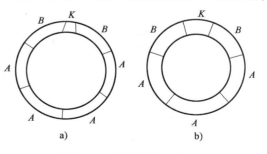

图7-9 一环管片分块示意图

管片 A、两块相邻管片 B 和一块封顶管片 K 构成；另一种是由三块标准管片 A、两块相邻管片 B 和一块封顶管片 K 构成。相邻管片一端带坡面，封顶管片则两端或一端带坡面。

合理的衬砌环分块数应考虑多种因素的影响。从防水和拼装速度等方面考虑，衬砌环分块数越少越好，但从运输和拼装方便而言，又希望分块数多些。设计时，应结合隧道所处的围岩条件、荷载情况、构造特点、计算模型、运输能力和制作拼装方便等因素综合考虑决定。通常直径 $D \leq 6m$ 的地下铁道区间隧道，衬砌环以分 4~6 块为宜；$D > 6m$ 时，可分为 6~8 块。上海和广州地铁均为 6 块。

管片的厚度，取决于隧道的受力状态、围岩条件、覆盖层厚度、管片材料、隧道用途和施工工艺等因素。根据日本经验，钢筋混凝土管片的厚度一般为衬砌环半径的 5.5% 左右，为 300~500mm。上海地铁区间盾构隧道钢筋混凝土管片厚度为 350mm，广州地铁为 300mm。

管片宽度的选择，对施工和造价的影响较大。当宽度较小时，虽然搬运、组装和在曲线上施工方便，但接缝增多，加大了隧道防水的难度，增加了管片制作成本，而且不利于控制隧道纵向的不均匀沉降。管片宽度太大则施工不便，也会使盾尾长度增长而影响盾构的灵活性。因此管片宽度应根据盾构的灵活性和拼装能力确定，在条件许可的情况下，应尽量加大管片的宽度，以减少接缝的数量。目前，我国地铁盾构隧道的管片宽度一般为 1200~1500mm。

衬砌环的拼装形式，有通缝和错缝两种，如图 7-10 所示。通缝拼装具有施工容易、施工效率高等优点；错缝拼装，可使接缝分布均匀，减少接缝及整个衬砌环的变形，整体刚度大，但对管片的制片及拼装精度要求高。封顶块的拼装形式（图 7-11），有径向楔入和轴向插入两种。径向楔入时，封顶块的两个径向边必须呈内八字形或者平行，受载后有向下滑动的趋势，受力不利；采用轴向插入时，封顶块不易向内滑动，受力较好，但在拼装封顶块时，需加长盾构千斤顶行程。封顶块位置一般设在拱顶处，但也有设在 45°、135° 甚至 180° 处的，视需要而定。

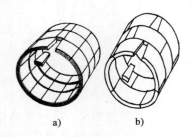

图 7-10 管片拼缝形式示意图
a) 通缝；b) 错缝

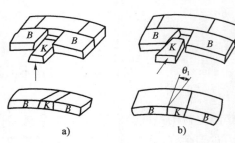

图 7-11 封顶块的拼装形式
a) 径向插入型；b) 轴向插入型

管片之间以及各衬砌环之间的连接分为周向连接（即管片连接）、轴向连接（即环连接），从连接方式的力学特性来看，可分为柔性连接和刚性连接。前者允许相邻管片间产生微小的转动和压缩，使衬砌环能按内力分布状态产生相应的变形，以改善衬砌环的受力状态。后者则通过增加连接螺栓的排数，力图在构造上使接缝处的刚度与管片的刚度相同。刚性连接拼装麻烦、造价高，还会在衬砌环中产生较大的次应力，带来不良后果，因此，目前较为通用的是柔性连接。常用的柔性连接有单排螺栓连接（图 7-12），销钉连接（图 7-13）。

曲线段的衬砌除与上述规定相同外，尚需在标准衬砌环之间插入一些楔形衬砌环或楔形垫板，以保证隧道向所需的方向转折。

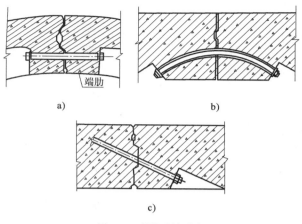
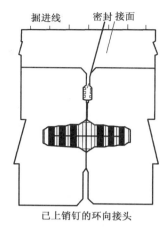

图 7-12 螺栓连接形式
a)直螺栓连接;b)弯螺栓连接;c)斜螺栓连接

图 7-13 塑料销钉连接形式

二、管片种类及特点

管片按材料可分为钢筋混凝土、钢、铸铁以及由几种材料组合而成的复合管片。在区间隧道的特殊地段,如集水井、需要开口的衬砌环,或预计将承受特殊荷载的地段,一般采用钢或铸铁管片。

按截面形式,管片又分为箱形、中子形和平板形,如图 7-14 所示。箱形管片是由主肋和接头板或纵向肋构成的肋板形结构,所用材料较省,单块管片重量轻,便于运输和拼装。截面的削弱量应考虑在盾构千斤顶推力作用下不发生开裂为前提,其纵向加劲肋是传递千斤顶推力的关键部位,一般沿衬砌环向等距离布置。钢制和球墨铸铁制的肋板形结构称为箱形管片,钢筋混凝土制的肋板形结构称为中子形管片。平板形管片是曲板形结构的管片,仅在螺栓孔处有截面的削弱,可以较好地承受盾构千斤顶的推力,同时,由于内表面平整,对通风的阻力也较小。我国盾构隧道的钢筋混凝土管片大多采用平板形结构。

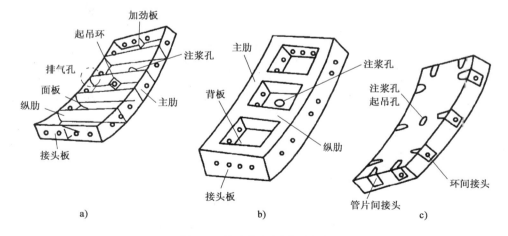

图 7-14 管片类型及各部分名称
a)箱形管片;b)中子形管片;c)平板形管片

曲线地段或修正蛇行施工时用到的管片为楔形管片(图 7-15),楔形管片是具有锥度的管片环,当其宽度特别小呈窄板状时称为楔形垫板环。

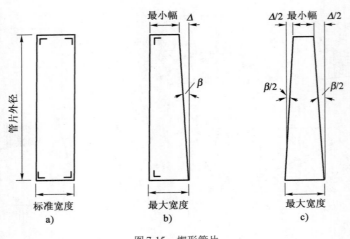

图 7-15 楔形管片
a) 普通环；b) 单侧楔形环；c) 两侧楔形环

各类管片的使用特点及存在的问题见表 7-1。

管片种类及特性 表 7-1

特征 \ 种类	钢铁管片		混凝土类管片			
	钢管片	球墨铸铁管片	钢筋混凝土(RC)管片		复合型管片	
			平板形	中子形	SC 结构	SRC 结构
特点	重量轻、可以任意完整加固材料、中小盾构使用较多	强度好、耐久性好、制作精度高、重量轻、可用作特殊管片	成本低、使用最多、耐久性好、可构建实用、无障碍物衬砌		混凝土和钢板有效复合构造，与钢筋混凝土管片相比厚度小	
存在问题	容易变形、耐腐蚀性差	成本较高、焊接困难	厚度较大、重量大、易损伤		抗腐蚀性差、接头构造复杂	
实例	用于小、中断面；用于开口部位及小半径曲线部位	用于中、大断面；用于开口部位及小半径曲线等特殊部位	用于中、大口径断面		用于中、大口径断面，用于特殊部位	
止水性	接合精度高，止水性好	结合处加工精度高，止水性好	如果考虑到接头表面的制作精度，则止水性好		截面变形量小，故止水性比较好	
耐久性	必须对板等采取防腐措施	必须采取防腐措施	虽有一定的耐久性(抗腐蚀性、耐热性)		必须对钢板等采取防腐措施	
加工制作性	加工场地较小、材质均匀、成品可靠性好	厚度受到限制、加工精度高、材质均匀、成品可靠性好	制作精度依靠模板精度、养护时间长		混凝土必须有养护时间；为了防止浇筑混凝土的变形，必须设简易的构件	
施工性	对于千斤顶的推力强度与刚度要求都比较小，不易损伤、焊接性好，现场维修及加固等容易	重量比较轻，不用担心破损，搬运及拼装容易	对于千斤顶的推力，因有足够的断面在抵抗，故易于确保承载力；在搬运、拼装及推进时转角处等有开裂或破损等		对于千斤顶的推力，有足够的承载力；由于采用钢管包覆，可以在搬运、拼装时不易产生缺损或损伤	

续上表

种类 特征	钢 铁 管 片		混凝土类管片			
	钢 管 片	球墨铸铁管片	钢筋混凝土(RC)管片		复合型管片	
			平板形	中子形	SC 结构	SRC 结构
接头形式	直螺栓	直螺栓	直螺栓/直螺栓、曲螺栓、插头、铰接接头		直螺栓	
断面形式	箱形	箱形	箱形/平板形		平板形	

三、双圆盾构隧道的衬砌结构

双圆断面隧道的管片结构有两种形式,图7-16a)为横向双连形的 MF 盾构施工法的管片结构图;图7-16b)为竖向双连形的 DOT 施工法的管片结构图。

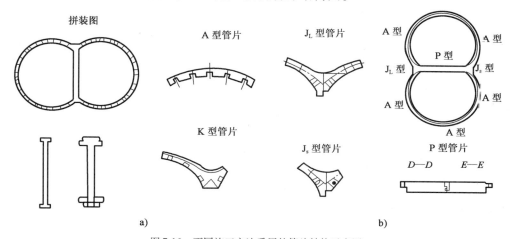

图 7-16　不同施工方法采用的管片结构示意图
a) MF 施工法、横向双连形管片结构示意图;b) DOT 施工法的管片结构示意图

MF 工法的横向双连形断面隧道的管片,由左右两侧为圆弧部分的 A 型管片、中间上下方如海鸥状又略呈 V 形的 K 型管片,以及连接上下方 K 型管片的钢柱构成。DOT 施工法,有横向双连形和纵向双连形两种断面形式。管片在分块上采用可以通用的形式,即均由圆弧部分的 A 型管片、中间夹缝处用大小相等的 V 形连接管片(J_L、J_S 型),以及将连接管片连成支柱或底板的格型管片(P 型)组成。

第三节　盾构隧道的结构设计

一、一般原则

盾构法隧道宜采用荷载结构模型和地层结构模型进行结构计算,前者用于常规设计,后者用于特殊设计。

结构设计首先应确保隧道结构的安全性,即能够承受从开工到竣工后的长期使用荷载(静、动荷载)的作用,在施工和正常使用阶段,进行结构强度的计算,对于混凝土结构,应进行抗裂验算或裂缝宽度验算。

管片设计时可将其视为单纯承受弯矩、轴力及剪力的线性梁来处理。为了取得较好的经济效益,在工程地质条件好、周围土层能提供一定抗力的前提下,衬砌结构可设计得柔和一些,但圆衬砌环变形的大小对结构受力、接缝张角、接缝防水和地表变形等均有影响,设计时需对衬砌结构的变形进行验算,作必要的控制。根据已有工程的实践经验,控制衬砌环的直径变形在$(4‰\sim 6‰)D$,纵缝张开量在 $1\sim 2$mm 为宜。

结构设计应按照隧道的横断面及纵断面方向分别进行。通常情况下,按相对于横断面方向的设计来决定管片的断面,根据地震及地基沉降的影响等来研究隧道纵断面结构的合理性。

规范中规定,钢筋混凝土管片受力钢筋的混凝土保护层最小厚度外侧为 40mm、内侧 30mm,最大裂缝允许宽度为 0.2mm。

盾构隧道结构设计流程图如图 7-17 所示。

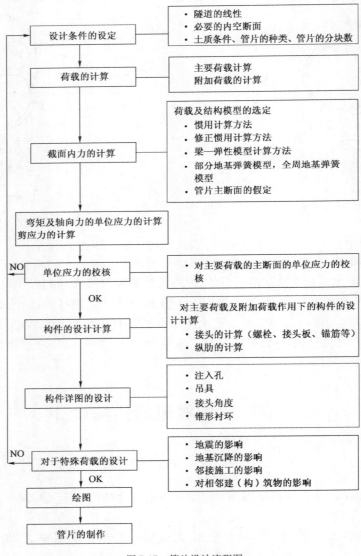

图 7-17 管片设计流程图

二、荷载计算

结构设计时考虑的荷载分类见表7-2。图7-18为盾构隧道承受的主要荷载及荷载说明。

荷 载 的 分 类　　　　　　　　　　　　　　　表7-2

荷载分类	主 要 荷 载	备　　　注
主荷载	垂直和水平土压力、水压力、自重、上覆荷载的影响、地基反力	设计时必须考虑的基本荷载
附加荷载	内部荷载、施工荷载、地震影响	施工中或竣工后的荷载,根据隧道用途、施工条件及周围环境考虑的荷载
特殊荷载	并设隧道的影响、临近施工的影响、地基沉降的影响、其他荷载的影响	考虑地层条件和隧道用途特殊性的荷载

1. 垂直土压力

假定土压力与隧道变形无关,则根据土性不同,垂直土压力可分别采用水、土合算和水、土分算的方法,通常前者适用于黏性土,后者适用于砂性土。不同计算方法在计算土压力时采用的重度不同,水、土合算时,地下水位以上用湿重度,地下水位以下用饱和重度;分开考虑时,地下水位以下采用浮重度,但结构所受的水压力应单独计算。

计算垂直土压力时,应考虑隧道的埋深和地层条件。上覆土厚度小于隧道外径时,因地层无拱效应,垂直土压力为上覆土的水土重量。上覆土厚度大于隧道外径时,应根据地层性质判断其是否存在拱效应,进而决定是否采用松弛土压力;一般来说,在砂性土或硬质黏土中可以形成拱效应,垂直土压力应采用松弛土压力,但在中等固结土或软黏土中,垂直土压力应选用上覆土的全部水土重量。松弛土压力的计算方法一般采用太沙基公式(图7-19),如果考虑土的黏聚力,有时计算的松弛土压力会变得很小甚至变为负值,使用时应特别注意。故通常在采用松弛土压力作为竖直土压力时,增设一个土压力下限值。铁道隧道以隧道外径1~1.5倍厚的覆盖土的压力或者200kN/m作为下限值。

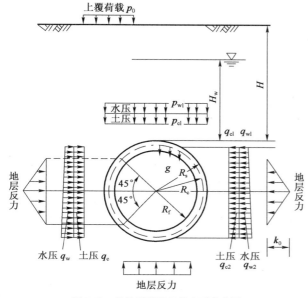

图7-18　盾构隧道承受的主要荷载图

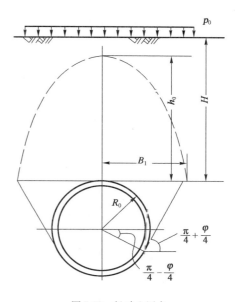

图7-19　松动土压力

$$\sigma_v = \frac{B_1\left(\gamma - \dfrac{c}{B_1}\right)}{K_0\tan\varphi} \cdot (1 - e^{-K_0\tan\varphi \cdot \frac{H}{B_1}}) + p_0 \cdot e^{-K_0\tan\varphi \cdot \frac{H}{B_1}} \tag{7-1}$$

其中：

$$B_1 = R_0 \cdot \cot\left(\frac{\dfrac{\pi}{4} + \dfrac{\varphi}{2}}{2}\right) \tag{7-1a}$$

式中：σ_v——Terzaghi 的松动土压力；

K_0——水平土压力与垂直土压力之比（一般取 $K_0 = 1$）；

φ——土的内摩擦角；

p_0——上覆荷载；

γ——土的重度；

c——土的黏聚力。

但是，p_0/γ 小于 h_0 时可使用下式：

$$\sigma_v = \frac{B_1\left(\gamma - \dfrac{c}{B_1}\right)}{K_0\tan\varphi} \cdot (1 - e^{-K_0\tan\varphi H/B_1}) \tag{7-2}$$

式中物理量意义同上。

2. 水平土压力

作用于管环上的侧面水平土压力，可按下式估算：

$$\sigma = \lambda\sigma_v \tag{7-3}$$

式中：σ——水平土压力（kN/m^2）；

λ——侧向土压系数（无量纲），λ 可以考虑为静止土压力、主动土压力或者按略小于静止土压力的值考虑；此外，λ 还与土质、设计计算方法及施工方法有关，所以很难高精度设定 λ；为此，人们通常结合地层土质条件和地层反力系数 K 按表 7-3 选取（kN/m^3）。

侧向土压力系数 λ 和地层反力系数 K　　　　表 7-3

土与水的考虑	土的种类	λ	$K(kN/m^3)$	N 值的大致范围
土水分离	非常密实的砂性土	0.35~0.45	30~50	$30 \leq N$
	密实的砂性土	0.45~0.55	10~30	$15 \leq N < 30$
	松散的砂性土	0.50~0.60	0~10	$N < 15$
	固结黏性土	0.35~0.45	30~50	$25 \leq N$
	硬的黏性土	0.45~0.55	10~30	$8 \leq N < 25$
	中硬黏性土	0.45~0.55	5~10	$4 \leq N < 8$
土水一体	中硬黏性土	0.65~0.75	5~10	$4 \leq N < 8$
	软黏土	0.65~0.75	0~5	$2 \leq N < 4$
	超软黏土	0.70~0.85	0	$N < 2$

注：1. 管片自重引起的侧向变形不应考虑土体抗力。

2. 采用松动圈土压时，一般不考虑侧向土体抗力。

3. 自重荷载

自重荷载是沿衬砌轴线分布的竖直荷载,即沿衬砌环表面分布的面荷载。一次衬砌的自重荷载可按下式计算:

$$g = \frac{W}{2\pi R_e} = \rho a h \tag{7-4}$$

式中:g——一次衬砌的自重(kN/m^2);

W——单位长度衬砌的重力(kN/m);

R_e——衬砌形心半径(m);

a——重力加速度($9.8N/kg$);

h——衬砌厚度(dm);

ρ——一次衬砌的体密度(t/m^3)。

4. 上覆荷载

上覆荷载对隧道结构的作用是通过地层中的土体应力变化传递给隧道结构的。当上覆荷载是均布的且作用面积较大时,可认为其使隧道结构承受的竖直土压力值与上覆荷载的值相等;其他的情况可采用 Boussinesq 解进行计算。通常,地面车辆荷载可按 10kPa 的均布荷载取值,当隧道的覆土大于 7.0m 时,路面上车辆的荷载可忽略不计。

5. 地层反力

通常考虑地层反力的方法有两种:一种是认为地层反力与地层变形无关;另一种认为地层反力从属于地层的变形。前者可认为是与作用荷载相平衡的反作用力,通常可事先对其分布进行假定;后者是把地层反力看成是隧道结构向地层方向变形时产生的反力。地层反力因选用的计算方法的不同而异。例如,在选用惯用设计计算方法时,隧道底部的地层反力可看作是垂直土压力、水压力、自重及上覆荷载的合力,而作用在侧面的水平地层反力可看成是结构向地层方向位移而产生的反力。而选用地层弹簧模型时,管环与地层间的相互作用用弹簧描述,地层反力被看成是管环向地层方向位移而产生的反力。

6. 施工荷载

施工荷载是指从管片拼装开始到尾缝中的填充浆液固化为止作用在管环上的临时荷载的总称,包括千斤顶的推力、背后注浆的压力、静孔隙水压力及拼装管片的操作荷载。施工荷载因地层条件和施工方法的不同而异。

千斤顶推力是在盾构推进过程中以推力的反力形式作用于管片上的临时荷载,是施工荷载中对管片影响最大的荷载。由于千斤顶球座功能不良、千斤顶出现摇动或者管片环变形,则会致使千斤顶的推力(方向)与管片环的中心轴线(方向)不在一条直线上,即出现图 7-20 所示的偏心角、偏心量,进而出现偏心力,最终致使管片环上出现弯矩和轴向拉应力。此外,尚应注意由千斤顶推力引起的球座摩擦力、装备推力比设计推力大的情况下引起的偏心力而导致的管片破损。特别注

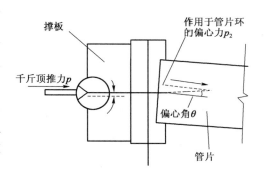

图 7-20 由千斤顶偏心角引起的偏心力

意的是，在急转弯曲线施工时，由于千斤顶处于偏心荷载状态，曲线内外侧存在压力的暂时不平衡，即管环上作用有弯曲应力，此时应综合考虑地层反力和隧道纵向构造模型，并对这些荷载进行仔细的研究，以避免接头螺栓发生剪切破坏；以及因作用于管片上的压应力过大，致使混凝土类管片局部损伤，使钢管片纵肋变形。

壁后注浆压力系指实施壁后注浆时的注入压力在管片注浆孔周围形成的一个暂时的作用于管片上的偏心荷载。在此荷载较大时容易出现管片（特别是钢制管片）面板受损，径向插入的 K 型管片会向隧道内侧凹陷、接头螺栓破损、管片环变形等不良影响。因此，在设计管片时，应针对确定下来的注浆压力，对管片的各个部位进行验算。

当盾构在软黏土层中推进时，由于土的剪切变形会出现超静孔隙水压力的水压作用于管片上；对于封闭式盾构而言，由于土质和超挖的原因，有时泥浆压力或泥土压力会通过土体传递给管片，即对管片形成临时性荷载，对此管片设计时也应予以考虑。

除上述施工荷载外，还应考虑的施工荷载有：后方台车的自重，刀盘旋转力的影响，盾构形式，稳定掘削面的各种措施引起的荷载，对软黏土和松散砂地层而言，管片从盾尾脱出时，上部地层土体坍落到管片顶部形成的偏心荷载等。

同时，应考虑管片拼装荷载，该荷载系指管片拼装器的操作荷载，是计算起吊环的设计依据，也是计算拼装过程对管片各部位影响的依据，可根据拼装器的额定能力及动态效应推求。

7. 内部荷载

内部荷载指隧道竣工后作用于衬砌内侧的荷载。对于地铁车辆等作用于衬砌底部的内部荷载（除极软土层外），因壁后注浆材料的硬化，故可认为该荷载由衬砌周围的地层直接支承，对衬砌的影响不大。但隧道内部集中作用的荷载，如底板支力、隧道内部的悬挂荷载等会对衬砌强度和变形构成影响，故应根据实际情况设定该荷载，并在管片设计时予以考虑。

8. 地震荷载

盾构隧道与其他隧道相比，由于接头的存在使隧道的刚度有所减小，加上在地下施工的缘故，其跟随地层变位的性能更好，地震时的震害明显低于地上结构，但一旦遭受破坏，修复困难且代价极大。因此，对埋置于软弱地层、上软下硬地层、松散的可能发生液化的饱和砂质地层及覆盖层厚度、地层条件发生突变的情况，必须重视隧道的抗震问题；同时，应对急弯曲线部位、地下接头部位以及与竖井的连接部位等进行衬砌构造的抗震验算。

我国地铁隧道横断面的抗震分析多采用抗震系数法或反应位移法，即将随时间变化的地震作用用等代的静力荷载或静位移代替，然后用静力计算模型求解结构的反应。对于盾构隧道等小断面长条形结构，地震时沿隧道纵向产生的拉压应力和挠曲应力可能成为结构受力的控制因素，因此需对隧道纵向的抗震进行分析，特别是纵向连接螺栓应能承受地震产生的全部拉力。

在对上述荷载最不利组合对隧道结构的影响进行计算分析后，尚应根据实际情况考虑并行隧道、邻近施工、地基沉降等对隧道结构的影响。

三、横截面的结构内力计算

对隧道接头力学处理方式、荷载设定方法、地层反力的考虑不同而导致了不同的内力计算模型。目前，单圆盾构隧道有以下几种管片环的结构计算模型及方法。

(1) 不考虑管片接头抗弯刚度降低，把管环视为具有和管片主截面同样刚度 EI，且刚度均匀的环，采用弹性匀质圆环法或惯用计算法进行计算。

(2) 考虑管片接头抗弯刚度降低，把管环视为是具有均匀抗弯刚度 ηEI 的环（为弯曲刚度有效率，$\eta<1$），考虑到错接头的接头部分弯矩的分配，在从根据 ηEI 均匀弯曲刚度环计算出来的截面内力中，对弯矩考虑一个增减 ξ（弯矩的提高率，$\xi \leqslant 1$），设 $(1+\xi)M$ 为主截面的设计用弯矩，$(1-\xi)M$ 为接头的设计用弯矩。弯矩在接头处的传递见图 7-21，刚度有效率 η 和弯矩传递系数 ξ 取值见表 7-4。该计算方法称为修正的惯用计算法。

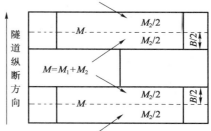

图 7-21　弯矩在接头处的传递

刚度有效率 η 和弯矩传递系数 ξ　　　　表 7-4

管片种类	η	ξ
铸铁管片	0.9	0.1
复合管片	0.8	0.2
RC 管片（箱形、平板形）	0.7	0.3

(3) 假设管片环是多铰环，采用弹性铰圆环法进行计算。

(4) 假设管片环是具有旋转弹簧的环，以剪切弹簧评价错接头的拼接效应，采用梁弹簧模型进行计算。

图 7-22 为上述不同计算方法的示意图及荷载取值，具体应用时应考虑隧道用途、管片构造、荷载状况、要求的计算精度等而采用不同的计算方法，表 7-5 为各国惯用的计算方法。

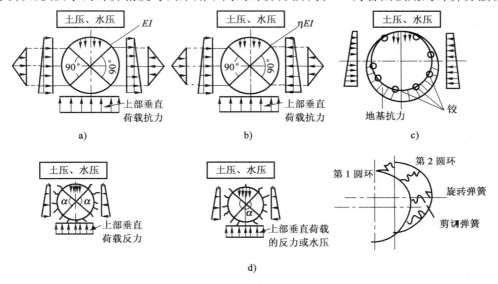

图 7-22　不同结构计算方法及荷载

a) 安全等刚度圆环惯用计算法；b) 平均等刚度圆环修正惯用计算法；c) 多铰圆环多铰圆环计算法；d) 同时考虑旋转弹簧和剪切弹簧的圆环梁—弹簧模型计算法

注：α 表示地基抗力的作用范围。

各国惯用的计算模型方法　　　　　　　　　　表 7-5

国家	设 计 模 型	设计土压力及水压力	地基反力系数
澳大利亚	全周地基弹簧模型（Muir Wood.Curtis 法）	σ_v = 全上覆土荷载 $\sigma_h = \lambda \cdot \sigma_v$ + 静水压力 $\lambda \geq \mu/(1-\mu)$（μ:泊松比）	平板加载试验和测量结果的逆解析 切线方向与工作面是否完全结合，摩擦力作用上线的结合
奥地利	全周地基弹簧模型	浅埋隧道: σ_v = 全部覆土荷载 $\delta_h = \lambda \cdot \delta_v$（考虑地下水压力） 深埋隧道: Terzaghi 的松动土压力公式	$k = E_s/r$ 只考虑半径方向上的反力
比利时	Schulza-Duddeck 法利用有限元法校核	Schulza-Duddeck 法	无正确决定系数的方法
英国	通常为弹簧模型 Mui Wood 的方法	σ_v = 全部覆土荷载（+ 水压力） $\sigma_h = (1+\lambda)/2 \cdot \sigma_v$（+ 水压）	由三轴试验或应力计算得到的应力—应变关系求解的地基反力系数。不考虑摩擦力
美国	弹性地基圆环法	σ_v = 全部覆土荷载 $\sigma_h = \lambda \cdot \sigma_v$ 及水压力（$\lambda = 0.4 \sim 0.5$）与隧道衬砌相关的设计及详情未进行数学考察	没解答
前联邦德国	覆土 $\leq 2D$；部分弹簧模型（顶端除外） 覆土 $\geq 2D$；全周弹簧模型	σ_v = 全部覆土荷载 $\sigma_h = \lambda \cdot \sigma_v$（$\lambda = 0.5$）	$k = E_s/r$
德国	部分地基弹簧模型 Schulza-Duddeck 法，但是，不考虑切线方向的荷载	σ_v = 全部覆土荷载 $\sigma_h = \lambda \cdot \sigma_v$（$\lambda = 0.5$）	没解答
法国	全周地基弹簧模型或有限元法	σ_v = 全部覆土荷载或 Terzaghi 公式 $\sigma_h = \lambda \cdot \sigma_v$（$\lambda$:经验值）	$k = E'/(1+\mu)R$
中国	弹性均质圆环法或弹性铰模型	σ_v = 全部覆土荷载 $\sigma_h = \lambda \cdot \sigma_v$（$\lambda$:经验值）	用垂直或水平荷载板荷载试验结果来求
西班牙	考虑了地基与衬砌的相互作用的 Buqera 方法	忽略不计黏聚力的 Terzaghi 的公式，$\lambda = 1.0$	只考虑半径方向

我国的《地铁设计规范》（GB 50157—2013）中规定，隧道结构的计算简图应根据地层情况、衬砌构造特点及施工工艺等确定，宜考虑衬砌与围岩共同作用及装配式衬砌接头的影响。在软土地层中，采用通缝拼装的衬砌结构可取单环按自由变形的弹性均质圆环、弹性铰圆环进行计算分析；采用错缝拼装的衬砌结构宜考虑环间剪力传递的影响。

1. 弹性均质圆环法（惯用计算法）

弹性均质圆环法的结构内力计算模型如图 7-23a）所示。侧向土体抗力，按文克尔局部变形理论计算,抗力假定为一等腰三角形,且与水平直径上下呈45°角。该结构为超静定结构,内力计算采用弹性中心法,当荷载对称时,取其结构如图7-23b)所示。

$$q_r = K\delta = K \cdot \frac{(2p_1 - q_1 - q_2 + p_g)R_c^4}{24(EI\eta + 0.045KR_c^4)} \quad (7\text{-}5)$$

其中:

$$p_1 = p_e + p_w \quad (7\text{-}5a)$$

$$q_1 = q_{e1} + q_{w1} \quad (7\text{-}5b)$$

$$q_2 = q_{e2} + q_{w2} - q_1 \quad (7\text{-}5c)$$

式中:p_e、p_w——分别为垂直土压力和水压(kPa),包括地面荷载;

q_{e1}、q_{e2}——水平土压(kPa);

q_{w1}、q_{w2}——水平水压(kPa);

q_r——水平向土体抗力(kPa);

K——水平向土体抗力系数(kN/m³);

δ——A点的水平位移;

p_g——结构自重反力(kPa);

EI——衬砌圆环抗弯刚度(kN·m²);

R_c——衬砌圆环计算半径(m)。

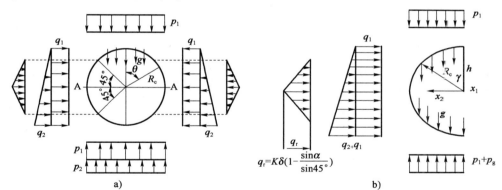

图7-23 弹性均质圆环法结构内力计算模型图
a)基本结构;b)对称结构

由于结构及荷载对称,拱顶剪力等于零,整个圆环为二次超静定结构。根据弹性中心处的相对角变位和相对水平位移等于零的条件,可列出力法方程。

$$\begin{cases} \delta_{11}x_1 + \Delta_{1p} = 0 \\ \delta_{22}x_2 + \Delta_{2p} = 0 \end{cases} \quad (7\text{-}6)$$

其中:

$$\delta_{11} = \frac{1}{EI}\int_0^\pi M_1^2 R_c \mathrm{d}\varphi = \frac{1}{EI}\int_0^\pi R_c \mathrm{d}\varphi = \frac{\pi R_c}{EI} \quad (7\text{-}6a)$$

$$\delta_{22} = \frac{1}{EI}\int_0^\pi M_2^2 R_c \mathrm{d}\varphi = \frac{1}{EI}\int_0^\pi (-R_c\cos\varphi)^2 R_c \mathrm{d}\varphi = \frac{\pi R_c^3}{EI} \quad (7\text{-}6b)$$

$$\Delta_{1p} = \frac{1}{EI}\int_0^\pi M_p R_c \mathrm{d}\varphi \tag{7-6c}$$

$$\Delta_{2p} = -\frac{R_c^2}{EI}\int_0^\pi M_p \cos\varphi \mathrm{d}\varphi \tag{7-6d}$$

式中：E——弹性模量；

I——惯性矩；

M_p——在基本结构中，外荷载对圆环任意截面产生的弯矩。

由式(7-2)得：

$$\begin{cases} x_1 = -\dfrac{\Delta_{1p}}{\delta_{11}} \\ x_2 = -\dfrac{\Delta_{2p}}{\delta_{22}} \end{cases} \tag{7-7}$$

由式(7-3)得出多余力 x_1、x_2 后，圆环中任意界面上的内力为：

$$M_\varphi = x_1 - x_2 R_c \cos\varphi + M_p \tag{7-8}$$

$$N_\varphi = x_2 \cos\varphi + N_p \tag{7-9}$$

最后得到各截面的内力计算公式于表 7-6 中，φ 为界面与竖直轴的夹角，$\eta < 1$ 时上述计算公式为修正惯用计算法。

2. 弹性铰圆环法

在实际工程中，装配式圆形管片的接头能够承担一定的弯矩、轴力和剪力，且位移与相应的内力基本上呈线性关系，因此，可以将接头简化为理想的弹性铰，并用接头的刚度系数 K 表示弹性铰的刚度特征。K 可分为接头弯曲刚度系数 K_θ、接头轴向刚度系数 K_ε 和接头剪切刚度 K_r；$K_\theta(K_\varepsilon,K_r)$ 的定义为单位转角（单位轴向位移、单位剪切变形）作用下载变形的方向上引起的弯矩（轴向力、剪力）。他们的倒数 $1/K_\theta$ 称为接头弯曲柔度系数，$1/K_\varepsilon$ 称为接头轴向柔度系数，$1/K_r$ 称为接头剪切柔度系数。

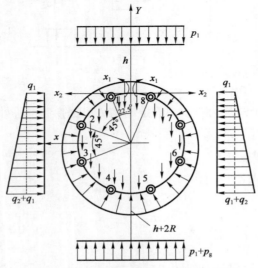

图 7-24 衬砌的基本结构（不考虑抗力）示意图

为了能正确反映接头刚度特性，需进行管片接头的模拟试验和足尺试验，以反映其刚度的大小。现有试验资料表明，钢筋混凝土管片接头刚度系数的取值范围为 $K_\theta = 1\,000 \sim 10\,000 \mathrm{kN \cdot m/rad}$。

（1）不考虑水平抗力时的内力计算

假定铰沿圆周均匀设置，并且结构对称于 X、Y 轴，此衬砌结构为均匀弹性铰接圆形结构，所受荷载同自由变形圆环。

由于结构、荷载均对称于 Y 轴（竖直轴），用力法进行分析时，可取结构一半进行分析，见图 7-24，由于轴力 N、剪力 Q 对变形影响很小，一般在实际工程的变形计算中可以忽略。

内力计算表

表 7-6

荷载形式	内　力 弯　矩	内　力 轴　力	内　力 剪　力	水　平　变　位 弯矩引起的变位
垂直荷载 p_1	$\left(\dfrac{1}{4}-\dfrac{1}{2}\sin^2\varphi\right)p_1 R_c^2$	$\sin^2\varphi\, p_1 R_c$	$-\sin\varphi\cos\varphi\, p_1 R_c$	$\dfrac{1}{12}\cdot\dfrac{p_1 R_c^4}{\eta EI}$
水平荷载 q_1	$\left(\dfrac{1}{4}-\dfrac{1}{2}\cos^2\varphi\right)q_1 R_c^2$	$\cos^2\varphi\, q_1 R_c$	$-\sin\varphi\cos\varphi\, q_1 R_c$	$-\dfrac{1}{12}\cdot\dfrac{q_1 R_c^4}{\eta EI}$
水平荷载 q_2	$\dfrac{1}{48}(6-3\cos\varphi-12\cos^2\varphi+4\cos^3\varphi)q_2 R_c^2$	$\dfrac{1}{16}(\cos\varphi+8\cos^2\varphi-4\cos^3\varphi)q_2 R_c$	$\dfrac{1}{16}(\sin\varphi+8\sin\varphi\cos\varphi-4\sin\varphi\cos^2\varphi)q_2 R_c$	$-\dfrac{1}{24}\cdot\dfrac{q_2 R_c^4}{\eta EI}$
水平向抗力 q_r	$(0\leqslant\varphi\leqslant\pi/4)$ $(0.234\,6-0.353\,6\cos\varphi)q_r R_c^2$ $(\pi/4\leqslant\varphi\leqslant\pi/2)$ $(-0.348\,7+0.5\sin^2\varphi+0.235\,7\cos^3\varphi)q_r R_c^2$	$(0\leqslant\varphi\leqslant\pi/4)$ $0.353\,6\cos\varphi\, q_r R_c$ $(\pi/4\leqslant\varphi\leqslant\pi/2)$ $(-0.707\,1\cos\varphi+\cos^2\varphi+0.707\,1\sin^2\varphi\cos\varphi)q_r R_c$	$(0\leqslant\varphi\leqslant\pi/4)$ $0.353\,6\sin\varphi\, q_r R_c$ $(\pi/4\leqslant\varphi\leqslant\pi/2)$ $(\sin\varphi\cos\varphi-0.707\,1\sin\varphi\cos^2\varphi)q_r R_c$	$-\dfrac{1}{22}\cdot\dfrac{q_r R_c^4}{\eta EI}$
自重 G	$\left[-\dfrac{1}{8}\pi+(\pi-\varphi)\sin\varphi-\dfrac{5}{6}\cos\varphi-\dfrac{\pi}{2}\sin^2\varphi\right]GR_c^2$ $(0\leqslant\varphi\leqslant\pi/2)$ $\left(\dfrac{3}{8}\pi-\varphi\sin\varphi-\dfrac{5}{6}\cos\varphi\right)GR_c^2$ $(\pi/2\leqslant\varphi\leqslant\pi)$	$(0\leqslant\varphi\leqslant\pi/2)$ $\left(\varphi\sin\varphi-\dfrac{1}{6}\cos\varphi\right)GR_c$ $(\pi/2\leqslant\varphi\leqslant\pi)$ $\left[-(\pi-\varphi)\sin\varphi-\dfrac{1}{6}\cos\varphi+\pi\sin^2\varphi\right]GR_c$	$(0\leqslant\varphi\leqslant\pi/2)$ $\left(-\varphi\cos\varphi-\dfrac{1}{6}\sin\varphi\right)GR_c$ $(\pi/2\leqslant\varphi\leqslant\pi)$ $\left[(\pi-\varphi)\cos\varphi-\pi\sin\varphi\cos\varphi-\dfrac{1}{6}\sin\varphi\right]GR_c$	—

$$\begin{cases} x_1 = \dfrac{\delta_{12}\Delta_{2p} - \delta_{22}\Delta_{1p}}{\delta_{11}\delta_{22} - \delta_{12}\delta_{21}} \\ x_2 = \dfrac{\delta_{12}\Delta_{1p} - \delta_{11}\Delta_{2p}}{\delta_{11}\delta_{22} - \delta_{12}\delta_{21}} \end{cases} \quad (7\text{-}10)$$

其中：

$$\delta_{11} = \frac{R_c\pi}{EI} + \sum_{i=1}^{4}\frac{1}{K_\theta^i} \quad (7\text{-}10a)$$

$$\delta_{12} = \frac{R_c^2\pi}{EI} + R_c\sum_{i=1}^{4}\frac{1}{K_\theta^i}(1-\cos\varphi_i) \quad (7\text{-}10b)$$

$$\delta_{22} = \frac{3R_c^3\pi}{2EI} + R_c^2\sum_{i=1}^{4}\frac{1}{K_\theta^i}(1-\cos\varphi_i)^2 \quad (7\text{-}10c)$$

$$\begin{aligned}\Delta_{1p} =& \frac{p_1 R_c^3 \pi}{-4EI} - \frac{p_g R_c^3}{2EI}\left(\frac{3}{4}\pi - 2\right) - \frac{3q_1\pi R_c^3}{4EI} - \frac{5q_2 R_c^3\pi}{24EI} - \frac{p_1 R_c^2}{2}\sum_{i=1}^{4}\frac{1}{K_\theta^i}\sin^2\varphi_i - \\ & \frac{p_g R_c^2}{2}\left[\frac{1}{K_\theta^3}(1-\sin\varphi_3)^2 + \frac{1}{K_\theta^4}(1-\sin\varphi_4)^2\right] - \frac{q_1 R_c^2}{2}\sum_{i=1}^{4}\frac{1}{K_\theta^i}(1-\cos\varphi_i)^2 - \\ & \frac{q_2 R_c^2}{12}\sum_{i=1}^{4}\frac{1}{K_\theta^i}(1-\cos\varphi_i)^3 - gR_c^2\sum_{i=1}^{4}\frac{1}{K_\theta^i}(\cos\varphi_i + \varphi_i\sin\varphi_i - 1) \end{aligned} \quad (7\text{-}10d)$$

$$\begin{aligned}\Delta_{2p} =& \frac{p_1 R_c^4 \pi}{4EI} - \frac{p_g R_c^4}{2EI}\left(\frac{3\pi}{4} - \frac{5}{3}\right) - \frac{5q_1\pi R_c^4}{4EI} - \frac{35q_2 R_c^4\pi}{96EI} + \frac{gR_c^4\pi}{4EI} - \frac{p_1 R_c^3}{2}\sum_{i=1}^{4}\frac{1}{K_\theta^i}(1-\cos\varphi_i)\sin^2\varphi_i - \\ & \frac{p_g R_c^3}{2}\left[\frac{1}{K_\theta^3}(1-\cos\varphi_3)(1-\sin\varphi_3)^2 + \frac{1}{K_\theta^4}(1-\cos\varphi_4)(1-\sin\varphi_4)^2\right] - \frac{q_1 R_c^3}{2}\sum_{i=1}^{4}\frac{1}{K_\theta^i}(1-\cos\varphi_i)^3 - \\ & \frac{q_2 R_c^3}{12}\sum_{i=1}^{4}\frac{1}{K_\theta^i}(1-\cos\varphi_i)^4 - gR_c^3\sum_{i=1}^{4}\frac{1}{K_\theta^i}(1-\cos\varphi_i)(\cos\varphi_i + \varphi\sin\varphi_i - 1) \end{aligned} \quad (7\text{-}10e)$$

式中：φ_i——弹性铰的角度，它们分别是 $\varphi_1 = \dfrac{\pi}{8}$, $\varphi_2 = \dfrac{3\pi}{8}$, $\varphi_3 = \dfrac{5\pi}{8}$, $\varphi_4 = \dfrac{7\pi}{8}$；$\varphi_1$、$\varphi_4$ 处受正弯矩作用，φ_2、φ_3 处受负弯矩，K_θ^i 为对应 φ_i 处弹性铰的弯曲刚度系数，φ 是以垂直直径线为 0 量取的角度；

K_θ^i——各弹性铰的弯曲刚度系数；

p_1——上覆土自重(kPa)；

p_g——结构自重反力(kPa)；

q_1、q_2——分别为水平向土体抗力(kPa)。

将 x_1、x_2 代入叠加法得到的结构任意截面上的内力计算公式，得到：

$$\begin{cases} M_i = x_i + R_c(1-\cos\varphi)x_2 + \sum_{j=1}^{5}M_{Pj} \\ N_i = x_2\cos\varphi + \sum_{j=1}^{5}N_{Pj} \\ Q_i = -x_2\sin\varphi + \sum_{j=1}^{5}Q_{Pj} \end{cases} \quad (7\text{-}11)$$

其中，M_{Pj}、N_{Pj}、Q_{Pj} 为各种荷载作用下的内力，其公式为：

$$\begin{cases} M_{P1} = -\dfrac{1}{2}p_1 R_c^2 \sin^2\varphi \\ N_{P1} = p_1 R_c \sin^2\varphi \\ Q_{P1} = p_1 R_c \sin\varphi\cos\varphi \end{cases} \quad (0 \leq \varphi \leq \pi) \tag{7-11a}$$

$$\begin{cases} M_{P2} = -\dfrac{1}{2}p_g R_c^2 (1-\sin\varphi)^2 \\ N_{P2} = -p_g R_c (1-\sin\varphi)\sin\varphi \\ Q_{P2} = -p_g R_c (1-\sin\varphi)\cos\varphi \end{cases} \quad \left(\dfrac{\pi}{2} \leq \varphi \leq \pi\right) \tag{7-11b}$$

$$\begin{cases} M_{P3} = -\dfrac{1}{2}q_1 R_c^2 (1-\cos\varphi)^2 \\ N_{P3} = -q_1 R_c (1-\cos\varphi)\cos\varphi \\ Q_{P3} = q_1 R_c (1-\cos\varphi)\sin\varphi \end{cases} \quad (0 \leq \varphi \leq \pi) \tag{7-11c}$$

$$\begin{cases} M_{P4} = \dfrac{1}{12}q_2 R_c^2 (1-\cos\varphi)^3 \\ N_{P4} = -\dfrac{1}{4}q_2 R_c (1-\cos\varphi)^2 \cos\varphi \\ Q_{P4} = \dfrac{1}{4}q_2 R_c (1-\cos\varphi)^2 \sin\varphi \end{cases} \quad (0 \leq \varphi \leq \pi) \tag{7-11d}$$

$$\begin{cases} M_{P5} = -g R_c^2 (\cos\varphi + \varphi\sin\varphi - 1) \\ N_{P5} = g R_c \varphi\sin\varphi \\ Q_{P5} = g R_c \varphi\cos\varphi \end{cases} \quad (0 \leq \varphi \leq \pi) \tag{7-11e}$$

上述荷载作用下，水平直径 A 处的位移为：

$$\begin{aligned}
\delta_A = \sum_{j=1}^{6}\delta_{Aj} = & -\dfrac{p_1 R_c^4}{6EI} + \dfrac{p_1 R_c^3}{2}\sum_{i=3,4}\dfrac{1}{K_\theta^i}\sin^2\varphi_i\cos\varphi_i - \dfrac{p_g R_c^4}{6EI} + \dfrac{p_g R_c^3}{2}\sum_{i=3,4}\dfrac{1}{K_\theta^i}\cos\varphi_i(1-\sin\varphi_i)^2 - \\
& \dfrac{q_1 R_c^4}{2EI}\left(\dfrac{\pi}{2}+\dfrac{5}{3}\right) + \dfrac{q_1 R_c^3}{2}\sum_{i=3,4}\dfrac{1}{K_\theta^i}\cos\varphi_i(1-\cos\varphi_i)^2 - \\
& \dfrac{q_2 R_c^4}{4EI}\left(1+\dfrac{5\pi}{16}\right) + \dfrac{q_2 R_c^3}{12}\sum_{i=3,4}\dfrac{1}{K_\theta^i}\cos\varphi_i(1-\cos\varphi_i)^3 + \\
& \dfrac{g R_c^4}{EI}\left(1-\dfrac{\pi}{8}\right) + g R_c^3\sum_{i=3,4}\dfrac{1}{K_\theta^i}\cos\varphi_i(\cos\varphi_i+\varphi_i\sin\varphi_i-1) + \\
& \dfrac{R_c^2 x_1}{EI} + \dfrac{R_c^3 x_2}{EI}\left(1+\dfrac{\pi}{2}\right) - R_c\sum_{i=3,4}\dfrac{1}{K_\theta^i}\cos\varphi_i[x_1 + R_c x_2(1-\cos\varphi_i)]
\end{aligned} \tag{7-12}$$

计算时，可认为各弹性铰的弯曲刚度系数 K_θ^1 相等，即：

$$K_\theta^1 = K_\theta^2 = K_\theta^3 = K_\theta^4 = K_\theta$$

实际上，接头构造对截面的几何中心轴是非对称的，因而正负弯矩作用下的接头张角是不同的。处于正弯矩作用位置上的接头，其螺栓位于受拉一侧，在固紧螺栓时，又给接头施加了预压应力，当接头在弯矩作用下产生拉应力时，首先要抵消原有的预压应力，然后随着弯矩的增加，受拉区才开始受拉，因而推迟了张角的出现，同时，由螺栓承担拉力，还可以延缓张角的扩展。因此，正弯矩处的街接头张角值受到了一定限制，表现为接头的抗变形能力较大，也就是接头刚度较大，处于负弯矩作用位置上的接头，其螺栓位于受压区或距受压区很近，限制变形的能力极小，受拉一侧的张角不仅出现的早,开口也较大。这说明正负弯矩处的 K_θ 是不等的,接头足尺试验和相似试验模型证实了负弯矩处的接头刚度比正弯矩处的接头刚度小得多。在数值上,前者约为后者的 1/3。所以,在内力计算中考虑正负弯矩处 K_θ 不等,更符合实际情况。

(2) 考虑抗力时的内力计算

当衬砌是刚性无变形时,隧道圆周承载的压力为:

$$P(\theta) = \frac{1}{2}(P_V + P_H) + \frac{1}{2}(P_V - P_H)\cos2\theta \qquad (7-13)$$

衬砌与地层间的剪力为:

$$\tau(\theta) = \frac{1}{2}(P_V - P_H)\sin2\theta \qquad (7-14)$$

式中:P_V、P_H——衬砌所受的垂直、水平向荷载;
θ——截面与垂直轴的夹角。

当衬砌产生变形时,还受到被动抗力,若不计剪力,可采用图 7-25 所示的荷载分布计算图式,任一截面所受的主动荷载为:

$$P(\theta) = \frac{1}{2}(P_H + P_V) + \frac{P_0}{2}\cos2\theta \qquad (7-15)$$

其中:

$$P_0 = P_V - P_H$$

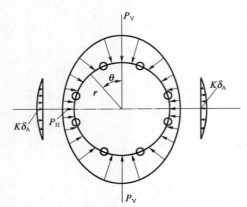

图 7-25 荷载分布示意图

被动荷载(抗力)为:

$$S(\theta) = -K\delta_A\cos2\theta\left(\frac{\pi}{4} \leqslant \theta \leqslant \frac{3}{4}\pi, -\frac{3}{4}\pi \leqslant \theta \leqslant \frac{\pi}{4}\right) \qquad (7-16)$$

式中:K——地层的抗力系数(kN/m^2);
δ_A——衬砌水平直径处的位移(m)。

为简化计算,利用结构和荷载的对称性,取 1/4 圆周进行计算。由叠加原理,可得图 7-26 所示的计算简图。

假定整个圆环均匀分布着 8 个弹性铰,如图 7-26a)所示,铰的位置分别在 $\theta = \frac{\pi}{8}$ 和 $\theta = \frac{3\pi}{8}$ 处,且各弹性铰的弯曲刚度系数 K_θ 是相等的。利用结构力学的方法计算,可得在荷载 $P_1 = \frac{1}{2}(P_V + P_H)$ 的作用下:

$$\begin{cases} M_{I(\theta)} = \theta \\ N_{I(\theta)} = P_1 R \\ \delta_{AI} = -\dfrac{R^2 P_1}{EF} \end{cases} \qquad (7-17)$$

式中:E——衬砌的弹性模量(kN/m^2);
F——衬砌的截面积(m^2);
R——圆形衬砌的计算半径(m)。

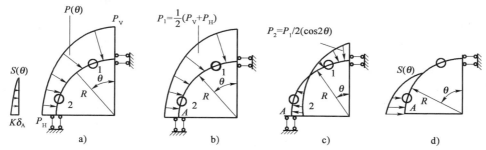

图 7-26 计算图和荷载分解图
a)计算简图;b)情况 1;c)情况 2;d)情况 3

在 $P_2 = \dfrac{P_0}{2}\cos2\theta$ 作用下：

$$\begin{cases} M_{\mathrm{II}}(\theta) = \dfrac{1}{6}P_0 R^2\cos2\theta & \left(0 \leqslant \theta \leqslant \dfrac{\pi}{2}\right) \\ N_{\mathrm{II}}(\theta) = -\dfrac{1}{6}P_0 R\cos2\theta & \left(0 \leqslant \theta \leqslant \dfrac{\pi}{2}\right) \\ \delta_{\mathrm{AII}} = \left(\dfrac{R^4}{18EI} + 0.0638\dfrac{R^3}{K_\theta}\right)P_0 \end{cases} \quad (7\text{-}18)$$

在抗力荷载作用下：

$$M_{\mathrm{III}(\theta)} = \begin{cases} \dfrac{\sqrt{2}}{3}K\delta_A R^2(1-\cos\theta) - \dfrac{0.2405\dfrac{K\delta_A R^3}{EI} + 0.3075\dfrac{K\delta_A R^2}{K_\theta}}{\dfrac{\pi R}{2EI} + \dfrac{2}{K_\theta}} & \left(0 \leqslant \theta \leqslant \dfrac{\pi}{4}\right) \\ \dfrac{\sqrt{2}}{3}K\delta_A R^2(1-\sin\theta) - \dfrac{1}{3}K\delta_A R^2\cos2\theta - \dfrac{0.2405\dfrac{K\delta_A R^3}{EI} + 0.3075\dfrac{K\delta_A R^2}{K_\theta}}{\dfrac{\pi R}{2EI} + \dfrac{2}{K_\theta}} & \left(\dfrac{\pi}{4} \leqslant \theta \leqslant \dfrac{\pi}{2}\right) \end{cases} \quad (7\text{-}19)$$

$$N_{\mathrm{III}}(\theta) = \begin{cases} \dfrac{\sqrt{2}}{3}K\delta_A R\cos\theta & \left(0 \leqslant \theta \leqslant \dfrac{\pi}{4}\right) \\ \dfrac{\sqrt{2}}{3}K\delta_A R\sin\theta + \dfrac{1}{3}K\delta_A R\cos2\theta & \left(\dfrac{\pi}{4} \leqslant \theta \leqslant \dfrac{\pi}{2}\right) \end{cases} \quad (7\text{-}20)$$

式中：K——地层的抗力系数（kN/m^2）；
δ_A——衬砌水平直径处的位移（m）；
R——圆形衬砌的计算半径（m）。

$$\delta_{\mathrm{AIII}} = \dfrac{2K\delta_A R^3}{-1.5708\dfrac{R}{EI} + \dfrac{2}{K_\theta}}\left[\dfrac{R}{EI}\left(0.0443\dfrac{R}{EI} + 0.0560\dfrac{1}{K_\theta}\right) + \dfrac{1}{K_\theta}\left(0.0506\dfrac{R}{EI} + 0.0640\dfrac{1}{K_\theta}\right)\right]$$

$$(7\text{-}21)$$

任意截面的内力：

$$\begin{cases} M(\theta) = M_{\mathrm{I}}(\theta) + M_{\mathrm{II}}(\theta) + M_{\mathrm{III}}(\theta) \\ N(\theta) = N_{\mathrm{I}}(\theta) + N_{\mathrm{II}}(\theta) + N_{\mathrm{III}}(\theta) \end{cases} \quad (7\text{-}22)$$

A 点的总变形为：

$$\delta_A = \delta_{AI} + \delta_{AII} + \delta_{AIII} \tag{7-23}$$

解方程式(7-22)或试算,即可求出 A 点的实际位移,然后代入到弯矩、轴力的计算公式并进行叠加,及可求出任一截面的内力。

3. 梁—弹簧模型计算法

将管片主截面简化为圆弧梁或直线梁构架,将管片接头看成是旋转弹簧、环接头为剪切弹簧,用有限元计算截面内力,计算荷载可用惯用荷载系统或将地基抗力全部或部分转换成地基弹簧。如将旋转弹簧和剪切弹簧常数同时设定为零,该方法基本上与多铰环计算法相同;如将剪切弹簧常数设定为零,将旋转弹簧常数设定为无穷大时,则与刚度均匀环的计算法相同。因此该方法不但包含了上述两个方法,同时还可以利用管环接头刚度的大小表征错接接头的拼接效应。

四、结构纵向内力计算

盾构隧道横、纵向结构性能密切相关,相互影响,纵向结构设计中必须综合考虑衬砌结构初始条件(如螺栓预紧力、结构初始变形等)、管片与连接螺栓的简化和处理、各类接缝处理等关键性问题。

盾构隧道纵向结构内力计算方法目前主要分两大类,一类是梁—弹簧模型,另一类是以有限元法为基础的数值求解法。

1. 梁—弹簧模型

梁—弹簧模型是将隧道作为一根梁,将隧道周围的土体作为地基弹簧作用在梁上的结构模型,如图 7-27 所示。根据接头的不同考虑,有两种计算模型,一种是把有接头的隧道等效为与隧道具有等效刚度的均匀连续梁,另一种是用轴向弹簧、回转弹簧及剪切弹簧来评价环节头的结构模型。

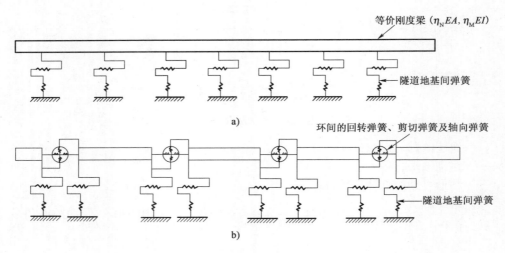

图 7-27 隧道纵断面方向的梁结构模型
a)等价刚度梁模型;b)梁—弹簧结构模型

将隧道等效为刚度均匀的连续梁可有多种方法,当考虑盾构隧道的变形特征,并假定在轴力和弯矩作用下等效梁的纵向变形与相同荷载作用下盾构隧道的轴线变形一致,如图 7-28 所示,由变形协调和力的平衡条件,可求出隧道的"等效拉压刚度""等效弯曲刚度"见式(7-24)、式(7-25)。

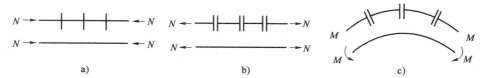

图 7-28　等效连续化模型
a)压缩;b)拉伸;c)弯曲

隧道的等效弹性弯曲刚度：

$$(EI)_{eq}^{1} = \frac{\cos^3\varphi}{\cos\varphi + \left(\varphi + \frac{\pi}{2}\right)\sin\varphi} \cdot E_c I_c \tag{7-24}$$

纵向等效弯曲刚度有效率：

$$\eta_1 = \frac{\cos^3\varphi}{\cos\varphi + \left(\varphi + \frac{\pi}{2}\right)\sin\varphi} \tag{7-25}$$

式中：φ——中性轴的位置,可由 $\cot\varphi + \varphi = \pi\left(\frac{1}{2} + \frac{K_j l_b}{E_c A_c}\right)$ 计算得到;

K_j——全部纵向螺栓的弹性刚度系数,$K_j = n \cdot k_j$ (N/m);

k_j——单个纵向螺栓的弹性刚度系数,$E_b A_b / l_b$ (N/m);

n——环内纵向拉头总数;

E_b——螺栓弹性模量(MPa);

A_b——螺栓横截面面积(mm^2);

l_b——螺栓长度(m);

A_c——隧道混凝土管片横截面积(m^2);

I_c——整体隧道混凝土环的惯性矩(m^4);

E_c——混凝土管片弹性模量(MPa)。

2. 有限元法

有限单元法理论上可考虑结构计算时的各种影响因素,且目前有多种通用程序作为计算平台,其在隧道纵向计算领域获得了一定的应用,但应考虑盾构隧道结构的非连续性,如螺栓、纵横向接缝等。

五、管片接头受力计算

可利用修正惯用法计算接头设计用弯矩为 $(1-\xi)M$,也可将管片接缝端面看作连续构件(管片环)中的一个钢筋混凝土截面,将连接螺栓当作钢筋进行计算简化或考虑管片接头端面由垫层材料(软木衬垫、弹性密封和嵌缝材料等)和连接螺栓共同组合承载,计算模型如图 7-29 所示。视钢筋混凝土管片结构为刚性板,弹簧 K_1 和 K_2 代表弹性密封垫和受力衬垫,且只能受压而不能受拉,K_b 代表螺栓与接头板沿垂直方向荷载

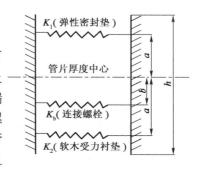

图 7-29　钢筋混凝土截面模型

组合作用下的总抗拉刚度,即管片接头抗拉刚度,并假设弹性密封垫和软木受力衬垫对称于管片厚度中心。

另外,也可用梁—弹簧模型进行计算,将管片结构用梁单元代替,将接头垫层材料和连接螺栓的共同作用效果用设置于接头端面的抗拉弹簧、径向和切向抗剪弹簧代替,根据模拟管片结构梁单元的不同形状,可将梁—弹簧模型计算法分为直梁—弹簧模型计算法和曲梁模型计算法(图7-30)。计算过程中通过改变弹簧弹性系数对管片接头抗弯刚度和抗剪刚度进行调整,从而分别运用抗弯刚度 k_θ、切向抗剪刚度 k_t 和径向抗剪刚度 k_r 描述了接头的转动、切向和径向效应。

图7-30 梁—弹簧模型法管片接头模型
a)直线梁—弹簧模型;b)曲线梁—弹簧模型

六、衬砌材料允许应力及构造要求

1. 允许应力

(1)混凝土的允许应力

管片所使用混凝土的允许应力规定如表7-7所示。

混凝土的允许应力(管片)(MPa) 表7-7

设计基准强度 σ_{ck}		42	45	48	51	54
容许弯曲抗压应力 σ_{ca}		16	17	18	19	20
基准容许抗剪应力(弯曲剪切) τ_a		0.73	0.74	0.76	0.78	0.79
容许黏着应力(异性钢筋) τ_0		2	2.1	2.1	2.2	2.2
容许承压应力	全部加载 σ_{be}	15	16	17	18	19
	局部加载 σ_{ba}	$\sigma_{ba} \leq 1/2.8 \cdot \sigma_{ck} \sqrt{\dfrac{A}{A_a}}$,其中 $\sigma_{ba} \leq \sigma_{ck}$				

注:1. τ_a 是取管片净高 $d=20\mathrm{cm}$,受拉钢筋配比 1% 计算出来的,应按下述方法修正:
净高和受拉钢筋配比修正法乘以系数 a 即可:

$$a = \sqrt[3]{P_w} \times \sqrt[4]{20/d} \tag{7-26}$$

式中:P_w——钢筋配比(%);
 d——净高(cm),但是,当 $P_w \leq 3.3\%$ 时, $d \geq 20\mathrm{cm}$; $d < 20\mathrm{cm}$ 时,取 $d = 20\mathrm{cm}$。

弯矩和轴向压应力同时作用于管片时,容许抗剪应力应乘以系数 β 加以提高:

$$\beta = 1 + \dfrac{M_0}{M_d} \leq 2 \tag{7-27}$$

式中:M_d——设计弯矩;
 M_0——消除设计弯矩 M_d 收拉翼缘上轴向力产生的应力所需弯矩。

2. A 为混凝土的承压分布面积,A_a 为承压面积,详见图7-31。

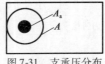

图7-31 支承压分布

(2)现场浇注混凝土的允许应力

现场浇注混凝土的允许应力规定如表7-8所示。

(3)钢筋的允许应力

混凝土的允许应力（现场浇注混凝土）(MPa)　　　　表 7-8

设计基准强度 σ_{ck}		18	21	24	27	30
容许弯曲抗压应力 σ_{ca}		7	8	9	10	11
基准容许抗剪应力（弯曲剪切）τ_a		0.53	0.56	0.59	0.61	0.64
容许黏着应力（异性钢筋）τ_0		1.4	1.5	1.6	1.7	1.8
容许承压应力	全部加载 σ_{be}	6	7	8	9	10
	局部加载 σ_{ba}	$\sigma_{ba} \leq 1/3 \cdot \sigma_{ck} \sqrt{\dfrac{A}{A_a}}$ 其中 $\sigma_{ba} \leq \sigma_{ck}$				

注：1. τ_a 是区管片净高，$d = 20\text{cm}$ 受拉钢筋配比 1% 计算出来的，修正方法同管片混凝土。
2. A, A_a 的含义和管片混凝土的一样。

钢筋的允许应力规定如表 7-9 所示。

钢筋的允许应力(MPa)　　　　表 7-9

钢筋种类	SR235	SR295	SD295A、B	SD345	SD390
允许应力	140	180	180	200	220

（4）螺栓的允许应力

螺栓的允许应力见表 7-10。

螺栓的允许应力(MPa)　　　　表 7-10

钢材种类 应力类别	4.6	6.8	8.8	10.9	12.9
允许抗拉应力	120	210	290	380	430
允许抗剪应力	90	150	200	270	310

2. 其他设计细节及构造要求

（1）螺栓配置

螺栓接头是地铁盾构隧道管片最常用的连接方式，钢制管片及混凝土平板形管片使用的螺栓直径如表 7-11 所示。我国规范规定的地铁盾构隧道钢筋混凝土管片连接螺栓的机械性能等级一般采用 4.6～6.8 级，特殊情况也有采用 8.8 级的。为了保证隧道的使用寿命，对螺栓紧固件表面必须进行防腐蚀处理。

钢制管片及混凝土平板形管片螺栓直径　　　　表 7-11

螺栓直径(mm)	16	18	20	22	24	27	30	33	36
最小螺栓孔直径(mm)	19	21～23	23～25	25～27	27～29	30～32	33～36	36～39	39～41

螺栓配置必须能够确保衬砌构造所要求的强度和刚度，此外，还必须具备管片制作、拼装施工的方便性和良好的防水性。一般，当管片厚度不大时，管片连接螺栓可按一排配置；当厚度较大时，可配置二排。

（2）注浆孔

管片上必须按需要配置注浆孔，以便能均匀地进行壁后注浆。为了能均匀地进行壁后注浆，多在每个管片上设置 1 个以上的注浆孔。不过，注浆孔数量的增加，会引起漏水量的增加。此外，也有通过从盾构机一侧进行同步壁后注浆的方法，以便减少注浆孔的数量。注浆孔的孔径必须根据使用的注浆材料确定，一般内径在 50mm 左右。将注浆孔作为起吊环使用时，必须考虑作业的方便性和安全性确定其形状、尺寸、材料和位置。

(3) 起吊环

由于搬运、拼装的需要，管片上必须考虑设置起吊环。大多数混凝土平板形管片和球墨铸铁管片都将壁后注浆孔同时兼作起吊环使用。而钢制管片则另行设置起吊用的配件。不管是哪种情况，其设计必须保证在搬运和施工荷载等情况下管片的安全性。如果采用自动组装管片方式时，要求将管片牢固地固定在拼装机上，为此应增加管片上的特殊把手。

除上述规定以外，尚应考虑管片的防水、焊接、钢筋的加工及防蚀、防锈等。

第四节 联络通道结构设计

联络通道作为灾害情况下的重要逃生通道，《地铁设计规范》(GB 50157—2013)规定："单线区间隧道之间，当隧道连贯长度大于600m时，应设联络通道，并在通道两端设双向开启的甲级防火门"，国外相关的规范中均有类似的规定。

联络通道一般位于各段区间隧道的中部，其位置应选在地面交通量和地下管线较少处，以减少施工时的困难。地铁盾构隧道工程中常将其与地下泵站的建设结合起来，其基本构造形式有全贯通式、上行侧式泵站、下行侧式泵站、上下行侧式泵站和深井侧式泵站5种形式（图7-32）。一般，联络通道断面可以做成矩形，从受力有利的角度，也可做成圆形和直墙拱形。图7-33是常见的联络通道示意图。

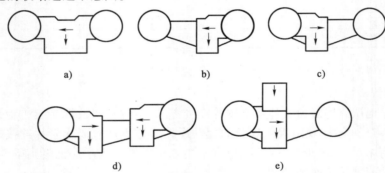

图 7-32 联络通道与泵站合建的形式图
a) 全通式联络通道；b) 上行侧式泵站；c) 下行侧式泵站；d) 上下行侧式泵站；e) 深井侧式泵站

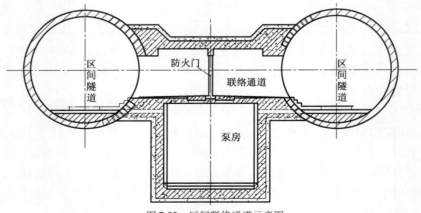

图 7-33 区间联络通道示意图

联络通道通常需要在连续几环管片一侧开口进洞施工。为满足施工工艺和结构受力的要求,这几环管片通常采取与标准环管片不同的构造形式和制造工艺,称其为特殊环管片,常见特殊管片如图 7-34 所示,可分为钢管片环、钢管片+混凝土、混凝土等,其各自的优缺点见表 7-12。

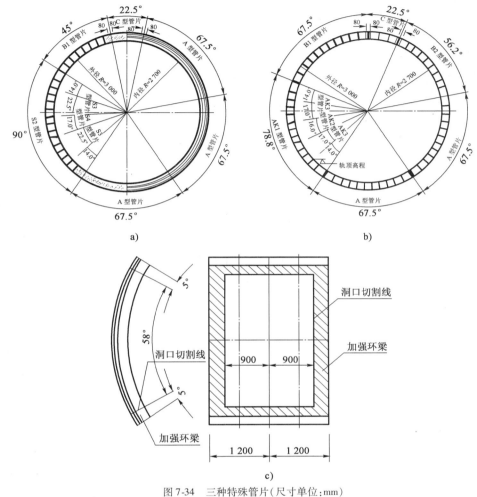

图 7-34 三种特殊管片(尺寸单位:mm)
a)钢管片环构造图;b)钢管片+混凝土构造图;c)混凝土切割管片洞口加强构造

特殊环管片的种类 表 7-12

种 类	应用情况及其优点	应用中的问题
钢管片环	国内外曾广泛应用,北京地铁 5 号线中普遍采用。联络通道设计位置的相邻两环管片全部采用钢材加工而成,开口环管片强度最高	钢管片加工精度要求高,造价高,防腐防锈处理难度大,影响结构耐久性
钢管片+混凝土管片环	在北京地铁 4、10 号线中均有应用。拼装通过提前调整盾构姿态保证开口就位精度。较钢管片环有效降低了造价	开口管片和与其相连的邻接块圆心角与混凝土管片不同,无法利用既有模具生产,耐久性仍难保证
混凝土切割管片	在国内外地铁项目中应用逐渐增多。这种方式造价较为低廉,采取现场切割的办法形成洞口,对管片拼装就位精度没有特殊要求,开洞灵活	管片切割时,需架设临时支撑,以保证施工期间盾构隧道的稳定

特殊衬砌环管片宜采用钢筋混凝土材料制造,以提高构件耐久性,方便生产、拼装,降低工程造价。钢管片强度较高,且可以预制洞口,将洞口封堵块拆卸之后就可进洞开挖;钢管片纵向螺栓孔数量比混凝土管片增加一倍,既可以提高钢管片之间的连接强度,又可以提高开口就位精度。但是,由于钢管片采用与标准环混凝土管片相同的构造和精度,其加工精度达到了模板级,造价昂贵,大量使用很不经济;另外,钢管片防腐防锈处理难度高,实际使用效果不理想。

结合钢筋混凝土和钢管片各自的优缺点,特殊衬砌环管片可优化成"钢管片+混凝土管片"的组合形式。开口管片和与其相连的邻接块圆心角与混凝土管片不同,无法利用既有模具生产,仍采用钢材加工,其他管片使用混凝土管片代替。

特殊环管片采用与标准环相同的环宽、壁厚、内外径以及大致相同的分块角度,可以满足盾构机的掘进和拼装要求,并保证隧道限界的平顺。采用相同的管片端面构造,拼装时可以使用通用的连接构件和防水材料,并保证接缝质量。

第五节 平板形钢筋混凝土管片设计实例

现主要介绍平板形钢筋混凝土管片的设计实例,采用最普遍最常用的设计方法,即不考虑接头影响的等弯曲刚度均匀圆环法。

1. 设计条件

管片的设计条件见表7-13。

管 片 设 计 条 件   表7-13

项 目	取 值	项 目	取 值	项 目	取 值
管片外径	3.35m	管片宽	1.0m	管片厚(主梁高)	0.125m
覆土厚度	15m	地下水位	13	标准贯入试验值	30
土单位体积质量	$1.8t/m^3$	土浮重度	$0.8t/m^3$	土的内摩擦角	32°
土的黏聚力	0	地基反力系数	$20N/cm^3$	侧向土压系数	0.5
上部荷载	10MPa	千斤顶推力	$10×10^6N$	土质	砂质土

构件的容许应力见表7-14。

构件的容许应力   表7-14

构件 应力	钢材 SM490A	混凝土	钢筋 SD345	螺 栓			
				4.6	6.8	8.8	10.9
压应力($×10^5$Pa)	1 900	150	2 000	—	—	—	—
拉应力($×10^5$Pa)	1 900	—	2 000	1 200	1 800	2 400	3 000
剪应力($×10^5$Pa)	—	—	—	800	1 100	1 500	1 900

2. 作用于管片衬砌体的外荷载的计算

由于假定土质为砂质土,所以土压和水压按水土分离处理。垂直土压的计算采用Terzaghi公式中的松动土压。

(1)土的松动高度计算

$$h_0 = \frac{B_1\left(1 - \frac{c}{B_1\gamma}\right)}{K_0\tan\varphi}(1 - e^{-K_0\tan\varphi \cdot \frac{H}{B_1}}) + \frac{p_0}{\gamma}(e^{-K_0\tan\varphi \cdot \frac{H}{B_1}}) \quad (7\text{-}28)$$

其中：

$$B_1 = R_0\cot\left(\frac{\frac{\pi}{4} + \frac{\varphi}{2}}{2}\right) \quad (7\text{-}28a)$$

式中：K_0——水平土压和竖直土压之比（一般可以取1）；

φ——土的内摩擦角，$\varphi = 32°$；

c——土的黏聚力，$c = 0\text{N/m}^3$；

γ——土的重度，$\gamma = 1.8\text{kN/m}^3$；

H——上覆土厚度，$H = 15\text{m}$；

p_0——上部荷载，$p_0 = 10\,000\text{Pa}$；

R_0——一次衬砌的外半径，$R_0 = 1.725\text{m}$。

计算结果为，土的松动高度 $h_0 = 4.518\text{m}$，不足管片外径的两倍。故取最小松动高度等于管片外径的两倍，则 $h_0 = 2R = 6.7 > 4.518\text{m}$

(2)荷载的计算

自重 G：混凝土的单位密度 ρ 为 2.6t/m^3，则 $G = 2.6 \times t = 0.325 \times 10^4\text{Pa}$；

自重反力 $p_g = \pi G = 1.021 \times 10^4\text{Pa}$；

上部垂直荷载 p_1：土压 $p_{e1} = h_0\gamma' = 5.360 \times 10^4\text{Pa}$，水压 $p_{w1} = h_w\gamma_w = 1.300 \times 10^5\text{Pa}$，底部水压 $p_{w2} = (h_w + D)\gamma_w = 1.635 \times 10^5\text{Pa}$，所以 $p_{e1} + p_{w1} > p_{w2}$。因土反力 $p_{e2} = 2.010 \times 10^4\text{Pa}$，所以 $p_1 = p_{e1} + p_{w1} = 1.836 \times 10^5\text{Pa}$。

水平荷载 q_0：水压 $q_e = (h_0 + R_0 - R_0\cos\theta)\lambda\gamma'$，土压 $q_w = (H_w + R_0 - R_0\cos\theta)\lambda\gamma_w$，顶部 $q_1(\theta = 0°)$，$q_1 = (q_{e1} + q_{w1}) = 1.5768 \times 10^5\text{Pa}$，底部 $q_2(\theta = 180°)$，$q_2 = (q_{e2} + q_{w2}) = 2.0283 \times 10^5\text{Pa}$，所以 $q_0 = q_2 - q_1 = 4.515 \times 10^4\text{Pa}$。

(3)土反力和位移

假定作用于两侧的水平土反力是随着衬砌向地基内位移产生的，在衬砌水平直径的上下45°中心角范围内呈三角形（以水平直径上的点为顶点）分布。水平直径上点的土反力与衬砌向地基内的水平位移成正比，考虑了土反力的位移 δ：

$$\delta = \delta_1 - \delta_2 \quad (7\text{-}29)$$

式中：δ_1——土水压力引起的 B 点位移；

δ_2——土反力引起的与上述方向相反的 B 点位移。

$$\delta = \frac{(2p_1 - q_1 - q_2)R_c^4}{24(\eta EI + 0.0454KR_c^4)} = 0.00016374\text{m}（该公式不考虑衬砌自重引起的地基反力）$$

式中：K——土的基床系数（N/m^3）；

E——弹性模量，$E = 3.30 \times 10^4\text{Pa}$；

I——截面惯性矩，$I = 0.00016276\text{m}^4/\text{m}$。

土反力：

$$K\delta = 0.327 \times 10^4 \text{Pa} \quad (K = 2\,000 \text{N/m}^3)$$

垂直方向的荷载强度：$p_{e1} = 5.360 \times 10^4 \text{Pa}, p_{w1} = 1.30 \times 10^5 \text{Pa}, p_{e2} = 1.635 \times 10^5 \text{Pa}, p_{w2} = 2.010 \times 10^4 \text{Pa}, p_g = 1.021 \times 10^4 \text{Pa}$。

水平方向的荷载强度：$q_{e1} = 2.075 \times 10^4 \text{Pa}, q_{w1} = 1.3063 \times 10^5 \text{Pa}, q_{e2} = 3.995 \times 10^4 \text{Pa}, q_{w2} = 1.6288 \times 10^5 \text{Pa}$。

自重：$G = 0.325 \times 10^4 \text{Pa}$，地基反力：$K\delta = 0.327 \times 10^4 \text{Pa}$。

图 7-35 ~ 图 7-38 给出了根据荷载计算结果获得的荷载分布。

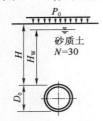

图 7-35 土质条件

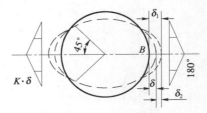

图 7-36 土反力

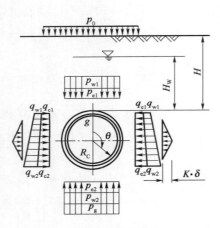

图 7-37 荷载分布

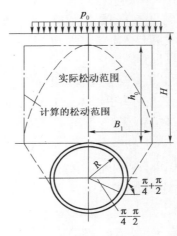

图 7-38 松动高度

3. 管片环截面内力计算

计算相对于外荷载的管片环截面内力时，假定的管片形状如图 7-39 所示，各参数如下：混凝土弹性模量 $E = 3.30 \times 10^{10} \text{Pa}$，弹性模量比 $n = 15$，抗弯刚度的有效率 $\eta = 1.0$，弯矩增大率 $\xi = 0.0$，管片截面面积 $A = 1\,250 \text{cm}^2$，管片截面惯性矩 $I = 16\,276 \text{cm}^4$。

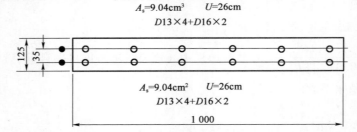

图 7-39 管片的主截面(尺寸单位：mm)

外荷载在管片环上产生的截面内力,采用常规计算法计算,结果见表7-15及表7-16。

截面内力的计算　　　　　　　　　　　　　　表7-15

$\theta(°)$	$M(\times10^4 N\cdot m/m)$	$N(\times10^4 N/m)$	$Q(\times10^4 N/m)$	$\theta(°)$	$M(\times10^4 N\cdot m/m)$	$N(\times10^4 N/m)$	$Q(\times10^4 N/m)$
0	0.652	27.800	0.000	100	-0.300	30.425	0.476
10	0.596	27.906	-0.393	110	0.161	30.388	0.500
20	0.439	28.202	-0.705	120	-0.026	30.595	0.449
30	0.212	28.636	-0.877	130	0.087	30.365	0.346
40	-0.039	29.131	-0.876	140	0.168	30.414	0.226
50	0.265	29.605	-0.712	150	0.215	30.501	0.117
60	-0.429	29.988	-0.436	160	0.237	30.599	0.043
70	-0.507	30.244	-0.118	170	0.243	30.676	0.009
80	-0.498	30.378	0.168	180	0.244	30.705	-0.000
90	-0.420	30.429	0.368				

最大截面内力一览表($\times10^4 N\cdot m/m$)　　　　　　表7-16

弯矩(正弯矩)	产生位置($\theta°$)/$(1+\zeta)M_{max}/N'(\times10^4 N/m)$	0/0.652/27.800
弯矩(负弯矩)	产生位置($\theta°$)/$(1+\zeta)M_{min}/N'(\times10^4 N/m)$	70/-0.507/30.244
剪力	产生位置($\theta°$)/$Q_{max}(\times10^4 N/m)$/ $(1+\zeta)M/N'(\times10^4 N/m)$	30/-0.877 0.212/28.636

4. 主体应力

(1)承受正弯矩和轴向力时如图7-40所示。

$(1+\varepsilon)M_{max} = 0.625\times10^4 N\cdot m/$环, $N' = 27.800\times10^4/$环, $e = 2.345 > k = 1.928$。

管片心外承受偏心轴向压力时:从受压边缘到中心轴的距离 $x = 11.191$cm,混凝土的应力("+"号为压应力)$\sigma_c = 4.09\times10^6 Pa \leq 15$MPa,钢筋应力("+"号为拉应力,"-"号为压应力):

$$\sigma_s = -12.02\text{MPa} \leq 200.00\text{MPa}$$
$$\sigma'_s = -42.19\text{MPa} \leq 200.00\text{MPa}$$

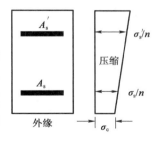

图7-40　应力分布(正弯矩)

注:此处不等号按绝对值判断。

(2)承受负弯矩和轴向力

应力分布和主截面参数如图7-41、图7-42所示。

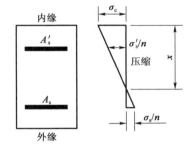

图7-41　应力分布(负弯矩)

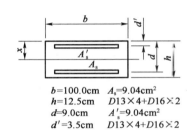

$b=100.0$cm　$A_s=9.04$cm^2
$h=12.5$cm　$D13\times4+D16\times2$
$d=9.0$cm　$A'_s=9.04$cm^2
$d'=3.5$cm　$D13\times4+D16\times2$

图7-42　主截面参数

$$-(1+\varepsilon)M_{\min} = -0.507 \times 10^4 \text{N} \cdot \text{m}/环$$

$$N' = 30.244 \times 10^4/环$$

$$e = -1.676 \leqslant k = -1.928$$

当管片形心内承受偏心轴向压力时,则有等效截面积 $A = 1521 \text{cm}^2$,截面惯性矩 $I = 18327 \text{cm}^4$,混凝土的最大压应力 $\sigma_c = N'/A + M/(Ih/2) = 3.72\text{MPa} \leqslant 15\text{MPa}$,混凝土的最小应力 $\sigma'_c = 0.26\text{MPa} \leqslant 15\text{MPa}$,离 N 较远的边缘的钢筋应力 $\sigma'_s = 18.42\text{MPa} \leqslant 200\text{MPa}$,离 N 较近的边缘的钢筋应力 $\sigma_s = -41.23\text{MPa} \leqslant 200\text{MPa}$

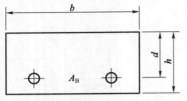

$b=100.0\text{cm}$　$d=8.0\text{cm}$
$h=12.5\text{cm}$　$A_B=6.060\text{cm}^2(\text{M22}\times 2 \text{个})$

图 7-43　管片的接头参数

5. 管片接头螺栓的设计

如图 7-43 所示,假设单块管片的阻力矩(绝对值的最小值)60% 以上为管片接头的容许阻力矩。

(1) 单块管片的阻力矩
中心轴的位置:

$$x = -\frac{n(A_s + A'_s)}{b} + \sqrt{\left[\frac{n(A_s + A'_s)}{b}\right]^2 + \frac{2n}{b}(A_s d + A'_s d')} = 3.711\text{cm}$$

混凝土应力达容许应力 $\sigma_{ca} = 15\text{MPa}$ 时的力矩:

$$M_{rc} = \left[\frac{bx}{2}\left(d - \frac{x}{3}\right) + nA'_s\frac{x-d'}{x}(d-d')\right]\sigma_{ca} = 2.224 \times 10^4 \text{N} \cdot \text{m}/环$$

钢筋应力达容许应力 c 时的容许阻力矩为:

$$M_{rs} = \frac{\left[\frac{bx}{2}\left(d - \frac{x}{3}\right) + nA'_s\frac{x-d'}{x}(d-d')\right]x}{n(d-x)} = 1.387 \times 10^4 \text{N} \cdot \text{m}/环$$

由于 $M_{rs} < M_{rc}$,则单块管片的容许阻力矩为:

$$M_r = 1.387 \times 10^4 \text{N} \cdot \text{m}$$

(2) 管片接头的容许弯矩
中心轴的位置:

$$x = \frac{nA_B}{b}\left(-1 + \sqrt{1 + \frac{2bd}{nA_B}}\right) = 3.011\text{cm}$$

接头的容许弯矩为管片容许弯矩的 60% 时的螺栓应力:

$$\sigma_B = \frac{0.6M_r}{A_B\left(d - \frac{x}{3}\right)} = 196.3\text{MPa} \leqslant 240 \times 10^6 \text{MPa}$$

因此,采用直径为 8.8mm 的螺栓。
螺栓应力达到容许应力时的弯矩:

$$M_{jrB} = A_B\left(d - \frac{x}{3}\right)\sigma_{Ba} = 1.018 \times 10^4 \text{N} \cdot \text{m}/环$$

混凝土应力达到容许应力时的弯矩:

$$M_{jrC} = \frac{1}{2}bx\left(d - \frac{x}{3}\right)\sigma_{ca} = 1.5 \times 10^4 \text{N} \cdot \text{m}/环$$

由于

$$M_{jrB} < M_{jrC}, M_{jr} = M_{jrB} = 1.018 \times 10^4 \text{N} \cdot \text{m}/环$$

所以 $\dfrac{M_{jr}}{M_r} = \dfrac{1.018}{1.387} = 73.3\% \geqslant 60\%$，故可行。

6. 对千斤顶推力的研究

对千斤顶推力从管片厚度的中心向内缘侧偏离 1.0cm 的情况进行研究，如图 7-44 所示。

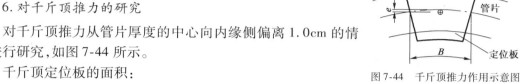

图 7-44 千斤顶推力作用示意图

千斤顶定位板的面积：

$$A_j = Bh = 0.9132 \times 0.125 = 0.1141 \text{m}^2$$

此时定位板中心的弧长：

$$B = 2\pi \frac{R_c}{N_j} - s = 0.9132 \text{m}$$

截面惯性矩：

$$I' = \frac{Bh^3}{12} = \frac{0.9132 \times 0.125^3}{12} = 0.00014863 \text{m}^4$$

混凝土的最大压应力：

$$\sigma_c = \frac{P}{A_j} + \frac{p_{eh}}{2I'} = 13 \times 10^6 \text{Pa} \leqslant \sigma_{ca} = 15 \times 10^6 \times 1.65 = 24.75 \text{MPa}$$

【历史沿革】

时间(年)	人物	事件
1922	Hewet	最早提出圆形衬砌应考虑弹性抗力，根据圆形衬砌水平直径处位移等于零的条件来计算地层给予衬砌的抗力
1926	Schmidt	提出按弹性介质分析并考虑地层与衬砌间的相互作用，该方法适用于较享衬砌的地下结构计算
1936	波德洛夫	应用 Winkler 假设以三角级数表示衬砌的径向位移值，并应用量小功能原理来确定级数各项的系数
1939	波德洛夫、马捷里	提出了著名的链杆法，以刚性链杆替代衬砌结构与地层间的直接接触作用，地层受力与变形的关系按 Winkler 假设
1944	Bull	提出对圆形衬砌合理考虑弹性抗力的建议，拱顶部分的受拉约束忽略不计，该法采用叠加原理，求得各种集中荷载下沿衬砌各等分点的径向位移
1957	Engelbreth	根据连续介质模型理论，推导了平面应变下衬砌应力和变形的封闭解
1960	日本土木工程协会	提出惯用设计法，这种方法不考虑管片接头柔性特征，地层抗力假设仅在水平方向正负 45° 范围内按三角形规律分布
1964	Schulze、Duddek	提出了浅埋隧道模型的通解和封闭解
1968	Kubo	提出了模拟圆形装配式衬砌接头效应的梁-弹簧模型，该法将管片用梁代替，接头用弹簧代替

续上表

时间(年)	人物	事件
1975	Muri Wood	改进了 Morgan 的方法,考虑了切向地层应力、初始地应力的影响及由于接头导致的衬砌刚度降低
1976	Curtis	发展了 Muir Wood 的方法,计入了切向地层应力引起的径向变形及刚度比随时间的变化(蠕变)
1978	Murakami、Koizumi	进一步发展了梁-弹簧模型,该模型除了考虑管片接头转动刚度处,还考虑接头的剪切刚度
1982	侯学渊	运用弹塑性理论和位移协调方程,解出了可考虑衬砌刚度的地层压力值,该方法将地层自重理想化为无限远的荷载
1998	朱合华	在卡氏第二定律的基础上提出梁—接头不连续模型,之后对梁—弹簧模型进行了系列研究

【思 考 题】

1. 拼装结构和现浇结构的优缺点分别是什么?
2. 土层的抗力是怎样产生的?抗力对管片受力是否有影响?
3. 请分析管片接头的受力特征。

第八章
高架结构设计

现象一: 图 8-1 是两种不同的高架桥墩形式,不同桥墩对上部结构、景观及下部的基础形式有何影响?

a)   b)

图 8-1 城市轨道高桥桥墩结构形式
a)T 形墩;b)门式墩

现象二: 高架车站有两种类型,一种是站房结构和线路结构作为整体,另一种是站房结构和线路结构分离。

高架结构的设计不仅要满足功能上的要求,还需要考虑城市的景观以及与环境的协调。

这不仅仅是结构设计计算的问题,还涉及施工工艺、材料和施工装备等问题。

由于钢筋混凝土结构具有较低噪声的特点,城市轨道交通高架结构多采用钢筋混凝土结构或预应力混凝土结构,其结构寿命按50年以上考虑,在设计上要求结构在施工及运营过程中具有规定的强度、刚度及稳定性,并设有紧急进出通路,防止列车倾覆的安全措施及在必要地段设置防噪屏障。此外,还应有防水、排水措施,并考虑维修养护的方便。

高架结构应构造简洁、力求标准化,并满足耐久性要求以及列车安全运行和乘坐舒适度要求,其建筑形式应充分考虑城市景观的要求。在保证安全、适用和经济的前提下,尽可能地使桥梁具有优美的造型,并与城市建筑及环境相协调。

高架结构上部结构应优先采用预应力混凝土结构,除满足规定的强度外,要有足够的竖向刚度、横向刚度,并保证结构的整体性和稳定性。一般地段宜采用等跨简支梁式桥跨结构,宜推广采用预制架设的设计、施工方法。

高架结构墩位布置应符合城市规划要求。跨越铁路、道路和河流时,桥下净空应满足相应的限界要求,并预留结构沉降量、铁路抬高量或公路路面翻修高度;跨越排洪河流时,应按1/100洪水频率标准进行设计,技术复杂、修复困难的大桥、特大桥应按1/300洪水频率标准进行检算;跨越通航河流时,其桥下净空应根据航道等级,满足现行《内河通航标准》(GB 50139—2014)的要求。

高架轨道结构的施工应尽可能避免对城市交通和市民生活的干扰,施工中应尽量不中断原有市内交通,设法降低噪声,特别是要避免在邻近原有建筑物地区采用打入桩。对地下管线要调查探明,若与结构基础有干扰,要采取适当的避让措施等。

站间高架桥要特别注意防水、排水、伸缩缝、栏杆、灯杆、防撞墙等配套构件的功能完善和外观鲜明,这些都是被关注的对象,直接影响到对工程的评价。

高架桥在必要地段要设置隔声屏障,以减轻车辆运行的噪声,桥上应设置养护、维修人员及疏散旅客的安全通道。

第一节 设 计 荷 载

城市轨道交通高架结构现暂无专门的设计规范,设计时可遵照《铁路桥涵设计规范》(TB 10002—2017)《铁路桥涵混凝土结构设计规范》(TB 10092—2017)《地铁设计规范》(GB 50157—2013)《建筑结构荷载规范》(GB 50009—2012)等进行设计荷载取值。

一、设计荷载分类

轻轨高架结构荷载一般分为主力、附加力及特殊荷载三类。其中,主力包括恒载和活载;附加力包括列车制动力、列车横向摇摆力、风荷载、温度影响力、流水压力等;特殊荷载包括无缝线路断轨力、船或汽车的撞击力、地震力、施工临时荷载等。

恒载包括:结构自重、附属设备及附属建筑自重、预加应力、混凝土收缩及徐变影响力、基础沉降影响力、土压力、静水压力及浮力等。

计算结构自重时,一般材料重度应按现行铁路桥涵设计规范规定取用,对于附属设备及附属建筑的自重或材料重度,可按所属专业的现行规范或标准取用。

活载包括:车辆竖向静荷载(根据车辆选型资料,确定荷载因式,双线段按 90% 活载计),地铁或轻轨列车的竖向动力作用(冲击力)。曲线地段列车离心力,离心力作用点在列车的重心位置,距轨顶的高度为 1.8m。无缝线路纵向水平力、列车活载产生的土压力、区间桥梁应考虑双侧人行道人群活载等。

轻轨高架桥结构的活载主要考虑轻轨车辆荷载,车辆选型受到各方面条件的制约,因此车辆荷载难以确定,不能像铁路列车荷载或公路汽车荷载那样制订出有代表性的标准荷载来。轻轨车辆荷载的标准图式如图 8-2 所示。

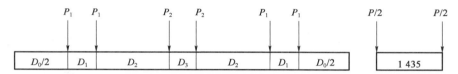

图 8-2 轻轨车辆荷载的标准图式

图中荷载轴重 P_1、P_2,车轴距 D_1、D_2、D_3 及连挂车辆相邻轴距 D_0 应根据所选车型各项数据采用。对于两个以上的连挂车,其相邻间前后轴距为 6.9m,连挂的车数最多按 4 辆考虑。在"七五"国家重点科技攻关项目 214 成套技术 0912 中,具体采用 $P_1 = 100\text{kN}$,$P_2 = 70\text{kN}$,$D_0 = 6\,900\text{mm}$,$D_1 = 1\,900\text{mm}$,$D_2 = 4\,850\text{mm}$,$D_3 = 1\,800\text{mm}$,这个荷载可以换算为 24kN/m。

上海明珠线车辆荷载为四轴制,分重车与轻车,重车轴重 170kN,轻车 80kN(图 8-3),重车可以换算为 29.8kN/m(动车)或 27.88kN/m(拖车)。表 8-1 所示为国外某些轻轨高架线路的活载示例。

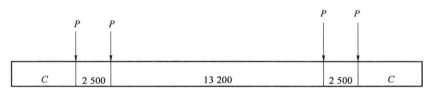

图 8-3 上海明珠线车辆荷载图式(尺寸单位:mm)

注:无驾驶室动车 $C = 2\,300$mm,有驾驶室拖车 $C = 3\,095$mm。

国外某些轻轨高架线路的活载(单位:kN)　　　　表 8-1

国家	加 拿 大				美 国		
地点	多伦多	金斯顿	斯卡勃罗	温哥华	华盛顿	亚特兰大	迈阿密
活载	27.2	17.19	16.38	16.38	23.35	23.74	22.47

列车竖向活载的动力作用以车辆竖向静荷载乘以动力系数 $(1 + \mu)$ 的方式来考虑,μ 按现行《铁路桥涵设计规范》(TB 10002—2017)规定的值乘以 0.8。对于钢筋混凝土简支梁桥,有:

$$1 + \mu = 1 + \frac{22}{40 + L} \tag{8-1}$$

式中:L——桥梁的跨度。

轻轨车辆的制动力或牵引力可按竖向静活载的 15% 计算。当其与离心力同时计算时,可按竖向静活载的 10% 计算。双线桥只计算一线的制动力或牵引力。

轻轨车辆的横向摇摆力作用于轻轨顶处,其值可按相邻两节车四个轴轴重的15%计,以集中力形式作用于轨顶处,横向摇摆力不与风力或离心力组合。

位于曲线上的高架结构应考虑列车产生的离心力,其大小等于列车静活载乘以离心力率C。C值按式(8-2)计算。

$$C = \frac{v^2}{127R} \tag{8-2}$$

式中:v——本线设计最高列车运营速度(km/h);
　　　R——曲线半径(m)。

无缝线路的纵向水平力(伸缩力、挠曲力)和无缝线路的断轨力,应根据梁、轨共同作用的原理进行计算,并作用于墩台上的支座中心处。断轨力为特殊荷载,单线及多线桥只计算一根钢轨的断轨力。同一根钢轨作用于墩台顶的伸缩力、挠曲力、断轨力不作叠加。

区间高架结构及车站高架结构的风荷载按《铁路桥涵设计规范》(TB 10002—2017)的规定执行。

温度变化的作用及混凝土收缩的影响,可按《铁路桥涵设计规范》(TB 10002—2017)的规定执行。结构构件截面的不同侧面或内外面温差很大时,应考虑温度梯度产生的内部应力。

桥墩承受的船只撞击力,可按《铁路桥涵设计规范》(TB 10002—2017)的规定执行。

墩柱有可能受汽车撞击时,应设防撞保护设施。当无法设置防护设施时,必须考虑汽车对墩柱的撞击力。撞击力顺行车方向采用1 000kN,横行车方向采用500kN,作用在路面以上1.2m高度处。

车站站台、楼板和楼梯等部位的人群均布荷载值应采用4.0kPa。设备用房楼板的计算荷载应根据设备安装、检修和正常使用的实际情况(包括动力效应)确定,其值不得小于4.0kPa。

高架结构的挡板结构,除考虑其自重及风荷载外,尚应考虑0.75kN/m的水平推力和0.36kN/m的竖向压力,该项荷载作为附加力可与风力组合。水平推力作用于桥面以上1.2m处。

地震力的作用,应按现行《铁路工程抗震设计规范》(GB 50111—2006)的相关规定计算。

高架结构应按不同施工阶段的施工荷载加以检算。

高架桥结构边缘应考虑30kN/m的脱轨力。

二、设计荷载组合

桥梁设计时,应就上面所列荷载的最不利组合情况进行计算。主要有以下三种组合方式:

(1)主力单独作用,即恒载+活载。

(2)主力+附加力的作用,即恒载+活载+一个方向(纵向或横向)可能同时出现的附加力,但横向摇摆力不与离心力、风力同时计入。

(3)地震荷载+恒载。

第二节　结构设计原则

高架结构设计主要参照《铁路桥涵设计规范》(TB 10002—2017)《铁路桥涵混凝土结构设计规范》(TB 10092—2017)《铁路桥梁钢结构设计规范》(TB 10091—2017)《地铁设计规范》

（GB 50157—2013），并参考其他有关规范进行。

一、计算原则

钢筋混凝土、预应力混凝土和钢结构，应按容许应力法设计，其材料、容许应力、结构安全系数、结构设计方法及构造要求应符合现行《铁路桥涵混凝土结构设计规范》(TB 10092—2017)和《铁路桥梁钢结构设计规范》(TB 10091—2017)要求。

高架结构设计计算建议按以下原则进行：

(1)结构构件的内力按弹性受力阶段计算。

(2)预应力混凝土桥梁结构应按铁路桥涵相关设计规范规定验算其强度、抗裂性、稳定性、应力及变形。

(3)计算预应力混凝土连续梁内力时，应考虑温差、基础不均匀沉降以及由于混凝土收缩、徐变和预应力所引起的二次力。计算二次力时，尚应考虑体系转换的影响。

(4)结构应满足铁路桥涵相关设计规范要求的最小配筋率和最大裂缝宽度的要求。

(5)箱梁应考虑进行抗扭计算。

(6)墩顶容许位移除满足行车安全及桥梁自身的受力外，还应结合轨道结构形式作具体分析，保证轨道结构的正常使用。

(7)计算桥墩内力时，应特别注意考虑无缝线路引起的墩顶水平力。

(8)墩台身应验算强度、纵向弯曲稳定、墩顶弹性水平位移。

(9)墩顶弹性水平位移、顶帽尺寸及构造要求，暂执行铁路桥规的规定。

(10)桩基设计考虑土的弹性抗力，可按 K 法或 m 法计算。

(11)摩擦桩设计，按土的阻力验算桩的承载力，即材料强度，验算混凝土及钢筋应力，验算桩身开裂宽度。

(12)基础的容许沉降量应满足列车安全运营和乘客舒适度的要求，并控制在轨道结构允许变形的范围之内。

二、刚度要求

铁路桥和公路桥都有梁的竖向刚度的限值，目的是使桥梁长期使用不致变形太大而影响正常使用。城市轨道交通高架桥是行车密度很大的客运专线，而且一般是长大高架桥梁，因此其走行性即安全性和舒适性问题尤为重要。从这一思路出发，对梁的竖向刚度提出更高的要求。列车过桥动力分析研究结果表明，钢筋混凝土与预应力混凝土梁式桥跨结构在列车静荷载作用下，其竖向挠度不应超过表8-2的容许值。

梁式桥跨结构竖向挠度容许值　　　　表8-2

跨　度	挠度容许值	跨　度	挠度容许值
$L \leqslant 30\text{m}$	$L/2\,000$	$L > 30\text{m}$	$L/1\,500$

注：L 为梁的跨度(m)。

预应力混凝土梁徐变上拱度会影响轨道的平整度，城市轨道交通高架桥一般采用无缝线路无砟轨道结构，扣件的调高量仅为 3～4cm，因此，梁的后期徐变变形必须严格限制。对于

25～35m 跨度的梁,线路铺设后的结构徐变上拱值不大于 2cm。加大梁的竖向变形刚度对于减少无缝线路的挠曲力有明显的作用。

横向刚度问题与竖向刚度一样,对车辆来说主要是影响车辆运行安全性和平稳性。对于桥梁而言,较大的横向振动主要影响桥梁的安全性和桥上线路的状态。城市轨道交通列车的转向架性能较好,速度也不快(一般不超过 80～100km/h),且无货车运行,但是城市轨道交通高架桥一般是多跨梁构成的长大桥梁,而且行车的密度特别大,从提高防脱轨安全度考虑,有必要对梁横向刚度提出一个参考值。为了使设计容易操作,这个限值参照我国铁路桥梁检定规范规定,采用横向自振频率控制,即梁式桥跨结构的横向自振频率应不小于 90/L(L 为桥梁的跨度)。

城市轨道交通高架桥一般均铺设无缝线路,而且大多数采用无砟(刚性)轨道结构。这样,轨、梁成为统一的整体,梁体结构在温度变化、竖向活荷载及制动力作用下出现的位移和变形会使钢轨产生附加应力,这就是梁轨相互作用的特殊问题。其相互作用产生的附加应力大小在很大程度上取决于桥墩的纵向水平刚度,过大的附加应力甚至会使钢轨断裂,从而影响行车的安全。采用无缝线路的区间简支梁高架结构桥墩墩顶纵向水平线刚度应满足表 8-3 的要求。单线桥梁桥墩纵向水平刚度取表 8-3 值的 1/2。

桥墩墩顶纵向水平线刚度　　　　　　　　　表 8-3

跨度 L(m)	最小水平刚度(kN/m)	备　注	跨度 L(m)	最小水平刚度(kN/m)	备　注
$L \leq 20$	240	不设钢轨伸缩调节器	$30 < L \leq 40$	400	不设钢轨伸缩调节器
$20 < L \leq 30$	320	不设钢轨伸缩调节器			

高架结构墩顶的弹性水平位移应符合下列规定:
顺桥向
$$\Delta \leq 5\sqrt{L} \tag{8-3}$$
横桥向
$$\Delta \leq 4\sqrt{L} \tag{8-4}$$

式中:L——桥梁跨度(m),当为不等跨时,采用相邻跨中的较小跨度,当跨度 $L \leq 25$m 时,L 取 25m;

Δ——墩顶的弹性水平位移(mm)。

因为高架桥轨道交通的轨道结构扣件可调控量小,为了防止过大的不可恢复的弹性变形影响线路平顺,对于高架桥墩顶弹性水平位移要符合相应的规定。高架结构墩台基础的沉降应按恒载作用计算。对外静定结构,其总沉降量与施工期间沉降量的差,不应超过下列容许值:

(1)墩台均匀沉降量为 50mm。

(2)相邻墩台差异沉降量为 20mm。

(3)对于外静不定结构,其相邻墩台不均匀沉降量之差的容许值还应根据沉降对结构产生的附加影响来确定。

第三节　高架轨道交通的下部结构设计

在桥梁的总体设计中,下部结构除应有足够的强度和稳定性以避免在荷载作用下的过大位移和转动外,桥梁下部结构的选型对整个桥梁结构的设计方案有较大影响,在桥梁美学方面具有独特的功能。合理的选型能使上下部结构协调一致,轻巧美观,特别是城市轻轨高架桥为路线桥梁结构,常受地形、地物、交通等限制,下部结构的造型又与城市建筑及环境密切相关,其造型就格外重要。造型合理,能使轻轨高架桥与城市环境和谐、匀称,使行人有一种愉快感觉。同时,由于立交交通要求桥墩位置和形状要尽量地多透空,以保证有较好的行车视线,对于城市轻轨高架桥在桥墩选型方面要格外予以重视。

高架桥墩台的基础应根据地质资料确定。当地质情况良好时,应尽可能采用扩大基础。若为软土地基,则为保证基础的承载能力,防止沉陷,宜采用桩基础。沉桩工艺应根据地面建筑和地下管线的分布状况确定。大部分高架桥可采用施工速度快、工艺成熟的打入桩基础。局部离现有建筑物较近的地段宜选用钻孔桩。钻孔桩施工时,应采取有效措施防止泥浆外溢污染通路而影响正常交通和道路排水设施,保持环境清洁。

常用的桥墩形式有以下几种。

1. 倒梯形桥墩

倒梯形桥墩结构构造简单、施工容易、受力较合理,具有较大的强度、刚度和稳定性,对于单箱单室(双室)箱梁和脊梁来说,选用倒梯形桥墩在外观及受力上均较合理,其简单横断面布置如图8-4所示。

图8-4 倒梯形桥墩与上部结构布置

2. T形桥墩

T形桥墩占地面积小,是城市轻轨高架桥最常用的桥墩形式。这种桥墩既为桥下交通提供空间,又能减轻墩身重量,节约圬工材料且轻巧美观,特别适用于高架桥和地面道路斜交的情况。

T形桥墩由基础之上的承台、墩身和盖梁组成,如图8-5所示。墩身一般为普通钢筋混凝土结构可采用圆形、矩形或六角形,墩身有较大的强度和刚度。T形桥墩与低高度板梁、箱梁、脊梁等上部结构相结合,上下部结构的轮廓线过渡平顺,受力合理,如图8-6所示。对于大伸臂盖梁,承受较大的弯矩和剪力,可采用预应力混凝土结构。墩身高度一般不超过8~10m。

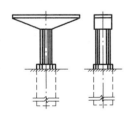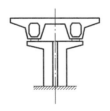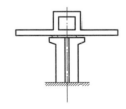

图8-5 长悬臂T形桥墩　　　　　图8-6 T形桥墩与上部结构布置

3. 双柱式桥墩

双柱式墩在横向形成钢筋混凝土刚架,受力情况清晰,其盖梁的工作条件比T形桥墩的盖梁好,无须施加预应力,其使用高度一般在30m以内,常用的形式如图8-7a)所示。为了避免河中桥墩被较大的漂流物卡在两柱之间而影响桥梁安全,可做成如图8-7b)所示的哑铃式。在城市立交桥中,哑铃式墩可抵抗更大的侧向撞击力,也可在高水位以上或撞击高度以上分为两柱,以下部分为实体圆端形墩,如图8-7c)所示。上海明珠线的双柱式桥墩设计成无盖梁结构,上部结构箱梁直接支承在双柱上,双柱上部设一横系梁。

双柱式桥墩质量轻,节省圬工材料,透空空间大,承载能力和稳定性均较强,整个桥墩可以做得相当纤细。当墩高度较大时,可设横系梁加强柱身横向联系,双柱式桥墩适用的上部结构较灵活,但美观性较差。对槽形梁来说,因其支承要求较宽,这时用双柱式桥墩更为适宜,它与槽形梁、低高度板梁、箱梁等的布置如图8-8所示。

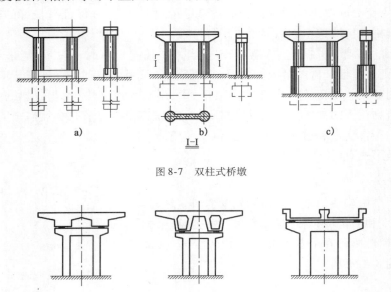

图8-7 双柱式桥墩

图8-8 双柱式桥墩与上部结构布置

4. Y形桥墩

Y形桥墩兼有T形桥墩与双柱式桥墩的优点:下部单柱,占地少,利于桥下交通,外表美观简洁,桥下透空大,适用面广,具有良好的视野和轻巧造型,上部双柱,对盖梁工作有利,无须施加预应力,但其结构构造复杂,施工较麻烦。尽管如此,仍不失为一可取方案。它与超低高度板梁、槽形梁、箱梁断面布置如图8-9所示。

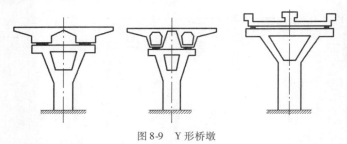

图8-9 Y形桥墩

高架轨道交通的下部结构设计计算应参照《铁路桥涵设计规范》(TB 10002—2017)《铁路桥涵混凝土结构设计规范》(TB 10092—2017)及《铁路桥涵地基与基础设计规范》(TB 10093—2017)等进行,对于钢筋混凝土墩台结构应验算强度、整体纵向弯曲稳定性、墩台顶弹性水平位移,基底应验算压应力、合力偏心距、基底倾覆稳定性和滑动稳定性。

墩台本身及基础应具有足够的强度、抗裂性、稳定性与刚度。

验算实体墩台身截面的偏心距、压应力是为了保证截面具有一定的抗裂性、稳定性与强度,但由于圬工塑性变形,即使合力作用在容许偏心距之内,其实际应力状态还是比较复杂的。

为简化计算,可偏于安全地采用应力重分布的办法,不计拉应力的影响。

验算基底的合力偏心距及压应力是为了使基底应力分布均匀,并满足强度要求。石质地基当合力超出核心时,按应力重分布办法验算地基强度。

墩台身纵向弯曲稳定是按中心压杆或偏心压杆的稳定理论计算。

验算墩台顶的弹性水平位移是为了保证运营时线路平稳,较高的实体墩、空心墩等往往成为设计的控制因素。以往有按高、低墩的划分作为是否需作此项验算的依据,实际上,高、低墩的设计没有本质上的差别。

梁对墩台有约束作用,但考虑梁的弹性约束作用比较复杂,另外,目前尚缺乏各种类型墩台与梁跨结构之间的约束参数,一般桥墩多采用下端固定的悬臂杆图式。

计算稳定性时,其自由长度按悬臂杆考虑。

墩台计算中的活载一般按单跨活载、双跨活载、双跨空车来考虑,选其最不利情况切断布置。至于梁的挠曲力对墩台的影响,因涉及因素较多,目前工作做得还不够,所以未列入规范,有待今后继续研究。

墩台位移一般由两部分组成:一部分为墩身和基础材料的弹性变形;另一部分为地基的弹性变形。计算时,应将它们叠加起来。

桩基、沉井以及明挖基础的位移及转角按现行《铁路桥涵地基与基础设计规范》附录 D 计算。明挖基础弹性转角的计算应取实测的土的弹性模量。当缺乏资料时,也可按附录 D 中各类土的 m 值计算,但是当埋深小于 10m 时,按 10m 计算。对明挖基础未尽事宜,应用时宜考虑浅埋的影响。

在薄壁空心墩台中,温度变化、空心墩内外温差、混凝土收缩等影响引起结构内力的变化比较复杂,温度应力的计算方法还不够完善或不够成熟,只能作为定性分析的参考,重要的是在设计中应考虑到这些因素,结合实践经验,在构造上采取一些必要的措施。

混凝土空心墩削弱截面面积较多,外力作用下不应产生裂缝,因此除验算截面压应力外,尚应验算拉应力。

第四节 高架轨道交通的上部结构设计

一、上部结构的截面形式

对地铁与轻轨高架桥,应尽量采用等跨、等高度梁。桥梁形式与跨径的选择,应结合周围环境和工程地质条件,从景观、经济和施工等方面综合考虑确定,并注意梁与墩身的形体匹配,以满足美观的要求。较适合的结构有预应力混凝土箱梁(单室双箱梁、单室单箱梁、双室单箱梁)、预应力混凝土板梁(空心板梁、低高度板梁)、后张法预应力混凝土 T 形梁、下承式槽形梁、钢—混凝土叠合梁等形式。最近也有采用钢—混凝土预弯组合梁,国外有些城市为最大限度地降低梁高,采用脊梁式箱梁和槽形梁结构。常见截面形式如图 8-10 所示。

1. 预应力混凝土箱梁

箱形截面是目前比较先进且已被广泛采用的梁截面形式。闭合薄壁截面抗扭刚度大,整体受力性能好,对斜弯桥尤为有利。同时,因其顶板和底板都具有较大的面积,能有效抵抗正负弯矩,并满足配筋要求。箱形截面具有良好的动力特性,它的收缩变形数值小,材料用量小;截面外形简洁,箱底面平整,线条流畅,配以造型简洁的圆柱墩或 Y 形墩,非常适宜于现代化的城市桥梁。

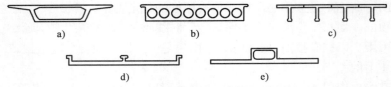

图 8-10 城市轨道交通常用桥梁截面形式
a)箱梁;b)空心板梁;c)T 形梁;d)槽形梁;e)脊梁式箱梁

箱形截面有各种形式:单室双箱梁宜作为标准区间梁使用,适用于景观要求高的情况;单室单箱及单箱双室梁材料用量少,外形可做成流线型,造型美观,景观效果好,宜采用现浇法施工,可以在大跨度桥梁和曲线桥上使用。

2. 预应力混凝土板梁

板梁结构建筑高度小,外形简洁,便于吊装施工。预应力板梁的经济跨径为 16~20m。板梁截面主要有空心板、低高度板和异形板。空心板梁每跨可根据桥宽采用 4~8 片拼装而成,每片吊装质量为 40~50t,而低高度板梁采用两片拼装,相对吊装质量大。异形板梁在美观上占有优势,它采用单片梁形式,一般采用现浇施工,工期长。从受力上讲,板梁的抗扭刚度小,对抵抗列车偏载不利。多片空心板梁也可用在道岔区及有配线的地段。

3. 预应力混凝土 T 形梁

T 形梁与箱梁同属肋梁式结构,它兼具箱梁刚度大、材料用量省的特点。同时,主梁采用工厂或现场预制,可提高质量,减少主梁尺寸,从而减轻整个桥梁自重。每跨梁由多片预制主梁相互连接组成,吊装质量小,构件容易修复或更换,避免了箱梁内模拆除不便的困难。简支 T 形梁经济跨径为 20~25m。

4. 预应力混凝土组合箱梁

预应力混凝土组合箱梁,即在预制厂内用先张法制造槽形梁,架立后再在它上面现浇钢筋混凝土连续桥面板,将槽形梁连成整体,形成组合式箱梁。区间由四片简支梁组成,经济跨径 23m,吊装质量约为 25t。该方案兼具箱梁整体性好、抗扭刚度大的优点,同时现浇连续桥面结构克服了简支梁接缝多的缺点,使行车条件得到改善。从施工上讲,组合梁预制、运输、吊装方便,架桥速度快,对城市交通干扰小。缺点是桥面板需就地浇筑,增加现场混凝土施工量,且先张法只能直线预制,不适于弯梁桥,美观上也逊色于其他方案。

5. 钢—混凝土叠合梁

钢板梁或钢桁梁通过剪力传递器与钢筋混凝土桥面板结合成主梁的一种桥梁,称为结合梁桥,又称叠合梁桥。这种构造形式的实质在于:剪力传递器使钢筋混凝土板与钢梁在竖向荷载作用下共同受弯,大大减小了钢梁的上翼缘或上弦杆所需的承压面积,充分发挥了混凝土和钢材的受力特性。

城市高架轨道交通中,采用叠合梁的优势主要表现在:

①钢筋混凝土与钢梁结合成一整体,其截面刚度增大,减少了钢材用量。

②与同跨径钢桥相比,梁高降低20%左右。
③结合梁桥在活载作用下比全钢梁桥的噪声小。
④钢梁可以工厂化生产,运到工地以后,能够进行快速架设,然后以钢梁为依托进行桥面混凝土施工,不需在桥跨下搭支架,施工期间对城市交通干扰较小。

6. 其他形式的桥梁

随着都市范围的扩大和地理环境的多样性,任何形式的桥梁都有可能作为城市轨道交通高架桥,特别是从城市景观要求出发,各种形式的拱桥、拱梁组合桥、斜拉桥等都有可能成为城市轨道交通中的桥梁。

综合分析,从构件标准化、便于工厂制造和机械化施工的原则出发,同一条高架线路的结构类型不宜过多,应当优先推荐中小跨径预制梁桥方案。但在特殊地理环境下,考虑环境协调、美观等因素,也可因地制宜地选择一些合理的特殊类型的桥梁。

二、上部结构的设计计算原则

1. 板的计算

上部结构的车道板在预加力及竖向荷载作用下,不仅会产生双向弯曲和扭转,而且作为主梁截面的一部分,会受到拉伸或压缩。四周自由支承或固定支承的板,当长边与短边之比大于或等于2.0时,应以短边为跨度按单向板计算,否则按双向板计算。

作用在车道板上的活载取值按轻轨车最大轴重,其分布形式为:纵向分布间距为轴距,横向分布为集中力。一般板的计算跨度应为两支承中心间的距离,但位于主梁梁梗间的板,其计算跨度可按下列规定采用。

(1) 计算弯矩时,计算跨度为两肋间净距加板的厚度,但不大于两肋间净距加梁梗宽度,此时弯矩按下列公式计算:

支点弯矩:

$$M = -0.7M_0 \tag{8-5}$$

跨中弯矩:

①板厚与梁肋高度比 $\geqslant \dfrac{1}{4}$ $\qquad M = 0.7M_0 \tag{8-6}$

②板厚与梁肋高度比 $< \dfrac{1}{4}$ $\qquad M = 0.5M_0 \tag{8-6a}$

式中:M——计算弯矩(MN·m);

M_0——按简支板计算的跨中最大弯矩(MN·m)。

(2) 计算剪力时,计算跨度为肋间净距,剪力按简支板计算。

车道板作为主梁截面一部分,在竖荷载作用下承受纵向拉应力。在板宽方向,会产生应力不均匀现象,就是所谓的剪力滞现象。该剪力滞现象直接影响列车道板作为主梁翼缘的有效宽度。在设计计算主梁的弯曲纵向正应力时,为了简化计算,取一定宽度的车道板作为主梁翼缘,这个宽度被称为计算宽度。根据国内外资料,板的计算宽度采用下列三项中的最小值:

①梁肋每侧取计算跨度的 $1/L$,当梁肋两边伸出的板为对称时,合计为跨度的 $1/3$。
②梁肋每侧取两相邻梁轴线间距离的 $1/2$。
③自梗肋以外每侧再加 6 倍板厚。

城市轻轨桥单线跨径 12m 以上,双线跨径 22m 以上可取车道板全宽作为主梁翼缘。此外,在预加应力作用下可以取车道板全宽作为主梁翼缘进行计算,不受上述三项规定的限制。

2. 梁的计算

试验资料表明,T 形截面梁受弯时,受压翼缘不能充分发挥作用,其原因是受板与梗相交处截面传递剪应力限制,该处板越薄,剪应力越大,因此只有当板厚满足一定要求时,方可按 T 形截面计算,否则,应按不计翼缘悬出部分的矩形截面计算。当 T 形截面梁翼缘位于受压区且符合下列三项条件之一时,可按 T 形截面计算(图 8-11)。

①无梗肋翼缘板厚度 h'_f 大于或等于梁全高 h 的 $1/10$。

②有梗肋而坡度 $\tan\alpha$ 不大于 $1/3$ 且板与梗肋相交处板的厚度 h''_f 不小于梁全高 h 的 $1/10$。

③梗肋坡度 $\tan\alpha$ 大于 $1/3$ 但符合 $h'_f + 1/3c \geqslant h/10$ 的条件。

当不符合上述①、②或③时,应按宽度为 b 的矩形截面计算。

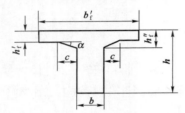

图 8-11 T 形梁截面计算图

根据试验资料,T 形截面梁受弯时,受压翼缘悬臂端部应力呈三角形分布,为简化计算,一般采用有效宽度的办法。假定在此有效宽度范围内的应力图形与腹板内的应力图形相同。有效宽度的确定与梁的跨径、翼缘厚度、腹板厚度等有关。

当 T 形截面梁伸出板对称时,板的计算宽度应采用下列三项中的最小值:
①对于简支梁为计算跨径的 $1/3$。
②相邻两梁轴线间的距离。
③$b + 2c + 12h'_f$。

当伸出板不对称时,若其最大悬臂一边从梁梗中线算起,宽度小于上述第①、③中较小者的 $1/2$,可按实际宽度采用。

计算超静定结构时,由于力的计算仅与刚度比有关,而翼缘宽度大小对刚度比影响很小,因此可近似取全宽计算。如果没有更精确的计算方法,箱形梁也可按 T 形梁的规定计算。

计算连续梁时应考虑截面变化的影响,若连续梁支点截面惯性矩与跨间截面惯性矩之比不大于 2,可按等截面计算。

连续梁属于超静定结构,当梁体温度发生不均匀变化、不均匀收缩及基础发生不均匀沉降时,由于变形受到约束而在结构中产生内力。混凝土徐变是混凝土处于应力状态下的一种塑性变形,徐变变形也会受到多余约束的限制而引起结构内力。对于预应力混凝土连续梁,预加力产生的弹性变形也往往受到多余约束的限制而在结构中产生附加内力,即弹性二次力,因此按弹性阶段计算梁截面应力时,应予以考虑。在验算破坏阶段的截面强度时,可不计预加力产生的二次力的影响。计算弹性二次力时,应考虑混凝土徐变的影响。在验算破坏阶段截面强度时,由于梁截面已开裂进入塑性状态,由弹性变形引起的内部约束已得到释放,因此一般可不计。但是对于超配筋梁,破坏时达不到理想的塑性状态,弹性二次力未得到全部释放,设计中应予以注意。

分阶段施工的连续梁,由于在各施工阶段的受力体系和所承受的荷载不同,因此截面内力与一次形成的结构不同,应分别考虑。混凝土徐变是一个长期过程,其大小与截面应力状态有关,先期结构体系下形成的应力状态在后期结构体系形成后,徐变变形将受到后期结构体系的约束,从而在结构中产生内力重分布。

连续梁中间支承处负弯矩图理论上呈尖形,但实际上由于支承处设有横梁,支点又有一定宽度,反力在梁内有扩散分布影响,真实弯矩图与理论计算不同。一般情况下,支点负弯矩呈圆滑的曲线形(图 8-12)。连续梁中间支承处的负弯矩(当支座设置在腹板范围内时)计算可考虑支承宽度和梁高对负弯矩的折减影响,见式(8-7)。

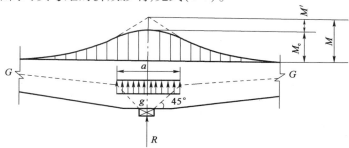

图 8-12 中间支承处负弯矩折减计算图

$$M_e = M - M' \tag{8-7}$$

式中:M_e——折减后的支点计算负弯矩;
  M——由计算荷载产生的支点负弯矩(按理论支承计算);
  M'——折减弯矩。

$$M' = \frac{1}{8}ga^2 \tag{8-8}$$

式中:g——梁的支承力 R 在支承两侧向上按 45°分布于梁截面重心轴 $G\text{-}G$ 水平处的荷载,见图 8-12。

$$g = \frac{R}{a} \tag{8-9}$$

式中:a——在支承两侧按 45°向上扩散交于梁截面重心轴 $G\text{-}G$ 的长度,见图 8-11。

按式(8-7)计算结果,M_e/M 不得小于 0.9。

当荷载有横向偏心时,箱梁的各主梁所分担的荷载不同。按约束扭转方法,当主梁截面一定时,各主梁分担荷载的不均衡性与荷载偏心率(偏心距与主梁间距之比)成正比,与跨长成反比。一般当荷载偏心率在 0.1 以下时,对于一个腹板平均分担荷载增加率在 5% 以下。所以,除特别大的偏心率情况外,可不考虑分配不均衡的问题。

箱形梁横向构成了带有悬臂的箱形框架,横向内力原则上应通过分析这个箱形框架来求得。当为双室箱梁时,一般在梁端每个腹板下设置支座,并设有端隔板,可按变形相等的原则依腹板厚度分配剪力。

设计荷载作用时,可将按箱形框架计算的主梁(腹板)所需钢筋的一半兼作箍筋使用,这是出于箍筋在破坏荷载作用下所必需的钢筋数量的考虑,在设计荷载作用下,仍处于混凝土容许主拉应力范围以内,而主应力的最大值产生于腹板高度的中央附近,作为箱形框架的弯曲拉应力,则产生于腹板和上翼缘连接部分附近。所以,即使考虑到破坏的安全度方面,也可认为是十分安全的。

桥梁结构由于日照或寒流等温度变化,产生的温差应力比较大,有的部位与外荷载产生的应力相当。在混凝土箱梁中更为明显,这是预应力混凝土梁发生裂纹的主要原因之一。因此,设计中箱形梁应考虑截面温差所引起的纵向和横向温差应力。由于日照温差和降温温差的作用时间和在结构中产生的应力不同,因此需分别考虑。

混凝土弹性模量的取值对温差应力值的影响很大。加载试验表明,弹性模量与加载速度成正比,而温差荷载是类似于荷载变化速度比较小的一种准静态荷载。计算温差应力时,弹性模量的数值与一般外荷载应有所不同。计算温差应力时,对于日照温差宜采用混凝土的受压弹性模量,对于降温温差宜采用0.8倍的受压弹性模量。计算主力和温差应力组合时,可不再与其他附加力组合。此时,材料的容许应力可提高20%。

第五节 高架梁的结构设计流程

高架结构的设计主要可依从以下步骤进行:
(1)收集设计基础资料。
设计基础资料包括项目规划、地理地貌、线路环境、地质、材料及运输、交通、气象、水文等。
(2)高架结构平、立面布置。
根据轨道交通规划,确定高架体系总体布置、桥长及分跨布置、桥下净空及梁高等。对高架桥应尽量采用等跨等高度梁。桥梁跨径的选择,应结合周围环境及工程地质条件,从景观、经济和施工等方面综合考虑确定。
(3)确定设计依据、设计标准及规范。
包括荷载等技术标准及设计参考规范。
(4)拟定横断面形式、尺寸布置及桥面宽度。
从结构受力、经济、美观和施工等因素综合考虑,确定高架梁横断面形式。高架梁横断面形式一般包括预应力混凝土箱梁、预应力混凝土板梁、预应力混凝土T形梁和预应力混凝土槽形梁。
区间标准横断面尺寸及桥面宽度根据高架桥的限界及设备安装位置而定。
(5)荷载内力计算及内力组合。
内力计算包括恒载内力计算、活载内力计算及施工荷载内力计算,进而根据设计规范进行荷载内力组合。详见本章第一节。
(6)根据设计原则进行截面配筋设计及强度、刚度验算。
根据结构设计原理确定结构断面在最不利荷载组合内力作用下满足结构强度、刚度或抗裂性要求的配筋量及配筋布置(包括普通钢筋和预应力钢筋)。另外,为了保证施工安全,还要按照施工步骤对每一施工阶段进行安全性验算。如果配筋设计及强度、刚度验算不能满足要求,则需进行截面结构尺寸的重新拟定,进而重新进行设计验算。
(7)高架结构墩、台、基础等下部结构的设计。
根据地质及施工条件确定高架结构的基础形式,从城市景观及环境方面确定高架结构墩、台形式,同时保证墩、台结构的强度及稳定性。基础的容许沉降量应满足列车安全运营及乘客舒适度要求,并控制在轨道结构允许变形的范围之内。

(8)其他附属设施的设计。

包括降噪、防污、遮光、防辐射等措施的选择,电力、栏杆、管道及养护等设施的设计。

(9)施工方法的选择。

包括施工程序的设计、施工设备的选择、施工组织设计及综合概算等。施工方法在拟定设计方案时就应基本选定,因为结构的内力计算及验算与施工方法有关。

(10)工程施工图绘制。

工程施工图是设计者根据设计资料、设计依据、设计规范进行系统细致地规划、分析、设计绘制而成的,其应准确表达结构外形轮廓大小尺寸、结构构造、所选材料等。高架梁工程施工图应包括:桥梁基础、承台、桥墩、桥台等下部结构,主梁、栏杆、伸缩缝等,桥头引道工程,附属设施,以及结构概貌、施工方法等特征的说明书。

第六节　高架轨道交通的防噪结构

根据城市高架轨道的特性,噪声源一般有四类:轮轨噪声源、空气动力性噪声源、集电系统噪声源和线路结构物噪声源。

1. 高速轮轨噪声

列车沿钢轨运行过程中,由于车轮经过钢轨(焊)接缝处或钢轨其他不连续部位(如辙叉)时会产生撞击,造成车轮踏面凹凸不平、轨面呈波纹状以及轮轨之间的蠕滑作用即轮缘与轨头侧面之间的摩擦等。这些因素产生的复合噪声会通过轮轨辐射。这种由于轮轨系统相互激励而产生的噪声称为轮轨噪声,又称转动噪声。轮轨噪声源可视为位于轨道中心线上方,高出轮轨接触面以上0.45m处,由连续互不相干的偶极子组成的有限长线声源,其长度等于列车全长。高速列车轮轨噪声能分布的频域范围较宽,其峰值多集中在500~2 000Hz范围内。一般列车速度加倍,轮轨噪声声级可增加4~5dB。

2. 空气动力噪声

列车在运行过程中,其车厢外表面上的装置和特殊结构部件与空气摩擦,形成气流涡漩而辐射产生的噪声,称为气流噪声,又称空气动力噪声。其中,列车头部、尾部、通过台、车底以及转向架、空调装置等对气流有明显影响。随着列车运行速度的提高,气流噪声明显增加,且分布在较高频率范围。

3. 集电系统噪声

由电力机车受电弓引发的噪声,称为集电系统噪声。它包括:伴随受电弓脱离接触网瞬间时产生的电弧噪声(放电噪声)、随着滑板导线间的滑动因弓网的高频振动产生的滑动声及整个受电弓(还包括受电弓周围绝缘子、电缆头等)发出的风切音(受电弓空气动力噪声)。

4. 线路结构物噪声

高架桥梁等基础建筑结构物受振动激励,产生二次辐射噪声,它是整个运行噪声的一个组成部分。不同的建筑结构,二次辐射的噪声大小也不同。钢桥二次辐射噪声为最高。

当列车通过铁路桥梁时,除车轮和轨道以及桥面表面直接向外辐射噪声外,由于列车和轨道的振动向桥梁的各种构件传递振动能量,激发梁、墩台等也产生振动,形成噪声的二次辐射。这是桥梁噪声的一个特点。一般桥梁区段的噪声高于普通线路的噪声。

《声环境质量标准》(GB 3096—2008)中规定,Ⅳ类环境噪声标准为昼间 70dB,夜间 55dB。据有关专家报告,噪声影响结果如下:

(1)生理影响,包括血管收缩、内分泌失调等生理变化及听觉受损等。

(2)心理影响,主要会引起失眠。试验表明,噪声值超过 40dB 时,约有 90% 的人将在睡眠中被吵醒。

(3)工作效率影响,引起工作能力降低,错误率增加。

《中华人民共和国环境保护法》和《中华人民共和国环境噪声污染防治法》规定:为消除或减缓运营对沿线声环境敏感点产生的噪声污染,保障沿线广大居民身心健康和正常工作、生活,交通线路一定要采取有效的降噪措施。

随着城市高架轨道的建设,噪声问题变得不可忽视,其中最有效的技术措施就是建造声屏障(图 8-13 ~ 图 8-15)。声屏障在降低交通干线噪声中有着独特的作用,各类声屏障日益推广使用。

图 8-13　透明声屏障

图 8-14　膨胀玻璃高性能声屏障

图 8-15　铝质声屏障

铁路设计中对各种噪声源进行了大量有效的控制,但随着铁路运行速度的提高,噪声级不断提高,已无法满足《声环境质量标准》(GB 3096—2008)中规定的Ⅳ类环境噪声标准。

城市高架轨道设置声屏障的目的,就是要保护铁路沿线两侧某一区段范围建筑物内居民或其他工作人员的声学环境。因此,设置声屏障的区段,首先要有明确的保护目标,也就是说必须要有明确的敏感区,如居民住宅区、学校、医院、机关、公寓、招待所等建筑群。

一般应根据环境影响评价的结果,并视相邻区域的类别,预测保护目标的限值和距离,以确定设置声屏障的区段。

随着高速铁路的发展,大量建设桥梁以及高架桥,无砟轨道的比例不断攀升,会使车厢内噪声提高 4 ~ 5dB。

声屏障作为道路降噪声的治理措施,在我国始于 20 世纪 90 年代,一般用于城市高速或快速干线上。

上海市内的内环线、成都路高架、杨浦大桥接线部分、虹桥路高架等有近15个区段,约10km设置了声屏障,近期开始进行大规模更换。北京三环线、京通快速路的局部区段,也有少量的声屏障,近期北京轨道交通上的声屏障开始大量应用。

这些声屏障绝大部分采用6mm聚碳酸酯材料组成的反射式声屏障,与欧洲标准要求的不大于15mm有极大的差距。

国内第一座铁路声屏障于1991年在济南铁路枢纽北环增二线高架桥线路上建成。这条长500m的反射式声屏障在线路一侧设置,屏障为直壁式,高度(轨面以上)为2.04m,由宽1.5m、厚4cm的混凝土单元板组成。

声屏障产品包括:透明声屏障(吸声、隔声)、膨胀玻璃高性能声屏障(混凝土基材、铝质基材)、铝质声屏障、可绿化声屏障、木质声屏障、防涂鸦声屏障及二氧化钛净化尾气声屏障。

声屏障的基本工作原理是在声传播途径中,在声源与接受点之间设置障碍物,避免直达声,使接受点只接受衍射声(或称绕射声),并可利用屏障本身所具有的吸收性能在传播途径中消耗声能量,以降低接受点的声能强度。由于屏障的存在,声源通过声屏障后,在声屏障后产生两个区域:一个为声影区,另一个为照明区。在照明区内,任一接受点受直达声的声波影响,故无降噪效果可言,而在声影区则主要受到声衍射的影响。

声屏障的材料可分为两大类:一类属于为满足声学性能所采取的材料,它用以构成声场分布改变的主要因素,为此根据声学性能又可分成吸声与隔声两大部分;另一类则属于结构材料,它是形成声屏障赖以生存的骨架材料。两者也可以合二为一,如圬工材料、声学材料与结构材料统一在一起。

声屏障结构材料也包括安装声学材料的框架构件与地基结构,它们通常是钢、木或钢筋混凝土。结构材料的选择还应考虑其本身承受风压力的强度与稳定性以及与声学材料配合的可行性、安装方便、更换简易等因素,还有以后的养护、维修多方面的因素及经济上的合理性。

声屏障的设计主要有以下几个方面:
(1)屏障设置位置的确定。
(2)声屏障高度及长度的确定。
(3)材料组成的确定。
(4)结构形式的确定。
(5)声学设计及降噪效果分析。
(6)声屏障结构强度及稳定性设计。
(7)工程造价。

【历史沿革】

我国第一条轨道交通高架线是上海明珠线,于2000年12月开通运营,截至2012年年底,国内约有38条轨道交通线路修建了高架桥,目前在各主要城市的轨道交通线网中,高架线所占比例均不小于30%,而在各大城市修建的郊区线中高架线的比例大都维持在50%左右。

城市轨道交通线路的走行方式,有地下、地面和高架三种。高架轨道交通作为一种经济、实用、高效的快速交通模式,正受到越来越多的重视。城市轨道交通的建设费用耗资巨大,尤其以地下部分投资最大。我国于20世纪90年代在广州、上海建成的地铁(全部为地下隧道线),综合平均造价高达6~8亿元/km。目前我国有近30个城市在建和筹建快速轨道交通,但由于资金缺乏,各城市都不能很顺利地进行建设。因此,大幅度降低工程造价是城市轨道交通建设努力的方向。根据国内外专家计算,轨道交通线路的走行方式,与建设投资额关系很大。同样规模的线路,地面、高架和地下每公里的综合投资比为1:3:9。经济分析表明,降低工程造价的主要途径,除了技术设备国产化外,就是精心研究,在线路布置形式上节省投资。

同地下线相比,高架轨道交通的优越性是很明显的:①高架线路造价为地下线的1/3,高架车站的建设费用为地下车站的1/9,高架线路运营费用是地下线的1/3,建设一条地下线的资金可以建三条高架线;②由于高架线是在地面上建设,同漫长的地下隧道施工相比,其建造速度要快得多,适应了大城市发展的迫切需要。所以在地铁或轻轨设计中,应在可能的条件下尽量设置高架线、缩短地下线以减少工程投资和加快施工进度,缩短建设年限。

【思 考 题】

1. 试比较城市轨道交通活载与公路、铁路活载的差异。
2. 预制和现浇混凝土桥梁,哪种更适合作为城市轨道交通高架桥?
3. 地铁和高架车站结构如何选型?试画出相应的计算简图。
4. 试画出高架结构计算简图。
5. 轻轨高架预应力钢筋混凝土箱梁与普通混凝土梁板结构相比有什么优、缺点?
6. 高架结构的设计原则是什么?
7. 高架梁的设计步骤是什么?

第九章
路基工程

现象一：图9-1是在列车荷载作用下，路基基床面上翻浆到道床面污染道床的照片。基床土为什么会透过道床翻浆上来？

现象二：图9-2是某铁路线路在路桥过渡段发生不均匀沉降的照片。路桥过渡段为什么经常发生不均匀沉降？过大的线路不均匀沉降会对高速运营的列车造成什么危害？

图9-1 路基基床翻浆冒泥情况

图9-2 路桥过渡段不均匀沉降

现象三：某铁路线路经常发生下沉，初期可以通过调整扣件进行养护，后来需要不断地起道填砟作业才能满足线路运行的要求。

城市轨道交通的线路在城市中心通常采用地下线,在其他地区也可采用高架线或地面线。因此,地面线的路基也是城市轨道交通工程的重要组成部分,它与桥梁、隧道连接,组成一个线路整体。

作为一种土工结构物,路基工程具有以下不同于桥梁、隧道等工程结构物的特点:
(1)建筑在岩土地基上,并以岩土为建筑材料。
(2)完全暴露在大自然之中。
(3)路基同时受静荷载和动荷载的作用。

以上这些特点决定了路基工程的复杂性和重要性。因此,我们必须对路基进行精心的设计和施工,保证路基具有足够的强度、稳定性和耐久性。

路基工程包括本体、排水、防护及支挡四个工程。其中,本体工程是直接铺设轨道结构并承受列车荷载的部分,是路基工程的主体建筑物,其他工程为路基工程的附属建筑物。由这些工程组成完整的体系,保证路基正常、良好工作。

第一节　路　基　结　构

一、路基横断面形式和组成

1. 路基横断面形式

根据线路设计确定的路肩高程与地面高程的关系,路基可分为以下六种形式。
(1)路堤

路基面高于地面需以填筑方式构成的路基,如图9-3a)所示。
(2)路堑

路基面低于地面需以开挖方式构成的路基,如图9-3b)所示。
(3)半路堤

当地面横向倾斜,路堤的路基面一侧边缘与地面相交,路堤在地面和路基面相交线以上部分无填筑工作量,这种路堤称为半路堤,如图9-3c)所示。
(4)半路堑

当地面横向倾斜,路堑路基面的一侧无开挖工作量时,这种路基称为半路堑,如图9-3d)所示。
(5)半路堤半路堑

路基面和横向倾斜的地面在路基面内相交的路基,其路基面一部分以填筑方式构成半路堤;另一部分以开挖方式构成半路堑,称为半路堤半路堑,如图9-3e)所示。
(6)不填不挖路基

路基面与地面齐平、无需填挖的路基,如图9-3f)所示。

2. 路基横断面基本构造

路基由路基本体及路基附属建筑物两部分组成。

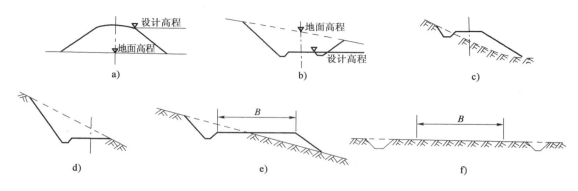

图9-3 路基横断面形式

a)路堤断面;b)路堑断面;c)半路堤断面;d)半路堑断面;e)半堤半堑断面;f)零点断面

(1)路基本体

路基本体工程是直接铺设轨道结构并承受列车荷载的部分,是路基工程的主体建筑物。图9-4为路基本体工程各组成部分示意图,其中图9-4a)为路堤,图9-4b)为路堑。

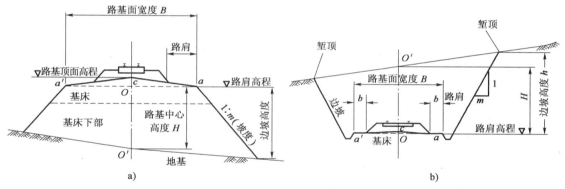

图9-4 路基本体组成部分示意图

a)路堤;b)路堑

在路基横断面中,路基本体由路基面、路肩、基床、基床下部、边坡、地基几部分组成。

①路基面。路基面是为使轨道能按线路设计要求铺设和在线路运营中能保持良好状态而构筑的工作面。图中 $a'ca$、aa' 之间的直线距离称为路基面宽度。

②路肩。在路基面上,未被道床覆盖的那部分称为路肩。路肩的作用是加强路基的稳定性,保障道床的稳固及方便养护维修作业等。

③基床。路基面以下受列车动荷载振动作用和水文气候影响较大的部分称为基床。其状态直接影响到列车运行的平稳和速度的提高。基床以下部分称为基床下部。

④边坡。路基横断面两侧的边线称为路基边坡。在路堤中,边坡与路肩的交点称为路基顶肩或称路肩边缘点,与地面的交点称为坡脚,路肩与坡脚高程之差称为边坡高度;路堑中的边坡与原地面的交点称为路堑堑顶边缘,其高程与路肩高程的差为路堑边坡高度或路堑深度;如果左右两侧的边坡高度不等,则规定以大者代表该横断面的边坡高度。

⑤地基。地基是路堤填土的天然地面以下受填土自重及轨道、列车动荷载影响的土体部分。地基的稳固性,对整个路基本体乃至轨道的稳定性都是极为关键的,特别是在软弱土的地基上修建路堤,必须对地基作妥善处理,以免危及行车安全及正常运营。

左右两侧顶肩的连线与横断面中线的交点高程为路基高程。因为路基高程基本与路肩高程(路基顶肩的高程)相同,所以常用路肩高程代替路基高程。

(2)路基附属建筑物

路基附属建筑物是路基的组成部分,是为确保路基体的稳固性而采用的必要的经济合理的工程措施。它包括排水工程和防护、加固工程。

路基排水分地面排水和地下排水。地面排水设备用以拦截地面径流,汇集路基范围内的雨水并使其畅通地流向天然排水沟谷,防止地面水对路基的浸湿、冲刷。地下排水设备用以拦截、疏导地下水和降低地下水位,改善地基土和路基边坡的工作条件,防止或避免地下水对地基和路基体的有害影响。

路基防护工程用以防止雨雪、气温变化及流水冲刷等各种自然因素对路基体造成的影响。常用的防护工程是坡面防护和冲刷防护。为了防止路基边坡和坡脚受坡面雨水的冲刷,防止坡面土的干湿循环和气温变化引起土的冻融变化等因素影响边坡的稳固,常采用坡面防护。为了防止河水对边坡、坡脚或坡脚处地基不断的冲刷和淘刷,应设冲刷防护。

路基加固工程是用以加固路基本体或地基的工程措施,有挡土墙、抗滑桩及其他地基加固措施。

二、路基横断面各组成部分设计原则

1. 路肩高程

路肩高程应保证路基不致被洪水淹没,也不致在地下水最高水位时因毛细水上升至路基面而产生冻胀或翻浆冒泥等病害。因此,对路肩高程有一个最小值的要求。路肩的最小高程应比设计洪水频率的水位连同波浪侵袭洪水高和壅水高在内,再加 0.5m 富余量。路肩高程还应考虑与城市其他交通的衔接和相交等情况。

2. 路基面的形状

水是造成路基病害的重要原因,保证良好的排水条件是路基设计的重要原则,因此路基面的形状主要与路基面以下土质的渗水性有关。

根据路基材料是否为渗水材料,路基面的形状可分为有路拱和无路拱两种。当路基面以下的土体为砂、石类渗水土或岩体时,由于土体渗水性较好以及短暂的湿润对土体强度影响不大,区间单、双线路基面可不设排水坡而修建成水平面,即无路拱路基面,但年降水量大于400mm 地区的易风化泥质软岩路基面除外。当路基面用封闭层处理或填筑路基的材料为渗水性弱的细粒土,如黏性土和粉土类土以及粉砂、黏砂,或在砂、石类土中含有 15% 以上的细粒土时,应使路基面有较强的排水能力,需设置排水坡,即路基面为有路拱的路基面。

路拱形状为三角形。单线路拱高 0.15m,一次修筑的双线路拱高 0.2m,如图 9-5 所示。曲线加宽地段仍保持三角形,仅将路拱外侧坡度放缓。

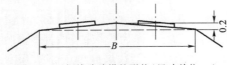

图 9-5 区间线路路拱的形状(尺寸单位:m)

在站场地区,大气降水在路基面上的汇水量可因路基面宽度随线路增多而加大,而排水条件又不同于区间,所以站场路基应有良好的排水设施,各种土质的路基面均设排水坡,每一排水坡面上应控制最大线路数。在线路数较少时,可以设计成单面坡、双面坡或锯齿形坡,如图 9-6 所示。

锯齿形坡的汇水处应有排水沟或加盖板的暗渠,盖板上应有泄水孔。

图9-6　站场路基面的双面坡路拱

路肩的设计高程可由轨面高程减去钢轨高、轨枕高、道床厚,对有路拱的路基尚应减去相应部位的拱体高度,因此有路拱和无路拱的路基路肩设计高程有一差值(图9-7),此差值可按式(9-1)进行计算:

$$\Delta h = (h_1 - h_1') + \Delta \tag{9-1}$$

式中:h_1——非渗水土路基的道床厚度(m);

　　　h_1'——渗水土路基的道床厚度(m);

　　　Δ——轨下路拱高度(m)。

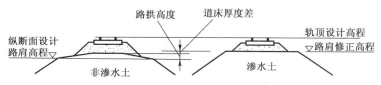

图9-7　渗水土和非渗水土路基的路肩设计高程差

两类路基相连接时,路基面应以渗水土由非渗水土路基的路肩高程向渗水土路肩施工高程顺坡,其长度不应小于10m。

3.路基面的宽度

(1)宽度标准

区间单线路基面宽度由铺设轨道部分和路肩组成,区间双线路基面宽度由线间距加左、右两侧线路中心以外轨道的铺设宽度和路肩宽度组成。路基面宽度应根据正线数目、配线情况、线间距、轨道结构、路基面形状、曲线加宽、路肩宽度等计算确定。

路肩的作用是加强路基的稳定性,保障道床的稳固及方便养护维修作业。我国现行《地铁设计规范》(GB 50157—2013)规定的路肩宽度标准为:当路肩埋有设备时,路堤及路堑的路肩宽度均不得小于0.6m;无埋设设备时,路肩宽度均不得小于0.4m。

(2)曲线加宽

在曲线地段,因线路的外轨设有超高,道床加厚,道床坡脚外移,因此在曲线外侧的路基宽度也应随超高的不同而相应加宽,才能保证路肩所需的宽度标准。加宽的数值见表9-1。曲线外侧路基面的加宽量应在缓和曲线范围内向直线递减。

曲线地段路基面加宽值　　　　　　　　　　　　　表9-1

曲线半径 R(m)	路基面外侧加宽值(m)	曲线半径 R(m)	路基面外侧加宽值(m)
$R \leq 600$	0.5	$1\,000 < R \leq 2\,000$	0.2
$600 < R \leq 800$	0.4	$2\,000 < R \leq 5\,000$	0.1
$800 < R \leq 1\,000$	0.3		

4.路基边坡

路基边坡设计是路基横断面设计的主要内容,它包括边坡形状的设计和边坡坡度的确定。

边坡坡度必须保证路基的稳定性。

(1) 路堤边坡

路堤边坡坡度应根据填料的物理力学性质、边坡高度、列车荷载和地基工程地质条件等确定。如果地基条件良好，路堤边坡一般按表9-2设计。对于特殊填方边坡高度太大的路基，则应另行个别设计。

路堤边坡形式和坡度　　　　　表9-2

填料种类	边坡高度(m)			边坡坡度			边坡形式
	全部高度	上部高度	下部高度	全部高度	上部高度	下部高度	
细粒土	20	8	12	—	1∶1.5	1∶1.75	折线形
粗粒土(细砂、粉砂、黏砂除外)、碎石土、卵石土、漂石土	20	12	8	—	1∶1.5	1∶1.75	折线形
硬石块	8	—	—	1∶1.3	—	—	直线形
	20	—	—	1∶1.5	—	—	直线形

路堤坡脚外应设宽度不小于1m的天然护道。

(2) 路堑边坡

路堑挖方的特殊性在于它受线路通过地段既定的地层构造的控制，还受气候、地质及其他因素的影响，这些因素的地区性差异很大。因此，路堑边坡不可能像路堤边坡那样规定出一些标准坡度值。即使对地质条件良好，即土质比较均匀、无不良地质现象和地下水的情况，也只能定出一个上下限的范围，以供设计时参照采用。当边坡高度不大于20m时，边坡坡度可按表9-3设计。

土质路堑边坡坡度　　　　　表9-3

土的种类		边坡坡度
一般均质黏土、砂黏土、黏砂土		1∶1～1∶1.5
中密以上的中砂、粗砂、砾砂		1∶1.5～1∶1.75
卵石土、碎石土、圆砾土、角砾土	胶结和密实	1∶0.5～1∶1.25
	中密	1∶1.25～1∶1.5

路堑边坡高度大于20m时，其边坡形式及坡度尚应结合边坡稳定性分析计算确定，最小稳定安全系数应为1.15～1.25。

在碎石类土、砂类土及其他土质路堑中，应在侧沟外侧设置平台，其宽度应视边坡高度和土的性质决定，不宜小于1m。当边坡全部设防护加固工程时，可不设平台。

不同地层组成的较深路堑，宜在边坡中部或不同地层分界处设置平台，并在平台上设置截水沟或挡水墙，平台宽度不宜小于2m。在年平均降水量小于400mm的地区，边坡平台上可不设截水沟，但应设置向边坡方向不小于4%的排水横坡，平台宽度不宜小于1m。

5. 路基标准设计横断面

(1) 常见的路基标准横断面

路基横断面的标准设计也称为路基标准横断面，是根据有关横断面的设计原则和规定而编制的,仅适用于一般地质条件,填挖高度不大的普通土质路基。常见的断面形式有以下几种。

①路堤标准横断面。边坡高度不大于8m,两侧有取土坑的普通土质路堤,标准横断面如图9-8所示。

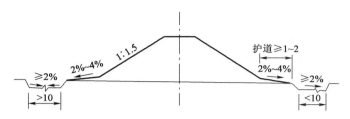

图9-8 路堤标准横断面(两侧有取土坑)(尺寸单位:m)

当填方高度大于8m且小于20m时,采用上陡下缓的变坡形式,标准横断面如图9-9所示。

地面横坡大于1:5且小于1:1.25的斜坡上的路堤标准横断面如图9-10所示。

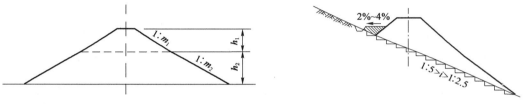

图9-9 路堤标准横断面(变坡形式)　　图9-10 路堤标准横断面(地面横坡大)

②路堑标准横断面。图9-11a)为常见的黏性土路堑标准横断面。图9-11b)为设有侧沟平台的路堑标准横断面,适用于黄土及黄土类土、细砂土及易风化岩石的路堑,因为这类边坡容易风化剥落,设置侧沟平台以避免侧沟堵塞、方便养护维修。图9-11c)为碎石类、砾石类及粗砂、中砂土的路堑标准横断面,不需设置侧沟。图9-11d)为不易风化的岩石路堑标准横断面,边坡陡,开挖断面较小。

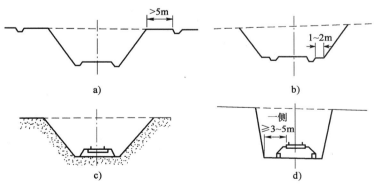

图9-11 路堑标准横断面

(2)路基个别设计条件

对一般条件下的路基可按前述各设计原则及规范中的有关规定进行设计,但如遇下列情况之一,均应根据具体条件作个别设计。

①工程地质、水文地质条件复杂或路基边坡高度超过表9-2、表9-3规定的范围。

②修筑在陡坡上的路堤。所谓陡坡是指当填料或地基均为不易风化的岩石时,地面横坡等于或陡于1:2,其他情况的地面横坡等于或陡于1:1.25。
③修筑在特殊条件下的路基,如滑坡、软土、膨胀土、冻土、盐渍土、河滩、水库等地区的路基。
④有关路基的防护加固及改移河道工程。
⑤采用大爆破或水力充填法施工的路基。

第二节 路基本体工程

一、路基的荷载

路基的荷载是指作用在路基面上的应力。它包含两部分:一部分是线路上部结构的重力作用在路基面上的应力,即静荷载;另一部分是列车行驶时轮载力通过上部结构传递到路基上的动应力,即动荷载。

路基荷载计算时,常把静荷载和动荷载一并简化作为静荷载处理,即通常的换算土柱法。轨道的静荷载可以按线路类型,按每公里的各种材料数量及质量,求每延米的质量及其分布的宽度。列车荷载应根据车辆的轴重、轴距等参数换算成每延米荷载。将轨道静荷载和列车动荷载加在一起,由轨端按45°作应力扩散角与路基面相交的宽度视为分布宽度的矩形荷载。将路基面上的轨道和列车荷载的合力,换算成与路基重度相同的土柱来代替作用在路基面上的荷载。换算土柱高 h_0 为:

$$h_0 = \frac{P}{\gamma \cdot l_0} \tag{9-2}$$

式中:l_0——土柱的宽度,$l_0 = L + 2h\tan45° = L + 2h$;

γ——路基填土重度(kN/m^3);

h——道床厚度(m);

P——作用在1m长路堤上的列车与轨道荷载(kN/m);

L——轨枕长度(m)。

二、路基基床

基床是指路基面以下受列车动荷载振动作用和水文气候影响较大的这一部分路基。线路对基床的要求主要有以下几个方面:

(1)强度要求。基床应有足够的强度以抵抗列车荷载产生的动应力而不致破坏;能抵抗道砟压入基床土中,防止道砟陷槽等病害的形成;在路基填筑阶段能承受重型施工车辆走行而不形成印坑,以免留下隐患。

(2)刚度要求。在列车荷载的重复作用下,基床塑性累积变形很小,避免形成过大的不均匀下沉造成轨道的不平顺,增加养护维修的困难;在列车高速行驶时,基床的弹性变形应满足高速行走的安全性和舒适性要求,同时还能保障道床的稳固。

(3)防渗要求。基床应能应够防止雨水浸入造成路基土软化,防止翻浆冒泥等病害。

(4)在可能发生冻害的地区,基床还应有防冻等特殊要求。

基床分为基床表层和底层,把受列车动荷载作用强、又可受水和气温作用而影响土的性质的区域称为基床表层,把以下部位称为基床底层。

不同设计速度、等级的线路在路基内产生的动应力不同。受动应力影响最剧烈的范围是路基面下0.5m以内,再往下动应力衰减较快,距路基面下1m处,其动应力约为路基面的1/3,故地铁设计规范规定基床厚度不小于1.5m,其中表层厚度不小于0.4m,底层厚度不小于1.1m。

三、路基填料及压实

1. 路基填料及分类

《地铁设计规范》(GB 50517—2013)中路基填料分类与铁路路基规范相同。构成路基的土常按土石的颗粒组成、颗粒形状、塑性指数及液限等分为细粒土、粗粒土和巨粒土;有时也按土的渗水性把它们区分为渗水土和非渗水土。此外,在路基工程中,常依据土在压实后的工程性质能否满足要求而分为A、B、C、D、E五组。

A组——也称为优质填料,包括硬块石、级配良好和细粒土含量小于15%的漂石土、卵石土、碎石土、圆砾土、角砾土、砾砂、粗砂、中砂。

B组——良好填料,包括不易风化的软块石(胶结物为硅质或钙质),级配不良的漂石土、卵石土、碎石土、圆砾土、角砾土、砾砂、粗砂、中粗,细粒土含量在15%~30%的漂石土、卵石土、碎石土、圆砾土、角砾土和细砂、黏砂、砂粉土、砂黏土。

C组——一般填料,包括易风化的软块石(胶结物为泥质),细粒土含量在30%以上的漂石土、卵石土、碎石土、圆砾土、角砾土和粉砂、粉土、粉黏土。

D、E组——分别为不宜使用的差质填料和严禁使用的劣质填料。前者包括强风化及全风化的软块石、黏粉土和黏土等;后者包括有机质含量较高的有机质土等。这两组土的力学性质差,在受水及温度因素的影响下强度降低,不能确保堤身持久稳固,所以一般不应使用。

2. 路基土的压实度

路基填料的压实指标根据填料类别分别为压实系数K和地基系数K_{30}或相对密度D_r。

压实系数(Compacting Factor)K为细粒土填料压实后的干密度与击实试验得出的最大干密度的比值。

$$K = \frac{\gamma_d}{\gamma_{dmax}} \tag{9-3}$$

式中:γ_{dmax}——由重型击实试验得出;

γ_d——现场土的干密度。

当前测定现场路基土干密度的主要方法有环刀法、灌砂法及核子湿度密度仪法三种。

砂土或砾石类土的密度与孔隙比有着密切的关系。但只以天然孔隙比来决定其密实度是不够的。对于压实的砂土或砾石类土,可根据其天然孔隙比在上下限,即最大最小孔隙比之间的相对位置来确定其密实程度。相对密度按式(9-4)计算。

$$D_r = \frac{e_{max} - e}{e_{max} - e_{min}} \tag{9-4}$$

地基系数(Subgrade Reaction Coefficient)K_{30}试验是采用直径为30cm的刚性荷载板进行单向单循环荷载试验得到的，该荷载板为小直径荷载板，由厚25cm的钢板制成，放置在平整后的压实土上，加载设备为手动高压油泵和千斤顶，反力支点常由载货汽车上的锚定装置来承担。试验时，通过加载试验确定荷载板的单位面积压力与荷载板中心点实测沉降的关系曲线，通过线性内插求出荷载板沉降为0.125cm所对应的荷载板单位压力($p_{0.125}$)，基床系数K_{30}(单位为MPa/m)定义为：

$$K_{30} = \frac{p}{s} = \frac{p_{0.125}}{0.125} \tag{9-5}$$

3. 基床填料及压实度

基床部分的填料，因受列车动荷载作用以及大气降水、气温变化的影响，为了确保其良好的工作状态和几何形状，应选用在压实后动强度高、亲水性差的优质填料。路堤基床表层应优先选用A、B组填料，基床底层填料可选用A、B、C组填料。使用B组填料中砂黏土及C组填料中的粉土、粉黏土和卵石土、碎石土、圆砾土、角砾土中细粒土含量大于30%时，在年平均降水量大于500mm的地区，其塑性指数不得大于12，液限不得大于32%。

路基基床各层的压实度见表9-4。

基床土的压实度　　　　　　　　　　　表9-4

层位	填料类别 压实指标	细粒土和黏砂、粉砂改良土	细砂、中砂、粗砂、砾砂	砾石类	碎石类
表层	压实系数 K_h	(0.93)	—	—	—
表层	地基系数 K_{30}(MPa/cm)	(1.0)	1.1	1.4	1.4
表层	相对密度 D_r	—	0.8	(无)	—
底层	压实系数 K_h	0.91	—	—	—
底层	地基系数 K_{30}(MPa/cm)	0.9	1.0	1.2	1.3
底层	相对密度 D_r	—	0.75	0.7	—

注：1. K_h为重型击实试验的压实系数。
　　2. K_{30}为30cm直径荷载板试验得出的地基系数，一般取下沉量为0.125cm的荷载强度。
　　3. 细粒土和粉砂、改良土一栏中，有括号的仅为改良土的压实标准。

对于高度小于基床厚度的低路堤，其基床表层厚度范围内天然地基的土质及压实度应满足表9-4的要求。基床底层厚度范围内天然地基为软弱土层时，其静力触探比贯入阻力p_s不得小于1.2MPa，或者天然地基容许承载力$[\sigma]$不小于0.15MPa。

4. 基床以下部分填料及压实度

基床以下边坡以内部分的土体，主要受轨道列车荷载及路堤本身的自重作用，在施工中应压实到要求的密实度，以确保其稳固和减少线路运营后的沉降量。其填料可选用A、B、C组填料。路堤浸水部位的填料，应选用渗水土填料，当渗水土填在非渗水土上时，非渗水土层顶面应向两侧设4%的横坡。

基床以下部分填料的压实度见表9-5。

基床以下部分填料的压实度 表9-5

填筑部分	填料类别 压实指标	细粒土和黏砂、粉砂改良土	细砂、中砂、粗砂、砾砂	砾石类	碎石类
基床以下不浸水部分	压实系数 K_h	0.9	—	—	—
	地基系数 K_{30}（MPa/cm）	0.8	0.8	1.1	1.2
	相对密度 D_r	—	0.7	（无）	
基床以下浸水部分及路桥过渡段	压实系数 K_h	0.89	—	—	—
	地基系数 K_{30}（MPa/cm）	—	0.8	1.1	1.2
	相对密度 D_r	—	0.7		

注：在年平均降水量小于400mm的地区，压实系数可按表列数值减小0.05。

第三节　路基排水及防护工程

一、路基排水工程

水的危害，如对土体的浸湿、饱和、冲蚀作用，是路基病害发生的重要原因之一。路基范围内排水处理的好坏对路基的整体稳定和防止基床病害影响很大。

1. 路基地面排水

地表水渗入路基土体会降低土的抗剪强度，如果渗入地下，则可能成为危及路基稳定性的地下水补给来源；地表水或地表径流会造成坡面冲刷。

路基地面排水设计包括沿线排水系统设计和地面排水设施设计。

沿线排水系统设计一是要根据线路的平、纵断面图及地质水文条件，并宜利用市政排水设施，确定合理的排水方向和合理的排水设施位置；二是要确定桥涵、隧道、车站等的配合和连接方式，避免各行其是、相互脱节的现象。

路基排水设施包括：排水沟、侧沟、天沟、跌水、急流槽及缓流井等。

线路两侧必须设置侧沟，使线路上的降水能顺利排走，同时阻止路基范围内的地面水流入路基。在路堑坡顶应设置天沟，如图9-12所示，以截断山坡地面水流入路堑。在汇水面积大或地形特殊地段，常需设置多道截水沟排除山坡地面水。

设计地面排水设施时，横向排水坡度一般不宜小于4%，以便迅速排走降水。纵坡不宜小于2‰，但不宜大于8‰，以免沟底被冲刷。单向排水坡段长度不宜大于400m。需按流量设计的侧沟、天沟、排水沟，其横断面应按洪水频率为1/25的流量进行计算。沟顶应高出设计水位0.2m。不需计算流量的排水沟，底宽一般为0.4m，深度为0.6m。流速较大时可能引起冲刷或渗漏的排水沟，应予铺砌或采取其他加固措施。

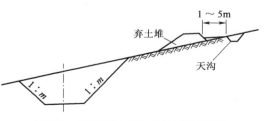

图9-12　堑顶有弃土堆时天沟布置示意图

如流水纵坡过大,可采用缓流井以缓和流速避免冲刷。在地形陡峻地段,天沟或截水沟的沟顶和沟谷的高差太大时,可采用跌水或急流槽连接。在不得已的情况下,需自天沟向侧沟排水时,采用路堑边坡吊沟。

2. 路基地下排水

地下水的存在和活动往往引起各种路基病害,包括浸湿软化、冻胀及盐化、潜蚀、流沙及液化。

地下水防治的一般原则是针对不同形态的地下水对路基不同部分的危害作用采取不同的整治方法,如采取拦截、降低水位、汇集排泄等措施。

路基地下排水设施主要类型有深排水沟、排水槽、渗沟、渗水隧洞、渗井、渗管和平孔排水等。具体结构和布置情况可参考有关设计手册。

二、路基防护工程

1. 路基坡面防护

路基边坡的地表水流一般流速不大,多呈片状流动,起破坏作用,主要表现为对坡面的洗蚀,即冲走细小颗粒,并逐渐形成纹沟、鸡爪沟、冲沟,进而破坏路基边坡的稳定,发生溜坍、剥落、掉块、甚至坍塌等坡面变形。同时,剥落或冲刷的碎屑物往往堵塞侧沟,使排水不畅,造成路基病害。因此,对土质和岩质边坡易受自然应力作用破坏者,均应加以防护。在不良的气候水文条件下,对于黏土、粉砂、砂土及易风化的岩质边坡,均应于施工完毕后及时进行防护。

路基坡面防护的工程措施应根据具体的地质水文及气象等条件进行。

植物防护。植物防护是一种施工简单、费用低廉、保护生态的坡面防护措施。在适宜于植物生长的土质边坡上,应优先选用适生植物进行绿化美化。种草适用于边坡缓于1:1.25、冲刷不太严重的土质边坡;铺草皮主要适合于南方地区;种树适用于各种土质边坡和极严重风化的岩石边坡,边坡坡度缓于1:1.5。

对不宜采用植物防护的边坡,如炭质页岩和泥岩等易风化的岩质边坡,可采用抹面、喷浆、勾缝及灌浆等方法防护,既可防止坡面水流的洗蚀,也可防止风化剥落。

砌石护坡适用于边坡坡度缓于1:1的各类土质及岩质边坡。当坡面受地表水流冲蚀产生冲沟,表层溜坍或剥落时,均可采用砌石护坡。

2. 路基坡面防护

对于河滩或水库路堤,由于河流的冲刷与河床的变迁,路基必然经常或周期性地受到水流的冲刷作用。当路基本体或部分边坡伸入河床范围,对水流产生约束,改变水流特性,将导致更严重的冲刷。因此,河滩路堤、滨河路堤及水库路基都必须妥善解决路基的冲刷防护问题,确保路基的安全、稳定。路基冲刷防护工程分为直接防护和间接防护两类。设计时应掌握有关水流特性,对防护建筑物的基础的设计应特别重视。路基冲刷防护类型及适用条件见表9-6。

路基冲刷防护类型与适用条件 表9-6

防护类型	结构形式	适用条件		注意事项
		容许流速(m/s)	水文、地形条件	
植物防护	铺草皮	1.2~1.8	水流方向与线路近乎平行;不受各种洪水主流冲刷的季节性浸水路堤边坡防护	
	种植防水林、垂柳		有浅滩地段的河岸冲刷防护	

续上表

防护类型	结构形式	适用条件		注意事项
		容许流速(m/s)	水文、地形条件	
干砌片石护坡	单层干砌厚：0.25~0.35m；双层干砌片石厚：上层0.25~0.35m，下层0.25m	2~3	水流方向较平顺的河岸滩地边缘；不受主流冲刷的路堤边缘	应设置垫层
浆砌片石护坡	厚0.3~0.6m	4~8	主流冲刷及波浪作用强烈处的路堤边坡	有冻胀变形的边坡上应设垫层
抛石	石块尺寸根据流速、波浪力大小计算，一般为0.3~0.5m	3	水流方向较平顺，无严重局部冲刷地段，已被水浸路堤边坡及河岸	抛石厚度不应小于石块尺寸的2倍
石笼	镀锌铁丝或竹子编制成箱形或圆形，笼内填石块	4~5	受洪水冲刷但无滚石的地段和大石料缺乏的地区	
浸水挡土墙		5~8	峡谷激流地段，水流冲刷严重地段	

第四节　路基支挡工程

一、概述

路基支挡建筑物是指为使路基本体及路基周围土体稳定而修建的建筑物。路基支挡建筑物中最常见的是挡土墙，可分为重力式挡土墙和轻型挡土墙两大类。

重力式挡土墙利用挡土墙的自重和地基反力来支挡土体，一般由浆砌片石、混凝土和砖等圬工材料建造。

重力式挡土墙主要有四种形式，即俯斜直线墙背式挡土墙、仰斜直线墙背式挡土墙、折线墙背式挡土墙和衡重式挡土墙。挡土墙各部分的名称见图9-13。

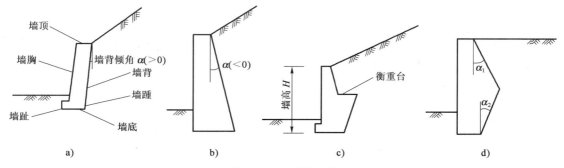

图9-13　重力式挡土墙
a)仰斜墙背式挡土墙；b)俯斜墙背式挡土墙；c)衡重式挡土墙；d)折线墙背式挡土墙

轻型挡土墙是近几十年来随着土木工程技术的发展而迅速发展起来的挡土结构，如锚杆式、锚定板式、桩板式、悬壁式、扶壁式、加筋式等。各种形式的轻型挡土墙在平衡土压力方面都有各自的特点。

为使路基本体稳固、经济,支挡建筑物被广泛应用,特别是地形和地质条件困难的地段更是不可缺少。按所在位置不同,挡土墙可分为路堑墙、路肩墙、路堤墙、浸水挡土墙、山坡墙等,见图9-14。如修筑在陡坡上的路堤或坡脚伸展受地形及其他建筑物约束的路堤,常修建路肩墙或路堤墙。为使路堑边坡开挖减小或防止落石危害,可修筑路堑墙及作拦石墙、护墙等。总之,挡土墙的主要作用有:稳定边坡、减少土方、防止冲刷、拦挡落石、整治滑坡等。

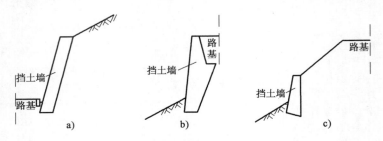

图9-14 挡土墙在路基横断面上的位置示意图
a)路堑式;b)路肩式;c)路堤式

各种形式的挡土墙,都以支撑土体使其保持稳定为目的,所以这类构筑物的主要荷载就是土体的侧向压力,简称土压力。为了使挡土墙的设计经济合理,关键是正确地计算土压力,包括土压力的大小、方向及分布等,这部分内容可参阅土力学或路基教材。

二、重力式挡土墙简介

常用的重力式挡土墙,一般由墙身、基础、排水设施与伸缩缝等部分构成。

1. 墙身

挡土墙的胸坡坡度直接影响其高度,在地形陡峻的山区,胸坡坡度采用1:0.05~1:0.2,以利争取高度;平缓地段,采用1:0.2~1:0.3或1:0.4。衡重式挡土墙常采用陡立的胸坡。

重力式挡土墙的仰斜墙背坡度一般采用1:0.25,不宜缓于1:0.35。俯斜墙背坡度一般为1:0.25~1:0.4。衡重式挡土墙上墙背一般取1:0.25~1:0.4;下墙背一般为1:0.25。上下墙高之比,多采用2:3。

折线墙背与仰斜墙背比较,上部截面减小,下部仍为仰斜墙,可减小土压力。

墙身采用砌体时,墙顶宽度不应小于0.5m;采用整体灌注混凝土时,顶宽不应小于0.4m,路肩挡土墙墙顶应设置帽石,帽石可采用C15混凝土或粗石料,厚度不小于0.4m,宽度不小于0.6m,伸出墙顶的飞檐宽度约为0.1m;当挡土墙高度较大时,墙顶应设置护栏,护栏所采用的材料、高度及宽度视实际情况而定,护栏距路面边缘的距离,应满足路肩最小宽度的要求。

采用浆砌片石砌筑的重力式挡土墙,要求片石的极限抗压强度不得低于30MPa。一般地区及寒冷地区,采用M7.5水泥砂浆。在浸水地区及严寒地区(最冷月平均气温在-15℃以下地区),采用M10水泥砂浆。在缺乏石料的地区,可采用C15混凝土或片石混凝土灌筑。严寒地区,应采用C20混凝土或片石混凝土。

2. 基础

挡土墙一般采用明挖基础,特殊情况可用换填、桩基础或沉井基础。基础的埋置深度还应满足下列要求。

对于土质地基:
(1)位于冻结深度以下不小于 0.25m,同时应在地面以下至少 1m。
(2)有水流冲刷时,在冲刷线以下至少 1m。
(3)路堑墙基底应在路肩以下不小于 1m,且低于侧沟砌体底面至少 0.2m。

对于岩石地基,应清除基岩的表面风化层。

当墙基设在斜坡地面下时,墙趾埋入深度和距地面的水平距离,应符合表 9-7 的要求。

墙趾嵌入地层的最小尺寸(单位:m)   表 9-7

地层类别	h	L	嵌入示意图
较完整的硬质岩层	0.25	0.25~0.5	
一般硬质岩层	0.6	0.6~1.5	
软质岩层	1.0	1.0~2.0	
土层	≥1.0	1.5~2.5	

为增加基底的抗滑稳定性,可设置倾斜基底,如图 9-15a)所示。基底倾斜度:土质地基不陡于 0.2:1;石质地基不陡于 0.3:1±。浸水挡土墙,当基底摩擦系数 f 小于 0.5 时,一般不设倾斜基底;当基底摩擦系数 f 大于或等于 0.5 时,可设 0.1:1 的倾斜基底。当基础设在坚硬岩层上时,可将基底做成台阶状,如图 9-15b)所示,以减少基础的开挖量。为增大挡土墙的稳定性和减小基底应力,还常将挡土墙基础设计为扩大基础,如图 9-15c)所示,襟边宽度应满足刚性基础襟边的规定,刚性角 α 在砌石圬工中不应大于 35°,混凝土圬工中不应大于 45°。

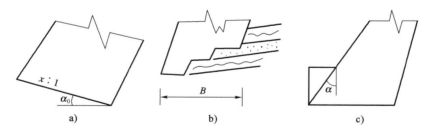

图 9-15 挡土墙基础形式
a)倾斜基底;b)台阶基础;c)扩大基础

3. 沉降缝与伸缩缝

为避免因地基不均匀沉降而造成墙身开裂,在地基地质条件变化处,墙高及墙身截面变化处应设置沉降缝。考虑到墙身圬工因收缩硬化和温度变化而造成开裂,应设伸缩缝。

通常沉降缝和伸缩缝合并设置,沿墙长每隔 10~25cm 设置一道,缝宽为 0.02~0.03cm。缝内沿墙内、外、顶三边填塞沥青麻筋或沥青木板,填塞深度不小于 0.2m。对于岩石路堑挡土墙或填石路堤的路肩墙,可设置孔缝,不加填塞。图 9-16 所示为重力式挡土墙的正面图。

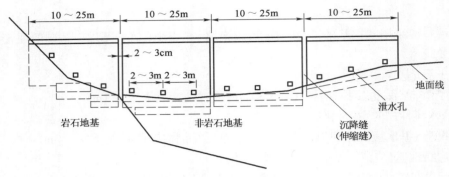

图 9-16　重力式挡土墙的正面图

4.排水设施

挡土墙的排水处理是否得当,对岩石及土坡的稳定性影响很大,直接影响到挡土墙的安全及使用效果。因此,挡土墙应设置排水设施,以疏干墙后填料中的水分,防止地表水下渗造成墙后积水,而使墙身承受额外的静水压力;消除黏性土填料因含水率增加产生的膨胀压力;减小季节性冰冻地区填料的冻胀压力。

挡土墙的排水设施通常由地面排水和墙身排水两部分组成。

地面排水,主要是防止地表水渗入墙背填料或地基,因此可设置地面排水沟,以截留地表水;夯实回填土顶面和地表松土,以减少雨水和地表水下渗,必要时应加设铺砌,采取封闭处理;为防止地表水渗入地基,可夯实墙前回填土及加固边沟等。

墙身排水,主要是为了迅速排除墙后积水,如图 9-16 所示,沿墙高和墙长设置泄水孔,按上下左右每隔 2~3m 交错布置,可为 5cm×10cm、10cm×10cm、15cm×20cm 方孔或直径为 5~10cm 的圆孔。最低一排泄水孔以下应设置隔水层,不使积水渗入基底。当墙背土体为非渗水土时,应在最低泄水孔至墙顶以下 0.5m 高度内填筑不小于 0.3m 厚的反滤层。最下一层泄水孔应高出地面,若为路堑墙,应高出侧沟设计水位 0.3m。浸水挡土墙的泄水孔应高出常水位 0.3m。

三、轻型挡土墙

1.加筋土挡土墙

加筋土挡土墙是由墙面板、拉筋、填料三部分共同组成的复合结构,如图 9-17 所示。依靠填料与拉筋之间的摩擦力平衡墙面板所承受的土压力,并以此复合结构整体抵抗拉筋末端以外填土所产生的土压力,从而保证整个结构的稳定。

墙面板的作用是阻挡填料挤出、坍塌,传递土压力以及便于拉筋布设,并使拉筋、填料和墙面板三者构成整体。墙面板常采用钢筋混凝土板,也可用其他材料。墙面板形状主要有矩形、十字形、多边形等。

墙面板的板边一般设有企口。安装时企口相互衔接,墙面板与拉筋的连接,宜采用焊接,也可为螺栓或其他方式。当墙后填筑细粒土时,墙面板可设泄水孔,并设置反滤层。沿墙长方向在地层变化点或每隔 20~

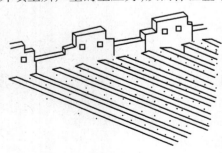

图 9-17　加筋土挡土墙示意图

30m 设置沉降缝。

拉筋在加筋土挡土墙中起着关键作用,因此必须具有如下特点:有足够的抗拉强度,不易产生脆性破坏,拉伸变形和蠕变量小;与填料之间能产生足够的摩擦力;有较好的柔性和韧性,以适应填料不均匀沉降造成的变形,不致影响墙面的平整与美观;有抗老化、耐腐蚀及化学稳定性;便于制作,造价低廉,与墙面板连接牢固可靠。

常用的拉筋材料有镀锌钢带、钢筋混凝土板条、串联式钢筋混凝土板、聚丙烯塑料带,也有工程用经过处理的竹筋等。

加筋土挡土墙的填料应采用砂类土、砾石类土和碎石类土,也可选用 B、C 组填料中的细粒土,不得采用中、强膨胀土和块石类土,不宜采用弱膨胀土。

2. 锚杆挡土墙

锚杆挡土墙由钢筋混凝土墙面系和锚杆组成,锚杆插入并锚固在稳定的岩层或土层中,如图 9-18 所示。作用于墙面系的土压力由锚杆埋入地层的抗拔力来平衡。这种挡土墙多用于岩质、半岩质深路堑及陡坡路堤地段。

墙面系多采用柱板式,即由肋柱和挡土板组成。肋柱多为钢筋混凝土柱,间距为 2.0~3m。挡土板为钢筋混凝土槽形板、空心板或矩形板。板的长度为两肋柱间的净跨加两个搭接长度,搭接长度不小于 10cm。

锚杆多用单根或多根螺纹钢筋,直径为 18~32cm,但每孔不宜多于 3 根。当拉力较大、长度较长时,也可采用高强度钢丝束。

3. 锚定板挡土墙

锚定板挡土墙由墙面系、拉杆、锚定板组成,如图 9-19 所示。它通过锚定板前填土的被动抗力来平衡拉杆拉力。因此,锚定板是依靠土体来保持自身稳定的支挡结构。

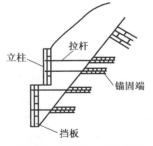

图 9-18 锚杆挡土墙示意图

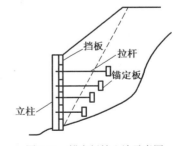

图 9-19 锚定板挡土墙示意图

墙面系分有肋柱和无肋柱两种。有肋柱式的墙面系包括肋柱和挡土板,与锚杆挡二墙相似;无肋柱式的墙面系则全是墙面板,与加筋土挡墙相似,但由于拉杆数量比拉筋数量少,因此墙面板尺寸较大。

锚定板一般为钢筋混凝土板,其面积应满足因锚定板产生的容许抗拔力大于拉杆拉力的要求。

4. 桩板式挡土墙

桩板式挡土墙如图 9-20 所示,由钢筋混凝土抗滑桩和挡板组成。桩锚固于较深土层中,土压力通过挡土板传给桩并由桩前土体的弹性抗力来平衡。这种结构形式的挡土墙适用于承载力较低的不良地基,可用作路肩墙、路堤墙及路堑墙。

5. 悬臂式和扶壁式挡土墙

钢筋混凝土悬臂式挡土墙由立壁、趾板及踵板组成,呈倒 T 形,如图 9-21 所示。立壁用于支撑墙后土体,踵板上方土体重力起增加抗滑和抗倾覆稳定性的作用,趾板显著增加了抗倾覆力矩的力臂,并大大减小了基底应力,这种结构形式较好地发挥了钢筋混凝土的强度性能。

由于立壁悬臂受力,立臂与踵板连接处弯矩较大,所以悬臂式挡土墙的高度一般不大于 4m;当悬臂式挡土墙的高度大于 4m 时,宜在墙面板前加肋。

当墙高大于 6m 时,可采用钢筋混凝土扶壁式挡土墙,如图 9-22 所示。它在悬臂式挡土墙的立臂与踵板间加肋板连接起来,以改善立臂和踵板的受力条件。肋间净距为墙面板悬臂高度的 3/10~1/2 倍。

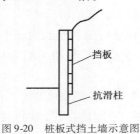
图 9-20 桩板式挡土墙示意图

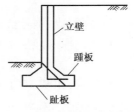
图 9-21 悬臂式挡土墙示意图

图 9-22 扶壁式挡土墙示意图

第五节 软土地基路基沉降控制

一、软土的工程特性

软土是近代水下沉积的饱和黏性土,在我国的沿海地区、内陆平原或山间盆地有着广泛的分布。尽管它们的成因、结构和形态各不相同,但都具有含水率大($w \geq w_1$)、孔隙比大($e \geq 1$)、渗透性差($k < 1 \times 10^{-6}$ cm/s)、天然强度低($p_s < 800$kPa)、压缩性高($\alpha_{0.1\sim0.2} \geq 0.5$MPa^{-1})等特点。

软土按其物理力学特征,可分为软黏性土、淤泥质土、淤泥、泥炭质土和泥炭等不同类型,其具体分类见表 9-8。

软土分类及物理力学特征　　　　　表 9-8

分类 指标	软黏性土	淤泥质土	淤泥	泥炭质土	泥炭
有机质含量 w_u(%)	$w_u < 3$	$3 \leq w_u < 10$		$10 \leq w_u \leq 60$	$w_u > 60$
天然孔隙比 e	$e \geq 1.0$	$1.0 \leq e \leq 1.5$	$e > 1.5$	$e > 3$	$e > 10$
天然含水率 w(%)	$w \geq w_1$			$w \geq w_u$	
渗透系数 k(cm/s)	$k < 10^{-6}$			$k < 10^{-3}$	$k < 10^{-2}$
压缩系数 $\alpha_{0.1\sim0.2}$(MPa^{-1})	$\alpha_{0.1\sim0.2} \geq 0.5$			—	
不排水抗剪强度 c_u(kPa)	$c_u < 30$			$c_u < 10$	
静力触探比贯入阻力 p_s(kPa)	$p_s < 800$				
标准贯入试验锤击数 N(击)	$N < 4$	$N < 2$			

二、软土地基的路基沉降控制

在软土地基上修建路基,由于承载力低,往往会产生不同程度的坍滑或沉陷,危害工程的安全;同时,高的压缩性、低的渗透性使其在填筑过程中,便会产生严重的下沉,有的经若干年后还有下沉现象。

城市轨道交通所修建的路基,其轨道结构类型有两种,即有砟轨道(碎石道床)和无砟轨道(整体道床)。正线上的路基多采用有砟轨道,而车辆基地内检修主厂房内线路多采用无砟轨道。

对有砟轨道路基而言,软土地基的下沉必然会引起轨面的不平顺。为维护行车安全,养护部门需要频繁地大量添砟起道,这不但给养护工作带来很大困难,而且消耗了大量劳力、财力,因此,需要控制路基的工后沉降,一般其工后沉降不应大于30cm。无砟轨道基础一旦出现变形,将会直接反映到轨面上,且无砟轨道因其整修和养护更困难,投入更大。因此,无砟轨道对路基的工后沉降要求更严,工后沉降一般不大于2cm。

软土地基上的路基,控制路基的工后沉降主要是控制地基的工后沉降。为保证工后沉降满足沉降控制标准,常需对软土地基进行处理。

三、软土地基处理方法

1. 软土地基处理方法概述

地基处理的目的是为了提高地基承载力,减少地基沉降(或工后沉降)。当天然地基不能满足路基稳定或变形控制要求时,就要对天然地基进行处理。由各种地基处理方法获得的人工地基可以分为两类:一类是对天然地基土体进行土质改良,如预压(排水固结)法、强夯法、原位压实法、换填法等。另一类是形成复合地基,它可以由人工增强体与天然地基土体形成,如水泥土复合地基;也可以由扞入(包括置换)的材料与天然地基土体形成,如低强度柱复合地基、树根桩复合地基;也可以由扞入的材料与得到改良(挤密)的天然土体形成,如振冲挤密碎石桩复合地基,还可设置水平向增强体(铺设加筋材料)形成复合地基。

要选择符合要求且最经济的地基处理方法,必须深入研究地基处理的依据和处理目的,并考虑地基性状、路堤标准、对环境的影响等因素。在工程中按不同的地质条件、荷载条件,因地制宜采用合理的软基处理方法,可取得良好的质量工程和经济效果并能加快工期。

对路基工程利用路堤堆载是最经济的处理方案,加固效果好,消除工后沉降作用明显。排水固结辅以等载或超载预压法对高含水率、高压缩性、低强度软土是经济合理的有效加固措施,可取得良好效果。深层搅拌桩具有减少桩身范围沉降量、减少侧向变形和加快工期等优点。但若未能穿透软土层,其优点受到一定的限制。在桥路过渡段,为避免桥台施工与台后填土的矛盾,使用搅拌桩可减少软土侧向变形对桥基的影响,并保证工期。

近年来,为充分发挥桩间土的承载能力,严格控制无砟轨道路基的工后沉降,提出了桩网复合地基、桩筏复合地基、桩板结构,取得了较好的效果。

2. 排水固结法

(1)排水固结法原理

排水固结法又称预压法,这种方法是先在地基中设置砂井、塑料排水板等竖向排水井,然后通过预压使软黏土地基中的孔隙水排出,在预压荷载下土体发生固结,土中孔隙体积减小,土体强度提高,以达到减少地基工后沉降和提高地基承载力的目的。对工后沉降控制要求较高的建筑物,常采用超载预压法处理地基。

排水固结法是由排水系统和加压系统两部分共同组合而成的,见图9-23。

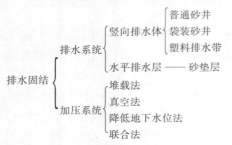

图 9-23 排水固结法的组成

设置排水系统主要在于改变地基原有的排水边界条件,缩短排水距离。当工程中存在一定厚度、透水性很差的软土层时,可在地基中设置砂井或塑料排水带等竖向排水井,地面连以排水砂垫层,构成排水系统。

加压系统,即施加起固结作用的荷载。它使土中的孔隙水产生压差而渗透,从而使土固结。如果没有加压系统,土体就不会产生固结。反之,如果不缩短土层的排水距离,则不能在预压期间尽快地完成固结,土的强度不能及时提高,各级加载也就不能顺利地进行。因此,在排水固结设计中,必须把排水系统和加压系统联系起来考虑。

(2)真空预压加固软土地基

真空联合堆载预压法是在真空预压法和堆载预压法基础上发展起来的软基加固方法,该方法具有真空预压和堆载预压的双重效果。通过抽真空形成负压,当真空度达80kPa以上,相当于一次性施加4~5m高度的填土荷载,消除软土地基工后沉降明显。

采用真空联合堆载预压法加固软土地基时,可利用路基填土作堆载,使土体在真空荷载和堆载联合作用下发生固结,强度得到较大提高。同时,由于真空产生负压,使土体产生向内收缩变形,可以抵消因堆载引起的向外挤出变形,地基不会因填土速率快而出现稳定性问题。因此,真空联合堆载预压法比单纯的真空预压法、堆载预压法效果更好。

堆载预压和真空预压虽然都是通过孔隙水压力减小而使有效应力增加,但它们的加固机理并不完全相同,由此而引起的地基变形、强度增长的特性也不尽相同。

堆载预压是通过增加总应力,孔隙水压力消散而使有效应力增加。真空预压是总应力不变,通过孔隙水压力减小而使有效应力增加。

3. 水泥搅拌桩复合地基

在处理深度能穿透软土层至相对持力层并保证1~2年施工期的条件下,搅拌桩处理软土地基可满足高速铁路工后沉降的要求,其中施工期包含龄期保证期、调整放置期(最大限度地完成地基土压密沉降和水泥土强度增长)。大量的实践表明:水泥搅拌桩加固深度在18m以内,水泥土搅拌桩复合地基在100~140kPa荷载作用下,其总沉降仅为10~25cm且施工期完成的沉降可达总沉降的80%以上。若保证6个月及以上放置期,可完成当前荷载水平下总沉降的90%以上,用于加固高速铁路软土地基具有明显优势。

影响搅拌桩复合地基沉降特性的主要因素有面积置换率、桩长和桩体强度。面积置换率在数值上等于桩的横截面积和一根桩所承担处理的地基的面积之比。改变面积置换率,会相应改变复合地基的复合模量与复合泊松比,从而改变复合地基加固层的压缩量。随着面积置换率的增加,加固层沉降和地基总沉降都在减小,但当置换率大于20%后,复合地基沉降减小不明显。由于增加面积置换率主要减小的是加固层的沉降量,而加固层沉降一般很小(通常小于 30cm),所占地基总沉降量的比例较小,因而仅通过增加面积置换率来减小沉降是有限的,设计中应根据工程地质条件和路基本体的填筑高度确定一个合理的面积置换率。

一般水泥搅拌桩的桩长即为复合地基加固层厚度,随着桩长的增加,加固层沉降增加,而下卧层的厚度减小,复合地基传给下卧层的附加应力减小,下卧层的沉降减小。由于加固层沉降所占地基总沉降较小,复合地基的最终沉降量取决于下卧层的沉降量。因此,对于铁路软土路基而言,在其上部填土高度、工程地质条件一定的条件下,一般桩越长,复合地基总沉降就越小。但对承载力而言,搅拌桩存在临界桩长问题从受力机理来看,在上部荷载作用下,桩沉降的传递、桩身轴力和桩侧摩阻力都发生在这一深度范围内。临界桩长以下桩身压缩量、桩身轴力和桩侧阻力均可以忽略,尤其是对超长水泥土搅拌桩,有效桩长的作用将更明显地表现出来。

提高桩体强度可提高加固层的变形模量,减小加固层沉降。影响桩身强度的主要因素为水泥掺入比,由于置换率对沉降的影响更为主要,且对搅拌桩复合地基而言,其工后沉降主要为下卧层部分的残余沉降,因而靠提高水泥掺入比来减小复合地基沉降作用不大,况且提高水泥掺入比会直接增加工程造价,因此水泥搅拌桩复合地基中只需选择一个合适的水泥掺入比即可,一般设计采用的水泥掺入比为 13%～18%。

按沉降控制进行深层搅拌法设计时:

(1)首先把路基填土作为复合地基的外在荷载,结合根据工程地质条件,尤其是软土厚度、分布及地基土特性等,对复合地基进行常规设计,初步确定桩径、面积置换率、水泥掺入比等设计参数;

(2)在此基础上针对软土厚度初步确定桩长,桩长应尽量能贯穿软土层,同时计算水泥搅拌桩的有效桩长,并验算有效桩长是否满足沉降和承载力要求,如不满足,则加长有效桩长直至满足要求为止。

影响水泥搅拌桩用于处理深厚层软土的一个主要因素是有效桩长问题。虽然深层搅拌桩其加固深度可达 15m 以上,但深层部位的搅拌桩施工质量难以保证。因此,对于深度超过 12m 的软土,采用深层搅拌桩处理尚需慎重。

4. 桩网复合地基、桩筏复合地基、桩板结构

桩网结构是由桩(钻孔桩、预制桩、预应力管桩等刚性桩、CFG 桩,可带桩帽)、网(土工格栅等)以及桩间土构成的复合系统(图 9-24)。桩(桩帽)顶面与软土地基顶面少量的沉降差,促使路堤填料中形成土拱效应,加上网变形的提拉作用,可将路堤大部分荷载转移到柱(桩帽)上,从而减小了桩间土上部的压力,具有施工工期短、侧向变形和工后沉降小等优点。采用桩网复合地基时,设计时须将桩端落在相对好的地层上,充分发挥桩的端阻力,因设置桩帽后可较大提高桩的荷载分担,减小地基的总沉降和工后沉降,因此,一般应设置扩大的桩帽。

桩筏复合地基,利用在桩上铺设垫层和筏板,使上部荷载通过筏板传递到桩和桩间土,与桩网复合地基相比,地基面沉降更均匀,因其桩可承担更多的荷载,路基中心沉降也更小。设计时,桩顶上应设 15cm 或 20cm 碎石垫层,筏板常采用 50cm 厚的钢筋混凝土。

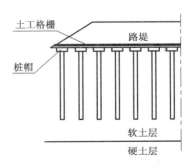

图 9-24 带桩帽的桩网复合结构

桩板结构由下部桩基与上部钢筋混凝土承载板组成，承载板直接与轨道结构连接，可提高无砟轨道结构的稳定性，与桩筏复合地基相比，桩间路基面土不承担荷载，其轨道结构的沉降均由桩基控制。

【历史沿革】

我国对铁路路基工后沉降标准的认识和制定有一个过程。传统的铁路路基是按强度设计的，对路基的变形不作要求，由此带来的教训是惨痛的，许多线路运营后就出现相当多的病害，铁路工务部门只有通过加大维修工作量来保证列车正常运营，消耗了大量人力、财力。随着路基变形对铁路运行影响的逐步认识，1992年《铁路特殊土路基设计规范》(TBJ 35—1992)第一次对路基工后沉降提出了要求，而高速铁路对路基的工后沉降更有严格的标准。路基工后沉降是高速铁路设计考虑的主要控制因素，一般来说强度不是问题，因为通常情况下路基在达到强度破坏前，已经出现了不能容许的过大有害变形。可以说，对路基工后沉降控制的高标准，是高速铁路区别于普通铁路路基的一个最大的技术特点。

【思考题】

1. 为什么要强调基床结构？
2. 路基的总沉降由哪几部分组成？
3. 不同地基处理方式的适用性是什么？

第十章
地下结构防水

现象一：图 10-1 所示为预制拼装盾构隧道沿拼装接缝发生的渗漏水情况。通常情况下，由于施工期超挖、列车离心力等影响，盾构隧道小半径曲线处管片接缝的受力状态较直线段复杂很多，是渗漏水的重灾区。

现象二：图 10-2 所示为现场浇筑的钢筋混凝土车站边墙发生的渗漏水情况。

图 10-1　盾构隧道管片环缝渗漏水　　　　　图 10-2　某地铁车站边墙渗漏水

上述现象表明，无论是预制结构还是现浇结构，当轨道交通地下结构处于地下水位线以下时,只要某一技术环节处理不当,就有可能发生渗漏水。一旦有渗漏水发生,势必影响既有结构的耐久性,也必将大大缩短机电设备的使用寿命。

城市轨道交通地下结构包含车站、区间隧道、地下变电所等,这些场所均需考虑防水。目前,地下结构的防水更多地依赖于材料,或者从物理概念方面对工程的防水进行设计。其实,防水与结构受力、地下水的状态等诸多因素有关,因漏水而导致结构失效的例子国内外均有发生,可见地下结构防水的重要性。

第一节　渗漏水形式及危害

城市轨道交通的地下车站或区间隧道对防水均有一定的要求,车站是人员集散和设备用房集中的区域,区间隧道是供列车通行的,通常车站的防水等级高于区间隧道。防水等级越高,对结构的刚度要求越高,工程的投入就越大;反之,如果防水等级低了,结构上的渗漏水不仅影响结构的使用功能,还会危及结构的使用寿命,维修费用也会大幅增加。所以,要确定合理的防水等级,必须先了解渗漏水的形式及其危害性。

一、渗漏水形式

地下车站或区间隧道发生渗漏水现象必须同时具备两个条件:结构四周有外部水源供给;结构内部存在渗漏水通道。由于渗漏水通道形式不同,造成了结构内部空间出现"点漏""线漏""面漏"和"面渗"等不同的现象。结构局部发生从迎水面到内部贯通式的裂缝(图10-3),会使内部空间发生点漏现象;当贯通的裂缝在结构的表面达到一定的长度之后(图10-4),会在结构的内部产生一条较长的漏水线,从而造成线漏;当有多条贯通的裂缝在结构表面交汇时(图10-5),会在结构的内部形成漏水面,从而造成面漏;当多条较细的裂缝在结构内部交汇,但并没有贯通至结构表面时(图10-6),水会沿着裂缝渗透到结构表面,从而造成面渗。渗漏水的形式除了结构裂缝的特征之外,还与工程地质和水文地质条件有关,如地下水位高低的变化(高水位时水压大,渗水点可能会转化为漏水点;低水位时水压小,漏水点可能会转变为渗水点或者不发生渗漏)。

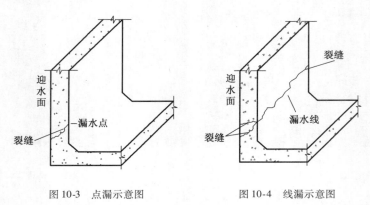

图10-3　点漏示意图　　　图10-4　线漏示意图

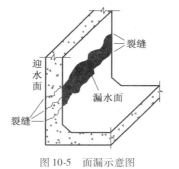 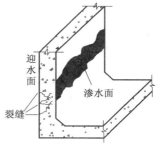

图 10-5 面漏示意图   图 10-6 面渗示意图

地下车站或区间隧道防水的主体是混凝土,当防水混凝土达到防水要求时,其他因素可以通过结构设计来解决。在防水混凝土施工中,应按设计配合比配制防水混凝土,按规定浇筑混凝土,按规定进行混凝土振捣,按规定的时间养护,以防止防水混凝土失效,避免形成渗漏水通道。

除了施工质量之外,大体积混凝土裂缝主要是由于内部温度应力造成的。混凝土浇筑后,水泥水化会放出大量的水化热,大体积混凝土由于体积大,相对散热面积小,热量不易散发,导致内部温度急剧升高,而外部则相反,从而使得混凝土内外温差大。这种温差造成混凝土内部和外部的热胀冷缩程度不一致,混凝土表面产生膨胀应力。当这种温差达到一定程度时,混凝土表面就会出现裂缝。温度应力与温差的大小成正比,一旦这些裂缝内外叠加,就可能贯通结构截面,成为渗漏水通道。

大体积混凝土一次浇筑量大,在结构变形和温度变形、材料收缩、地基不均匀沉降和其他振动因素的影响下,混凝土内部产生细微裂隙是难以避免的。在一定时期内,随着时间的推移,这些细微裂隙在内力和外力的作用下,会进一步地发展,独立的裂隙会成为贯穿的裂缝,最终形成渗漏水通道。水分子的直径约为3nm,它可以渗入肉眼看不见的细微裂隙。特别是大体积混凝土浇筑时,为使浇筑工作有较好的可操作性,水灰比往往大于控制值,再加上基坑内的积水,水灰比则大大超过规定值。当混凝土内多余水分游离蒸发后,水分所占据的空间就成为毛细孔隙,最终也就形成了渗漏水的通道。

另外,施工缝、变形缝是地下车站或区间隧道防水的重点。这些特殊部位若防水处理不当,便会出现裂缝,从而形成渗漏水通道,见图10-7~图10-9。

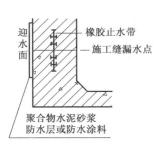 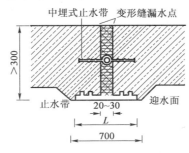 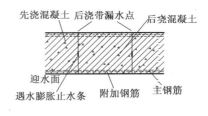

图 10-7 施工缝漏水点示意图   图 10-8 变形缝漏水点示意图(尺寸单位:mm)   图 10-9 后浇带漏水点示意图

二、渗漏水对结构的影响

地下车站或区间隧道渗漏水会影响使用功能。渗漏使结构内部潮湿,装饰材料变形、发霉、翘曲、空鼓、脱落,严重影响装饰效果和使用功能。

地下车站或区间隧道发生渗漏水时会对结构造成以下十分不利的影响:

(1)渗漏水导致钢筋锈蚀作用。当前我国的地下工程多为钢筋混凝土结构,这是一种非均质并均有多孔和显微裂缝的结构物,其内部存在许多在水泥水化形成的氢氧化钙,故使其呈现强碱性能(pH值为12~13),它对钢筋可起到钝化和保护作用。当结构体发生渗漏水时,水会把混凝土结构内部的氢氧化钙溶解和流失,碱性降低,当混凝土的pH值<11时,混凝土结构体内钢筋表面的钝化膜会被活化而生锈,所形成的氧化亚铁或三氧化二铁等铁锈的体积比钢筋大2~3倍。由于这种膨胀应力的作用,使结构体开裂,从而增加了水和腐蚀性介质的侵入,造成恶性循环,最终影响到结构安全。

(2)渗漏水加速了混凝土的碱集料反应。混凝土结构体内部粗、细集料中含有的活性有害矿物(如玉髓等高碱性矿物等)在水的作用下,会促进碱集料反应。一般把碱集料反应分为碱—硅酸盐反应和碱—碳酸盐反应,不管哪一种碱集料反应,均会产生膨胀应力,从而导致混凝土结构工程的破坏。

(3)在寒冷和严寒地区,由于地下水的渗入而导致结构体冻害破坏。当渗入混凝土结构内部的水,在0℃以下时就会结冰,由于冰的体积比水大9%左右,使混凝土结构产生冻胀破坏。

由此可见,渗漏水会对地下结构带来极大的安全隐患,而且随着时间的推移,这种不利的影响会越加显著,降低了地下结构的使用条件和使用功能,缩短了安全使用寿命。

第二节 防 水 材 料

防水材料可以分为:刚性防水材料、防水卷材、防水密封材料、防水涂料和塑料防水板等。

一、刚性防水材料

刚性防水材料是指防水砂浆或防水混凝土,采用以水泥、砂、石为原料或掺入少量外加剂、高分子聚合物等材料,通过调整配合比,抑制或减少孔隙率,增加各种原材料界面间的密实性,使之具有一定抗渗能力的防水材料。防水混凝土的抗渗等级不得小于P6,随着地下结构埋深的增加,抗渗混凝土的设计等级也应有所提高。一般地,当埋深为10~20m时,宜用P8;当埋深为20~30m时,宜用P10;当埋深为30~40m时,宜用P12。

为了保证抗渗效果,防水混凝土结构的厚度不应小于250mm,验算的裂缝宽度不应大于0.2mm且不能贯通;对于迎水面钢筋的保护厚度不应小于50mm。

防水混凝土使用的水泥品种主要有:普通硅酸盐水泥、火山灰质硅酸盐水泥和矿渣硅酸盐水泥。各自的优、缺点表10-1。防水混凝土中砂、石料材质的要求见表10-2。矿渣碎石的坚固性质要求见表10-3。防水混凝土可根据工程抗裂需要适当掺入钢纤维或合成纤维。

防水混凝土品种选择 表10-1

水泥品种	普通硅酸盐水泥	火山灰质硅酸盐水泥	矿渣硅酸盐水泥
优点	早期及后期强度都较高,在低温下强度增长比其他水泥快,泌水性小,干缩率小,抗冻耐磨性好	耐水性强,水化热低,抗硫酸盐侵蚀能力较好	水化热低,抗硫酸盐侵蚀性能也优于普通硅酸水泥

续上表

水泥品种	普通硅酸盐水泥	火山灰质硅酸盐水泥	矿渣硅酸盐水泥
缺点	抗硫酸盐侵蚀能力及耐水性比火山灰质水泥差	早期强度低,在低温环境中强度增长较慢,干缩变形大,抗冻耐磨性差	泌水性和干缩变形大,抗冻和耐磨性较差
适用范围	一般地下和水中结构及受冻融作用及干湿交替的防水工程,应优于采用本品种水泥,含硫酸盐地下水侵蚀时不宜采用	适用于由硫酸盐侵蚀介质的地下防水工程,受反复冻融及干湿交替作用的防水工程不宜采用	必须采用提高水泥研磨细度或掺入外加剂的办法减小或消除泌水现象后,方可用于一般地下防水工程

防水混凝土砂、石材质要求 表 10-2

项目名称	砂						石		
筛孔尺寸(mm)	0.16	0.315	0.63	1.25	2.50	5.0	5.0	$1/2 D_{max}$	$D_{max} \leq 40mm$
累计筛余(%)	100	70~95	45~75	20~55	10~35	0~5	95~100	30~65	0~5
含泥量	≤3%,泥土不得呈块状或包裹砂子表面								
材质要求	1. 宜选用洁净的中砂,内含一定的粉细料; 2. 颗粒坚实的天然砂或由坚硬的岩石粉碎制成的人工砂						1. 坚硬的卵石、碎石(包括矿渣碎石)均可; 2. 石子粒径宜为 5~40mm		

矿渣碎石的坚固要求 表 10-3

混凝土强度等级	经硫酸钠溶液 5 次浸泡烘干循环后的质量损失(%)
C40	≤3
C20~C30	≤5
C15	≤10

掺入水泥中的防水剂包括:氯化物金属盐、金属皂类防水浆、粉状无机防水剂以及无机水性水泥密封防水剂。

氯化物砂浆作为防水层,其中聚合物按我国《新型建筑材料实用手册》分类有水溶性聚合物分散体(橡胶乳液、树脂乳液)、水溶性聚合物、液体聚合物几类近 20 种。最有代表性的是氯丁胶乳和氯偏乳液。

氯丁胶乳水泥砂浆,在配制中会出现越拌越干结的现象,若此时加水,则会破坏胶乳的稳定性。而氯偏水泥防水砂浆的氯偏水泥,可用来填平基层,并增强它与基面的黏结力,也改善与表面涂料的结合力。

二、防水卷材

防水卷材(又称片材、薄膜)是混凝土结构防水层中主要的一类,主要作为外防水层和隔层防水层在地下工程中采用。

防水卷材分为沥青防水卷材、改性沥青防水卷材、高分子防水卷材,在地下工程中则采用后两类。其中,改性沥青防水卷材包括塑性体(如 APP)、弹性体(如 SBS)、橡胶改性沥青防水卷材,可以是冷、热施工的自黏性卷材,或非自黏性卷材,还有预铺/湿铺反贴式卷材。高分子卷材,则是以合成橡胶、合成树脂或两者共混加工的防水材料,以冷作业为特点,也有预铺反贴式卷材。

对高分子防水卷材施工作一般性的规定,在地下工程中使用的各种高分子防水卷材各自的具体规定,应按产品要求区别对待。

防水卷材与基面容易发生脱离刺破,因此应尽可能将结构混凝土表面的平整度提高,从而省去找平层的制作,使防水卷材直接铺贴在结构混凝土基面,既省工时,又有助于防水密封。采用较薄的自黏性卷材,则对基层平整度可稍降低要求。

混凝土基层含水率一般不大于9%,但1.5mm厚的自黏性卷材可允许含水率在12%以下。

卷材保护层与卷材的品种有关,如卷材耐穿刺性较弱,则与其接触的保护层应为砂浆,而非细石混凝土。

侧墙防水卷材与砖砌保护层的间隙充填的砂浆与平面保护层砂浆为同类材料。

铺贴卷材的允许偏差见表10-4。

铺贴卷材的允许偏差表 表10-4

序号	项目		允许偏差（mm）	检查频率		检查范围
				范围	点数	
1	铺贴面黏结牢度(损伤、空鼓、接缝密封)		≥10×10	全部铺贴面	以铺贴面的5%抽查	观察检查
2	卷材搭接长度	长边	≥100			尺量
		短边	≥150			
3	在立面与平面的转角处,卷材的接缝应留在平面上距立面的距离		≥600			

三、防水密封材料

防水密封材料分为不定型密封材料和定型密封材料两大类。前者为膏糊状材料,如腻子、塑性密封膏、条、垫形状的密封材料,弹性或弹塑性密封膏。后者是根据密封工程的要求制成带或条。止水"带"或"条"的区别在于:前者宽厚比悬殊,后者则较小。

水膨胀橡胶腻子膏嵌缝是一项新材料、新工艺的应用。其原理是利用有水膨胀树脂的橡胶腻子遇水膨胀、以水止水的特点,并靠工字形塑料条控制膨胀方向,充分发挥其止水功能。此项技术只在预留有标准尺寸的嵌缝槽条件下,进行密封胶填缝才较为合适。

目前,塑料止水带在地下工程中应用也开始增多,但考虑到其温度特性,通常多用于南方城市,在上海地区可用橡胶改性塑料的橡胶止水带,既可改善塑料性能,又有利于止水带的热接。

水膨胀腻子条和水膨胀性橡胶已在上海地铁1号线工程车站内衬结构、法国里昂地铁、日本东京湾海底隧道、上海人民广场地下变电所、上海人民广场地下车库等用作中埋式接缝止水材料。

四、防水涂料

防水涂料是无定型液态冷涂料以刷涂、刮涂、滚涂等方法在常温下涂敷在地下工程内、外固化形成有一定厚度的涂膜来达到地下工程防水目的的一种材料,一般防水涂料作为结构的附加外防水层。

对钢筋混凝土结构,如果采用外防水涂料作为附加防水层,应直接施工于结构的表层,倘若基层面达不到要求,则需找平层。一般来说,施工涂料对基层的平整度的要求比施工卷材低。

防水涂料包括无机防水涂料和有机防水涂料。前者有水泥基防水涂料和水泥基渗透结晶型涂料。有机涂料有反应型、水乳型、溶剂型。聚合物水泥防水涂料是有机与无机的混合。水泥基防水涂料的厚度一般为1.5~2.0mm,水泥基渗透结晶型防水涂料的厚度不小1.5mm,有机防水涂料的厚度一般为1.2~2.0mm。无机防水涂料的性能指标见表10-5。有机防水涂料的性能指标见表10-6。

无机防水涂料的性能指标　　　　　　　　　　　　　　　表10-5

涂料种类	抗折强度(MPa)	黏结强度(MPa)	抗渗性(MPa)	冻融循环
水泥基防水涂料	>4	>1.0	>0.8	>D50
水泥基渗透结晶型防水涂料	≥3	≥1.0	>0.8	>D50

有机防水涂料的性能指标　　　　　　　　　　　　　　　表10-6

涂料种类	可操作时间(min)	潮湿基面黏结强度(MPa)	抗渗性(MPa)			浸水168h后拉伸强度(MPa)	浸水168h后断裂伸长率(%)	耐水性(%)	表干(h)	实干(h)
			涂膜(30min)	砂浆迎水面	砂浆背水面					
反应型	≥20	≥0.3	≥0.3	≥0.6	≥0.2	≥1.65	≥300	≥80	≤8	≤24
水乳型	≥50	≥0.2	≥0.3	≥0.6	≥0.2	≥0.5	≥350	≥80	≤4	≤12
聚合物水泥	≥30	≥0.6	≥0.3	≥0.8	≥0.6	≥1.5	≥80	≥80	≤4	≤12

注:1. 浸水168h后的拉伸强度和断裂延伸率是在浸水取出后只经擦干即进行试验所得的值。
　　2. 耐水性指标是指材料浸水168h后取出擦干即进行试验,其黏结强度及抗渗性的保持率。

五、塑料防水板

塑料防水板有:乙烯—醋酸乙烯共聚物(EVA)、乙烯—共聚物沥青(ECB)、聚氯乙烯(PVC)、高密度聚乙烯(HDPE)、低密度聚乙烯(LDPE)等。一般塑料防水板的幅宽:2~4m,厚1~2mm,且具有耐久性、耐水性、耐腐蚀性、耐菌性和耐刺穿性好等优点,其物理力学性的要求见表10-7。

塑料防水板的物理力学性能　　　　　　　　　　　　　　表10-7

项目	拉伸强度(MPa)	断裂延伸率(%)	热处理时变化率(%)	低温弯折性	抗渗性
指标	≥12	≥200	≥2.5	-20℃无断裂	0.2MPa,24h不透水

塑料防水板一般用于矿山法施工的隧道,且在初期支护验收合格后进行铺设,要求初期支护的平整度符合$D/L = 1/10 \sim 1/6$,其中D为初期支护基层相邻两凸面凹进去的深度,L为初期支护基层相邻两凸面间的距离。

防水板铺设前应先铺缓冲层,缓冲层应用暗钉圈固定在基层上,布置方法如图10-10所示。

六、膨润土防水毯

膨润土防水毯是近年来逐渐被国内外广泛采用的一种环保防渗材料。膨润土防水毯的标准名称为"钠基膨润土防水毯",简称GCL。它是将钠基膨润土颗粒或粉末通过针刺、胶黏等工艺,均匀固定在两层土工布之间制成的一种新型的毯状防水材料。

《钠基膨润土防水毯》(JG/T 193—2006)中将其分为针刺法钠基膨润土防水毯、针刺覆膜

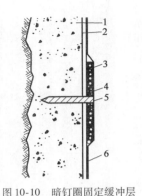

图 10-10 暗钉圈固定缓冲层示意图

1-初期支护；2-缓冲层；3-热塑性圆垫圈；4-金属垫圈；5-射钉；6-防水板

法钠基膨润土防水毯和胶黏法钠基膨润土防水毯三种。针刺法钠基膨润土防水毯是由两层土工布包裹钠基膨润土颗粒针刺而成的毯状材料。该类型属于防水毯中的主导产品，通常所说的防水毯基本上是指该类产品，其上布为无纺布（非织造土工布），底布一般为编织布。目前，也有底布选用无纺布的产品。针刺覆膜法钠基膨润土防水毯是在针刺法钠基膨润土防水毯的非织造土工布表面复合一层高密度聚乙烯薄膜。该产品主要是为建筑地下工程中阻止膨润土防水毯吸收混凝土中的水分而设计。胶黏法钠基膨润土防水毯一般称为防水板，是用黏合剂把膨润土颗粒黏结到非织造土工布或高密度聚乙烯板上，压缩生产出的一种钠基膨润土防水毯。

膨润土是一种以蒙脱石为主要组分的黏土矿物。蒙脱石是一种含有少量碱金属和碱土金属的含水铝硅酸盐，因同型置换的阳离子价与被置换的阳离子价不同而使单位晶胞呈负电性，它将吸附阳离子，根据吸附离子的不同，膨润土一般分为钠基土和钙基土。钠基土由于单位晶层中存在极弱的键和良好的解理，而钠离子本身半径小、离子价低，所以水能进入单位晶层间，引起晶格膨胀，其膨胀可达自身体积的 10～30 倍。膨润土防水毯正是利用了钠基膨润土的遇水膨胀特性，并通过复合工艺，使其形成均匀连续的毯状材料，将膨润土的自然膨胀特性转换成了我们需要的防水特性。膨润土防水毯遇水后，包裹在其中的钠基膨润土就开始吸水膨胀，在一定夹持力（来自防水毯内部纤维的拉力、建筑底板压力及侧墙的挤压力、回填土等保护层的压重等）的作用下，分子之间发生定向的穿插排列，内部空隙缩小，形成致密的凝胶结构，从而达到防水的效果。在一定范围内，夹持力越大，致密程度就越高，防水效果就越理想。膨润土防水毯的这种膨胀倾向，还可以补偿建筑基础表面的不规则形状以及基础收缩和变形产生的缝隙，从而保证防水层基层的紧密结合。膨润土胶体还可以在膨胀压力作用下，进入周围土体的裂隙及混凝土结构的裂隙中，进一步保证了防水层的抗渗性能。实验证明，混凝土自身 2mm 深的裂缝均可被膨润土粒子填充密实而具有防水性能。即使防水层遭到破坏而存在细小的不连续的情况，由于其具有膨胀自愈性，可以自动修复破损部位，防水性能也不受影响。

膨润土防水毯具有以下性能特点：

（1）特殊的自愈性。防水毯在有效膨胀范围内可以弥合较小的破损缝隙。即使是在防水施工结束以后，如防水层发生意外破损，由于其具有膨胀自愈性，可以自动修复破损部位，重新获得防水性能。

（2）耐久环保。膨润土是天然无机材料，不会发生老化反应，耐久性好，可以与构筑物同寿命；生产施工过程中不会发生剧烈化学反应，不会对环境造成任何不利影响；防水毯具有独特的水气呼吸功能，可以保持防水层两侧的水气交换，避免水质和水下土壤腐化变质。

（3）抗变形能力强。防水毯属于柔性材料，在基础发生不规则沉陷时，搭接部位可以产生滑移，缓解材料应力；膨润土遇水膨胀后，还可以补偿建筑基础表面的不规则形状以及基础收缩和变化产生的缝隙，保证防水层和建筑基础的紧密结合。

（4）施工简便，用途非常广泛。防水毯幅宽可达 6m，长度可达 40m，采用搭接施工，大大提高了施工效率，损耗低。同时，不受施工环境温度的限制，冬季可照常施工。

（5）优异的防渗性能：抗渗静水压可达 1.0MPa 以上，其施工后的总体渗透系数为 10～11m/s。

膨润土防水毯主要技术指标见表10-8。

膨润土防水毯的主要技术指标　　　　　　　　　　　　表10-8

项目	单位面积质量（g/m²）	纵向断裂强度（kN/m）	横向断裂强度（kN/m）	纵向断裂伸长率（%）	横向断裂伸长率（%）	垂直渗透系数（cm/s）	剥离强度（N）	膨润土膨胀系数（mL/2g）
指标	4 500	10	10	10	6	5×10^{-8}	65	24

第三节　防水原则及等级

在了解了渗漏水的形式及其危害性后,应根据地下车站结构的防水原则确定合理的防水等级,针对不同的防水等级采用相应的防水措施。

一、防水原则

长期以来,我国地下车站结构防水设计和施工提倡遵循"防、排、截、堵相结合,刚柔并济,因地制宜,综合治理"的总原则,不过在实施中要体现这一原则存在不少的困难,一般可以从以下几个方面来体现设计的要求:

（1）防水设计应定级准确、方案可靠、施工简便、经济合理。

（2）地下车站结构的防水方案应根据工程规划、结构设计、材料选择、结构耐久性和施工工艺等确定。

（3）地下车站结构的防水设计应考虑地表水、地下水、毛细管水等的作用以及由于人为因素引起的附近水文地质改变的影响。单建式的地下车站结构,应采用全封闭、部分封闭防排水设计。附建式的全地下或半地下车站结构的防水设防高度,应高出室外地坪高程500mm以上。

（4）地下车站结构迎水面主体结构应采用防水混凝土,并根据防水等级的要求采用其他防水措施。

（5）地下车站结构的变形缝、施工缝、诱导缝、后浇带、穿墙管（盒）、预埋件、预留通道接头、桩头等细部构造应加强防水措施。

（6）地下车站结构的排水管沟、地漏、出入口、窗井、风井等应有防倒灌措施,寒冷及严寒地区的排水沟应有防冻措施。

（7）地下车站结构防水设计,应根据工程的特点和需要搜集有关资料。

地下车站结构防水设计应包括以下五方面内容:

（1）防水等级和设防要求。

（2）防水混凝土的抗渗等级和其他技术指标、质量保证措施。

（3）其他防水层选用的材料及其技术指标、质量保证措施。

（4）工程细部构造的防水措施、选用的材料及其技术指标、质量保证措施。

（5）工程的防排水系统,地面挡水、截水系统及工程各种洞口的防倒灌措施。

区间隧道的设计应遵循"以防为主"的原则,不应提出"防排结合"或"以排为辅"的原则。只有在施工与因地制宜、综合运营过程中不得已且疏排水不会引起周围地层下降的前提下,才允许对进入主体结构内的少量渗水进行疏排。区间隧道的主体结构宜采用钢筋混凝土结构自防水体系，即以结构自防水为根本，加强钢筋混凝土防渗、抗开裂能力，改善钢筋混凝土结构的工作环境，进一步提高耐久性。同时，以诱导缝、施工缝、变形缝等接缝防水作为重点，并辅以防水层加强防水，提高耐久性。

二、防水等级

各类地下工程应根据工程的重要性和使用中对防水的要求确定防水等级。表10-9是《地下工程防水技术规范》（GB 50108—2008）中规定的四级防水等级。一级防水等级适用于人员长期停留的场所，因有少量湿迹会使物品变质、失效的储物场所及严重影响设备正常运转和危及工程安全运营的部位以及极重要的战备工程。二级防水等级适用于人员经常活动的场所，在有少量湿迹情况下不会使物品变质、失效的储物场所及基本不影响设备正常运转和工程安全运营的部位以及重要的战备工程。三级防水等级适用于人员临时活动的场所以及一般战备工程。四级防水等级适用于对渗漏水无严格要求的工程。

地下工程防水标准 表10-9

防水等级	防 水 标 准
一级	不允许渗水，结构表面无湿渍
二级	不允许漏水，结构表面可有少量湿渍； 工业与民用建筑：总湿渍面积不应大于总防水面积（包括顶板、墙面、地面）的1/1 000；任意100m^2防水面积上的湿渍不超过2处，单个湿渍的最大面积不大于0.1m^2； 其他地下工程：总湿渍面积不应大于总防水面积的2/1 000；任意100m^2防水面积上的湿渍不超过3处，单个湿渍的最大面积不大于0.2m^2，其中隧道工程还要求平均渗漏量不大于0.05L/($m^2 \cdot d$)，任意100m^2防水面积上的渗漏量不大于0.15L/($m^2 \cdot d$)
三级	有少量漏水点，不得有线流和漏泥沙； 任意100m^2防水面积上的漏水或湿渍点数不超过7处，单个漏水点的最大漏水量不大于2.5L/d，单个湿渍的最大面积不大于0.3m^2
四级	有漏水点，不得有线流和漏泥沙； 整个工程平均漏水量不大于2L/($m^2 \cdot d$)；任意100m^2防水面积上的平均漏水量不大于4L/($m^2 \cdot d$)

在进行防水设计时，可根据不同防水等级规定的适用范围，结合工程的实际情况合理确定工程的防水等级。地下铁道车站顶部属少量湿迹会严重影响设备正常运转和危及工程安全运营的场所或部位，指挥工程属极重要的战备工程，故都应定为一级。而一般生产车间属于人员经常活动的场所，地铁隧道应定为二级。对于大型工程，因工程内部各部分的用途不同，其防水等级可以有所差别。

三、防水的基本措施

地下工程的防水可分为两部分：一部分是结构主体防水；另一部分是细部构造特别是施工缝、变形缝、诱导缝、后浇带的防水。目前结构主体采用防水混凝土结构自防水其防水效果尚好，而细部构造，特别是施工缝、变形缝的渗漏水现象较多。针对目前存在的这种情况，明挖法施工时不同防水等级的地下工程防水基本措施分为四部分内容，即主体、施工缝、后浇带、变形缝（诱导缝）。对于结构主体，目前普遍应用的是防水混凝土自防水结构，当工程的防水等级为一级时，应再增设两道其他防水层；当工程的防水等级为二级时，可视工程所处的水文地质条件、环境条件、工程设计使用年限等不同情况，再增设一道其他防水层。

地下工程的防水措施,应根据使用功能、使用年限、水文地质、结构形式、环境条件、施工方法及材料性能等因素确定。

明挖法的防水设防要求按表10-10选用。

明挖法地下工程防水措施 表10-10

工程部位	主体结构						施工缝						后浇带				变形缝(诱导缝)				
防水措施	防水混凝土	防水卷材	防水涂料	塑料防水板	膨润土防水材料	防水砂浆	金属防水板	遇水膨胀止水条(胶)	外贴式止水带	中埋式止水带	外抹防水砂浆	外涂防水涂料	水泥基渗透结晶型防水涂料	预埋注浆管	补偿收缩混凝土	外贴式止水带	预埋注浆管	遇水膨胀止水条(胶)	防水密封材料	中埋式止水带	外贴止水带	可卸式止水带	防水密封材料	外贴防水卷材	外涂防水涂料
防水等级 一级	应选	应选1~2种						应选2种						应选	应选2种			应选	应选1~2种						
二级	应选	应选1种						应选1~2种						应选	应选1~2种			应选	应选1种						
三级	应选	宜选1种						宜选1~2种						应选	宜选1~2种			应选	宜选1~2种						
四级	宜选	—						宜选1种						应选	宜选1种			应选	宜选1种						

暗挖法的防水设防要求按表10-11选用。

暗挖法地下工程防水措施 表10-11

工程部位	主体结构						施工缝					后浇带			
防水措施	防水混凝土	塑料防水板	防水砂浆	防水涂料	防水卷材	金属防水层	外贴式止水带	预埋注浆管	遇水膨胀止水条(胶)	防水密封材料	中埋式止水带	水泥基渗透结晶型防水涂料	中埋式止水带	外贴式止水带	可卸式止水带	防水密封材料	遇水膨胀止水条(胶)
防水等级 一级	必选	应选1~2种					应选1~2种					应选	应选1~2种			
二级	应选	应选1种					应选1种					应选	应选1种			
三级	宜选	宜选1种					宜选1种					应选	宜选1种			
四级	宜选	宜选1种					宜选1种					应选	宜选1种			

暗挖法的防水设防要求按表10-12选用。

盾构隧道的衬砌防水措施 表10-12

措施 防水措施选择 防水等级	高精度管片	接缝防水				混凝土内衬或其他内衬	外防水涂料
		密封垫	嵌缝	注入密封剂	螺孔密封圈		
一级	必选	必选	全隧道或部分区段应选	可选	必选	宜选	对混凝土中有中等以上腐蚀的地层应选,在非腐蚀地层宜选

续上表

措施选择 防水等级	高精度管片	接缝防水				混凝土内衬或其他内衬	外防水涂料
		密封垫	嵌缝	注入密封剂	螺孔密封圈		
二级	必选	必选	部分区段宜选	可选	必选	局部宜选	对混凝土中有中等以上腐蚀的地层宜选
三级	应选	必选	部分区段宜选	—	应选	—	对混凝土有中等以上腐蚀的地层宜选
四级	可选	宜选	可选	—	—	—	—

第四节 明挖结构防水

明挖结构常用的两种结构形式分别为叠合结构与复合结构。叠合结构是指在排桩式或连续墙式围护结构与内衬墙之间采取一定的工程措施，如在围护结构顶、中、底板的位置预埋钢筋接驳器，通过对围护结构的凿毛、清洗，与内衬墙连成整体。当结合面的剪应力超过0.7MPa时，在围护结构与内衬墙的连接位置设置足够的抗剪拉结筋，以保证两者的叠合面之间可以传递拉力、压力、剪力，同时在顶板、中板、底板的连接点处可以传递弯矩。叠合后两者变形协调一致，可以视为整体墙。而复合结构在围护结构与内衬墙之间设封闭的柔性防水层，两者之间能传递压力，但不能传递拉力和剪力。

一、叠合结构防水

在明挖结构施工中叠合结构是外墙围护结构与主体结构内衬墙体通过拉结件，通常是钢筋连接器（接驳器）连接以及新旧混凝土间凿毛咬合与黏结等机理形成的整体受力结构。由于混凝土不是同期浇筑，其整体性能相对一次浇筑的混凝土而言略差，由于永久受力构件外侧混凝土直接接触外界各种介质，因此在设计围护结构时需充分考虑其保护层厚度及混凝土自身的密实性和抗裂性，以利保护结构钢筋不受腐蚀。同时，因外墙围护结构通常是地下连续墙、钻孔咬合桩等排桩结构，桩间接头的整体性与防水性也相对较弱，需要采取措施（包括排桩结构本体的措施、与外的附加措施）加以处理。叠合结构防水构造如图10-11所示。

叠合结构的底板、顶板防水层两侧端头的防水处理难度较大，因为防水材料无法兜绕成整体封闭的防水层。叠合结构隧道的侧墙在围护结构与内衬墙间无法设柔性防水层，而且在围护墙墙缝设刚性防水层或在内衬结构墙内设刚性防水层，都难以解决内衬墙较大的开裂，加之刚性防水层（如水泥基渗透结晶型防水材料）的功效有限，因此通常不设防水层。从这个意义上讲，叠合结构的防水稍逊于复合墙结构的防水。

叠合结构有结构受力上的优点，具体到工程实际上有如下优点：

（1）在外荷载作用下，围护结构与内衬墙共同受力变形协调，所以内衬墙的钢筋和混凝土用量都可以减少，从而降低了造价。

（2）由于围护结构厚度的减薄，为拓宽建筑面积创造了条件。

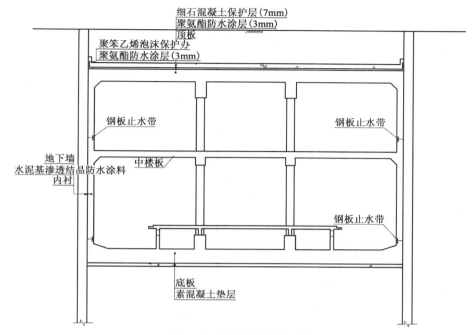

图 10-11　叠合结构防水构造图

（3）侧墙乃至底板不置防水层，主体结构与围护结构连为一体，有利于地下结构抗浮，桩基础（或顶板以上的压顶梁）等被省却、底板浇筑加快，使结构稳定性提高（如围护结构的位移量减小），结构安全性加强。

因此，叠合结构车站可以节省大量投资，缩短工期，具有独自的优势。《地铁设计规范》（GB 50157—2009）虽然规定防水等级为一级、二级的地下结构工程应选 1~2 种附加防水层，但规范并没有限制采用侧墙不设防水层的叠合结构。另外，如果把叠合结构内衬墙看作主体结构混凝土，那么地下墙等围护结构也可以看作是硕大的刚性外防水体。

二、复合结构防水

明挖复合结构也称重合结构。复合结构防水构造如图 10-12 所示。

复合结构主要考虑围护结构承受施工阶段的侧向水土压力，使用阶段的土压力则由围护结构和主体结构共同承受，水压力由主体结构承受，荷载产生的内力按内外墙的受荷情况以及内外墙刚度进行分配，边墙的主要受力构件是内衬墙。

复合结构中主体结构边墙较厚（600~800mm），且是整体浇筑，使用阶段的主要受力结构为主体结构，其整体性也很强。由于增加了附加防水层，主体结构混凝土直接接触外界腐蚀性介质的机会相对较小，混凝土碳化时间也会变长，碳化程度也会减弱，其耐久性也较强，从长远分析其安全性较强。

当然，防水层的使用寿命以及防水层受损后在防水层与主体结构间蹿水也是影响结构防水性、耐久性的主要问题。

复合结构防水有两个技术关键：围护结构对内衬结构的约束问题和侧墙混凝土的防水与耐久性问题。具体分析如下（其中围护结构假定采用 SMW 桩）：

(1) SMW 桩的强度仅约 1MPa，与内衬混凝土的强度等级相差甚远。尤其是现在 SMW 工法均采用三轴机械施工，桩间凹凸状况已大有改善，SMW 桩与内衬混凝土浇筑在一起，并不会约束内衬结构而造成开裂，这已被诸多实际工程所验证。

(2) SMW 桩的防水性好，即使 H 型钢拔去后，通过注浆其防水功效也不错，而它与内衬浑然一体，有效地提高了防水性。

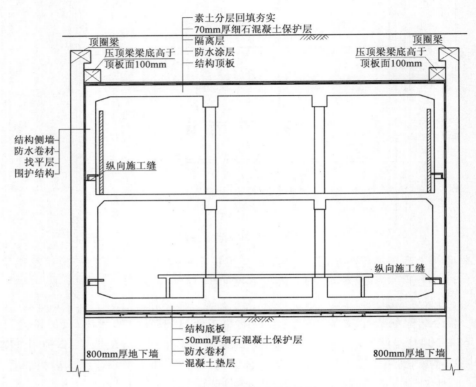

图 10-12　复合结构防水构造图

(3) 由于现在 SMW 桩中水泥含量为 20% 左右，在浇筑内衬混凝土时，桩体土块下落的现象已可避免，不会再影响内衬混凝土的质量。

(4) SMW 桩与内衬结构间不设隔离层，一起浇筑，加快了工期，对工程尤其需要。

因此，工程围护结构 SMW 桩与内衬混凝土浇筑在一起，从防水作用而言构成复合结构。与此同时，要求在钢围檩割除时必须平整、光洁，再在此局部范围加涂沥青隔离涂层，而其他防水措施均不必作特殊处理。对于工程侧墙防水的思想，充分体现了"因地制宜"的防水原则。

目前，随着对混凝土结构耐久性的重视，重大的明挖结构工程在选用墙体结构时较多地做以下考虑：

(1) 当地下水有腐蚀、隧道所处地层透水系数大时，应采用复合结构，并采用全包防水防腐层，防水层应选用耐久性好、使用寿命长且能与主体结构满粘或全部"咬合"的材料。当采用复合式结构时，围护结构的设计使用寿命与结构受力计算的关系便是值得研究的问题。

(2)当地下水无腐蚀、隧道所处地层透水系数较小时,可采用复合结构,也可根据工程环境条件,结合施工要求,采用叠合式结构。复合式结构采用全包防水层,防水层应选用耐久性好、使用寿命长且能与主体结构满粘或全部"咬合"的材料,对其结构耐久性有利。采用叠合式结构时,围护结构应采用结构整体性和防水效果较好的地下连续墙,并加强该体系的混凝土结构自防水与耐久性,确保其混凝土的防水效果,同时注重顶板的防水层设计与施工,尤其加强防水层的封头,则在结构受力、造价、工期、基坑施工安全上都有优势。总之,不能单纯地从防水考虑,还应建设的各环节上综合权衡。

第五节 接缝的防水

接缝是地下工程防水的重点,也是地下工程渗漏水的多发部位。要了解接缝的防水,就必须了解接缝的类型以及各类接缝的防水构造。

一、接缝的类型

接缝包括施工缝、诱导缝、变形缝等。地下工程为了保证结构混凝土的质量,防止混凝土产生各种裂缝,在浇注混凝土时,采取了分块浇筑的方法,一般按照6~15m的长度将混凝土分成若干块,然后对不相邻的块进行跳跃式浇筑,以释放混凝土内部应力,防止混凝土的干缩裂缝发生。由于实行分块浇筑混凝土或者避免混凝土干缩裂缝,使得现浇混凝土结构存在大量施工缝。与施工缝不同,诱导缝和变形缝都是结构设计产生的。诱导缝的设置是为了克服车站纵向收缩(包括早期的塑性收缩、干缩,与长期的温度收缩)引起的结构开裂而预留的、有诱导作用的缝。变形缝是针对结构在外界因素作用下常会产生变形,导致开裂甚至破坏而预留的构造缝,可分为伸缩缝、沉降缝、防震缝三种。伸缩缝是为了适应结构由于温度、湿度作用以及混凝土收缩、徐变对结构的变形影响而设置的,伸缩缝可承受水平变位。沉降缝是为了适应结构不同部分的不均匀沉降而设置的,沉降缝可承受由于地基不均匀沉降而产生的垂直变位。防震缝是为了适应地震作用导致结构变形影响而设置的,防震缝可吸收地震作用引起的水平及垂直两个方向的变位。

二、施工缝防水构造

混凝土块与块之间形成的缝称为混凝土施工缝,所以施工缝成为混凝土结构中最薄弱的部位。因此,混凝土施工缝部位必须进行以下特殊处理:为了保证施工缝部位新老混凝土结合密实,新混凝土浇筑前,在已浇筑好的混凝土施工缝的表面层上,必须进行凿毛处理。施工缝部位是防水的薄弱环节,必须设计防水材料来保证防水质量。目前,解决施工缝部位防渗问题的方案大都采用在施工缝部位预埋止水带,如橡胶止水带、钢边止水带、塑料止水带等。

1. 纵向水平施工缝防水构造

水平施工缝在地下结构中表现为纵向水平施工缝(包括顺筑施工缝和逆筑施工缝)。水平施工缝可采用止水钢板这种传统的接缝止水材料。此外,也有为体现区间隧道二级防水的要求,在以钢板止水带为主材的基础上,辅以注浆管或单组分膨胀密封胶。钢板丁基橡胶腻子止水带若能与混凝土充分反应、结合良好,也宜使用。水平施工缝在应用PVC塑料止水带,尤其外贴式止水带时,往往与环向外贴式止水带交合,这时宜用十字预制件现场热接,以保证接头质量。

水平施工缝包括抗拔桩、承压桩桩头。浇筑混凝土前,应将其表面浮浆和杂物清除,先铺净浆或涂界面处理剂、水泥基渗透结晶型防水涂料,用特种渗透型环氧界面剂对提高接缝防水性、混凝土致密性更有效果。

纵向水平缝防水构造:关于纵向水平施工缝的设防,有诸多组合。除缝面用水泥基渗入结晶类防水涂料涂刷处理外,主要用止水带防水。目前较少使用橡胶、塑料止水带,因为安装固定时需收紧固定,较为复杂。而传统的钢板止水带往往是基本选择,在此基础上,视隧道防水等级及工程难度,往往增设与之相配的防线。传统纵向水平施工缝的防水构造如图10-13所示。

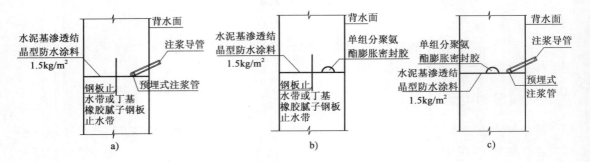

图10-13 纵向水平施工缝防水构造图

纵向水平施工缝防水构造有以下两种组合方式:

(1)钢板止水带和预埋全断面出浆注浆管组合。其中,钢板止水带应是热浸锌或电镀锌防腐蚀处理。预埋全断面出浆注浆管的构造与设置方式见图10-12。

(2)钢板止水带和单组分挤出式膨胀止水密封胶组合。单组分挤出式膨胀止水密封胶部分替代了过去推荐使用的遇水膨胀止水密封条,因为挤出设置固定方便、牢靠,受预膨胀的影响小,止水效果较好。

以上的钢板止水带虽与混凝土咬合牢固,但为了适应施工缝的张开,可与丁基橡胶腻子相复合,制成丁基橡胶腻子钢板止水带,它具有能与混凝土反应浑然一体的特性。当然,也有不用钢板止水带,用密封胶和注浆管组合的方式。

(1)单组分挤出式膨胀止水密封胶和预埋全断面出浆注浆管组合,其中又分设单道或双道。后者注浆管居中设置,两侧为膨胀密封胶;前者则有注浆管居外密封胶居内或反之。

(2)注浆管在施工缝表面的位置要重点考虑。施工缝采用预埋注浆系统作为一道防水防线时,注浆管的设置位置需要重点考虑。

利用注浆管进行后期注浆时,为确保浆液能够顺利排出,并对注浆管四周的混凝土结构内部的裂隙和孔洞进行有效的填充和封堵,注浆压力通常比较高。为避免浆液的压力对现浇混凝土造成破坏,就需要注浆管两侧的钢筋混凝土厚度有足够的抵抗注浆浆液压力的能力,同时可确保浆液的充盈度,因此应确保注浆管两侧的混凝土厚度不应小于10cm。当注浆管单独使用时,宜设置在施工缝中心线位置。

当施工缝采用双道设防,如注浆管与中埋式止水带、注浆管与遇水膨胀止水条配合使用时,宜将注浆管设置在止水带或止水条的迎水面一侧(图10-14),使浆液在施工缝止水带或止水条阻挡约束下,能充盈到止水带或止水条与混凝土之间未咬合空间和混凝土微细裂缝、孔隙内并挤压密实,有效提高其抗渗能力,使迎水面钢筋处于干燥状态,避免有害物质的侵入,并延缓其到达钢筋表面的时间,降低钢筋出现锈蚀的可能性,以达到防水防腐的要求。

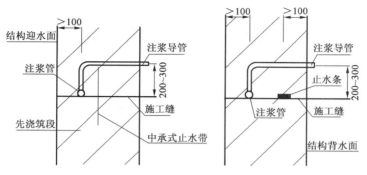

图 10-14 注浆管的设置位置(尺寸单位:mm)

注浆时,通过注浆管背水面一侧止水材料的封堵作用,会减少浆液从结构背水面溢出,降低浆液的压力损失,使浆液能够充分进入混凝土内的缝隙,提高浆液的使用效率,起到较好的封堵效果。

2. 横向垂直施工缝防水构造

垂直施工缝在车站中表现为横向垂直施工缝,缝内仅设置中埋式止水带(包括钢边橡胶、橡胶、塑料等类),中楼板设水膨胀腻子止水条,顶板迎水面预留嵌缝槽,以低模量聚硫或聚氨酯密封胶嵌填。各种材料设置方法与诱导缝中材料的设置一致,其防水构造如图 10-15 所示。

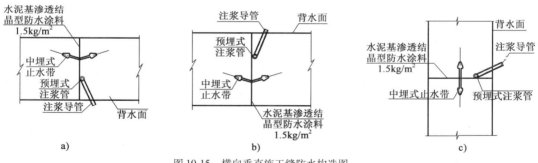

图 10-15 横向垂直施工缝防水构造图
a)顶板横向垂直施工缝防水构造;b)底板横向垂直施工缝防水构造;c)内衬横向垂直施工缝防水构造

对于施工缝,中埋式止水带是首选的设防措施。水平缝中的钢板止水带、垂直缝中的钢边橡胶止水带或其他止水带是否居中设置,应标注清楚(图 10-16)。若垂直施工缝、垂直变形缝中埋式止水带也居中设置,则与侧墙水平施工缝中埋式止水带会产生交叠,应尽量使垂直、水平施工缝采用遇水膨胀止水条搭接、遇水膨胀橡胶(或腻子)条与其他止水带的搭接;同材质、同类断面的塑料止水带,如 PVC 止水带,可以通过专用直角件搭接相连、变形缝钢边橡胶止水带与施工缝钢板止水带铆接;不同材质、不同断面的止水带应错开,两者错位时,应标明位置,间距应使混凝土足以充填,并与止水带咬合可靠。

另外,由于水平施工缝止水带在垂直变形缝处是断开的,此时的错位,宜将变形缝的中埋式止水带设于水平施工缝止水带外侧,以利整体接缝防水。反之,中埋式止水带的位置不妥当,如图 10-17 所示。当然,最好还是如图 10-18 所示,变形缝钢边橡胶止水带与施工缝钢板止水带叠合一体,铆接而成。

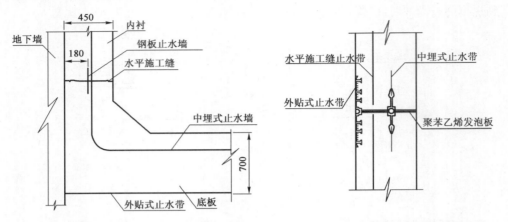

图 10-16 侧墙与底板交接处变形缝防水构造图
(尺寸单位:mm)

图 10-17 侧墙变形缝防水构造图

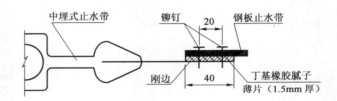

图 10-18 变形缝与施工缝止水带叠合构造图(尺寸单位:mm)

三、诱导缝防水构造

诱导缝内的防水材料应确保在 0.6MPa 水压下、缝张开量为 20mm 时不漏水。车站诱导缝设置以小于或等于 24m 为宜(冬季施工时,间距可适当放长至 24~32m)。诱导缝在板和墙位置应对齐。

顶板、侧墙、底板设置间距为 9~14m 的施工缝也是广泛使用的方法,这在侧墙为复合墙、分离墙的条件下更有效。施工缝间距过短,不利于施工,且会增大接缝量引起的渗漏概率;施工缝间距过长,容易产生收缩裂缝。

诱导缝预设中埋式止水带,外贴式止水带。中埋式止水带,需固定于专门的钢筋夹上,水平安装时应成盆形,防止止水带下面存有气泡,造成渗水。外防水止水带可采用地下墙以氯丁水泥砂浆或微晶水泥砂浆找平,再用黏结剂和水泥钉固定于找平面上的方法设置,见图 10-19。

诱导缝顶板迎水面预留嵌缝槽,以低模量聚硫或聚氨酯密封胶嵌填。诱导缝顶板背水面在结构混凝土施工完毕后,横向埋设排水槽。纵梁施工时,需预埋排水槽连接管,以保证排水槽的连续性。

诱导缝顶板设置金属剪力杆;底板设置混凝土凹凸榫。这些构造措施都是为了严格控制结构相对沉降,这在轨道交通中尤为重要。

诱导缝中楼板防潮墙处预留嵌缝槽,嵌填密封胶,如图 10-20 所示。

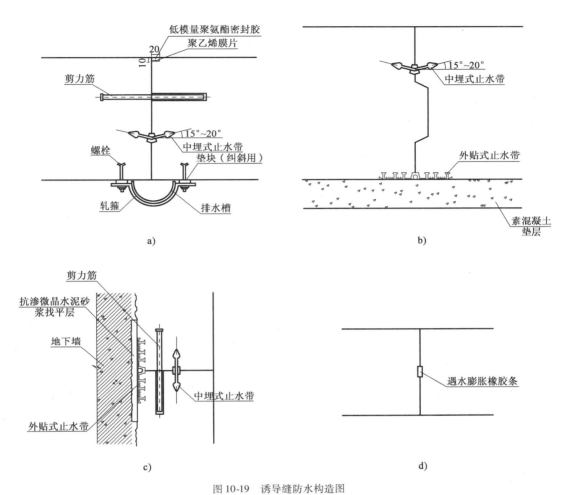

图 10-19 诱导缝防水构造图

a) 顶板诱导缝及其排水槽(纵剖面);b) 底板诱导缝(纵剖面);c) 侧墙诱导缝(平剖面);d) 中楼板诱导缝(纵剖面)

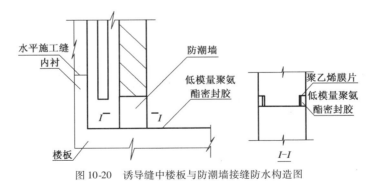

图 10-20 诱导缝中楼板与防潮墙接缝防水构造图

四、变形缝防水构造

变形缝是地下防水的薄弱环节,防水处理比较复杂,最易发生渗漏,若处理不妥,会直接影响到地下工程的正常使用和使用寿命。这是由于缝的构造复杂且处在变形的位置所决定的。

从防水构造上看,变形缝需要具备以下几个条件:
(1)密封防水且能够承受一定的水压力。
(2)能够适应结构的变形或下沉,在一定的外力作用下不致破坏。
(3)和主体结构的防水层四面相互衔接,形成一个整体的防水系统。
(4)易检修且具有足够的耐久性。

对于水压小于 0.03MPa、变形量小于 10mm 的变形缝,可采用弹性密封胶嵌实密封,或采用粘贴式变形缝橡胶片,如图 10-21 所示。

对于水压小于 0.03MPa,变形量为 20~30mm 的变形缝,宜用附贴式止水带,如图 10-22、图 10-23 所示。

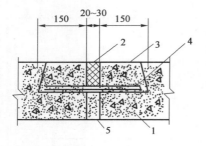

图 10-21　内置(粘贴)式止水带变形缝(尺寸单位:mm)
1-围护结构;2-填缝材料;3-细石混凝土;4-粘贴式变形缝橡胶片;5-嵌缝材料

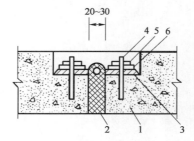

图 10-22　内置(可卸)式止水带变形缝(尺寸单位:mm)
1-围护结构;2-填缝材料;3-止水带;4-螺栓;5-螺母;6-压铁

对于水压大于 0.03MPa、变形量为 20~30mm 的变形缝,应采用中埋式橡胶或塑料止水带,如图 10-24 所示。

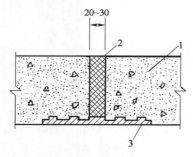

图 10-23　外贴式止水带变形缝(尺寸单位:mm)
1-围护结构;2-填缝材料;3-止水带

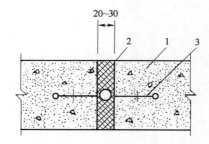

图 10-24　中埋式橡胶(塑料)止水带变形缝(尺寸单位:mm)
1-混凝土围护结构;2-填缝材料;3-止水带

对处于环境温度高于 50℃ 的变形缝,可采用 2mm 厚、中间呈圆弧形的紫铜片或 3mm 厚、中间呈圆弧形的不锈钢等金属止水带,如图 10-25 所示。

另外,常见的变形缝复合形式防水构造有:中埋式止水带与外贴防水层复合使用(图10-26)、中埋式止水带与遇水膨胀橡胶条嵌缝料复合使用(图10-27)、中埋式止水带与可卸式止水带复合使用(图10-28)。

变形缝所用的防水材料与其构造有关,为满足防水上的要求,止水带宜采用金属、塑料和橡胶止水带。常用橡胶止水带如图 10-29 所示。填缝材料通常采用沥青纤维板、沥青木丝板和沥青玛蹄脂线麻预制板等。

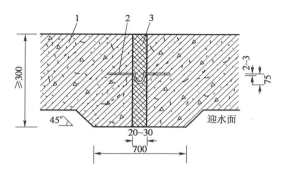
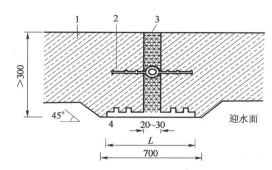

图 10-25　中埋式金属止水带(尺寸单位:mm)
1-混凝土结构;2-金属止水带;3-填缝材料

图 10-26　中埋式止水带与外贴防水层复合使用(尺寸单位:mm)
1-混凝土结构;2-中埋式止水带;3-填缝材料;4-外贴防水层
注:中埋式止水带 $L \geqslant 300$,外贴防水卷材 $L \geqslant 400$,外涂防水层 $L \geqslant 400$。

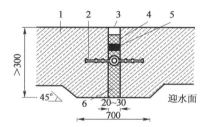
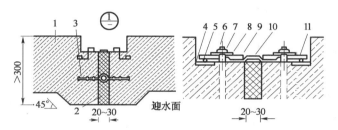

图 10-27　中埋式止水带与遇水膨胀橡胶条嵌缝料复合使用(尺寸单位:mm)
1-混凝土结构;2-中埋式止水带;3-嵌缝材料;
4-背衬材料;5-遇水膨胀橡胶条;6-填缝材料

图 10-28　中埋式止水带与可卸式止水带复合使用(尺寸单位:mm)
1-混凝土结构;2-填缝材料;3-中埋式止水带;4-预埋钢板;5-圆钢;
6-预埋螺栓;7-螺母;8-垫圈;9、11-压件(圆钢、压板、压块);10-Ω 形止水带

（1）在变形缝变形时,止水带应具有在混凝土中锚固、止水及适应变形的性能。

（2）变形缝的填缝板应具有一定的适应变形缝变形的能力,用于填充变形缝并起到对止水带及密封料的支撑或背衬作用。

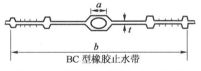

图 10-29　常用埋入式橡胶止水带形式

（3）变形缝的密封料,应对变形缝起到止水密封作用,且有适应变形缝变形的能力,并嵌置在迎水面。

若在变形缝处不设置密封料,防渗完全依靠止水带,一旦止水发生问题,造成渗水,修补工作十分困难,所以,把密封材料作为第一道防线,作为变形缝的一部分。密封料还可以起到对变形缝密封,阻挡杂物侵入变形缝,保护填缝板和止水带的作用,并且还可具有一定的装饰功能。

变形缝的止水带通常可分为刚性止水带和柔性止水带两类。刚性止水带有刚性材料,如钢、不锈钢、紫铜、青铜等材料制造。柔性止水带一般可选择的材料有橡胶、塑料(PVC)、橡塑材料。目前国内外较多采用橡胶材料止水带。

钢边橡胶止水带是在柔性止水带的两边加钢板,其作用是增加止水带的长度和止水带的锚固力,多用在重要的地下工程上,如图 10-30 所示。

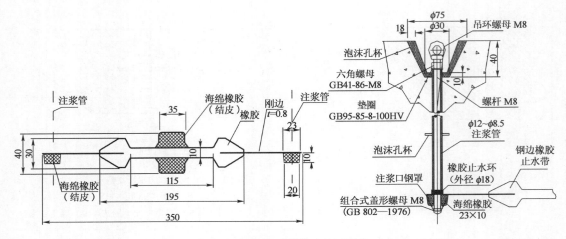

图 10-30 钢边橡胶止水带构造(尺寸单位:mm)

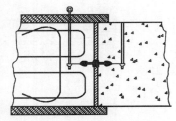

图 10-31 钢边橡胶止水带构造

由于变形缝的渗漏很难杜绝,堵水又非常困难,中埋式止水带具有可注浆堵水的方式逐渐增多,包括钢边橡胶止水带、橡胶或塑料止水带边翼有注浆管路的结构。注浆管路设置如图 10-31 所示。也有在止水带上另行附设注浆管路的方式。

值得指出的是,除了将塑料止水带、橡胶止水带与注浆管相结合的方式加强防水外,还有采用塑料止水带、橡胶止水带与遇水膨胀橡胶复合形式的止水带。

第六节 盾构法隧道结构防水

盾构法隧道的结构目前大多采用预制管片拼装法,管片接缝防水是盾构法隧道防水的关键。弹性密封垫是目前管片接缝防水广泛采用的防水措施。

一、弹性密封垫的防水机理

盾构隧道的各种防水措施中,管片接缝的防水措施不仅是最为重要的,而且是可靠性最高的防水措施。管片接缝防水可分为密封垫防水和嵌缝防水。

管片的接缝分环缝和纵缝两种。采用密封垫防水是接缝防水的主要措施。密封垫要有足够的承压能力、弹性复原力和黏着力,使其在盾构千斤顶的往复作用下仍然能保持良好的弹性交形性能。因此,一般均采用弹性密封垫。弹性密封防水主要是利用接缝弹性材料的挤密来达到防水的目的。弹性密封垫通常使用的是采用各种不同硬度的固体氯丁橡胶、泡沫氯丁橡胶、丁基橡胶、天然橡胶、乙丙胶改性的橡胶、遇水膨胀橡胶等加工制成的各种不同断面的带形制品。嵌缝防水是对密封垫防水的补充措施,即在管片环缝和纵缝中沿管片内侧设置的嵌缝槽内,采用嵌缝止水材料填嵌密实来达到防水目的的一种接缝防水方法。

弹性密封垫的设计应采用动态的设计方法,即考虑施工与运营时水压的差别,同时考虑密封垫接触应力的发展规律,如图10-32所示。

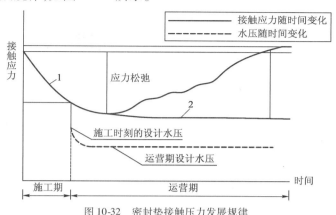

图10-32 密封垫接触压力发展规律
1-膨胀类密封垫接触应力变化曲线;2-三元乙丙密封垫接触应力变化曲线

弹性橡胶密封垫密封的过程就是橡胶体在密封力(弹性复原力或膨胀力)作用下,在接触表面产生较大的变形,从而填充了接触面微观上的凸凹不平,阻止液体在接触间隙中的流动,达到密封的目的,如图10-33所示。其目前是在隧道弹性橡胶密封垫防水设计中,普遍将橡胶密封垫看作类似于高黏体系的材料,它具有把压力传递到其接触面的特性。装在密封槽中的橡胶密封垫受压缩(或遇水膨胀)时,便对初始接触面产生弹性复原应力(或水膨胀力)P_0;当其受到液体压力作用时,也将在接触面上产生附加应力P_1,总接触面的应力为:

$$P = P_0 + P_1 \tag{10-1}$$

当水压$P_w > \alpha P$,即$P > \alpha(P_0 + P_1) = \alpha(P_0 + \beta P_0) = \alpha(1+\beta)P_0$时,即发生渗漏,其中$\alpha$与密封材料的材质、耦合面表面状况有关,$\beta$与材料硬度、断面形式相关。

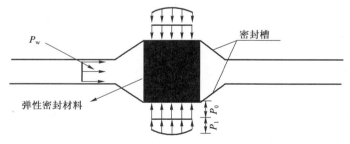

图10-33 密封垫防水机理示意图

为能使密封垫完全压密(环缝张开量为0mm),密封垫沟槽截面积应大于等于密封垫的截面积,其关系用式(10-2)表示:

$$A = (1 \sim 1.15)A_0 \tag{10-2}$$

式中:A——密封垫沟槽截面积;
A_0——弹性密封垫截面积。

弹性橡胶密封垫的设计指标如下。

(1)设计防水压力

按照国内外盾构隧道设计经验,密封垫须在考虑到设计年限(100年)内的应力松弛、材料老化等影响下,仍能抵抗隧道外最大外水压力。因此,密封垫防水压力设计值通常在最大外水压力的基础上,再乘以一定安全系数。《盾构法隧道防水技术规程》(DBJ 08-50—1996)规定:设计水压应等于实际承受最大水压的 2~3 倍。国内外类似工程的设计水压及安全系数取值见表 10-13 所示。

国内外类似工程设计防水压力及安全系数　　　　表 10-13

类比工程	埋深(m)	设计水压(MPa)	安全系数
日本东京湾横断道路隧道	50	1	2
上海地铁区间隧道	10~20	0.6	3
埃及艾哈迈德隧道	40	0.4	1
武汉长江越江盾构隧道	60	1.5	2.5
上海延安东路隧道 上海大连路隧道 上海翔殷路隧道	35~40	0.8	2~2.2
上海青草沙输水隧道	30	0.85	2.8

(2)张开量指标

密封垫在设计水压力下允许张开值一般应满足式(10-3):

$$\delta \leq \frac{BD}{\rho_{\min} - 0.5D + \delta_0 + \delta_s} \quad (10\text{-}3)$$

式中:δ——环缝中弹性密封垫在设计水压力下允许的缝张开值(mm);

　　$\rho_{\min}$——隧道纵向挠曲的最小曲率半径(mm);

　　D——衬砌外径(mm);

　　B——管片宽度(mm);

　　δ_0——生产、施工中可能产生的环缝间隙(mm);

　　δ_s——邻近建筑物引起的接缝张开值(mm)。

(3)错缝量指标

错缝量主要来源于施工误差以及长期不均匀沉降两方面。施工误差方面,按照《盾构法隧道施工与验收规范》(GB 50446—2008)规定,管片在盾尾内拼装完成时,每环相邻管片高差允许值为 5mm,纵向相邻环管片高差允许值为 6mm。长期不均匀沉降方面,可根据类似工程实测值或有限元计算得到。

(4)闭合压缩力指标

盾构机环缝拼装的最大拼装能力是受其千斤顶的量程所限制的,纵缝依靠管片的自身质量压紧及螺栓紧固力拼装。如果单纯考虑接缝的防水能力,导致闭合压缩力过大,直接影响到管片的拼装,进而直接影响防水效果。惰性密封垫应满足管片拼装要求,即管片拼装机应能将管片密封垫完全压缩至接缝完全闭合(张开量为 0),并且在千斤顶推力和管片拼装的作用力下,应当不致使管片端面和角部损伤等弊病发生。因此,闭合压缩力,即弹性密封垫完全压入密封沟槽时,每单位长度密封垫上需要施加的压力应为一个合理适中的值。根据上海地铁及成都地铁施工经验,当橡胶密封垫闭合压力小于 60kN 时,管片均能较好拼装。

二、弹性密封垫的选型

国际上常用的弹性密封垫主要有两大类型:一种是以欧洲为代表的谢斯菲尔德型非膨胀合成橡胶,靠弹性压密,以接触面压应力来止水,以耐久性见长;另一种是以日本为代表的遇水膨胀橡胶,靠其遇水膨胀后的膨胀压来止水。上海地铁经过长期实践,在接缝防水上主要采用两者相结合的复合型弹性密封垫形式。

(1)非膨胀型橡胶密封垫

非膨胀橡胶主要利用橡胶本身的弹性复原力密封止水。在欧洲,盾构隧道接缝防水是以非膨胀橡胶为主流,其材质有氯丁橡胶和三元乙丙橡胶等。这些橡胶作为防水密封材料已有几十年的历史,对其应力状态和长期耐水性已有充分的研究评价,如图10-34、图10-35所示。

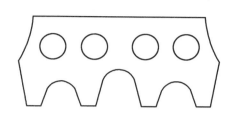
图10-34 非膨胀型橡胶密封垫示意图

图10-35 非膨胀型橡胶密封垫

(2)遇水膨胀橡胶密封垫

遇水膨胀橡胶密封垫是近年来开发应用的新型防水材料,是在橡胶或弹性塑料的基础上引入吸水组分制备的新型防水止水材料。其特点是保持了原有弹性止水材料的力学和弹性性能,增加吸水膨胀功能,如图10-36、图10-37所示。

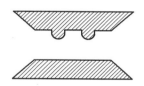
图10-36 遇水膨胀橡胶密封垫示意图

图10-37 遇水膨胀橡胶密封垫

(3)复合型密封垫

常见的复合型密封垫是在非膨胀橡胶密封垫表面加覆膨胀橡胶,即在橡胶生产过程中,非膨胀橡胶与膨胀橡胶经过相同的工艺流程,硫化挤出成型。主要采用两种方式来达到两者之间的复合:一种是采用特殊的弹性橡胶密封垫的构造形式,将水膨胀橡胶直接嵌入非膨胀的弹性橡胶密封垫表面;另一种是以模压的形式,将水膨胀橡胶与非膨胀橡胶同时硫化成型,从而构成复合型弹性橡胶密封垫,如图10-38、图10-39所示。

图10-38 复合型密封垫示意图

图10-39 复合型密封垫

橡胶材质硬度过大的橡胶密封垫不利于耦合接触面的变形,导致接触面上的凹凸不平很难被堵塞,容易有漏水通道。而硬度过小的密封垫在接触面容易产生变形,以填充耦合接触面凹凸不平的微小间隙,但往往材质过软的密封垫接触面上接触应力过小,水在外侧较大压力作用下,会掀起密封垫接触面,从而发生渗漏。通过压应力与压缩变形试验还发现橡胶材质的硬度对闭合压缩力有较大影响。试验试件断面及沟槽如图10-40、图10-41所示,橡胶材料其他技术指标要求如表10-14所示。

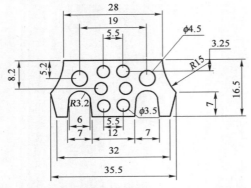

图10-40 压缩试验断面图(尺寸单位:mm)　　　　图10-41 试验沟槽(尺寸单位:mm)

三元乙丙橡胶技术指标　　　　表10-14

项 目	指 标	备 注
硬度(邵尔A)(度)	62度+3度	
拉伸强度(MPa)	≥10.5	
压缩永久变形(%)*	≤25	
拉伸强度变化率(%)**	≥-15	*指70℃22hr的变化
拉断伸长率变化率(%)**	≥-30	**指70℃96hr的变化
硬度变化(邵尔A)(度)**	≤+6	
拉断伸长率(%)	-350	
防霉等级	不低于1级(0级与1级)	

试验结果表明,在其他条件相同情况下,橡胶硬度增大其闭合压缩力明显增大,如图10-42所示。

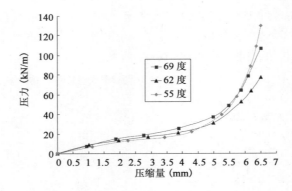

图10-42 不同硬度密封垫压应力—压缩量曲线图

因此，为了提供足够的接触应力且控制闭合压力，橡胶材质要确定一个合理的硬度指标，总结大量试验和数值计算结果，建议橡胶硬度取值62度±3度。三元乙丙橡胶技术指标要求建议值如表10-14所示。

【历史沿革】

我国地下工程防水设计由来已久。古代地下工程中最为宏伟的当属皇家墓穴，其中十三陵地下宫殿发掘，展示了我国早期地下工程的精湛防水技术：墙体均为石砌，工匠在灰泥中加入了糯米汁和杨桃藤汁，并且在墓穴外周敷设1m厚度的灰土层。灰土层较石砌结构具有较好的韧性和致密性，同时不易开裂，十三陵经历了几百年的地震，灰土层也起到了一个良好的受力衬垫作用，因此较好地体现了"刚柔结合"的设计思路，也是迎水面防水的典范。考古发现：很多地下蓄水池也多采用了这种防水思路，这在当时的经济技术条件下非常难得。

近代的防水材料则是从发现天然沥青并以其制作防水材料开始，之后随着技术的发展，在材料和形式上都更加丰富和多样化，发展至今在材料上已有沥青基防水材料、水泥基防水材料、膨润土、环氧砂浆、橡胶及其他高分子材料等；形式上则主要有涂料、卷材、密封垫及止水条等。下面以防水材料的发展为脉络加以说明。

(1) 沥青基防水材料

最初的焦油沥青和石油沥青纸胎油毡起源于欧洲，后又以炼油厂的石油沥青渣为原料制成油毛毡(沥青卷材)，并约于20世纪20年代传入中国。1929年建成的南京中山陵就用上了油毛毡。当时，受制于我国薄弱的工业基础，油毡生产多为作坊体制，1947年我国第一家防水油毡厂于上海建立。新中国成立后全国各地的油毡厂如雨后春笋般涌现，早期的沥青多采用煤焦油沥青，采用大锅熬制，生产工艺落后，之后随着我国石油工业的发展，对环境污染较小的石油沥青逐步取代了煤焦油沥青。1953年采用明挖法施工的北京地铁1号线最先采用外贴沥青卷材(采用2～5层沥青玻璃布油毡)进行接缝防水。随着技术的不断发展，沥青卷材(纸胎沥青)的产量逐渐下降，取而代之的是三元乙丙橡胶、氯化聚乙烯—橡胶共混、聚氯乙烯等合成高分子防水卷材，摆脱了沥青热油施工的落后工艺。

就沥青基防水涂料而言，改性沥青防水涂料自20世纪70年代出现以来发展迅速，时至20世纪80年代又成功研制出阳离子氯丁胶乳沥青涂料和硅橡胶防水涂料，为实现防水涂料系列化创造了条件。目前应用较多的防水涂料有聚氨酯、丙烯酸酯类涂料、阳离子氯丁胶乳改性沥青涂料等。

(2) 水泥基防水材料

1906年，水泥基金属氧化物防水材料(SJYF)在美国取得专利，并成功应用于电梯井坑等工程中；1942年德国化学家Lauritz Jensen发明了以水泥为基料的渗透结晶防水材料(SSJF)，由于第二次世界大战中德国的钢铁紧张，开始使用水泥造船，SSJF在解决水泥船的渗漏问题上大放异彩，20世纪70年代在北美畅销，1994年引入我国并在上海常熟路地铁站用于堵漏试验，后在地铁工程中被逐渐推广。

(3) 膨润土板

膨润土粉具备一定的自我愈合能力,并且可以吸附一定的有毒物质,因此在垃圾填埋场、水池、沟渠、水库的防渗设计中应用较多。20 世纪 60 年代,美国采用能递降分解的牛皮纸瓦楞板天然钠基膨润土做成膨润土板,之后改用有纺和无纺布中间夹天然钠基土做成防水毯,日本在塑料或沥青基材上加一层天然膨润土做成双重防水板,韩国后来吸收了美日的优点,用中国产的天然钠基土制成膨润土毯,相关产品在我国的地下工程中取得了较好的应用效果。

(4) 环氧砂浆

环氧砂浆是环氧树脂焦油添加惰性的石英砂、石英粉等硅质材料形成的胶黏剂,也是早期盾构隧道接缝防水的主要材料。由于环氧砂浆的时变固化特性,其涂抹到钢筋混凝土管片上后,在管片运下隧道拼装前保持柔性状,在管片拼装完成后,变为刚性固结体。1970 年 9 月贯通的打浦路隧道是上海第一条跨越黄浦江的隧道(建成时也是中国第一条江底隧道),当时管片接缝就采用烧涂环氧煤焦油砂浆作为嵌缝材料,然而运营一段时间后管片接缝处出现大量渗漏。后经分析发现,由于环氧煤焦油砂浆具有"先柔后刚"的缺陷,早期黏结性能虽然十分理想,但假以时日便具有了较强脆性,从而无法适应软土地层隧道沉降和变形。由于环氧砂浆的自身缺陷及性能更佳的新型防水材料的出现,环氧砂浆在城市轨道交通地下工程防水中逐渐被淘汰。

(5) 橡胶等高分子材料

1965 年冶建院发表了地下工程变形缝漏水问题的调查报告,调查发现:嵌缝式(沥青麻丝、胶皮管、角钢内灌混凝土)变形缝、外贴式带弧形镀锌铁片和中间埋入式紫铜片变形缝效果很差,而内贴钢片可拆卸式和中间埋入橡胶止水带式防水效果较好。后来随着橡胶工业的产量提升(成本得以降低),橡胶止水带得到了广泛的应用。并且在以橡胶为主要成分的止水带基础上,陆续出现了水膨胀橡胶止水条和钢板橡胶腻子止水板等,在很多设计中还附加注浆管起到堵漏的作用。

对于接缝防水,随着高精度管片的生产工艺不断发展,机械设备密封领域的橡胶密封垫被引入盾构接缝防水设计中,并担当了隧道防水的主要角色。同时,随着有机合成材料的发展,材料也"进化"为遇水膨胀橡胶,如聚乙烯橡胶、三元乙丙橡胶等新型防水材料。在应用初期,一度认为嵌缝所用水膨胀橡胶中的水膨胀树脂不必是 100% 的聚氨酯类,而适宜添加丙烯酸酯等高水膨胀树脂,使膨胀倍率显著提高以增大膨胀反力和密封效果,但后来的实践证明,膨胀率应保持在合理的范围内,膨胀率过小虽会降低防水压力,但过高的膨胀率会增大材料的水溶性,从而影响橡胶材料的耐久性,甚至还会引发嵌缝材料挤出的严重问题。

对于高分子防水卷材,目前主要有三元乙丙橡胶(EPDM)防水卷材、聚氯乙烯(PVC)防水卷材、氯化聚乙烯(CPE)防水卷材,以及新兴的热塑性聚烯烃(TPO)防水卷材等。耐久性较好的卷材的引入也使得地下工程中的防水技术有了巨大进展,使得迎水面的防水设计轻量化、易铺装得以实现。值得一提的是,对于地下车站明挖结构的防水设计,目前主要有两种设计思路:一种是采用复合墙结构,对应为外包式防水,利用柔性防水卷材作为结构附加防水层;另一种则更倾向于采用叠合墙结构,防水设计中更加关注顶板与底板的防水,侧墙则主要依靠内衬墙的自防水,其他防水措施则主要体现在接缝处。

【思 考 题】

1. 地下结构产生渗漏水的原因是什么?
2. 明挖结构防水设计有哪些不同的思想?
3. 密封垫防水的基本原理是什么?

第十一章
城市轨道交通工程施工

现象一: 图 11-1 是城市轨道交通工程明挖法和暗挖法施工的照片。明挖法和暗挖法施工有什么区别？什么条件下采用明挖法施工？

图 11-1　城市轨道交通区间隧道工程和车站基坑工程施工

现象二: 图 11-2 是城市轨道交通工程中采用满堂支架法和预制吊装法对高架结构施工的照片。两种不同的施工方法会对城市带来哪些影响？各自有什么优点？

图 11-2　采用满堂支架法和预制吊装法对高架结构施工

第一节　城市轨道交通工程的施工特点

城市轨道交通工程的施工特点是由其工程特点所决定的。

城市轨道交通工程项目一般都位于城市繁华区，沿城市主要街区、居民居住区及人流集中地等主要交通廊道布置，在主城区内一般都埋设在地下，工程所处环境极其复杂，决定了其自身具有投资巨大、涉及面广、涉及区域大、涉及部门多、生产组织复杂、协调量大、安全风险源多等特点。这些工程特点决定了组织工程施工时具有以下特点：

交通疏解、管线改迁是决定工程能否早日、顺利开工的先决条件。由于轨道交通工程的车站、盾构始发井大部分都位于城市主干道路上，交通繁忙，各种管线纵横交错，在不影响或少影响道路交通、各种管线正常运行的情况下，合理的交通疏解、管线改迁、管线保护方案是减少工程投资、保证方案能够尽早实施的先决条件，也是工程施工前期最重要的工作。交通疏解、管线改迁涉及的部门多，需要做大量、细致的调查工作，协调各方利益，关系复杂，工作难度极大。该项工作的进展将直接影响到工程的进展，必须高度重视。

施工场地狭小，施工组织困难，科学、合理的施工组织方案是解决问题的有效手段。由于轨道交通工程位于城市交通的主干道、人口稠密地段，交通繁忙，建筑物密集，而施工又必须在不中断交通、不影响正常的城市生活秩序的情况下展开，这些客观条件造成了施工场地非常狭窄，施工组织异常困难。因此，在施工组织安排时要因地制宜，选择科学、合理的施工方案，合理地布置生产、生活场地，并以满足生产为主，合理地配置施工机械，科学地安排施工顺序，组织、协调好各作业队之间的关系，以充分展现企业的施工管理能力及水平。

工程水文地质复杂多变，尽可能探明、掌握工程水文地质情况是工程顺利实施的关键。由于工程水文地质形成年代、条件的不同，同时经过若干年的变化、风化，其工程特性极其复杂。因此，充分、详尽地了解、掌握工程水文地质条件，是土木工程，尤其是地下工程能够顺利实施的最关键的因素。以往的地下工程施工经验告诉我们，由于对地质水文情况掌握得不够、研究得不透，预先没有认真采取有针对性的方案及措施，致使工程进展困难，甚至酿成灾难性的后果。因此，在施工前要认真研究，吃透工程地质水文资料，特别是盾构隧道工程，施工单位要对提供的地质资料加密补充钻探,尤其是对砂层、孤石、基岩突起、换刀检修等地段要详尽探明,预先处理,为工程的顺利实施扫清障碍。

施工场地周边、隧道穿越建(构)筑物的保护,是工程顺利实施的保证。一般轨道交通工程沿线建(构)筑物密集,各种管线密布,车站、出入口、风亭、施工竖井、盾构井等深基坑紧邻建(构)筑物及管线,甚至地下隧道穿越建(构)筑物,由于施工引起的失水、地层变形,如采取的措施不当,保护不力往往会使建(构)筑物沉降、变形超标引起开裂,甚至破坏。施工单位进场后,要对沿线周边建(构)筑物及各种管线进行深入细致的调查,建立档案,弄清楚这些建(构)筑物的业主(单位)、建成年代、使用性质、结构及基础形式、安全等级等,必要时,请第三方专业机构进行安全鉴定,并出具报告。针对这些建(构)筑物的不同情况采取相应的保护措施,并建立起信息化施工管理体系,在施工过程中进行施工量测,及时分析、反馈量测数据,不断修正施工参数及方案,确保建(构)筑物及管线的安全。

城市轨道交通工程技术复杂,施工难度大,涉及专业领域多,专业性强,施工组织协调难度大,施工组织管理者丰富的专业技术知识、能力及同类工程的管理经验是确保工程安全、顺利实施的基础。城市轨道交通工程既包含了土建工程,又涉及轨道、通信信号等各系统的设备安装以及公共设施的装修工程等。土建工程既有地面高架桥梁、高架站,又有地下站及地下区间隧道,地下站及区间隧道既有明挖,又有暗挖及盾构,各种工法极其复杂,施工难度极大,施工组织困难。要求施工管理者必须具备良好的专业技术素养及丰富的管理经验,同时也要求进场施工的队伍必须是专业化的施工队伍并具有同类工程的施工经验,这是保证工程能够安全、顺利实施的基础。

施工安全风险源多,建立、健全完善的安全管理体系及有效运转,制订有针对性的施工安全专项方案、措施,落实安全管理责任制,各种安全管理资源配置、投入到位是确保工程顺利进行的必不可少的条件。城市轨道交通工程既有一般建筑工程所具有的高空坠物、起重、施工用电、高空作业、消防等施工安全风险源,又有其自身工程特点所具有的深基坑、隧道坍塌、突水、涌沙、建(构)筑管线沉降引起的开破裂、爆破、轨行区行车等安全风险源,施工安全管理伴随整个施工过程,不能有半点松懈。

安全文明施工管理标准高、要求严。城市轨道交通工程一般位于城市的繁华地段,也是当地最大的民生工程,受市民关注度高,代表着城市的形象,安全文明施工管理要求标准高。不仅在施工围挡、污水排放、噪声、粉尘等方面有严格的要求,在现场管理上也要求规范化管理、标准化施工,对施工企业的施工管理水平提出了更高的要求。

第二节　明挖法施工

明挖法是采用围护结构支撑周围土层并从地面敞口施工的一种方法,这种方法可以同时施工多个作业面,具有速度快、工期短、工程质量易保证、工程造价低等优点,但由于需要大开挖作业,对地面交通和城市的生活环境会产生较大的影响,因此在地面交通和环境允许的条件下可选用明挖法施工。该方法按主体结构的施作顺序又可以分为:明挖顺作法、逆作法和盖挖法。

一、明挖顺作法

明挖顺作法先施工围护结构,然后从地面向下开挖基坑、设置支撑,场地开阔时可以采用放坡施工,开挖到基底时铺设混凝土垫层,并由下向上回筑内部结构。在回筑内部结构时,根据结构的受力情况分批拆除支撑或进行换撑,在顶板封顶后覆土恢复市政管线和路面结构。施工顺序如图 11-3 所示。

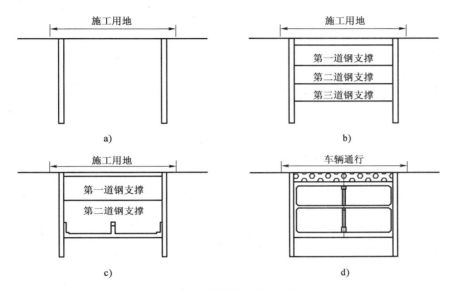

图 11-3 明挖顺作法施工步骤

a)封闭道路、管线搬迁、施作围护结构;b)由上至下逐层开挖并架设支撑;c)浇筑底板、下立柱、下层内衬混凝土、拆除第三道支撑,并由下至上浇筑主体结构,依次拆撑;d)施作顶板、拆撑、覆土、管线回搬、恢复交通

明挖顺作法施工中的基坑可以分为敞口放坡和有围护结构的基坑两类。基坑稳定的各项技术措施如下:

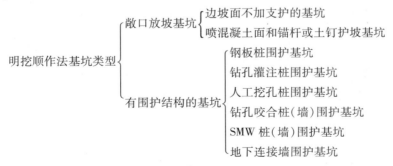

明挖顺作法施工特点可以概括为以下几点:
(1)施工作业面开阔,有利于提高工效、缩短工期。
(2)质量容易保证。
(3)施工降、排水容易,防水结构简单,质量可靠。
(4)施工期间对周围环境或道路交通影响大且易受到气象条件的影响。
(5)基坑较深时,须采取措施防止基坑变形及其周围地面沉降。

该方法的适用区域包括：基坑开挖范围内无重要的市政管线，或市政管线较少，可以临时改移；车站施工影响范围内的道路交通流量不大，或在需要临时封闭道路交通时具备交通改道和疏解条件。

二、逆作法

当地面需要尽快恢复交通或环境保护要求较高时，可以采用逆作法施工，即利用先施工完成的地下连续墙作为深基坑开挖时挡土、止水的围护墙，利用地下结构各层的楼盖、柱、墙等作为围护墙的强大支撑体系，从地面向下逐层施工，直至底板完成。逆作法施工流程如图11-4所示。

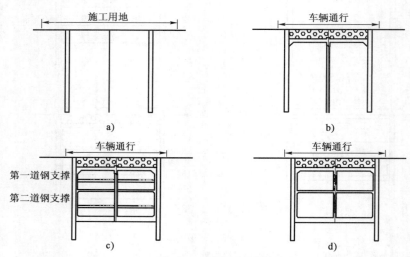

图11-4 逆作法施工流程图

a)临时封闭道路、管线搬迁、施作维护结构及桩；b)施作顶板、顶梁、管线回搬、覆土恢复路面；c)由上而下开挖、支撑、依次浇筑中板、底板，逆作法施工，或由上而下开挖、支撑、依次浇筑底板、中板，顺作法施工；d)拆除支撑

逆作法可分为以下三类：

（1）全逆作法。在先施工的围护墙体之间，开挖土体至顶板位置，施工结构顶板；顶板达到一定强度后覆土恢复地面交通，同时在顶板下向下开挖，边开挖边施工内部结构，先施工侧墙和中板，后施工底板结构。当车站为多跨结构时，为了满足施工过程中结构竖向受力的需要，根据计算可以在车站内设置竖向支撑桩，以承受顶板、中板和路面的荷载。设置的支撑桩多与主体结构的立柱"合二为一"，即利用该施工阶段的支撑桩作为整个车站结构使用阶段的立柱。

采用该方法施工，施工场地小，施工工序转换和节点构造复杂，结构的设计和施工难度大，同时施工速度较慢。当然，该方法顶板施工结束后，可以立即覆土恢复路面，最大限度地减小了施工对地面交通的影响。

（2）半逆作法。为了减少围护墙体变形和地面的沉降，同时加快施工的进度，明挖顺作至中板结构再施工中板，利用中板混凝土结构作为围护结构的刚性支撑，在中板以下采用逆作法开挖到基坑底部。

该方法相对于全逆作法而言，设置的立柱桩只需承受中板的荷载，立柱桩的长度和内力也较小，结构相对简单一些，造价也可以降低。

(3)框架逆作法。该方法以保护周围环境为主要目的,土体开挖至顶板、中板位置时,将主体结构的顶、中板的一部分设计成水平框架结构,形成类似于混凝土支撑的刚性支撑,然后明挖顺作到基坑底部,浇筑底板和侧墙,然后将顶板、中板预留的孔洞补全。

该方法在基坑施工期间,结构整体刚度较大,构造也较简单,但最后需补全顶板、中板上顶留的孔洞,工作量较大。

三、盖挖法

当车站位于交通繁忙的街道下,明挖施工对周围环境影响过大时,可采用盖挖法施工,即利用围护墙和基坑的中间立柱在其上方向内架设临时路面板,以保持地面交通的顺畅。由于在基坑的顶部设置了临时路面结构,基坑内的出土和材料的运输相对于明挖法要困难。

盖挖法一般可分为盖挖顺作法及盖挖逆作法两种,其施工一般步骤如图 11-5、图 11-6 所示。

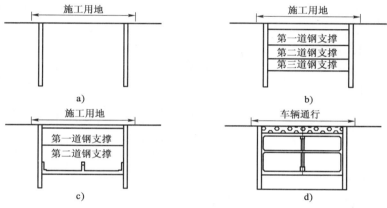

图 11-5 盖挖顺作法施工流程图

a)封闭道路、管线搬迁、施作围护结构;b)由上到下逐层开挖并架设支撑;c)浇筑底板、下立柱、下层内衬混凝土,拆除第三道支撑,并由下至上浇筑主体结构,依次拆撑;d)施作顶板、拆撑、覆土、管线回搬、恢复交通

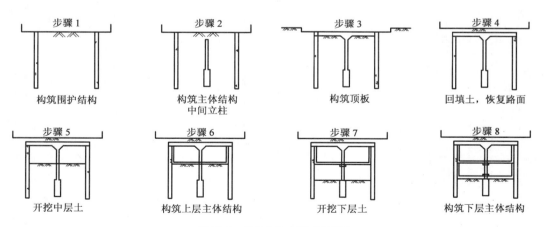

图 11-6 盖挖逆作法施工流程图

盖挖法施工的主要特点可以概括为以下几点:

(1)封闭道路时间比较短暂,而且允许分段实施。盖挖顺作法对路面干扰较盖挖逆作法

小,通过合理组织车行路线,可以保证施工期间路面的交通,车站防水质量也比盖挖逆筑法好。

(2)对周围环境的干扰时间较短,对防止地面沉降及对周围建筑物和地下管线的保护具有良好的效果。

(3)挖土在顶部封闭状态下进行,大型机械应用受到限制,施工工期较长。

(4)需设置中间竖向临时支承系统,与侧墙共同承受结构封底前的竖向载荷。

(5)对地下连续墙、中间支承柱与底板、楼盖的连接节点需进行处理。

第三节 暗挖法施工

暗挖法施工分全断面法、台阶法、环形开挖预留核心土法、双侧壁导坑法(眼镜法)、中隔壁法(CD)、交叉中隔壁法(CRD)、侧洞法、中洞法、柱洞法(PBA)等。各开挖方法及适用性见表11-1。

暗挖施工方法 表11-1

施工方法	示意图	适用条件	沉降	工期	防水	初期支护拆除量	造价
全断面法		地层好,跨度≤8m	一般	最短	好	无	低
正台阶法		地层较差,跨度≤12m	一般	短	好	无	低
正台阶环形开挖法		地层差,跨度≤12m	一般	短	好	无	低
单侧壁导坑正台阶法		地层差,跨度≤14m	较大	较短	好	小	低
CD法		地层差,跨度≤18m	较大	较短	好	小	偏高
CRD法		地层差,跨度≤20m	较小	长	好	大	高

续上表

施工方法	示意图	适用条件	沉降	工期	防水	初期支护拆除量	造价
眼镜工法		小跨度,连续使用可扩成大跨度	大	长	效果差	大	高
中洞法		小跨度,连续使用可扩成大跨度	小	长	效果差	大	较高
侧洞法		小跨度,连续使用可扩成大跨度	大	长	效果差	大	高
柱洞法		多层多跨	大	长	效果差	大	高

暗挖工程施工中,应根据围岩的工程地质条件、水文地质条件、工程建筑要求、机具设备、施工技术水平、施工技术条件、施工经验等多种因素,选择行之有效的一种或多种施工方法。当围岩较稳定且岩体较坚硬时,施工中往往先把隧道坑道断面开挖好,然后修筑支护结构,并在有条件时争取一次把全断面完成。当围岩稳定性较差时,则需要随开挖进行一次支撑,防止围岩变形及产生坍塌。分块开挖后,应及时进行初期支护的施作,一般先开挖顶部,在上部断面挖成后及时进行初期支护,在上部支护的保护下再开挖坑道下部断面。

一、台阶法

台阶法施工是将隧道断面分成上下两部或几部进行开挖,即分成上下两个工作面或几个工作面。根据地质条件和机械配备情况,台阶法又可分为正台阶法、中隔墙台阶法等。

台阶法在暗挖法中应用较广,可以结合工程的实际情况选择合适的台阶方式。图 11-7、图 11-8 所示是典型的台阶法施工开挖顺序。

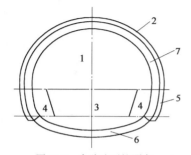

图 11-7 台阶法开挖顺序
1-上半部开挖;2-拱部喷锚支护;3-下半部中央部开挖;4-边墙部开挖;5-边墙锚喷支护;6-二次衬砌仰拱;7-二次衬砌

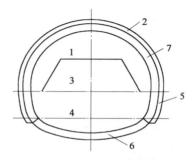

图 11-8 台阶法开挖顺序
1-上导坑开挖;2-拱部喷锚支护;3-中核开挖;4-下部开挖;5-边墙锚喷支护;6-灌注二次衬砌仰拱;7-二次衬砌

正台阶法又可分为两部开挖法和多部开挖法。

1. 两部开挖法

当围岩条件较好时,可将断面分成上下两个台阶开挖,如图 11-9 所示,上台阶长度一般控制在 1~1.5 倍洞径以内,但必须在围岩失去自稳能力之前尽快开挖下台阶,及时形成封闭支护结构。当地质条件较差时,为了稳定工作面,也可辅以小导管或管棚超前支护等技术。图 11-10 为超前管棚预支护结合正台阶的施工方法。

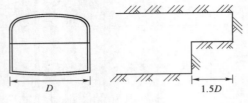

图 11-9　上下两部台阶法开挖

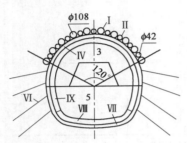
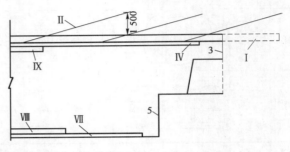

图 11-10　超前管棚法结合正台阶法施工

2. 多部开挖留核心土法

当围岩条件较差时,掌子面和拱部的稳定均有困难,这时可采用多部正台阶并留核心土的施工方法,如图 11-11 所示。施工中同时可以采用小导管或管棚超前支护、预注浆等技术来稳定工作面,采用网构钢拱架作为初期支护,采用锁脚锚杆来提高拱脚、墙脚的稳定。

一般,台阶法适用于围岩条件较好的隧道施工,具有灵活多变、适用性强、施工速度快等优点,当遇到地层变化时,能及时更改施工方法。此外,台阶法施工还有利于稳定开挖面,施工速度也较快。当然,台阶法也存在上下部施工作业的相互干扰,施工中应注意下部作业对上部稳定性的影响。

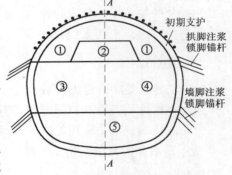

图 11-11　多部正台阶开挖施工流程图

根据国内的工程经验,台阶法中施工中设置的台阶数不宜过多,台阶长度要根据两个条件来确定:一是初期支护形成闭合断面的时间要求;二是上半部断面施工时开挖、支护、出渣等机械设备所需的空间,一般以一个台阶垂直开挖到底,保持平台长 2.5~3.0m。为了台阶法施工引起地层的变形,上台阶开挖后要及时形成封闭的初期支护,还应特别注意拱顶、拱脚和墙脚等应力集中部位的稳定。

二、单侧壁导坑正台阶法

单侧壁导坑台阶法主要适用于地层较差、断面较大、采用台阶法开挖有困难的工程。该方法的主要出发点是变大跨度断面为小跨度断面,从而保证施工安全或达到控制变形的目的。

当隧道跨度约为 10m 时,可采用单侧壁导坑法,将导坑跨度定位 3~4m,这样就将大跨变成 3~4m 跨和 6~10m 跨。

单侧壁导坑超前的距离一般在 2 倍洞径以上,为稳定工作面,经常和超前小导管注浆等辅助施工措施配合使用,开挖方式如图 11-12 所示。

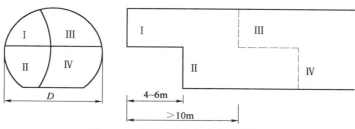

图 11-12 单侧壁导坑台阶法开挖方式

侧壁导坑尺寸通常根据机械设备和施工条件来确定,而侧壁导坑的正台阶高度,一般规定为台阶底部至起拱线的位置,这主要是为施工方便而确定的,范围在 2.5~3.5m。下台阶落底、封闭要及时,以减少沉降量。

三、中隔墙法(CD)

中隔墙法,又称 CD 法,是自 20 世纪 80 年代以来,随着城市地下工程的日益增多,尤其是非掘进机方法运用于软弱、松散地层中浅埋暗挖的隧道工程后,在原正台阶法的基础上发展起来的一种工法。它有效地解决了将大、中跨的洞室开挖转变为中、小跨的洞室开挖问题。

CD 法开挖时,应沿一侧自上而下分为二部或三部进行,每开挖部均应及时封闭成环,锚喷支护、安设钢架、施作中隔墙且底部要设临时仰拱。中隔墙依次分部连接而成,之后再开挖中隔墙的另一侧,其分部次数及支护形式与先开挖的一侧相同。图 11-13 为 CD 法的开挖施工

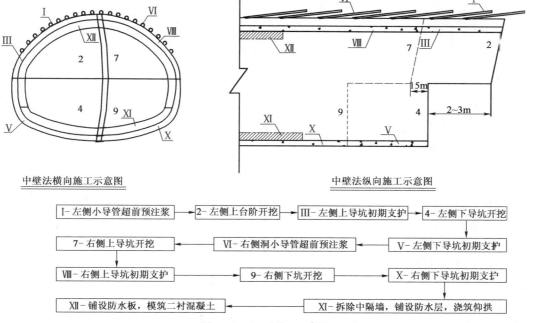

图 11-13 CD 法施工工序图

工序。采用 CD 法施工时,每部的台阶长度都应控制,一般为 5~7m。为稳定工作面,往往与预注浆等辅助施工措施配合施工。

四、交叉中隔墙法(CRD)

交叉中隔墙法,又称 CRD 法,是在 CD 法的基础上,将先挖中壁一侧改为两侧交叉开挖、步步封闭成环的一种工法,其最大特点是将大断面施工化为小断面施工,各个局部封闭成环的时间短,控制沉降效果好,每个步序受力体系完整。因此,结构受力均匀、变形小且易控制。

CRD 法一般将隧道断面从中间分成 4~6 部分,使上、下台阶左右各分成 2~3 部分,每一部分开挖并支护后形成独立的闭合单元。各部分开挖时,纵向间隔的距离可根据情况按台阶法确定。CRD 工法的施工流程见图 11-14。

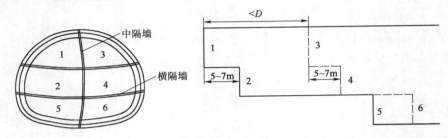

图 11-14 CRD 隧道施工流程

五、双侧壁导坑法

双侧壁导坑法,又称眼镜工法,是变大跨度为小跨度的施工方法,其实质是将大跨度(>20m)分成三个小跨度进行作业,主要适用于地层较差、断面很大、单侧壁导坑台阶法无法满足要求的大断面隧道。该工序较复杂,导坑的支护拆除困难,有可能由于测量误差而引起钢架连接困难,从而加大了下沉值,而且成本较大,进度较慢。图 11-15 为双侧壁导坑法的开挖施工工序。

双侧壁导坑法具有控制地表沉降好、施工安全程度高等优点,但进度慢、成本高,适用于断面跨度大、地表沉陷要求严格、围岩条件特别差的隧道。双侧壁导坑法的基本施工原则为:侧壁导坑高度以到起拱线为宜;侧壁导坑形状应近于椭圆形断面,导坑断面为整个断面的 1/3;左右侧壁导洞错开应不小于 15m 且以开挖引起导洞周边围岩的应力重分布不影响已完成的导洞为前提;导坑开挖后应及时进行初期支护,并应尽早封闭成环。

六、特大断面隧道施工方法

1. 中洞法

中洞法施工先开挖中间部分的中洞,在中洞内施作梁、板、柱以及二次衬砌,然后再施工两侧部分的侧洞,并逐渐将侧洞顶部荷载通过初期支护转移到梁、柱结构上,施工工序见图 11-16。采用中洞法施工可以达到减跨的目的,由于中洞的跨度较大,施工中一般采用 CD 法、CRD 法或眼镜工法。

中洞法施工工序复杂,但两侧洞对称施工,比较容易解决侧压力从中洞初期支护转移到梁、柱上时产生的不平衡侧压力问题,施工引起的地面沉降较易控制。该工法适用于无水、地层相对较好的条件。但在中洞开挖时应及时施作初期支护,使开挖面尽早封闭,控制围岩变形,并加强对围岩和支护结构的监控量测。

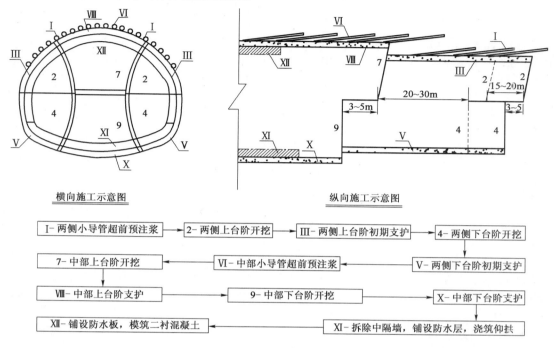

图 11-15 双侧壁导坑施工工序示意图

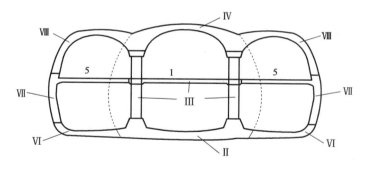

图 11-16 中洞法施工顺序图

1-用 CRD 法开挖中洞(包括初期支护和施工支护);Ⅱ-中洞底板底纵梁;Ⅲ-钢管柱、楼板;Ⅳ-柱顶纵梁和中洞拱部;5-用台阶法开挖左、右洞;Ⅵ-左右洞底板;Ⅶ-左右洞部分边墙和楼板;Ⅷ-左右洞其余边墙和拱部

中洞法的工艺特点:

(1)充分利用了杆件的临时支撑作用,采用超前小导管预注浆、锚管、挂网和格栅喷混凝土等联合支护手段,在开挖后能够立即形成受力封闭环,大大提高了施工的安全度,能有效地控制围岩变形和地表下沉。

(2)支护系统能很好地适应围岩的变形,与围岩形成一个整体,充分发挥了围岩的自承能力。

(3)中洞超前开挖,可起到地质预报的作用。

（4）能应用量测监控等信息化管理方法指导施工。

2. 侧洞法

侧洞法施工是先开挖两侧部分的侧洞，在侧洞内做梁、柱结构，然后再开挖中间部分的中洞，并逐渐将中洞顶部荷载通过侧洞初期支护转移到梁柱上，施工工序见图11-17。该工法在处理中洞顶部荷载转移时，相对于中洞法要困难一些。

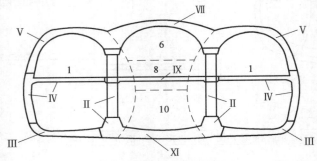

图 11-17 侧洞法施工顺序图

1-CRD法开挖左、右洞包括初支和施工支护；Ⅱ-柱底纵梁和钢管柱；Ⅲ-左右洞底板；Ⅳ-分边墙和左、右洞楼板；Ⅴ-左、右洞其余边墙和拱部；6-中洞上台阶环形开挖；Ⅶ-中洞拱部；8-中洞楼板以上土方开挖；Ⅸ-中洞楼板；10-中洞其余部分开挖；Ⅺ-中洞底板

侧洞法根据侧洞的施工方法可以分为两类：第一类是典型的侧洞法，侧洞采用CRD工法进行施工；第二类是早期的双侧壁导坑法，即侧洞采用眼镜工法施工。双侧壁导坑法在施作侧洞时自下而上分块开挖，多次对上层土体进行扰动，在控制地面沉降方面不如典型的侧洞法，但其废弃工程量略小。

3. 洞桩法

洞桩法，也称"PBA"，是将明挖框架结构施工方法和暗挖法进行有机结合，先在梁柱、梁墙节点部分暗挖小导洞，并在小导洞内施作边桩、中桩（柱）、顶纵梁、顶拱形成初期受力体系，承受施工过程的外部荷载。然后，在顶拱和边桩保护下，采用顺作法或逆作法施工剩余结构。最终形成由初期支护和二次衬砌组合而成的永久承载体系。其施工工序如图11-18所示。

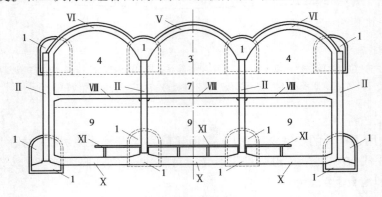

图 11-18 PBA法施工顺序图

1-上下导坑错开距离开挖（包括初支）；Ⅱ-孔桩开挖、底纵桩、中柱边桩、顶纵梁；3-中洞上台阶开挖（包括初支）；4-左右洞上台阶开挖（包括初支）；Ⅴ-中洞拱部衬砌；Ⅵ-侧洞拱部衬砌；7-楼板以上土体开挖；Ⅷ-楼板浇混凝土；9-剩余部分土体开挖；Ⅹ-底板及底部边墙衬砌；Ⅺ-站台板浇筑

"PBA"工法施工车站的结构形式为直墙多层多跨拱形结构,采用复合衬砌支护形式。拱部初期支护为格栅+喷射混凝土结构,利用大管棚、超前小导管及注浆等辅助措施对前方土体进行预加固、支护,侧墙初期支护为灌注桩,随着隧道的开挖,桩间可设薄层网喷混凝土,以保证桩间土体的稳定;拱部、侧墙、底板二次衬砌及中楼板均为现浇钢筋混凝土结构,中楼板及底板可以为纵梁体系,也可以采用纵横梁、井字梁体系,中柱多采用钢管柱形式。

边桩和中桩也可以采用钻孔桩法施工,并可取消下导坑,这对控制地表沉降有利,但施工设备复杂、成本高,在有的地层中(如漂石和直径较大的砂卵石地层)钻孔的速度慢。如果地质条件好,边桩可采用矩形挖孔桩底部扩桩的办法,取消边桩的下导坑和条形基础。

4. 工法比较

上述三种工法的技术经济比较见表11-2。

暗挖施工工法比较表   表11-2

项 目	PBA 法	侧 洞 法	中 洞 法
主要特点	1. 利用小导洞施作桩梁形成主要传力结构,在暗挖拱盖保护下进行内坑开挖; 2. 导坑及拱盖施工,工序较少,地面沉降较小; 3. 废弃工程量大,造价稍高	1. 两个侧洞先行,然后施作中洞; 2. 分块多,工序多,对地层扰动最大; 3. 废弃工程量较大,造价高	1. 中洞先行,建立起梁、柱支撑体系,然后施作侧洞; 2. 分块多,多次扰动地层,但先建立起的梁柱体系对地面沉降起一定控制作用; 3. 造价较高
适用范围	1. 适用于少水的软岩或土质地层; 2. 适用于双层中大跨度地下工程	1. 适用于少水的各种地层; 2. 适用于单、双层中大跨度地下工程	1. 适用于少水的各种地层; 2. 适用于单、双层中大跨度地下工程
防水质量	多拱多跨结构,柱顶施工条件差,"V"形节点防水质量难以保证	采用单拱多跨结构,避免"V"形节点,防水质量可保证	采用单拱多跨结构,避免"V"形节点,防水质量可保证
施工难度	桩身钢筋分段多,二次性扣拱跨度大	对大跨度地下结构,施工难度大	对大跨度地下结构,施工难度一般
施工速度	拱盖形成较费时,正洞施工速度可加快,总体施工进度一般	工序多次转换,进度慢	工序转换较多,但建立起中洞梁柱体系,侧洞施工速度可加快,总体施工进度一般
地面沉降	较小	较大	一般
废弃工程量	要施作边桩及桩下基础围护结构,需拆除小导洞部分初支,废弃工程量稍大	工序多次转换,废弃工程量大	工序多次转换,废弃工程量较大
造价	稍低	高	高

从表11-2可以看出,目前暗挖车站的几种施工方法各有其优、缺点且都有很多成功实施的先例。侧洞法是修建大跨隧道常用的方法,但由于初次揭露的是两个侧洞,跨度大且要同步,对地表扰动大,安全性稍差。中洞法采用"CRD"工法,按照"小分块、短台阶、早成环、环套环"的原则,施工安全度高,地面沉降及影响范围较侧洞法要小,但中洞法工序转换次数多,技术含量高;而且,与"侧洞法"相同,由于施工过程中必须采用大量的临时支护,废弃工程量大。

"PBA"工法克服了工序转换多的缺点,地面沉降控制较好,但为了形成拱盖,除了必须施作中柱及上下导洞外,还要施作围护边桩及成桩导洞,增加了不必要的工程量。

经过对双层暗挖车站的调研,采用"PBA"工法施工的车站占总车站的74%,采用侧洞法施工的占5%,采用中洞法施工的占21%。可见,在双层暗挖车站采用"PBA"工法施工的实例较多,且该施工方法也在不断地发展与完善。因此,在土质地层中修建双层车站应该优先选择"PBA"工法,在岩质地层中修建双层车站应结合围岩稳定性进行系统分析确定施工方法。

七、辅助施工方法

1. 超前小导管预注浆

超前小导管是沿着开挖轮廓线向外将带孔的小导管打入地层内,并以一定压力向管内压注具有固化作用的浆液,使围岩形成固化的注浆体,小导管自身起加筋的作用。超前小导管预注浆施工流程见图11-19。

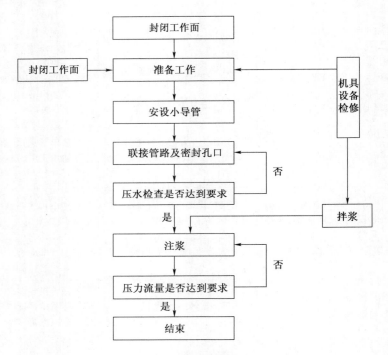

图11-19 超前小导管注浆施工流程图

(1)喷混凝土封闭工作面

为了防止小导管注浆时浆液沿隧道掌子面渗漏,需做止浆墙封闭开挖面,止浆墙常采用喷射混凝土的方法来制作,喷混凝土范围为开挖面及5m范围内的坑道,厚度为5~10cm。

(2)施工准备

①熟悉设计图纸,由测量队准确地进行开挖轮廓放线。

②制作小导管。小导管一般采用直径为32~60mm、壁厚3~5mm的热轧无缝钢管,长度为3.5~6m,钢管前端做成尖锥状,尾部焊接加筋箍,管壁四周设溢浆孔,呈梅花形布置,小导管大样见图11-20。

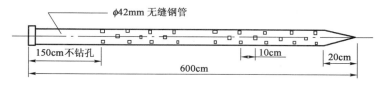

图 11-20 小导管构造示意图

③注浆设备的选择。小导管注浆常用的设备包括液压钻孔台车、注浆泵(常用注浆泵型号及性能见表 11-3)、拌和机、注浆嘴(注浆嘴钢管外径应略小于导管内径)、混合器等。

常用注浆泵型号及性能　　　　表 11-3

型　　号	传动速度	排浆量 (L/min)	最大压力 (MPa)	动　　力
QZB-50/60	—	50	6	耗风量 0.7m³/min
UB-3	—	50	1.5	电机功率 4kW
2TGZ-60/50 双液泵	1 速 2 速 3 速 4 速	16 19 36 60	21 18 9 6	电机功率 7.5kW
BW250/50 泥浆泵	—	150	5	电机功率 15kW
TBW-200/40 泥浆泵	—	12	4	电机功率 18kW
100//100 高压泵	—	100	10	电机功率 18kW

(3)钻孔、打小导管

①测量放样,在设计孔位上做标记。

②用钻孔台车钻孔后,将小导管沿孔打入。

(4)注浆

①注浆顺序:先外层后内层,先下后上,采取内束型的顺序进行注浆。

②注浆压力应根据地层致密程度决定,一般为 0.5~1.0MPa;劈裂注浆可适当加大,但应小于或等于上覆土压力,对于松散体和塌方段一般小于 1MPa。

③注浆结束一般用两个指标来控制:一个是最大注浆量;另一个是达到预定设计压力时的持续时间。从理论上讲,最大注浆量越大越好,最理想的状况是压至完全不吸浆,但在实际施工中,特别是在高压注浆的情况下,是难以做到的。一般结束标准是注浆压力得到设计终压或达到设计值并稳定 20min。

2. 管棚法

管棚法施工的主要工序包括:设置管棚工作室、钻孔、打入钢管及注浆、管棚支护条件下进行开挖等。

(1)开挖管棚工作室

当长管棚超前支护段位于工程的洞口段时,可以在洞口外设置管棚工作室。当长管棚超前支护处于隧道中部时,可开挖竖井,设置竖井管棚工作室;或者在隧道内通过扩大断面来设置隧道内管棚基地,如图 11-21 所示。

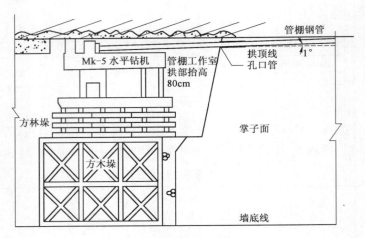

图 11-21　隧道内管棚基地

(2) 管棚钻孔施工

管棚钻孔基本为水平钻进,孔径根据棚管直径确定,一般比设计的管棚直径大 20～30mm,以便管棚的打入。考虑到钻孔时钻具下沉、线路曲线的影响以及为后续管棚工作室预留空间,必须计算管棚打设的仰角和外插角。为了保证钻孔精度,每个钻孔安装由无缝钢管加工而成的孔口管,且在钻进前 10～20m 时,要反复校核钻杆方向,调整钻机位置。

目前,在我国大陆地区管棚施工方法主要采用非开挖法中的夯管法、水平定向钻法以及常规的普通地质钻机法。

(3) 打入钢管及注浆

钢管的打入随钻孔同步进行,并按设计要求接长。接头应采用厚壁管箍,上满丝扣,确保连接可靠。钢管打入后,应及时隔孔向钢管内及周围压注水泥浆或水泥砂浆,使钢管与周围岩体密实,并增加钢管的刚度。注浆次序:先采用后退式注浆向管周与地层的空隙内压注水泥浆液,再用水泥砂浆向钢管内填充。

(4) 管棚支护条件下进行开挖

注浆加固围岩后即可开挖,随着开挖面向前掘进,需要用钢支撑来支撑管棚,以防止管棚下落。开挖方法多选用单侧壁导坑或双侧壁导坑掘进技术,施工中应采取有效措施减少对围岩的扰动。

3. 水平旋喷法

水平旋喷注浆法是采用水平钻机先钻进土层的预定位置后,利用安装在钻杆前端的特殊喷嘴,将水泥浆液高压喷出,以喷射流切割搅动土体,从而形成一个均匀的圆柱状水泥加固体,以达到加固地基和止水防渗的目的。该工法的主要施工工序如图 11-22 所示,各工序描述如下所述。

(1) 钻机定位。根据场地布置图将钻机就位,调整机器高度,喷射角度,对好桩位,安装止浆阀。设备布置时,应注意喷射孔与注浆泵的距离不宜过远,一般以不大于 50cm 为宜。

(2) 钻孔。利用水平旋喷钻机,钻孔至预定深度,钻进过程中应注意保持钻杆平稳,匀速钻入,如发现进钻困难或突然加快,应及时采取控制措施。

(3) 旋喷。当钻进至设计深度后随即提升钻杆,同时按照预定的参数进行旋喷注浆。局部桩位可根据需要进行原位二次喷射(复喷),复喷时喷射流冲击的对象为第一次喷射的浆土混合体,喷射流所遇阻力小于第一次喷射,有增加固结体直径的效果。在回收钻杆、旋喷注浆的过程中,应保持好钻杆提升的水平及旋转速度,若发现压力异常,应及时查明原因并采取相应的措施。

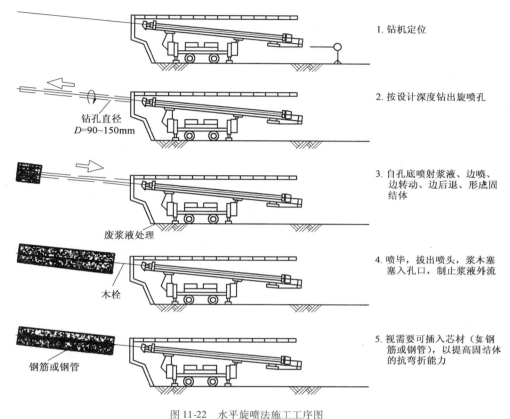

图 11-22 水平旋喷法施工工序图

(4)孔口止浆成桩。用于隧道预加固的水平旋喷桩一般都有一定的外插角,因此旋喷完毕后应及时进行止浆。如有需要,可进行插筋后再止浆,插筋可以有效增强桩体的抗弯折能力。

4.冷冻法

冷冻法是利用人工制冷技术加固含水地层的一种特殊工法,具有适应性强、隔水性好、环境影响小等特点,已在城市轨道交通工程中的区间隧道、联络通道、盾构进出洞等建设中得以使用。冷冻法的主要施工工序包括:钻孔—冻结器铺设—冷冻系统安装—冷冻制冷—隧道开挖和衬砌。

(1)钻孔

钻孔施工的要点包括:选择合适的钻机、钻头和钻具组合,选择适合施工要求的泥浆循环系统。

①钻机。浅埋隧道冻结孔大多在隧道内施工,施工场地和空间受到限制,要求钻机尺寸小、占用空间小,并且钻机操作要方便,质量要轻,移动要灵活,扭矩和推力要尽量大。冻结施

工钻机一般采用改进后的坑道钻机。

②钻头和钻具。冻结孔钻进一般采用跟管钻进,一边钻孔,一边铺设冻结管,即采用将冻结管兼作钻杆的工艺方法。钻孔完毕后,钻杆留在钻孔内作为冻结管,这样可防止发生钻孔塌孔。跟管钻进要求钻头和钻杆连接部位密封,确保在钻进过程中钻杆内的泥浆通畅,以达到泥浆护壁的目的。待钻孔完成后,对钻杆进行加压试漏,测试合格后作为冻结管使用。

③泥浆循环系统。泥浆泵量和泵压均应根据钻孔穿越的地层情况和钻孔的偏斜情况适时进行调整,以达到控制钻孔偏斜、泥浆护壁、防止塌孔的目的。

(2)冻结器铺设

冻结器的铺设包括冻结管和供液管的下方和安装。冻结管一般用无缝钢管,通过焊接与螺纹连接。供液管一般采用聚乙烯塑料管或钢管。冻结器安装完毕后进行打压试漏,以保证达到设计要求。冻结管有并联和串联两种方式,如图11-23所示。

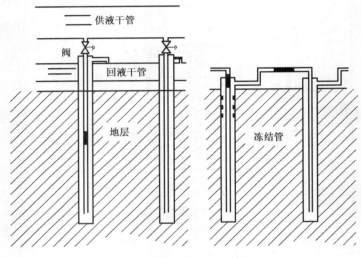

图11-23 冻结管并联和串联冻结原理

(3)冷冻系统安装

冷冻系统安装包括冷冻机组、盐水与清水系统、供电与控制线路的安装等,通过冷冻系统的整体调试,使冷冻系统的各种设备达到正常运转所要求的指标。

(4)冷冻制冷

冷冻制冷分积极冻结期和维护冻结期。在积极冻结期要保证冷冻系统按设计制冷量运转,在设计的冻结时间内使冻结孔周围的冻土实现交圈,形成完成的冻结体。隧道施工期间要进行维护冻结,根据隧道施工情况,调整维护冻结工艺参数,包括冻结间歇时间、盐水温度、盐水流量等。冻结时,冻土结构不断扩大冻结圈半径,如图11-24所示。

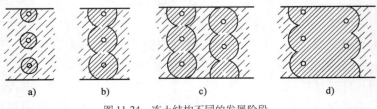

图11-24 冻土结构不同的发展阶段

(5) 隧道开挖与支护

由于冻结技术独特的优越性,给浅埋隧道掘进和支护带来极大的安全和方便,可实现冻结施工和隧道施工的平行作业,而且不改变原有的隧道施工工艺。

第四节　盾构法隧道施工

一、盾构法隧道施工过程

1. 盾构法隧道施工系统的组成

盾构法隧道施工系统包含两部分:盾构机和辅助系统,如图 11-25 所示。盾构机是盾构法隧道施工中的主要施工机械,装备有推进机构、挡土机构、出土运输机构、衬砌安装机构等,是一种隧道开挖的专用机械。辅助系统为盾构机掘进提供动力、材料等,保证掘进及拼装系统的正常运行。

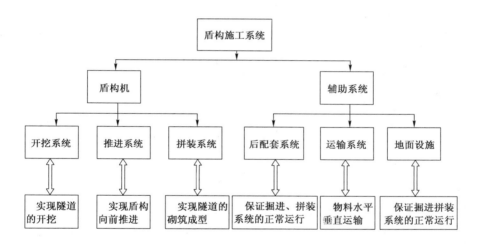

图 11-25　盾构施工系统

2. 盾构掘进的主要施工步骤

盾构法隧道施工主要由开挖面的平衡、挖掘及出渣、衬砌及其壁后注浆三大要素组成。其主要施工步骤为:

(1)在隧道的起始端和到达端各建一个工作井,起始端为盾构始发井,到达端为盾构接收井。

(2)盾构机在始发井内安装就位。

(3)依靠盾构机上安装的千斤顶将盾构从始发井的开孔处推出,千斤顶的反力施加在已拼装好的衬砌环河始发井后壁上。

(4)盾构机在地层中沿着设计轴线推进,在推进的同时不断出土和拼装衬砌管片。

(5)及时向衬砌背后的空隙注浆,防止地层发生过大的变形并固定衬砌管片。

(6)盾构机进入接收井后被拆卸或调头,也可过站再向前推进。

3. 盾构法的工作井

盾构机掘进前，必须先在地下建造一个足够大的空间来满足拼装盾构机、附属设备和后续车架以及出土、运料、测量投点等工作，叫做始发井。盾构隧道施工结束后，同样需要一个足够大的地下空间用来拆卸盾构机，这样的一个空间叫做接收井。盾构工作井的平面形状多数为矩形的，净空尺寸要根据盾构直径、长度、需要同时拼装的盾构机数目及运营功能而定。根据实践经验，一般盾构始发井（到达井）宽度比盾构机直径大 1.5~2.0m，长度比盾构管片长三环以上，深度比隧道底板低 0.7m 以上。

盾构工作井一般建于隧道轴线上，为方便施工、降低工程造价，多在明挖车站两端头修建，这样既满足区间隧道盾构施工需要，又可作为车站结构的一部分，以充分利用。目前，盾构工作井的围护结构方式与明挖车站一致。工作井常与车站结构一起施工，但这部分结构暂不封顶和覆土，留作盾构施工时的运输井。

在盾构工作井内的端墙上应预留出盾构机通过的开口结构，又称为洞门（包括开口及封门），如图 11-26 所示。封门主要起挡土和防止渗漏的作用，一旦盾构机安装调试结束，盾构刀盘抵住端墙，要求封门能尽快拆除或打开。封门材料的选择应根据工作井周围的地质条件、水文条件综合考虑。若封门材料强度低，抗渗能力差，不能起到挡土止水及保证始发井（到达井）内工作空间的效果；若封门材料太硬，洞周土体加固太高，会造成盾构大刀盘切削困难。目前，常采用现浇钢筋混凝土、钢板桩、预埋 H 型钢、素混凝土、玻璃纤维钢筋混凝土及其他材料封门。

图 11-26 洞门照片

4. 盾构始发流程

盾构始发之前先做好洞门土建工作，如端头加固、洞门破除、安装洞口密封、基座安装及反力架安装等。盾构机在始发井内完成盾构机组装、空载调试。之后，就可以进行盾构向前推进，逐步进入正常工序了，见图 11-27。

5. 盾构法隧道施工的作业过程

设置选择好各掘进参数，做好盾构掘进准备工作，开始掘进，盾尾进行同步注浆，当达到一个循环的掘进进尺时，即进行管片拼装。同时，洞内渣车出洞，洞外装材料车进洞。当掘进达到一定长度（如 6m），即跟着掘进向前延伸列车轨道。具体掘进流程如图 11-28 所示。

6. 盾构同步注浆

盾构机掘进时，盾尾与拼装好的管片之间存在开挖空隙，如图 11-29 所示。当盾尾脱出后，土体瞬时失去支撑，将发生向管片方向的位移，形成地层松动、超孔隙水压力降低和近管片区域土体强度下降等现象。若不及时回填该空隙，则势必造成地层变形，进而对邻近的建筑物、构造物产生破坏性的影响。如建筑物的基础倾斜开裂，地中各种管道发生裂口或断裂，地表路面坍塌，交通中断等。

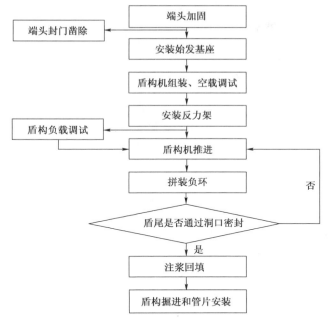

图 11-27　盾构始发流程框图

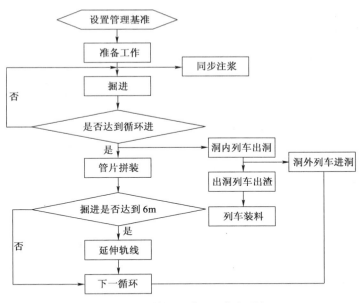

图 11-28　盾构施工作业工序流程图

盾构一边向前推进,一边不停地向盾尾空隙加压注浆材料(图 11-28)。不间断地加压,使注浆材料在充入建筑空隙后、没有达到土体相同强度前,能保持一定的压力和土体相当,从而使地面沉降控制在最小的范围。

盾构施工中的背后注浆的目的有三点:防止地层变形,提高隧道的抗渗性,确保管片衬砌的早期稳定(外力均匀)。同步注浆的必要条件由填充性、限定范围、固结强度(早期强度)三要素组成,这三者之间具有相辅相成、相互制约的关系。一般盾构的设备配备的盾尾同步注浆一般采用4个孔位,间距90°分布于尾盾内,如图11-30所示。

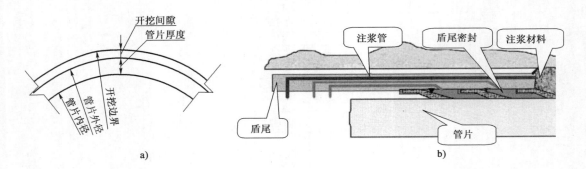

图11-29 盾尾同步注浆的示意图
a)盾尾间隙示意图；b)同步注浆示意图

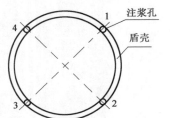

图11-30 盾尾同步注浆孔分布示意图

7. 管片拼装

盾构法隧道衬砌为预制混凝土管片的装配式衬砌,盾构向前掘进一定的长度,满足一环管片拼装宽度的要求时,盾构机利用自配备的管片拼装机将管片拼装成环。

(1) 拼装工艺

①管片选型以满足隧道线形为前提,重点考虑管片安装后盾尾间隙要满足下一掘进循环限值,确保有足够的盾尾间隙,以防盾尾直接接触管片。一般来说,管片选型与安装位置是根据推进指令先决定,目标是使管片环安装后推进油缸行程差较小。

②管片安装必须从隧道底部开始,然后依次安装相邻块,最后安装封顶块。

③封顶块安装前,应对止水条进行润滑处理,安装时先径向插入2/3,调整位置后缓慢纵向顶推。

④管片块安装到位后,及时伸出相应位置的推进油缸顶紧管片,其顶推力应大于稳定管片所需力,然后方可移开管片安装机。

⑤管片安装完后及时整圆,在管片环脱离盾尾后要对管片连接螺栓再次进行紧固。

(2) 拼装形式

管片拼装是建造隧道重要工序之一,管片拼装后形成隧道,所以拼装质量直接影响工程的质量。隧道管片拼装按其整体组合可分为通缝拼装和错缝拼装。

8. 掘进中的渣土改良

土压平衡盾构所适应的地层为流塑性较好的软土地层,当地层条件不适合时,容易出现渣土离析、结块、排土不畅、刀盘扭矩过大等问题,此时需要必要的渣土改良措施。渣土改良是保证盾构施工安全、顺利、快速的一项重要技术手段,主要作用如下:

(1) 使渣土具有较好的土压平衡效果,有利于稳定开挖面,控制地表沉降。

(2) 使渣土具有较好的止水性,以控制地下水流失。

(3) 使切削下来的渣土顺利进入土仓,并利于螺旋输送机顺利排土。

(4) 可有效防止渣土黏结刀盘而产生泥饼。

(5)可防止或减轻螺旋输送机排土时的喷涌现象。

(6)可有效降低刀盘扭矩,降低对刀具和螺旋输送机的磨损。

图 11-31 为某土压平衡盾构的渣土改良系统示意图。

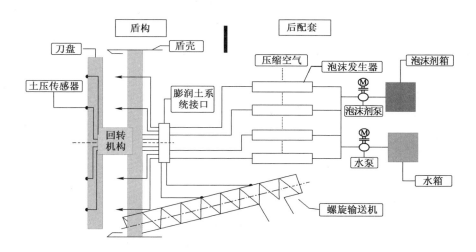

图 11-31　渣土改良系统示意图

为确保盾构施工的顺利进行,对不同的地层条件采取不同的渣土改良措施,主要采取的技术措施如下:

(1)在全、强、中风化泥质砂岩的掘进中,主要是要稳定开挖面,防止刀盘产生泥饼,并降低刀盘扭矩。拟采取分别向刀盘面和土仓内注入泡沫的方法进行渣土改良,必要时可向螺旋输送机内注入泡沫。同时,采用滚刀与齿刀混合破岩削土或全齿刀削土、增大刀盘开口率等方法来防止泥饼形成。

(2)在硬岩地段的掘进主要是要降低对刀具、螺旋输送机的磨损,防止涌水,拟采取向刀盘前和土舱内及螺旋输送机内注入膨润土泥浆的方法来改良渣土。泥浆的注入量一般为每立方米渣土注入 20%~30%。

(3)在富水地层采用土压平衡模式掘进时,主要是要防止涌水、防止喷涌、降低刀盘扭矩,拟向刀盘面、土仓内和螺旋输送机内注入膨润土,并增加对螺旋输送机内注入的膨润土,以利于螺旋输送机形成土塞效应,防止喷涌。膨润土添加量应据具体情况确定。

二、盾构掘进施工参数

影响掘进的主要施工参数有:掘进模式、土仓压力、刀盘扭矩、刀盘转速、推进力、推进速度、螺旋输送机扭矩、泡沫注入率、同步注浆压力、同步注浆量等。掘进参数的选择依据有:地质情况判断;盾构机当前姿态;地面监测结果反馈;盾构机状况。地质情况的判断依据:地质资料及补勘资料;掘进参数变化;渣土状态。

1. 参数控制流程与方法

盾构的掘进是通过盾构参数的控制实现的。盾构施工的参数类型众多、复杂,如果施工参数选择控制较好,盾构就能顺利进行。如果控制不当,掘进就易出现问题。因此,应通过合理的参数选择,找到施工参数和掘进控制目标值的合理关系,为施工做指导。

盾构开始掘进,应根据地层情况计算出土仓应设定的控制压力,根据围岩条件设定刀盘扭矩、转速及渣土改良、推进速度、螺旋机转速等。向前推进的过程中,再根据扭矩、土仓压力等的反馈值,调整各施工参数。图 11-32 为土压平衡盾构掘进过程中参数控制的主要流程。

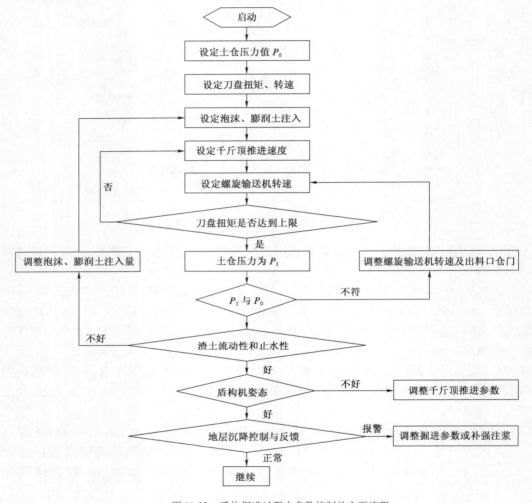

图 11-32　盾构掘进过程中参数控制的主要流程

由于盾构机的可操作性很强,掘进参数的选择不能一概而论,需根据不同的实际情况选择相应的掘进参数。例如,在地质条件较破碎的地质情况下应采用低速掘进但刀具磨损较快时,应考率调整刀盘转速和掘进速度已获得最佳的贯入度。又如,盾构机在栽头且偏离中线较大时,应考虑蛇行纠偏,防止过急纠偏造成管片开裂、错台或渗水等问题。所以,掘进中一定要根据现场实际情况,灵活正确地选择掘进参数。

2. 掘进模式的选择

土压平衡式盾构机的掘进有三种模式:敞开模式、半敞开模式以及土压平衡模式。采取何种掘进模式关键是由地层的自稳性和地下水含率决定的。

（1）敞开模式（图11-33）

该模式适用于能够自稳、地下水少的地层。该掘进模式类似于硬岩TBM掘进，盾构机切削下来的渣土进入土仓内即刻被螺旋输送机排出，土仓内仅有极少量的渣土，土仓基本处于清空状态，掘进中刀盘所受反扭力较小。由于土仓内压力为大气压，故不能支撑开挖面地层和防止地下水渗入。

（2）半敞开模式（图11-34）

半敞开模式有些又称为局部气压模式，该掘进模式适用于具有一定自稳能力和地下水压力不太高的地层。其防止地下水渗入的效果主要取决于压缩空气的压力。掘进中土仓内的渣土未充满土仓，尚有一定的空间，通过向土仓内输入压缩空气与渣土共同支撑开挖面和防止地下水渗入。

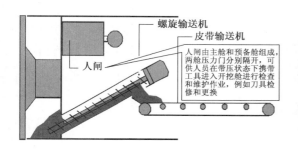

图11-33　敞开模式

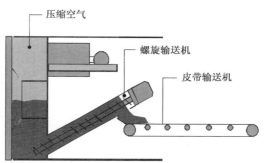

图11-34　半敞开模式

（3）土压平衡模式（图11-35）

该掘进模式适用于不能稳定的软土和富水地层。土压平衡模式是将刀盘切削下来的渣土充满土仓，并通过推进操作产生与土压力和水压力相平衡的土仓压力来稳定开挖面地层和防止地下水的渗入。该掘进模式主要通过控制盾构推进速度和螺旋输送机的排土量来产生压力，并通过测量土仓内土压力来随时调整、控制盾构推进速度和螺旋输送机转速。在该掘进模式下，刀盘所受的反扭力较大。

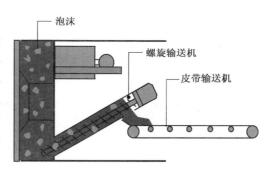

图11-35　土压平衡模式

3. 土压平衡参数的控制

通过对掘进速度、出土速度的控制，实现盾构机的土仓压力与掌子面的土压和水压平衡，防止地层坍塌。掌子面压力的控制因素为：盾构机的掘进速度、螺旋输送机的转速以及螺旋输送机的张开度。

土仓压力以计算的地层的水平应力为目标控制压力P_0，土仓压力的设定值可根据盾构隧道埋深、地层特性等不同情况按照土柱法、荷载等效高度计算法等计算。

当土仓实际压力P_i大于设定的压力P_0时，减小盾构向前推进速度，或同时增大螺旋输送机的转速；当土仓实际压力P_i小于设定的压力P_0时，加大盾构向前推进速度，或同时减小螺旋输送机的转速，如图11-36所示。

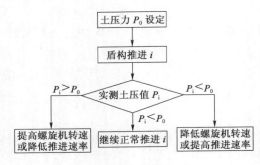

图 11-36 土压平衡的控制

盾构掘进达到相对较为平衡的状态即 $P_i \approx P_0$,此时,从土仓的进土的速度和螺旋输送机的排土速度基本达到了平衡,即盾构的推进速度 v 与螺旋输送机的转速 N 存在一个线性关系。

$$\frac{v}{N} = k \quad (11-1)$$

k 与螺旋机型号、盾构直径及土的性质等有关,是表征螺旋机及盾构的重要参数。要根据实际条件通过计算、试验及实践得到。

4. 土仓压力的设定

土压平衡盾构的特点为实现盾构掘进面的土压力平衡,即盾构提供的开挖面土压与地层原土压力的平衡。盾构掘进前根据地层的物理力学参数及盾构隧道埋深计算得到开挖面的原始水平应力 P_0,土压平衡盾构按此目标值进行掘进中的土压控制。P_0 的计算是根据盾构隧道埋深、地层特性等不同情况按照土柱法、荷载等效高度等计算法得到。一般计算方法为计算在深度 z 处竖直面的水平应力,即静止土压力:

$$\sigma_z = k_0 \gamma z \quad (11-2)$$

式中:k_0——土的静止侧压力系数;
γ——土的重度(kN/m^3);
z——计算点的深度(m)。

静止侧压力系数 k_0 的数值可通过室内或原位静止侧压力试验测定,也可按经验确定:砂,$k_0 = 0.34 \sim 0.45$;硬黏土、压密砂性土,$k_0 = 0.5 \sim 0.7$;极软黏土、松散砂性土,$k_0 = 0.5 \sim 0.7$。

5. 同步注浆参数

(1)注浆压力

国内外对盾构注浆压力与地表沉降量之间关系进行的研究表明,当注浆压力相当于隧道埋深处的地层应力时,对减少地层损失和地表沉降量效果最为显著。地铁隧道一般埋深在 $10 \sim 20m$ 之间,采用太沙基的土压力计算方法较为合理。

$$P_e = \frac{B \cdot \left(\gamma - \dfrac{c}{B}\right)}{K_0 \tan\varphi} \cdot \left(1 - e^{-K_0 \tan\varphi \frac{H}{B}}\right) + W_0 \cdot e^{-K_0 \tan\varphi \frac{H}{B}} \quad (11-3)$$

$$B = \frac{D}{2}\cot\left(\frac{45° + \dfrac{\varphi}{2}}{2}\right) \quad (11-4)$$

式中:P_e——土压(kN/m^2);
D——隧道外径(m);
B——隧道顶部松动圈幅(m)的一半;

K_0——水平土压和垂直土压之比;

γ——土体的重度(kN/m^3);

c——土的内聚力(kPa);

φ——土的内摩擦角($°$);

H——覆土深度(m);

W_0——地面荷载(kPa)。

(2)注浆量

注浆量的确定是以盾尾开挖空隙量为基础并结合地层、线路及掘进方式等来确定的,以达到充填密实的目的。注浆量为理论间隙量乘以充填系数得到,如式(11-5)所示。

$$Q = \left[\frac{\pi}{4}(D_1^2 - D_2^2)\right]m\alpha \tag{11-5}$$

式中:Q——一个行程的注浆量;

D_1——理论开挖直径;

D_2——管片外径;

m——行程长度;

α——充填系数,主要和以下因素有关:注入压力决定的压密系数、土质系数、施工损耗系数和超挖系数。

因此,在实际工程中的注浆量的充填系数(注浆量/理论开挖空隙)一般控制在1.3~1.8之间。在裂隙比较发育或地下水量大的岩层地段充填系数一般取1.5~2.5。

6.地表沉降的控制因素

施工参数中队地表沉降起控制因素的参数主要有:土仓压力、每环出渣量、每环同步注浆量。掘进时,土仓的压力的控制如前所述(根据盾构机的掘进速度、螺旋输送机的转速、螺旋输送机的张开度来控制);每循环的出渣量应根据不同的地质情况计算得出或根据经验把握。出渣量可根据式(11-6)计算出来。

$$V = \xi V_0 = \frac{\xi \pi D^2}{4}L \tag{11-6}$$

式中:V——每环出渣量;

V_0——理论开挖体积;

ξ——虚方系数;

D——开挖直径;

L——掘进行程长度。

渣土的管理由盾构机现场施工人员负责,记录掘进中的实际出土量。根据盾构机的开挖直径、每行程掘进长度及虚方系数等参数计算得到每环理论出渣量。实际出土量相对理论出土量过大时,可采用减小螺旋输送机出土口的张开度、降低螺旋输送机转速来减少出土量。盾构掘进过程中应严格控出渣量,以控制地层损失而引起的地层位移。

根据经验,当地层为均匀土质地层,地表沉降规律(横向)可以近似用墨西哥学者 Peck 和英国学者 Reilly 提出的符合正态概率曲线的观点进行分析。沉降曲线可用著名的 Peck 曲线

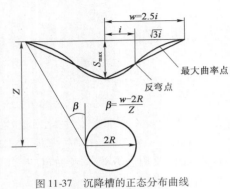

图 11-37 沉降槽的正态分布曲线

描述(图 11-37)。该曲线为一正态分布的曲线[式(11-7)],在隧道正中心的沉降达到最大。

$$s = \frac{V}{\sqrt{2\pi}i}\exp\left(-\frac{x^2}{2i^2}\right) \tag{11-7}$$

式中:x——计算点与隧道轴线的距离;
s——x 处的地表沉降;
V——地层损失;
i——横行沉降槽的宽带系数,一般采用式(11-8)计算。

$$i = R\left(\frac{Z}{2R}\right)^{0.8} \tag{11-8}$$

式中:R——隧道半径;
Z——隧道中心埋深。

三、始发与到达的安全措施

盾构始发与到达是盾构法隧道施工过程中两个重大的工序转换阶段,易出现诸如洞门涌水、地面坍塌、洞门失稳、盾构机姿态失控等事故。影响盾构安全始发与到达的几个关键的问题有:始发与到达井的端头加固、洞门密封、盾构始发的参数控制、始发托架与反力架等。盾构始发结构如图 11-38 所示。

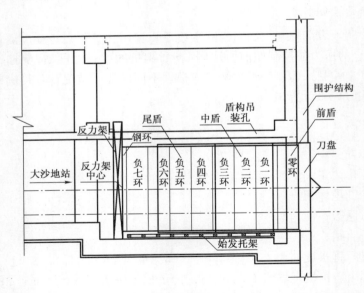

图 11-38 盾构始发结构示意图

1. 端头加固

当盾构始发井(到达井)周围地层为自稳能力差、透水性强的松散砂土或饱和含水黏土时,应对其进行加固处理(图 11-39),加固的主要目的是降低渗透系数和提高土体强度。加固范围一般为隧道边线外两侧及上下 3m 之内。常用的加固方法有：注浆、旋喷、深层搅拌、井点降水、冻结法等，可根据土体种类（黏性土、砂性土、砂砾土、腐殖土）、渗透系数和标贯值、加固深度和范围、工程规模和工期、环境要求等条件进行选择。加固后的土体，应有一定的自立性、防水性和强度，一般以单轴无侧限抗压强度 $q_u = 0.3 \sim 1.0 \text{MPa}$ 为宜。

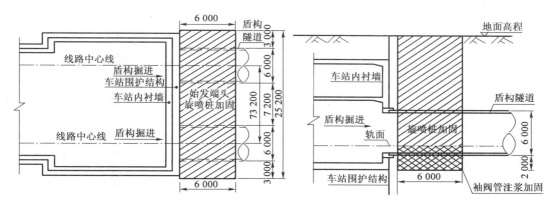

图 11-39　盾构井及端头加固平、纵面图（尺寸单位：mm）

端头土体加固的效果不好是在始发过程中经常遇到的问题。因此，必须根据端头土体情况选择合理的加固方法，而且要加强过程控制，特别是要严格控制一些基本参数。

2. 始发台两侧的加固

由于始发台在盾构始发时要承受纵向、横向的推力以及约束盾构旋转的扭矩，所以在盾构始发之前，必须对始发台两侧进行必要的加固，如图 11-40 所示。

3. 始发后盾构机姿态控制

始发推进后，在盾构机抵达掌子面及脱离加固区时容易出现盾构机"叩头"的现象，根据地质条件不同，有些可能出现超限的情况。为此，通常采用抬高盾构机的始发姿态、

图 11-40　始发时两侧的加固

合理安装始发导轨以及快速通过的方法来避免"叩头"或减少"叩头"的影响。

4. 洞门密封

洞门密封（图 11-41）的主要目的也是在始发掘进阶段减少土体流失。当洞门加固达到预期效果时，对于洞门环的强度要求相对较低，否则要在盾构推进前彻底检查和确定洞门环的状况。在始发过程中若洞门密封效果不好时，可即时调整壁后注浆的配合比，使注浆后尽早封闭，也可采用在洞门密封外侧向洞门密封内部注快凝双液浆的办法解决。

5. 盾构到达掘进措施

在盾构机距离端头墙 50m 时，即进入到达掘进阶段。在此阶段，增加测量次数，不断校准盾构机掘进方向，确保盾构机掘进方向的准确性，以防盾构不能精确到达接收洞门。盾构到达时，由于正面土体压力降低，千斤顶推力逐渐减小及盾尾密封刷与管片之间的摩擦，将管片带

动使管片之间的纵缝变大。为保证已安装的管片环与环之间连接紧密，盾构机到达掘进阶段时，及时紧固螺栓，并在管片环间加型钢将管片拉紧，用角钢固定。

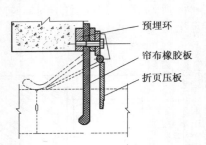

图 11-41　洞门密封示意图

盾构机到达前的准备工作与始发的类似，凿除洞门处的围护结构混凝土，凿除方法与盾构始发洞门凿除方法相同，靠近隧道的一排钢筋暂不割除，以防洞口坍塌，直到盾构机刀盘到达洞口靠近钢筋时，再将其割除。安装洞门密封橡胶带。为了防止盾构机到达掘进时土体或水从间隙处流失，在车站施工时在洞圈预埋环状钢板，盾构机进洞前在洞圈安装止水橡胶帘布、压板等组成的密封装置，作为盾构进洞施工阶段临时的防水措施。

四、姿态控制与纠偏

盾构法隧道采用自动导向系统和人工测量辅助进行盾构姿态监测。隧道自动导向系统（图 11-42）配置了导向、自动定位、掘进程序软件和显示器等，能够实时在盾构机主控室动态显示盾构机当前位置与隧道设计轴线的偏差以及趋势，据此调整控制盾构机掘进方向，使其始终保持在允许的偏差范围内。

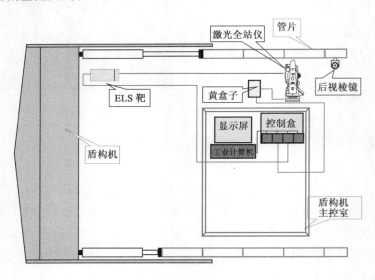

图 11-42　盾构激光导向系统

1. **盾构掘进方向的控制**

根据线路条件所做的分段轴线拟合控制计划、导向系统反映的盾构姿态信息，结合隧道地层情况,通过推进油缸的分区操作来控制掘进方向。

(1)在上坡段掘进时,适当加大盾构机下部油缸的推力和速度;在下坡段掘进时,适当加大上部油缸的推力和速度;在左转弯曲线段掘进时,适当加大右侧油缸推力和速度;在右转弯曲线掘进时,适当加大左侧油缸的推力和速度;在直线平坡段掘进时,应尽量使所有油缸的推力和速度保持一致。

(2)在均匀的地质条件时,保持所有油缸推力与速度一致;在软硬不均的地层中掘进时,应根据不同地层在断面的具体分布情况,遵循硬地层一侧推进油缸的推力和速度适当加大、软地层一侧油缸的推力和速度适当减小的原则来操作。

(3)在较稳定的硬岩段掘进时,可采用加大刀盘转速,减小刀具入岩深度,以减小推进时盾构震动,采用刀盘正反转,以控制盾构机滚动偏差。

2. 盾构纠偏

(1)滚动纠偏

刀盘切削土体的扭矩主要是通过盾构壳体与洞壁之间形成的摩擦力矩来平衡。当摩擦力矩无法平衡刀盘切削土体产生的扭矩时,将引起盾构本体的滚动。盾构滚动偏差可通过转换刀盘旋转方向来实现。

(2)竖直方向纠偏

控制盾构机方向的主要因素是千斤顶的单侧推力,它与盾构机姿态变化量间的关系非常离散,需靠经验来掌握。当盾构机出现下俯时,则加大下侧千斤顶的推力;当盾构机出现上仰时,则加大上侧千斤顶的推力来进行纠偏。同时,考虑到刀盘前面地质因素的影响综合来调节,从而到达一个比较理想的控制效果。

(3)水平方向纠偏

与竖直方向纠偏的原理一样,左偏时,加大左侧千斤顶的推进压力;右偏时,加大右侧千斤顶的推进压力,并兼顾地质因素。

3. 方向控制及纠偏注意事项

(1)在切换刀盘转动方向时,保留适当的时间间隔,切换速度进行控制。切换速度过快,可能造成管片受力状态突变,使管片损坏。

(2)根据掌子面地层情况及时调整掘进参数,调整掘进方向时设置警戒值与限制值。当盾构姿态达到警戒值时,则实行纠偏程序。

(3)蛇形修正及纠偏时缓慢进行,如修正过程过急,蛇形反而更加明显。在直线推进的情况下,选取盾构机当前所在位置点与设计线上远方的一点作一直线,然后再以这条线为新的基准进行线形管理。在曲线推进的情况下,使盾构当前所在位置点与远方点的连线同设计曲线相切。纠偏曲线如图 11-43 所示。

(4)推进油缸油压的调整加强控制管理,否则可能造成管片局部破损甚至开裂。

(5)正确进行管片选型,确保拼装质量与

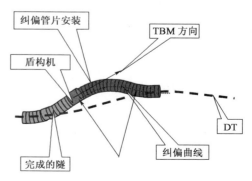

图 11-43 纠偏曲线示意图

精度，以使管片端面尽可能与计划的掘进方向垂直。

（6）盾构始发、到达时的方向控制极其重要，按照始发、到达掘进的有关技术要求，做好测量定位工作。

第五节 高架施工

一、基础施工

轻轨高梁桥桥墩及车站框架柱对沉降要求严格，因此，均采用独立承台下桩基础。对于车站框架结构，则另加连系梁。

高架桥的基础工程形式大致可以归纳为扩大基础、桩基础、管桩（柱）基础和沉井基础几种。表11-4为常用的高架桥基础施工方法及其优、缺点。

常用的高架桥基础施工方法及其优、缺点 表11-4

序号	施工方法		环境、场地、技术要求	优点	缺点	发展方向
1	明挖扩大基础		施工场地开阔，持力地层较浅，中小型桥涵基础，地层软弱时，辅以降水、围檩、支撑、水下浇筑混凝土	施工速度快，大面积施工，便于机械化施工，造价低	污染环境，阻断交通航运	1. 有效井点或深层深井泵降水系统；2. 钢板桩、预制桩，SMW法支护
2	桩基础	打入桩	市郊远离居民，软黏土、粉砂、沙砾、承载基岩较深	施工速度快，质量有保证，承载力较高	振动，挤土影响大，噪声大，桩截面有限	1. 发展轻型、易于拆卸安装、效率高的沉桩机；2. 发展振动、射水等对土体、环境干扰小的机械；3. 大口径钻机、无泥浆成孔、适应各类土层施工
		静压桩	市区，房屋建筑相对远离，软黏土、粉质黏土、承载基岩较深	施工速度快，单桩的承载力较高	挤土明显，单桩承载力有限制	
		钻孔灌注桩（挖孔桩）	市区，黏土、软岩、砂土、砾石各类地层，挖孔桩相对较浅，如广州、南京；钻孔灌注桩可以较深，如上海	适应各种土层中的施工，桩径可大可小，单桩的承载力大，挖孔桩施工灵活	泥浆污染，施工质量有时难以保证	
3	管桩（柱）基础		地质条件复杂，深水，岩面不平	适用于复杂地质条件，预置分节下沉接高，便于机械化施工，效率高	工艺较复杂，水中施工需要有船队配合	预置大型混凝土管桩、钢管桩施工工艺研究
4	沉井基础		持力层较深，地表浅层或河中有较大卵石不方便桩施工，河水深、冲刷大	埋深大，整体性强，稳定性好，承载力大	施工周期长，粉砂土易出现流沙、自重下沉困难时，需采用泥浆润滑套、浮式沉井、空气幕沉井等辅助方法	困难地质条件下沉井下沉施工机具及工艺

采用何种基础形式，主要受工程地质、水文地质、环境要求、施工进度等因素控制。上海明珠高架轻轨线上的高架桥基础多为打入预制钢筋混凝土方桩，浇筑桩平台，其上浇筑桥墩。南京地铁1号线南北端高架桥多为钻孔灌注桩基础，单柱式桥墩。

二、承台、立柱及盖梁施工

承台的测量放样采用极坐标方法,在临近的高层顶上设置控制点,然后由上至下投点。这样既可以控制较大的区域,又可以避免线路较长而导致的视线受阻。承台轴线的临时控制点需校正后再使用。

承台土方开挖到桩顶高程时,要改为人工挖土,避免抓斗碰坏桩头。为防止土方塌陷,应采取放坡、打钢板桩、加木支撑等支护方式。承台位于沟浜范围内,承台底高程高于沟浜底高程时,挖去剩余淤泥,填充碎石,排清积水后再浇混凝土。

承台模板采用大型木模,尺寸为 1.83m ×0.914m,表面为七夹板,模板拼装采用 12mm 拉条螺栓,拆模后凿除外露螺 SWG,并用砂浆修补。

采用拆装方便的大型整体式钢模,既能保证立柱外观光滑平整和内在质量,又能加快施工进度。施工时在现场预拼装,符合要求后,再由吊车整体吊装就位。吊装前,对拼缝进行嵌密处理,钢模内表面涂两次脱模剂。立柱混凝土浇筑派专人负责,保证适当速度供料,防止间隔时间过长而产生冷缝。对于双柱有连系梁的立柱,由于立柱模板的模数不可能相当精确,为了保证立柱混凝土外观质量,采用立柱一次成型再做连系梁的施工方法。横梁内预留 15mm 钢筋,采用预埋钢筋接驳器施工。

盖梁分为预应力钢筋双凝土盖梁和普通钢筋混凝土盖梁两种。盖梁自重荷载较大,其支架下的地基进行预先处理。先对原状土进行压实,铺设 30mm 砾石砂压实,再在支架投影范围内铺设 15cm 厚 C25 素混凝土。

盖梁脚手架采用钢管脚手,脚手管层高不大于 1.7m,剪力管布置密度一般不小于立杆总数的 1/4。脚手架的顶部水平管控制高程层,须严格按换算高程布置,并且该管的连接扣件需加强。

盖梁模板采用大模板形式。九夹板直接铺设于下层木板之上。铺设前预先计算好夹板尺寸,使拼缝对称合理,并牢固密封。盖梁侧模也可为木模,木模外侧设围檩,采用对拉方式固定。

预应力盖梁钢绞线一般采用 7 ϕ_j15.2 高强度低松弛钢绞线,抗拉标准强度为 1 860MPa。采用超张拉工艺,千斤顶为 YcQl50 型及配套的油泵,张拉形式为双向张拉,盖梁的张拉控制应力为 $\sigma_k = 0.75R_y^b = 1 395$MPa。张拉分两阶段进行:第一阶段混凝土强度达 90% 后进行张拉;第二阶段待板梁吊装完毕后再进行张拉。

三、上部结构施工

高架桥全桥施工的主要步骤为:第 1 步,施工下部结构,同时预制上部结构的箱梁节段;第 2 步,上部结构开始逐跨施工,拼装桥墩支架,施工架设梁,在架设梁上拼装一跨所需的预制箱梁节段;第 3 步,张拉体外顶应力钢束,形成整跨结构;第 4 步,前移桥墩支架和架设梁,进行下一跨施工。

轻轨高架车站通常为地上三跨三层钢筋混凝土框架结构,顶盖为轻型钢网架,上覆彩钢板,轻轨车站框架结构施工同地面框架结构房屋施工。

高架轨道交通的上部结构施工方法受到桥梁类型、跨径、城市环境要求、施工机械化水平等因素影响,主要有就地现浇、移动模架逐孔现浇、预制拼装、顶推施工、悬臂施工、提升与浮运等方法。上述施工方法各有其优、缺点和适用条件,选择时应做到因地制宜。表 11-5 为城市轨道高架桥常用施工方法。

城市轨道高架桥常用施工方法　　　　　表 11-5

施工方法	PC 简支梁	PC 连续梁	PC 钢架	组合箱梁	钢—混凝土叠合梁	特殊桥梁(如拱桥、斜拉桥)
就地浇筑	√	√	√	√	√	√
逐孔浇筑		√				
预制拼装	√	√	√	√	√	√
顶推施工		√			√	
悬臂施工		√		√		√
提升与浮运	√	√	√	√		

　　轻轨交通和高架道路是两种最重要和最常见的城市桥梁形式,它们均具有线路较长、路径较小、结构形式较为标准的特点。轻轨交通由于只有双向两股交通,因此具有结构较窄的特点。对于轻轨高架桥梁,我国现阶段一般采用两种结构形式:预应力混凝土空心板和预应力混凝土箱梁。对应的施工方法为:预应力混凝土空心板跨径一般在 20m 左右,在预制厂顶制后运至现场吊装就位;预应力混凝土箱梁路径一般为 30~40m,一般搭设满堂脚手架后现浇施工。前者虽然结构形式简单,但跨径小,外观差,技术含量较低,已不能形成竞争优势和满足高新技术产业化的要求;后者虽然跨径稍大,桥梁完成后也较为美观,但由于采用落后的施工方法,施工时严重妨碍周围环境和现有交通,增加了施工组织的难度,难以把握施工质量,无法形成产业化。由于以上原因,这两种施工方法在国外城市桥梁中已很少采用,取而代之的是预制节段与体外预应力技术结合的施工方法,这种新颖的施工方法在近十年来为国外的桥梁建设广泛采用。预制节段与体外预应力相结合的施工方法融合了预制、节段施工、体外预应力三者的优势。工厂化预制可以缩短施工周期,容易控制施工质量,最大限度地减少现场施工;节段施工不但可以满足运输和吊装的要求,而且不同的跨径均可由标准化的节段组拼而成;而在预应力工艺中,先进的体外顶应力技术是发挥前两者优势的保障。

1. 槽形梁施工

　　槽形梁的预制节段装配式方案有纵向分块和横向分块两种。此两种方案各有利弊,应根据施工架设条件及所跨越的下部空间决定。

（1）横向分块方案

　　横向分块,每块为一完整的 U 形截面,横向预应力在预制时已经实施完成,在桥头路堤上串联成整体,然后用纵移法移至桥孔,落梁就位。

　　这种方法的优点是施工制造简单,块件尺寸和质量都可以做得很小,适宜于长途运输。块件密贴灌注,工地可以设干接缝,用环氧树脂砂浆黏结好,在工地只须穿入纵向预应力筋,张拉锚固,压浆,封端,纵移,落梁,即可架设就位。

　　这种方法适用于在桥下净空内可架设临时便梁以便纵移的情况。在桥下不容许中断交通时,如立交桥,临时便梁可以架设得高一些,还可以在桥下行车限界之外设置支架来承托便梁,借以减少便梁跨度,增加其刚度。纵梁下滑道是连续的,设在临时便梁上缘,上滑道应设在端横梁的下缘。这样,槽形梁在纵移过程中始终保持两端简支状态,无须顾及预拉区出现裂缝等不良后果。

当然也可以在槽形梁的前端装置临时导梁以便纵移。但这个方法用于简支梁效果不佳，而且预拉区在纵移过程中往往会产生拉应力，须在槽形梁的主梁上翼缘设置临时预应力筋，增加造价。

(2) 纵向分块方案

纵向分块是将两侧主梁预制成两大块体，主梁之间的车道板和端横梁可以预制，也可以在主梁架设就位后就地灌筑。预制的车道板、端横梁和两侧主梁的连接必须采用湿接缝。在工地上要施加横向预应力和纵向预应力。

这种方法缺点很多：一是主梁预制块件质量随跨度加大而增加，可能超过工地现有的架设能力；二是湿接头或就地灌筑车道板、端横梁，从而大大增加了工地上的工作量；三是车道板内的纵向预应力不足。若为了减少工地上的工作量，预先就把整块车道板和端横梁预制好，并施加纵向预应力，这样在工地上只需做湿接头和施加横向预应力。显然，大块薄板的预制及运输、吊装架设都较困难且安全问题较难保证，在一般情况下，预制主梁块体时仅施加一部分纵向预应力，待在工地上与车道板连成整体后再施加另一部分的纵向预应力。后一部分纵向预应力系由主梁与车道板共同承担，其结果是主梁获得比车道板较大的预加力，而车道板纵向预加力本来更大，现在反而变得较小，势必造成车道板内的纵向预应力不足。这个缺点可以用重复张拉的方法来解决。

纵向分块方案的唯一优点是可以利用工地现有的架设机具，将预制主梁直接架设就位，无须设置临时便梁及纵移就位。

2. 板梁吊装施工

预制板梁分为先张法预应力空心板梁和后张法预应力空心板梁。板梁长度大，质量重，吊装高度高，一般采用双机台吊的方法。实施双机抬吊作业的关键是因地制宜地选择吊车的最佳作业位置和动作协调，大都采用隔跨同向位或同跨同向位作业，板梁运输进入的位置基本与架设方向平行。

3. 箱梁的施工

(1) 满堂脚手支架现场浇筑施工技术

箱梁施工流程：地基处理→测量放样→脚手架→底模→第一次钢筋绑扎→钢绞线及波纹管安装→第一次混凝土浇筑→第一次拆模→第二次钢筋绑扎→钢绞线及波纹管安装→第二次混凝土浇筑→拆模→张拉→落架。

(2) 桩基支墩和贝雷架平台支模施工

对于特别软弱的地基，又要跨越一定跨度的障碍时，可以采用桩基支墩和贝雷架平台支模方案，跨中布置两排桩基支墩，两侧用原结构系梁作支墩。

贝雷架平台以纵横梁形式布置，横梁为主梁，双榀贝雷片组合，横桥向搁置于支承台上。纵梁为次梁，双榀贝雷片组合，纵桥向搁置于贝雷片横梁上。

(3) 预制节段拼装施工

为了充分发挥标准化施工的优势，使结构在较宽的跨径范围内具有通用件，在设计中采用模块设计，整个线路可以只有两种预制节段，即3m的标准节段和1.5m的墩顶锚固节段。由于轨道荷载较大，考虑最大跨径为36m，这样结构适合的跨径分别为36m、33m、30m、27m、24m、21m等，全跨结构即由上述两种节段组拼而成，跨径布置可根据现场具体情况决定。结构形式主要采用简支结构,主梁采用等截面斜腹板单箱单室箱梁,高度均为2.2m,腹板厚度为35cm,在腹板中设置了复试剪力键提供抗剪,上下翼缘板中设置了结构齿块以满足节段镶合需要,节段间采用干接缝。在标准节段中间设置混凝土偏转块供预应力钢束偏转。

桥跨结构的施工方式采用预制节段组拼逐跨施工的方法。标准预制节段的质量约为30.5t,节段长度为3~3.5m,采用短线预制。在预制场地上进行节段的短线预制,可以在预制阶段对施工质量进行较严格的控制。同时,以一个节段的侧面为模板来预制下一节段,可以方便地进行预制节段之间的镶接施工。待预制节段充分养生后,即可进行节段的现场拼装施工。

现场施工采用架在桥墩两侧支架上的钢制架设梁来架设预制节段。桥墩两侧的支架在桥墩施工时即预留固定位置,施工该跨上部结构时拼接钢制桥墩支架。拼装预制节段在钢制架设梁上进行,钢制架设梁比跨径略长,一般采用钢架的形式,如图11-44所示。

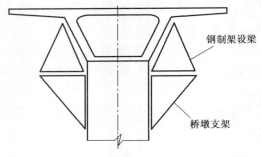

图11-44 施工架设梁

同时,为适应各种不同的跨径,架设梁的设计也必须可以增减构件,以调整长度。钢制架设梁在施工完成后,在其上组拼一跨所有预制节段,为保证节段之间的密贴,在预制节段上均预留有安装齿块,将一跨的所有预制节段逐块镶接拼装,并在钢制架设梁上全部就位后,布置并张拉体外预应力的钢索。张拉结束后,将钢制架设支架前移并安装到下一跨,随后进行下一跨的预制节段组拼施工。

【历史沿革】

新中国成立初期,我国主要采用矿山法施工技术修建地下工程。

1971年在上海开通的采用盾构法修建的打浦路越江隧道是我国第一条采用盾构法施工的越江隧道。

20世纪60年代末至70年代初,北京地铁建设主要采用明挖法施工。

20世纪90年代初开始,在北京、广州等城市地铁区间隧道的建设中主要以矿山法为主。

20世纪90年代中期,盾构法隧道施工技术在轨道交通工程建设中得到了推广,同时车站的施工方法主要以明挖法为主,但工程的深度和体量越来越大。

2000年开通的上海明珠线是我国第一条高架轨道交通线路。

2008年开通的北京地铁机场线是我国第一条快轨轨道交通线路。

2015年开通的长沙磁悬浮线是我国第一条具有自主知识产权的中低速磁悬浮交通线路。

【思 考 题】

1. 为什么要分顺作施工和逆作施工？
2. 在暗挖施工中，为什么常常把大断面分为几个小断面进行开挖作业？
3. 锚杆有何作用？
4. 盾构掘进参数的含义是什么？
5. 渣土改良和土体改良的区别是什么？
6. 盾构始发和到达区进行加固的目的是什么？是否有新的加固方法？
7. 试述城市轻轨高架结构各种施工方法对施工场地的适应性。
8. 简述高架车站、高架区间线路施工工艺。
9. 高架结构施工组织设计包括哪些内容？

第十二章
信息化施工监测技术

现象一：明挖结构施工需要先进行基坑开挖，基坑施工会引起周边地面发生沉降，有时候沉降影响范围很大，有时候沉降影响范围较小，那么该如何确定沉降测点的布置范围？

现象二：施工信息常常会受到环境或气象变化的影响，比如夜间和午间由于日照产生的误差，会引起支撑内力的变化。对施工信息进行处理时，需要考虑哪些非施工因素的影响？

现象三：有些工地的监测采用自动化程度很高的监测方法，另有一些工地还是采用以人工为主的监测方式。

地下工程在施工过程中会遇到一些不确定的因素，这些不确定因素不仅会影响工程的进度，而且还会危及工程的安全，因而在施工中对关键部位的变形或内力进行观测，根据观测结果及时调整设计参数或施工方案，以确保工程建设的安全和质量，这便是信息化施工的指导思想。

第一节　信息化施工控制方法及流程

一、信息化施工监测的必要性

城市轨道交通设施既要满足交通需求,同时也要满足民防的需要,加之城市地区用地紧张和地价昂贵的状况,轨道交通设施在市区大多深埋于地下。这使得城市轨道交通结构工程建设过程中的安全性和环境影响日益受到重视。一方面,复杂的地质条件、较短的施工工期和参差不齐的施工水平引出了许多新的复杂安全问题,简单的依据现有理论、规程和经验积累无法获得妥善解决;另一方面,随着城市各类建筑密度的增大,相邻环境、地下管线以及地面交通等受到城市轨道交通设施的施工影响问题日益显著。因而,近年来在轨道交通的建设过程中事故频发,在社会上造成恶劣的影响,如2008年11月在建的杭州地铁某车站基坑发生垮塌事故,造成旁边的交通干道发生近10m的沉陷,临近的管道破裂,道路被淹,该事故造成21人死亡或失踪,经济损失巨大。

地下工程与地上工程相比,由于其主体部分位于岩土介质之中,而岩土体的变形特性、物理组构、初始应力场分布、温度和水侵蚀效应等众多方面具有明显的非均匀性、离散性、非连续性和非线性特点,致使地下结构在建筑和使用阶段表现出非常独特和复杂的力学特征,其变形规律和受力特点很难用单纯的理论方法、按一般封闭解的形式予以描述并获得满意的解答。目前,除了依据现有规范规程进行检算以外,还引入数值模拟和计算机辅助设计,分析过程中通常是把地下工程和周边的地层看成一个整体,按照连续介质力学的方法计算地下工程和围岩的内力和变形。由于岩土本构关系研究的进步以及数值分析方法和计算技术的发展,连续介质力学方法已经能求解各种洞型、多种支护形式的弹性、弹塑性、黏弹性和黏弹塑性解。但由于岩土介质和地质条件的复杂性,计算所需的输入参数,如初始地应力、弹性模量、泊松比等,均具有很大的不确定性。同时,岩土体材料是非连续体,运用连续介质力学理论来描述或解析本身就是一种近似的方法。上述这些原因限制了连续体介质力学数值模拟方法的实用性或准确性。

城市地下工程的复杂性及其对场地和施工过程的依赖性以及对相邻环境影响的严重性,使得工程界对地下工程的信息化设计和信息化施工方法日益重视。现场监测不仅作为确保实际施工安全、可靠进行的必要和有效手段,同时对验证原有设计方案或局部调整施工参数、积累数据、总结经验、改进或提高原有设计水平具有重要的现实意义。我国已经把基于现场监测数据的信息化施工强制纳入相关技术规程。

二、信息化施工的控制方法及流程

所谓信息化施工方法是指在施工过程中布置监控测试系统,从现场围岩(或土体)的开挖及支护过程中获得围岩(或土体)稳定性及支护设施的工作状态信息,通过分析研究这些信息,并反馈于施工决策和支持系统,修正和确定新的开挖方案的施工参数。这个过程随每次掘进开挖和支护的循环进行一次,直至工程完工。

地下工程的信息化施工是以施工监测、力学计算以及经验方法相结合而建立的地下工程特有的施工程序,如图 12-1 所示。在地下工程的设计施工过程中,勘察、设计、施工等诸多环节允许有交叉、重复。在初步地质调查的基础上,根据经验方法或通过力学计算进行预设计,初步选定设计参数。然后,还需在施工过程中根据监测所获得的关于围岩稳定性和支护系统力学和工作状态的信息,对施工过程和支护参数进行调整。大量的实践经验表明,对于设计参数或施工参数所作的调整或修改是十分必要和有效的,这不仅确保了工程的成功,同时也为后继工程提供了经验或参数,推动了设计计算理论的进步。

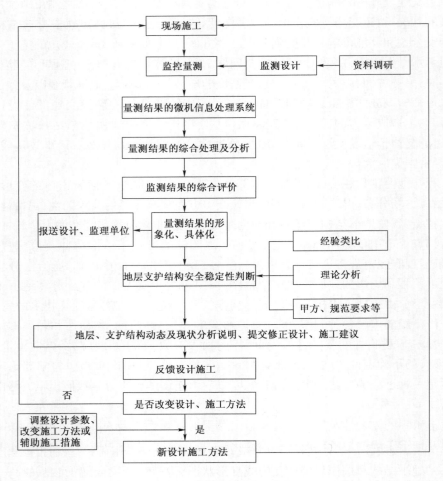

图 12-1　信息化施工的控制流程图

第二节　施工监测方案的设计

一、监测方案设计的主要内容

目前,我国的城市轨道交通结构工程主要由车站、区间以及维修整备段等三个部分构成。其中,车站和区间是轨道交通基础土建基础设施的主要部分。对于构筑于地面以下的地铁车站,其施工方法主要有明挖法、暗挖法和盖挖法三种。明挖法为我国地铁车站的主要施工方法,具有施工方便、造价较低的优点,该法对周边环境影响及地面交通干扰较大。暗挖法通常要求有良好的围岩条件,为控制地面变形,必须采用小步长,强支护的工程措施,因此造价较高,施工技术复杂,工期较长。盖挖法在车站站位所在道路难以封交时可采用,在城市繁华地段地铁施工中盖挖法优势明显,该法先利用围护结构构筑临时路面盖板,而后临时路面盖板的遮护下进行土方开挖和结构施工。对于城市轨道交通的区间隧道土建工程,目前的施工方法主要有浅埋暗挖法、盾构法、明挖法等,其中尤其以盾构法施工为多。

要做好施工监测方案的设计工作,必须了解地下工程拟采用的主要施工工法及其特点,进而有针对性地展开监测量控系统的设计,为信息化施工提供足够的预警和决策信息。通常,地下工程信息化监测方案应包括以下基本内容。

1. 工程概况

包括工程简况、结构类型、施工方法、地质条件和水文条件等信息,便于在全面掌握工程特点以及施工技术难点的基础上,有针对性地提出本工程的监测重点和关键。

2. 施工监测的目的

在地下工程的实践中,现场的量测结果和先前的预估值(设计值)之间往往存在较大的差异,主要是由于计算模型的近似性、计算参数的误差(或不准切)、施工过程的随机性和动态性等原因所造成的,因而施工监测的目的归结起来不外乎以下几个方面。

(1) 为施工开展提供及时的反馈信息

监控量测系统首先获得整个工程信息化施工所必需的基础性、定量化数据,其次通过对监测数据的进一步分析,获得地下结构及其相邻环境(岩土介质、周边建筑屋、管线、地面道路等)的变化趋势或受力状态,最后把获得的监测信息和设计值进行对比,验证原施工方案(或设计方案)的正确性。监测数据和成果是现场施工管理和技术人员的判别工程安全与否的依据,也是工程决策机构进行决策的重要数据基础。

(2) 为施工方案或参数调整提供依据

地下工程的施工总是由点到面、由局部到全部的过程,把局部或点上施工获得的监测信息和设计值进行对比,当两者出现较大的差异时,则需根据监测数据的分析结果调整施工参数或施工方案,必要时采取附加的工程措施和手段,以确保工程的安全。同时,所获得的数据也可以通过反演分析,按所设定的计算模型反算或校正材料参数和作用荷载,进而推算出相应条件改变情况下的地下结构和周围环境的受力或变形状态,为施工方案或施工参数的改变提供一些预见性参考。

(3) 为类似工程的设计和施工水平提高积累经验

地下工程的设计和施工方案是工程技术人员通过对实体进行抽象,采取数学分析手段开展定量化预测工作,加之长期工程实践经验而确立和制订出来的。鉴于地下结构与周围介质的相互作用分析总是在不同程度上做了简化或近似处理,突出了工程的主要因素,便于工程问题的求解,但是在真实描述自然规律方面,不可避免地掺入了人为假定的因素。在这方面,现场的监测技术显示出了巨大的优势,任何一个地下工程的实施在某种意义上都是1:1的足尺试验,监测所取得数据都真实地再现了结构与其周围环境在实际施工过程中的真实反应,是各种复杂因素综合作用下的真实状态,为后继类似工程提供了一定的借鉴。尽管不同工程在地质条件、支护方法以及施工方法等方面有所差异,但在设计计算中未曾计入的各种复杂因素可以通过现场监测结果分析加以局部修改和完善,信息化施工监测对于提高地下工程的设计与施工水平意义重大。

3. 施工监测方案编制的依据

施工监测方案是由监测单位编制的,用以指导整个监测过程中的技术、组织的综合性文件。城市轨道交通的监测方案编制依据应包括:

(1)国家和地方的法律法规的要求,如计量法、测绘法等。

(2)现行规程和规范等,如《国家一、二等水准测量规范》(GB 12897—2006)、《地下铁道设计规范》(GB 50157—92)、《工程测量规范》(GB 50026—2007)、《建筑变形测量规范》(JGJ 8—2007)、《城市轨道交通工程测量规范》(GB 50308—2008)等;各种相关的地方性标准等,如《上海地铁基坑工程施工规程(试行)》(SZ-08—2000)、《上海市基坑工程设计规程》(DBJ 08—61—97)等。

(3)国家和地方有关管线保护、管理、监督、检查的文件、通知等。

(4)本工程相关勘察、设计文件和资料以及会议精神。

(5)监测工作的承包合同。

4. 施工监测项目

总体而言,施工监测包括轨道交通结构自身安全的监测和周围环境影响的监测两个部分,其监测项目的设置会因工程的地质条件、结构特点、施工工法、结构埋深等的不同而有所不同。我国现阶段城市轨道交通地下工程的常用施工方法可分为浅埋暗挖法、盾构法和明挖法等。其监测项目的要求简述如下。

(1)浅埋暗挖法施工监测

浅埋暗挖法施工过程中,围岩(地层)的变形和松动可能传至地表,影响地表建筑物的安全。因此,监测设计除应对围岩(地层)和支护结构中产生的位移与应力变化等进行监测外,尚应对地表及地面建筑物、构筑物的变形进行观测。

(2)盾构法施工监测

盾构法常应用于自立性较差的地层中,尤其适用于自立性、流动性高的软弱地层和淤泥质地层中。不论采用哪种开挖方式,都会使开挖面附近地层的应力状态发生变化,即使是采用密闭式盾构,如泥水盾构、土压平衡盾构,也会因开挖面的不稳定而导致过大的地表沉降。因此,其监测设计除根据需要对衬砌环、土层进行应力、变形选测外,更应对隧道隆陷、地表沉降进行监测。

(3)明挖法施工监测

明挖法施工监测指在基坑开挖施工过程中,借助一些仪器设备和手段对围护结构、周围环境[土体、建(构)筑物、道路、地下管线等]的应力、位移、倾斜、沉降、开裂及地下水位的动态变化、土层孔隙水压力变化等进行综合监测。根据前期监测结果,对原设计进行评价;判断现行施工方案的合理性;预测下阶段施工过程中可能出现的新动态,为优化和合理组织施工提供可靠信息;对后期开挖方案与开挖步骤提出建议,并对施工过程中可能出现的险情进行及时的预报。有异常情况时,立即采取必要的工程措施,以确保工程安全。

城市轨道交通地下工程的施工除前面三种方法外,许多高架道路的桥墩基础采用桩基。因此,在已有的建筑物附近或一些市政设施附近打桩时,常由于桩的挤土作用而造成结构物的开裂,地下工程因土的侧向位移而破裂等,这类工程施工也需进行相关的监测。

5. 监测方法

施工监测方法主要指监测控制网的布置方法、监测点(孔)的设置方法以及具体项目的测试方法等。

监测控制网主要是针对光学测量而言的,分为水准控制网和平面控制网。对于城市轨道交通土建工程的施工监测而言,一般水准控制网按照国家一等水准的技术要求执行,其测量精度要求为:读数基辅差 0.3mm,测站附合差 0.5mm,路线闭合差 $\pm 2\sqrt{L}$ mm(L 为公里数);平面控制控制网一般采用城市二级导线,其测量精度要求为:测角中误差 $\pm 2''$、边长中误差 1/10 000、点位中误差 ± 1mm。

监测点(孔)设置方法和测试方法应根据监测项目的不同而不同,但总的原则是在保证后继监测工作可靠、准确的前提下,满足经济、高效的要求,具体细节下文将予以论述。

6. 监测频率

监测频率是指某一检测项目的监测时间间隔,监测的常规频率的设置首先要满足相关技术规程的要求,同时针对工程特点和施工参数合理选用。值得指出的是,当监测数据揭示出工程可能出现工程风险时,应加大监测频率,直至跟踪监测或不间断监测。

7. 监测的安全控制标准

监测的安全控制控制标准可分为应力控制标准和变形控制标准两大类。在变形控制标准中需要同时考虑变形的总量控制标准和变形速率的控制标准两个指标。这些控制标准根据结构自身类型、施工工法、周围环境保护等级等的不同而不同,国家或地方规范在总结大量的工程实际经验的基础上,给出了一些参考数据,也可结合具体工程特点合理确定。上述安全控制标准数值又称为允许值,或监测警报值。

8. 监测数据的分析和处理

对于城市轨道交通的施工监测数据,可以借鉴《铁路隧道喷锚构筑法技术规则》的Ⅲ级监测管理并配合位移速率作为监测管理基准(表 12-1),即将允许值的 2/3 作为警告值,允许值的 1/3 作为基准值,将警告值和允许值之间称为警告范围。实测值落在此范围,应提出警告,说明需商讨和采取施工对策,预防最终位移值超限(警告值和基准值之间称为注意范围);实测值落在基准值以下,说明土建结构及周边土体是稳定的。

监 测 管 理 等 级   表 12-1

管 理 等 级	管 理 位 移	施 工 状 态
Ⅲ	$U_0 < U_n/3$	正常施工
Ⅱ	$U_n/3 \leq U_0 \leq 2U_n/3$	加强支护
Ⅰ	$U_0 > 2U_n/3$	加强监测并采取相应工程措施

注:U_0 为监测实测值;U_n 为监测警报值。

当工程施工中出现下列情况之一时,应立即停止施工,采取以下措施处理:

(1)监测数据有不断增大的趋势。

(2)时态曲线长时间没有变缓的趋势等。

对于实测的监测数据,应及时按照控制流程上报给相关单位,以便于各方及时作出响应和应对措施。

9. 监测工作的质量控制

监测工作的质量控制依据分为技术标准和管理标准两大类。技术标准包括：工程设计图纸及说明书；相应的设计标准、规范；相应的测量或量测规范及标准；施工合同中规定使用的有关技术标准或参数。管理标准包括：质量管理体系认证（GB/T 1901—2000，ISO 9001:2000）标准、《质量管理和质量保证　术语》（GB/T 6583—1994）、国家权威部门的计量认证规定、企业主管部门有关质量工作的规定；本企业的质量管理制度及有关质量工作的规定；监测合同；监测方案等。

对于具体的工程施工监测，应确立完善的人员组织架构和人员配备，合理地选用测量仪器和设备，设计较为完善的监测方案，建立快速的监测数据反馈机制。为了降低测量误差，应尽可能固定监测路线、固定监测设备以及固定监测人员。

二、施工监测项目及技术要求

确定监测项目的总体原则是量测简单、结果可靠、成本低，以便于施工单位采用。此外，所选择的量测物理量要概念明确，量值显著，数据易于分析，易于实现信息的反馈。城市轨道交通土建工程主要包括区间和车站，其中区间采用的工法多为浅埋暗挖法和盾构法，地下车站大多采用明挖法施工，其监测项目的设置和技术要求分述如下。

1. 浅埋暗挖法施工监测

地下洞室的量测和实验内容不外乎表12-2所示的内容，显然其量测的项目繁多，在实际工程中，很难完全实现。对于地下洞室的监测项目的设置，通常按照具体工程的特点，如工程规模、重要性程度、地质条件等来决定。

地下隧道工程中的现场量测内容　　　　　　　　　　表12-2

分　类	量　测　内　容
地层基本参数	岩体各种强度指标、岩体物力特性、岩体弹性参数（弹性模量、变形模量、泊松比）、地层抗力系数、岩体应力等
结构基本参数	混凝土（含喷射混凝土）的强度、混凝土的弹性参数（变形模量、泊松比）、混凝土和岩面之间的黏结力、砂浆锚杆参数（砂浆强度、黏结力、锚固力）、砂浆的灌满性等
地层结构性态参数	内应力或内应变（混凝土、喷射混凝土、钢筋、锚杆等）、支护结构的洞周收敛位移、围岩松弛带、支护结构和围岩的接触应力等
周围环境状态参数	地表沉降、周围建构筑物的变形、爆破震动等

以浅埋暗挖法施工的城市地铁区间隧道，地表沉降是判断周围地层稳定性的一个重要指标。由于地表沉降的监测简单，监测结果能反映地下工程施工过程中隧洞周围地层岩土介质变形的全过程，因而地表沉降监测是浅埋暗挖法的一个主要量测项目，这种量测的重要性随着隧道的埋深变浅而加大，见表12-3。

地表沉降监测的重要性　　　　　　　　　　表12-3

隧道埋深	监测的重要性	监测与否	隧道埋深	监测的重要性	监测与否
$3D<h$	小	不必要	$D<h\leqslant 2D$	重要	必须进行监测
$2D<h\leqslant 3D$	一般	最好监测一下	$h<D$	非常重要	必须列为主要监测项目

隧道施工之前，应根据隧道埋深、地质情况、地面环境、开挖断面和施工方法等综合确定监测项目。监测项目通常分为应测项目和选测项目。应测项目是指施工时必须进行的常规测量，用来判别围岩稳定和支护衬砌受力状态，指导设计施工的经常性量测。应测项目主要包括支护状态和建筑物变形观测，如拱顶下沉、隧道净空变形、地表及地面建筑物和构筑物的变形观测等。这类监测方法简单、可靠，对修改设计和指导施工起很大作用。选测项目是指在重点和有特殊意义的隧道或区段进行的补充量测，主要包括围岩内部位移、锚杆轴力和拉拔力、衬砌内力、围岩压力等。这类监测技术较复杂，费用较高，通常根据实际需要，选取部分项目进行量测。表12-4为根据工程经验提出的监测项目和监测频率，可供拟定监测方案参考。

浅埋暗挖法的监测项目和监测频率　　　　　　　表12-4

类别	监测项目	监测仪器和工具	测点布置	监测频率
应测项目	围岩及支护状态	地质描述及拱架支护状态观察	每一开挖环	开挖后立即进行，每天一次
	地表、地面建筑、地下管线及构筑物变化	水准仪和水平尺	每10~50m一个断面，每断面7~11个测点	开挖面距量测断面前后小于2B时，1~2次/d 开挖面距量测断面前后小于5B时，1次/2d 开挖面距量测断面前后大于5B时，1次/周
	拱顶下沉	水准仪、钢尺等	每5~30m一个断面，每断面2~3个测点	开挖面距量测断面前后小于2B时，1~2次/d 开挖面距量测断面前后小于5B时，1次/2d 开挖面距量测断面前后大于5B时，1次/周
	周边净空收敛位移	收敛计	每5~100m一个断面，每断面2~3个测点	开挖面距量测断面前后小于2B时，1~2次/d 开挖面距量测断面前后小于5B时，1次/2d 开挖面距量测断面前后大于5B时，1次/周
	岩体爆破地面质点震动速度和噪声	声波仪及测振仪等	质点震动速度根据结构要求设点，噪声根据规定的测距设置	随爆破及时进行
选测项目	围岩内部位移	地面钻孔安放位移计、测斜仪等	取代表性地段设一断面，每断面2~3个测点	开挖面距量测断面前后小于2B时，1~2次/d 开挖面距量测断面前后小于5B时，1次/2d 开挖面距量测断面前后大于5B时，1次/周
	围岩压力及支护间应力	压力传感器	每代表性地段设一断面，每断面15~20个测点	开挖面距量测断面前后小于2B时，1~2次/d 开挖面距量测断面前后小于5B时，1次/2d 开挖面距量测断面前后大于5B时，1次/周
	钢筋格栅拱架内力及外力	支柱压力计或其他测力计	每10~30榀钢拱架设一对测力计	开挖面距量测断面前后小于2B时，1~2次/d 开挖面距量测断面前后小于5B时，1次/2d 开挖面距量测断面前后大于5B时，1次/周
	初期支护、二次衬砌内应力及表面应力	混凝土内应变计及应力计	每代表性地段设一断面，每断面11个测点	开挖面距量测断面前后小于2B时，1~2次/d 开挖面距量测断面前后小于5B时，1次/2d 开挖面距量测断面前后大于5B时，1次/周
	锚杆内力、抗拔及表面应力	锚杆测力计及拉拔器	必要时进行	开挖面距量测断面前后小于2B时，1~2次/d 开挖面距量测断面前后小于5B时，1次/2d 开挖面距量测断面前后大于5B时，1次/周

注：B为隧道开挖跨度。

对于洞内收敛和拱顶下沉监测的测点，原则上应设在同一断面，监测断面的间距视隧道长度、地质条件和施工方法等确定，一般情况可参考表12-5选用。在施工初期，为掌握围岩变化动态，要缩小间距，以后待取得一定的数据后可适当加大。拱顶下沉测点1~3个，原则上设在拱顶。收敛位移监测的可按照十字形、三角形和交叉形等方式布置,如图12-2所示。其中,十字形布置适用于底部施工已经基本完成的隧洞;三角形布置的量测数据容易校核,是现场采用较多的布置方式;交叉形布置适宜于隧洞顶部有施工设备的隧洞。对于大断面隧洞,可采用多个三角形交叉的布置形式。

收敛和拱顶下沉监测断面布置　　　　　　　　　　　　　　　　表12-5

隧 道 情 况	监测断面间距(m)	隧 道 情 况	监测断面间距(m)
洞口附近或埋深小于2B	10	一般情况	30～50
长隧道开始施工的200m地段	20～30		

注:1. 土、软岩或重要工程取低值。
　　2. B为隧道开挖宽度。

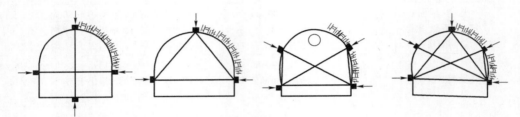

图12-2　收敛位移监测布置图式

对土、软岩地段的浅埋隧道要进行地表下沉监测。断面间距可视地质条件、覆盖层厚度、施工方法及周围建筑物情况定,一般情况下可参考表12-6选用。为掌握地表沉降范围,测点除设在隧道中线上外,可在与隧道中线垂直的横断面上布置测点,测点间距一般2～5m,必要时加密测点,见图12-3。

地表沉降测点布置　　　　　　　　　　　　　　　　表12-6

覆盖层厚度	断面间距(m)	覆盖层厚度	断面间距(m)
$H \geq 2B$	20～50	$H \leq B$	5～10
$B < H < 2B$	10～20		

注:B为隧道开挖宽度。

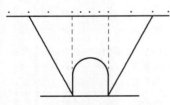

图12-3　地表沉降测点在横断面上的布置

2. 盾构法施工监测

盾构法常应用于自立性较差的地层中,尤其适用于自立性、流动性高的软弱地层和淤泥质地层中。不论采用哪种开挖方式,都会使开挖面附近地层的应力状态发生变化,即使是采用密闭式盾构,如泥水盾构、土压平衡盾构,也会因开挖面的不稳定导致过大的地表沉降。因此,其监测设计除根据需要对衬砌环、土层进行应力、变形监测外,更应对隧道隆陷、地表沉降进行监测。

盾构推进引起的地层变形可以通过地表的横向和纵向沉降来分析。横向沉降槽的研究,大多采用Peek的经验公式或基于随机介质理论的沉降分布。盾构施工引起地表的纵向沉降一般分四个阶段:前期变形、盾构通过时的沉降、盾尾与衬砌脱离后的变形、后续沉降。

盾构到达观测点之前,由于顶进速度或出土量的原因,会导致前方地表下沉或隆起,这部分变形称为前期变形。从盾构开挖面到达观测点的正下方开始至盾尾即将脱离该点为止,这一阶段产生的沉降为盾构通过时的沉降;产生这部分下沉的原因,主要是盾壳对土体的摩擦力破坏了土体结构强度,降低了土体的模量,并使土体产生挤压和剪切变形,从而引发了地层沉降。盾尾与管片衬砌脱离之后,采用注浆来弥补盾尾的空隙。当注浆不够或注浆填充率不足时,由于地层损失将产生地层沉降,注浆超量时会引发地层隆起。后续沉降阶段指灌浆结束后,地层发生的那部分下沉,主要原因是土体的固结变形和蠕变。土体的固结变形是指由于地层超孔隙水压的逐渐消散,土体产生固结变形,地表发生的固结沉降。蠕变变形主要包括土体的蠕变变形和管片的蠕变变形两部分,其中土体的蠕变变形是主要部分。

在盾构推进过程中,地层在三维空间中的移动如图12-4所示。地表垂直隧道轴线的横断面上的变形如图12-5所示,最大沉降发生在隧道顶部,沉降量和沉降槽的宽度随顶进过程而变化,并趋于稳定。盾构推进引起的沉降槽在地表面上产生的沉降等高线成锥形(图12-6),锥尖顺着盾构推进方向,随着盾构的推进,锥形沉降等高线向前扩展。

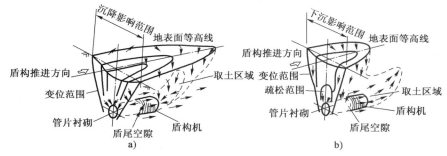

图12-4 空间地层移动概略图

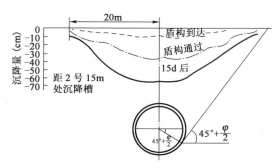

图12-5 某盾构隧道地表横断面变位曲线

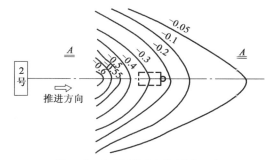

图12-6 地表沉降等高线(单位:m)

在盾构推进时,不但会引起地表的沉降或隆起,还会因盾构正面推力造成地层的水平变位。图12-7a)为隧道周围土体的横向水平变位图。图12-7b)为沿盾构轴线剖面上土体的水平变位图。从图中可以看出,近盾构处水平变位较大,越往前,水平变位越小,形成盆形影响区域。

盾构法施工时的量测内容不外乎表12-7所示的内容,其量测的项目繁多,在实际工程中通常根据工程规模、重要性程度、地质条件等因素选取其中部分监测项目来进行。表12-8是根据工程经验确定的监测项目和检测频率,可供制订监测方案时参考。

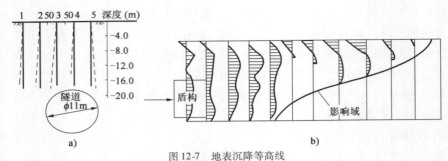

图 12-7 地表沉降等高线

a)盾构周围土体的横向位移;b)盾构轴线剖面上的土体水平位移

盾构隧道时的监测项目和仪器设备 表 12-7

监测对象	监测类型	监测项目	监测元件与仪器
隧道结构	结构变形	隧道结构内部收敛	收敛计、巴塞特系统
		隧道、衬砌环沉降	水准仪、全站仪
		隧道洞室三维位移	全站仪
		管片接缝张开度	测微计
	结构外力	隧道外侧水土压力	压力盒、频率计
		隧道外侧水压力	孔隙水压力计、频率计
	结构内力	轴向力、弯矩	钢筋应力计或应变计、频率计
		螺栓锚固力	锚杆轴力计、频率计
地层	沉降	地表沉降	水准仪
		分层土体沉降	分层沉降仪、频率计
		盾构底部土体回弹	深层回弹桩、水准仪
	水平位移	地表水平位移	经纬仪
		深层土体水平位移	测斜管、测斜仪
	水土压力	水土压力(侧、前面)	土压力盒、频率计
		地下水位	水位井、标尺
		孔隙水压	孔隙水压力计、频率计
地面建(构)筑物、地下管线、铁路、道路等		沉降	水准仪
		水平位移	经纬仪
		倾斜	经纬仪
		建(构)筑物裂缝	裂缝计

盾构掘进施工监控量测项目 表 12-8

类别	监测项目	测量工具	测点布置	量测频率
应测项目	地表隆陷	水准仪	每 30m 设一断面,必要时需加密	掘进面前后小于20m时,测1~2次/d 掘进面前后小于50m时,测1次/2d 掘进面前后大于50m时,测1次/周
	隧道隆陷	水准仪、钢尺	每 5~10m 设一断面	掘进面前后小于20m时,测1~2次/d 掘进面前后小于50m时,测1次/2d 掘进面前后大于50m时,测1次/周

续上表

类别	监测项目	测量工具	测点布置	量测频率
选测项目	土体内部位移（垂直和水平）	水准仪、磁环分层沉降仪、倾斜仪	每30m设一断面	掘进面前后小于20m时，测1~2次/d 掘进面前后小于50m时，测1次/2d 掘进面前后大于50m时，测1次/周
	衬砌环内力和变形	压力计和传感器	每50~100m设一断面	掘进面前后小于20m时，测1~2次/d 掘进面前后小于50m时，测1次/2d 掘进面前后大于50m时，测1次/周
	土层压应力	压力计和传感器	每一代表性地段设一断面	掘进面前后小于20m时，测1~2次/d 掘进面前后小于50m时，测1次/2d 掘进面前后大于50m时，测1次/周

其测点布置原则可参考浅埋暗挖法。

3. 明挖法施工监测

对于城市轨道交通的地下车站，通常为一个矩形基坑，目前国内采用的主要施工方法为明挖法。基坑工程的施工监测内容包括围护结构自身的安全监测以及周围相邻环境的安全监测两个部分。由于车站基坑通常位于城区，周围的既有建构筑物（如房屋、管线、道路等）较多，因此监测车站基坑施工对环境的影响十分重要。表12-9列出了车站基坑工程的基本监测项目。

基坑工程现场监测内容 表12-9

监测分类	监测对象	监测项目	监测元件与仪器
基坑围护结构安全监测	围护桩墙	桩墙顶的水平位移和沉降	经纬仪、水准仪
		桩墙的深层水平位移	测斜仪
		桩墙内力	钢筋应力（应变）计、频率计
		桩墙水土压力	压力盒、孔隙水压力计、频率计
	圈梁、围檩	内力	钢筋应力（应变）计、频率计
		水平位移	经纬仪
	支撑	轴向力	钢筋应力计或应变计、轴力计、频率计
	立柱	沉降	水准仪
	坑底土体	隆起	水准仪或分层沉降仪
	坑内地下水位	水位变化	观测井、水位计
周围环境安全监测	相邻地层	地表沉降	水准仪
		分层土体沉降	分层沉降仪、频率计
	坑外地下水位	潜水水位	水位管、水位计
		分层水压	孔隙水压力计、频率计
	相邻房屋	沉降	水准仪
		倾斜	经纬仪
		建（构）筑物裂缝	裂缝计
	地下管线	沉降	水准仪
		位移	经纬仪或全站仪
	道路	沉降	水准仪

近年来颁布实施的基坑工程设计施工规程一般都是按照破坏后果和工程复杂程度将基坑划分为若干个等级,由工程所属的等级来要求和选择相应的监测内容。

以上海地区地铁基坑工程为例,根据基坑工程的重要性,一般将基坑工程分为三级,符合下列情况之一时,属于一级基坑工程:

(1)围护结构作为主体结构的一部分时。
(2)基坑开挖深度大于或等于10m时。
(3)距基坑边两倍开挖深度范围内有历史文物、近代优秀建筑、重要管线等需要严加保护时。

开挖深度小于7m且周围环境无特别要求时,属三级基坑工程。一级和三级以外的均属二级基坑工程。根据基坑等级按照表12-10选定监测项目,其检测点位布置技术要求以及监测频率要求分别见表12-11及表12-12。

上海地铁各级基坑工程监测项目选择表　　　　表12-10

基坑等级	周边地下管线位移	坑周地表沉降	周围建筑物沉降	周围建筑物倾斜	墙体水平位移	支撑轴力	地下水位	墙顶沉降	立柱隆沉	土压力	孔隙水压力	坑底隆起	土体分层沉降
一级	√	√	√	√	√	√	√	√	√	○	○	○	○
二级	√	√	√	√	√	√	○	○	○	○	○	○	○
三级	√	√	√	√	○	○	○	○	○	○	○	○	○

注:√为必测项目,○为选测项目,可按设计要求选择。

上海地铁基坑监测点布置表　　　　表12-11

监测项目	布设范围	埋设深度
地下管线位移	水平位移及沉降的监测点一般应设置在基坑边2.5~3.0倍开挖深度范围内,水平位移监测点可更远一些。观测点位置和数量应根据管线种类、材质、直径、埋深、受开挖影响范围、管道接头形式和受力要求等布置,对于刚性管道应能满足计算管道变形曲率的要求	
建筑物沉降	观测点布置应根据建筑物结构形式、基础形式及各种建筑在不同沉降差下的反应、工程地质条件、开挖方案等因素综合考虑。一般应在建筑物角点、中点、沉降缝位置等处设置,每栋建筑物观测点不少于8个	
坑周地表沉降	不小于2倍基坑开挖深度范围内	
墙体水平位移	每20~30m布设一个测斜孔为宜,并保证基坑每边上都有监测点	与围护墙体同深
墙顶沉降	与测斜孔同点;局部重要部位加密	—
立柱沉降	沿基坑纵向每开挖段(约25m)1个	—
支撑轴力	沿基坑纵向每2个开挖段(约50m)1组,环境要求较高时可适当加密	—
土压力	按设计要求定	按围护墙体深度埋设土压力传感器
地下水位	沿基坑长边至少布置2个,环境要求较高时可适当加密	不低于降水深度
坑底隆起	按设计要求定	埋设深度宜为基坑开挖深度的两倍
深层土体沉降	按设计要求定	埋设深度为基坑开挖深度的两倍

现场监测时间间隔表 表12-12

基坑等级施工工况	一级	二级	三级
施工前	至少测2次初值	至少测2次初值	至少测2次初值
桩基施工	3d	7d	7d
围护结构施工	1d	2d	7d
地基加固和降水	3d	7d	7d
开挖 0~5m	1d	2d	2d
开挖 5~10m	1d	1d	1d
开挖 10~15m	1d	1d	1d
开挖大于15m—浇垫层	0.5d	0.5d	1d
浇好垫层—浇好底板	1d	2d	3d
浇好底板后 7d 内	1d	2d	3d
浇好底板后 7~30d 内	2d	7d	15d
浇好底板 30~180d	7d	15d	—

注：1. 本表宜用于制订坑周建（构）筑物变形、邻近管线变形、坑周地表沉降以及基坑挡墙水平位移的监测频率。对其余监测项目的监测频率，尚应根据设计要求和现场实际情况选定。
2. 若施工中出现变形速率超过警戒值的情况，应进一步加强监测，缩短监测时间间隔，为改进施工和实施变形控制措施提供必要的实测数据。

三、施工监测的安全控制标准

1. 浅埋暗挖法的结构安全控制标准

对于浅埋暗挖法施工的地下隧洞，洞周岩土体的变形一般要经历变形加速度段、减速段和收敛段三个历程，因此判断围岩稳定性的主要依据为围岩的变形量和变形速率。现场施工监测的安全控制标准主要为围岩的容许位移量和容许位移速率两个指标。

所谓容许位移量是指在保证隧洞不产生有害松动和保证地表不产生有害下沉量的条件下，自隧洞开挖至变形稳定止，在起拱线位置的隧道壁面间水平位移总量的最大允许值，或拱顶的最大允许下沉量。当实测位移或根据实测资料预估的位移将超过容许位移值时，表明围岩的稳定难于得到保证，此时须要采取强化支护措施。

容许位移值或位移速度值与地质条件、隧道埋深、断面尺寸及地表建筑物等因素有关。事实上，因每个工程的独特个性及其所依赖的地层条件迥异，确定容许位移是个相当困难的事情。表 12-13 是国际上较为有名的弗朗克林警戒标准。表 12-14 是我国国家标准《锚杆喷射混凝土支护技术规范》（GB 50086—2001）关于洞周容许收敛量的规定。对于城市隧道通过建筑物群时，一般要求地表下沉量不超过 5~10mm。

富兰克林警戒标准 表12-13

等 级	标 准	措 施
三级警戒	任意测点的位移大于10mm	报告管理人员
二级警戒	两个相邻点的位移均大于15mm，或任一测点的位移速率大于15mm/月	写出书面报告及建议，召开相关各方会议
一级警戒	位移大于15mm，且各处测点的位移均在加速	主管工程师到现场调研，并召开现场会议确定应急措施

洞周容许相对收敛量（单位:%） 表 12-14

隧道埋深(m)		<50	50~300	300~500
围岩类别	Ⅲ	0.1~0.3	0.2~0.5	0.4~1.2
	Ⅳ	0.15~0.5	0.4~1.2	0.8~2.0
	Ⅴ	0.2~0.8	0.6~1.6	1.0~3.0

容许位移速率是指在保证隧洞不产生有害松动的条件下，隧道壁面间水平位移速度的最大允许值。容许位移速率目前尚没有统一的规定，一般需要参照工程经验确定，如国外某些工程规定，隧洞开挖第一天的位移量不超过容许位移量的 1/5~1/4，第一周内平均每天的位移量不超过容许位移值的 5% 等。我国大部分隧道工程要求最大位移速率为 1~3mm/d，开挖后第 1 个月的稳定变形速率在 10mm/30d，日稳定变形速率控制在 0.1mm/d。

2. 盾构法施工的结构安全控制标准

盾构法施工由于适应的地层范围较广，施工及机械化程度较高，其结构安全主要由隧道收敛位移（或拱顶下沉）、管片应力和预制管片凹凸接缝处法向应力（或螺栓锚固力）等控制。根据上海地区的经验，单线盾构隧道的拱顶下沉量一般控制在 27mm，变形速率控制在 3mm/d，上述各应力量测部位所测得的应力值不超过设计许用应力。

3. 地铁车站基坑的结构安全控制标准

城市基坑工程的施工改变了原有地层的应力环境和水环境，要完全排除其对周围环境造成一定程度的影响是不可能的。作为工程技术人员，关键的问题在于把基坑施工对环境的影响控制在较小的程度或在周围环境能承受的范围内，这就涉及周围环境的变形控制标准问题。

(1) 围护结构的变形

当基坑土方开挖过程中，围护结构的桩墙（如复合式围护结构、地下连续墙等）的变形形态大体如图 12-8 所示。在松软土及软土地区，围护结构的插入比在 0.7~0.9。图 12-8a) 所示的变形形态是较为常见的变形形态，墙顶的变形量较小，围护结构的最大水平位移往往发生在开挖面附近，墙趾也会有一定程度的水平位移。

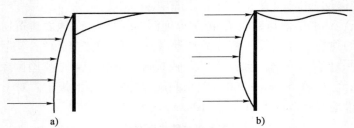

图 12-8 不同基坑深度条件下基坑地下连续墙的变形形态
a) 基坑开挖较深时；b) 基坑开挖较浅（或插入比较大）时

上海在总结大量工程实践经验的基础之上，依据周围环境的具体条件，把基坑的保护等级分为三级。《上海市基坑工程设计规程》提出了表 12-15 的围护结构变形控制标准，该标准三级基坑的围护墙变形按照二级基坑的标准进行控制，同时其变形控制标准和基坑的开挖深度无关，体现出该标准一定的局限性。针对轨道交通基础设施，尤其是地下车站的建设实际，上海市市政工程管理局提出了地铁基坑的变形控制标准,见表12-16。该标准围护结构的变形控制标准与基坑的开挖深度有关。

上海市基坑规程确定的围护体变形控制标准 表12-15

基坑等级	墙顶位移			墙体最大位移		
	设计值(cm)	监控值(cm)	变形速率(cm/d)	设计值(cm)	监控值(cm)	变形速率(cm/d)
一级基坑	5	3	2	8	5	2
二级基坑	10	6	3	12	8	3
三级基坑	10	6	3	12	8	3

上海市地铁基坑规程确定的围护体变形控制标准 表12-16

基坑等级	围护墙水平位移控制标准	基坑等级	围护墙水平位移控制标准
一级基坑	最大水平位移 $0.14\% h_0$	三级基坑	最大水平位移 $0.7\% h_0$
二级基坑	最大水平位移 $0.3\% h_0$		

注:h_0 为基坑的最大开挖深度。

(2)地表变形的控制标准

基坑开挖过程中,由于地应力的释放,围护结构在水土压力及坑内支撑的共同作用下,会发生一定程度的水平变形。这种变形会导致基坑周围的地面发生沉降变形,同时围护结构坑内的渗漏水也会引发周围地表的沉降。根据围护结构的变形形态会导致坑周地表发生不同的沉降形态,现场实际的变形形态可以归纳为凹槽形和三角槽形,见图12-9。上海地区地铁基坑大量采用地下连续墙,由于在开挖前均需构筑顶圈梁,刚度较大,故在开挖过程中主要沉降形态均为凹槽形,如图12-9中实线所示。

地表沉降主要是由于基坑工程施工引起周围地层水水环境和应力环境变化而造成的。围护墙渗漏引起的地表沉降 S_1 可以依据土体的固结理论进行计算,围护墙变形及坑底隆起等引起的地表变形可以用地层损失进行计算,如图12-10所示。

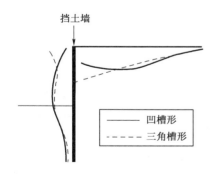

图12-9 基坑周围地表的不同沉降形态图

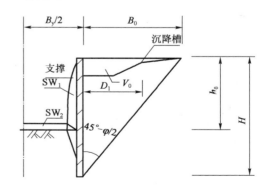

图12-10 基坑周围地表的不同沉降形态图

渗漏引起的地表沉降 S_1 可以依据实测坑外水位变化进行估算:

$$S_1 = \frac{\Delta P}{E_{1-2}} \Delta H_w = \frac{\Delta H_w^2 \cdot \gamma_w}{2E_{1-2}} \quad (12-1)$$

式中:ΔP——坑外水位下降引发的附加应力(kPa);

E_{1-2}——水位下降范围内土体的压缩模量(kPa);

ΔH_w——坑外水位监测孔实测水位累计下降量(m);

γ_w——水的重度(kN/m^3)。

基坑周围土体由于围护变形及基坑坑底隆起引起的沉降 S_2,按式(12-12)估算:

$$S_2 = \frac{V_0 \cdot \tan\left(45° - \frac{\varphi}{2}\right)}{h_0} \quad (12-2)$$

式中:V_0——墙后土体损失量(m^3/m);

φ——围护结构深度范围内土体的当量摩擦角(°);

h_0——基坑的开挖深度(m)。

土体损失量 V_0 由两部分构成。一部分为由围护结构变形引起的损失量 V_1,可由基坑结构的变形计算值或现场监测值计算;另一部分为坑底的土体隆起量 V_2,根据上海地区的经验,V_2 可由式(12-3)计算:

$$V_2 = \frac{B_j(0.5h_0 + 0.04h_0^2)}{300} \quad (12-3)$$

式中:B_j——基坑的宽度(m);

其余符号意义同前。

总地表沉降 S 等于 S_1 和 S_2 之和。事实上,由于地下连续墙的止水性能较好,工程实践表明,基坑开挖过程中正常的坑外水位下降通常只有10cm左右,故地下连续墙的渗漏水量很小,S_1 的量值很小。

上海市在总结若干现有基坑变形实测数据和理论分析的结果基础上,提出了表12-17的地表沉降控制标准。

基坑工程周围地表最大沉降控制值　　表12-17

基 坑 等 级	上海市基坑规程	上海市地铁规程	环境保护要求
一级基坑	3cm	$0.1\% h_0$	基坑周边以外 $0.7h_0$ 范围内有地铁、共同沟、煤气管、大型压力总水管等重要建筑或设施,必须确保安全
二级基坑	6cm	$0.2\% h_0$	离基坑周边 $0.7h_0$ 无重要管线和建(构)筑物;而离基坑周边 $0.7h_0 \sim 2h_0$ 范围内有重要管线或大型的在使用的管线、建(构)筑物
三级基坑	6cm	$0.5\% h_0$	离基坑周边 $2h_0$ 范围内没有重要或较重要的管线、建(构)筑物

(3)支撑系统的轴力控制标准

城市地铁车站基坑一般采用内支撑体系,支撑轴力的容许值一般控制支撑轴力的设计值,或控制最大容许值的80%。当实测轴力值略大于设计值时,应对支撑进行抗压稳定性以及材料承载力的检算。

(4)基坑周边地下水位的控制标准

在城市基坑的降水及开挖过程中,保持坑外水位的稳定是相当必要的。因为当水位出现明显下降时,表明基坑的围护结构止水功能出现了问题。这一方面不利于基坑自身的稳定,如容易出现所谓的管涌等;另一方面也不利于保护周边的环境安全,因为地下水的下降通常意味着基坑周围一定范围内将出现较大的沉降。目前,上海市的控制标准主要体现在两个方面:一方面是坑外水位的总下降量不超过 1.0m;另一方面是水位的日下降量不超过 500mm/d。

4. 周围环境的安全控制标准

(1) 管线的变形控制标准

由于地铁建设总是在人口稠密的市区进行,而作为城市生命线的各种管线大量分布,如煤气管、自来水管、污水管、电力排管以及通信管等,车站基坑的施工过程中对周边各种管线的保护是一项相当重要的内容。通常而言,管线可以分为刚性管和柔性管两大类,如煤气管及自来水管就大多为刚性有压管,城市中最常用的金属管材是铸铁、球墨铸铁和钢材,煤气和水管用的聚乙烯材料比较多,通信管及电力排管则大多为柔性管。

管线的允许变形和管道的材质、接头的设置、管道埋设过程中的初始应力等有关。早期的铸铁管采用刚性连接,管与管之间采用拴接以阻止渗漏,同时允许很小的转动。半刚性连接是铸铁管的更重要的连接方式,通过在拴接中施加包裹和嵌缝来实现,包裹材料非常柔软,一般是黄麻和纱线,允许接头处有一定量的转动。嵌缝包含包裹材料,绝大多数是铅嵌缝。这样的接头允许破坏前出现微小的转动。通过施加橡胶衬垫连接的铸铁管道允许柔性变形,以减少渗漏,在较大转动的情况下正常使用。橡胶衬垫用在机械连接接头处。球墨铸铁管和铸铁管一样,主要用橡胶衬垫来连接。有橡胶衬垫连接和螺栓密封机械连接两种。对更不利的情况使用销栓连接,它允许高达 0.27 倍半径(15°)的转动。橡胶衬垫连接也适用于钢管,但是钢管更常用的连接方法是焊接。围焊、单面焊、双面焊是常用的焊接方法,产生的强度与钢的强度相似。

管道的埋设引起了管内的应力,加上管道由于土体位移引起的附加应力。这些应力可能是施工应力、上覆土荷载、表面循环荷载或静载、埋设步骤、初始土体位移或环境影响的综合作用的结果。有研究认为可假设地埋管的初始弯曲应变量为 0.02% ~ 0.04%。此外,管道内外压力的不平衡以及周边在管道埋设后修建的建筑物等均会对管道的初始应力产生影响。

基坑开挖引起的管道的破坏,可能由过大的弯曲应力或接头处过大的转角所引起,故在确定管线的允许应力和允许转角时,必须考虑以前存在的应力和转角。表 12-18 给出了不同材质的管道允许应力。表 12-19 给出了不同材质管道接头的允许转角。

不同材质管道的允许应力　　　　表 12-18

管道材料	屈服应力 F_y (MPa)	极限应力 F_u (MPa)	初始应力 σ_{IN} (MPa)	安全系数	设计弯曲应力 σ_S (MPa)	允许应力 σ_{ALLOW} (MPa)
坑铸铸铁	—	145	13.8 ~ 38.6	2.5	$0.4F_u$	58	19.3 ~ 44.1
旋转铸铁	—	207	20.7 ~ 52.4	2.5	$0.4F_u$	82.8	30.3 ~ 62.1
球墨铸铁	300	420	33.1 ~ 71.7	1.2	$0.8F_u$	336	264.3 ~ 302.9
A 级钢	247	331	41.4 ~ 82.8	1.67	$0.6F_u$	124.2	41.4 ~ 82.8
B 级钢	201	414	41.4 ~ 82.8	1.67	$0.6F_u$	144.6	62.1 ~ 103.4
414 级钢	414	517	41.4 ~ 82.8	1.67	$0.6F_u$	248.4	165.4 ~ 206.8
聚乙烯 PE800	—	8.6	0.13 ~ 0.16	2.0	0.5HDB	4.3	4.04 ~ 4.17
聚乙烯 PE100	—	11	0.28 ~ 0.56	2.0	0.5HDB	5.5	4.94 ~ 5.22

不同材质管道的允许转角 表12-19

材料	破坏模式	接头形式	破坏转角 弧度(rad)	破坏转角 角度(°)	允许转角 θ_{ALLOW} 弧度(rad)	允许转角 θ_{ALLOW} 角度(°)
铸铁	渗漏	铅嵌缝	0.009 4~0.016	0.54~0.92	0.004 8	0.275
铸铁	金属连接	铅嵌缝	0.09~1.0	5~6	0.06~0.08	3.5~4.5
铸铁	金属连接	橡胶衬垫	0.07~0.09	4~5	0.044~0.06	2.5~3.5
铸铁	金属连接	机械连接	0.07	4	-0.044	2.5
球墨铸铁	金属连接	橡胶衬垫	0.05~0.09	3~5	0.026~0.06	1.5~3.5
球墨铸铁	金属连接	机械连接	0.035~0.14	2~8	0.009~0.11	0.5~5.5
球墨铸铁	金属连接	销栓连接	0.22~0.26	12.5~15	0.19~0.24	11~13.5

综合考虑到上述因素,并结合上海地层的实际情况,《上海市基坑工程设计规范》(DBJ 08—61—1997)对于不同材质、不同口径的管线都制订了渗漏水标准,进而作为管线变形(尤其是不均匀变形)的计算标准。

目前,上海制订的刚性管线变形监控标准大多在1.00cm,最大允许变形速率控制大多在2mm/d以内。

(2)周围建筑物的变形控制标准

基坑周边建筑物的变形控制标准与建筑物的基础类型、高度、结构类型等密切相关,上海市根据大量的调查研究,制订了建筑物变形控制标准,见表12-20及表12-21。

不同结构类型允许的差异变形 表12-20

建筑结构类型	δ/L	建筑物反应
一般砖墙承重结构,包括有内筐架的结构;建筑物长高比小于10;有圈梁;天然基础(条形基础)	达1/150	分隔墙及承重墙发生相当多的裂缝,可能发生结构破坏
一般钢筋混凝土框架结构	达1/150	发生严重变形
一般钢筋混凝土框架结构	达1/50	开始出现裂缝
高层刚性建筑(箱型基础、桩基)	达1/250	可观察到建筑物倾斜
有桥式行车的单层排架结构的厂房;天然地基或桩基	达/300	桥式行车运转困难,不调整轨面水平难运行,分隔墙有裂缝
有斜撑的框架结构	达1/600	处于安全极限状态
一般对沉降差反应敏感的机器基础	达1/850	机器使用可能会发生困难,处于可运行的极限状态

注:L 为建筑物长度,δ 为差异沉降。

不同结构类型允许的差异变形 表12-21

变形特征	地基土类别 中、低压缩性土	地基土类别 高压缩性土
砌体承重结构基础的局部倾斜	0.002	0.003
工业与民用建筑柱基的相对沉降差		
1.框架结构;	0.002 1	0.003 1
2.砖石墙填充的边排柱;	0.007 1	0.001 1
3.当基础不均匀沉降时,不产生附加应力的结构	0.005 1	0.005 1

续上表

变形特征	地基土类别	
	中、低压缩性土	高压缩性土
单层排架结构(柱距为6m)柱基的沉降量(mm)	(120)	200
桥式吊车轨面的倾斜(按不调整轨道考虑)		
纵向	0.004	
横向	0.003	
多层和高层建筑物基础的倾斜		
$H_g \leq 24$	0.004	
$24 < H_g \leq 60$	0.003	
$60 < H_g \leq 100$	0.002	
$H_g > 100$	0.0015	
高耸结构基础的倾斜		
$H_g \leq 20$	0.008	
$20 < H_g \leq 50$	0.006	
$50 < H_g \leq 100$	0.005	
$100 < H_g \leq 150$	0.004	
$150 < H_g \leq 200$	0.003	
$200 < H_g \leq 250$	0.002	
高耸结构基础的沉降量		
$H_g \leq 100$	400	
$100 < H_g \leq 200$	300	
$200 < H_g \leq 250$	200	

注:1. 有括号者仅适用于中压缩土。
2. H_g 为自室外地面起算的建筑物高度(m)。
3. 倾斜指基础倾斜方向两端点的沉降差与其距离的比值。
4. 局部倾斜指砌体承重结构沿纵向6~10m内基础两点的沉降差与其距离的比值。

第三节 监测数据的处理

一、监测数据的统计回归预测

现场监测通过测定某个物理量的数值及其分布规律,或是测量两个(或多个)物理量之间的相互关系,进而对实际工程的施工参数和设计参数调整提供参考意见,以使工程顺利进行。然而,现场测试的原始数据往往具有一定的离散型,必须对原始数据进行误差分析、整理归纳及回归分析等综合处理后,监测数据才能真正为工程所用。

测量误差是测量值和真实值之差。测量误差可以分为随机误差、系统误差和粗大误差三种。随机误差的产生是随机的,其数值变化符合一定的统计规律,通常为正态分布,由环境条件的变化和观测者的精神状态决定。系统误差主要是由测试元器件、测试系统、观测者的操作方法等造成的。粗大误差是由于监测设计失误或操作者粗心大意导致的看错、读错、记错等原因造成的。为了克服和减小测量误差,在保证合理的监测设计和良好的设备状态条件下,必须强化测量人员的素质,并坚持在测量过程中定人员、定仪器、定观测路线、定观测方法等技术措施。

对于获得的测试精度较高的数据,尚需进行进一步处理才能更好地为工程服务。例如,在上文论述的工程安全标准中,容许位移速率是一个重要指标,要求某一点的位移变化速率,简单地将相邻时刻测得的数据相减后除以时间间隔作为位移速率显然是不确切的,如图12-11所示,正确的做法是对量测得到的位移—时间数据,经回归分析后获得位移—时间曲线 $u=f(t)$,然后计算该函数在时刻 t 的一阶导数 du/dt 值,即为该时刻的位移速率。此外,工程现场监测的很重要一个功能是对所测物理量的变化值和变化速率值的预测预报功能,进而指导设计、施工参数的调整,确保工程的成功,而预测和预报离不开数学上的数值拟合和回归分析。

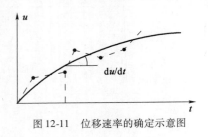

图 12-11 位移速率的确定示意图

预测位移随时间的变化是工程上较为常用的内容,同时运用较多的是利用最小二乘法的一元线性回归,因为诸多的常用非线性函数均可经过简单的变化转化为线性函数,见表12-22。

常用非线性函数转化为线性函数的变换方法   表 12-22

原 函 数	变 换 方 法	变换后函数
双曲线: $\dfrac{1}{y}=a+\dfrac{b}{t}$	$u=\dfrac{1}{y}, v=\dfrac{1}{t}$	$u=a+bv$
幂函数: $y=at^b$	$u=\ln y, v=\ln t, c=\ln a$	$u=c+bv$
指数函数: $y=ae^{bt}$	$u=\ln y, c=\ln a$	$u=c+bt$
倒指数函数: $y=ae^{\frac{b}{t}}$	$u=\ln y, v=\dfrac{1}{t}, c=\ln a$	$u=c+bv$
对数函数: $y=a+b\ln t$	$v=\ln t$	$y=a+bv$
S 形函数: $y=\dfrac{1}{a+be^{-t}}$	$u=\dfrac{1}{y}, v=e^{-t}$	$u=a+bv$

假设通过现场监测获得某点的位移和时间的测量数据系列为 $(t_1, y_1), (t_2, y_2), \cdots, (t_n, y_n)$。一元线性回归的目的就是找出一条能反映上述数据系列变化趋势的直线,同时使该直线和各散点的残差平方和最小。

令回归的直线方程为:

$$y = a + bt \tag{12-4}$$

则任一点 (t_i, y_i) 与直线方程(12-4)在 y 方向的残差 (e_i) 和残差平方和 (Q) 为:

$$e_i = y_i - y = y_i - (a + bt_i) \tag{12-5}$$

$$Q = \sum_{i=1}^{n} e_i^2 = \sum_{i=1}^{n} [y_i - (a + bt_i)]^2 \tag{12-6}$$

为了使残差平方和 (Q) 最小,根据极值定理,则有下述方程组成立:

$$\left. \begin{array}{l} \dfrac{\partial Q}{\partial a} = 0 \quad na + b\sum\limits_{i=1}^{n} t_i = \sum\limits_{i=1}^{n} y_i \\[2mm] \dfrac{\partial Q}{\partial b} = 0 \quad a\sum\limits_{i=1}^{n} t_i + b\sum\limits_{i=1}^{n} t_i^2 = \sum\limits_{i}^{n} t_i y_i \end{array} \right\} \tag{12-7}$$

方程(12-7)的解为：

$$a = \bar{y} - b\bar{t}$$
$$b = \frac{\sum_{i=1}^{n}(t_i - \bar{t})(y_i - \bar{y})}{\sum_{i=1}^{n}(t_i - \bar{t})^2} \quad (12\text{-}8)$$

其中：$\bar{t} = \sum_{i=1}^{n} t_i/n, \bar{y} = \sum_{i=1}^{n} y_i/n$。

在求出系数 a、b 后，回归的一元线性方程便确定了，此时需进一步检验位移和时间两个变量的密切程度，此时残差平方和[式(12-6)]可进一步变化为：

$$Q = \sum_{i=1}^{n}(y_i - \bar{y})^2 - b^2 \sum_{i=1}^{n}(t_i - \bar{t})^2 \quad (12\text{-}9)$$

当 $Q = 0$，则表示所有测量点均位于回归所得的直线上，但大多数情况下，Q 往往不等于 0，此时，不妨令：

$$r^2 = \frac{b^2 \sum_{i=1}^{n}(t_i - \bar{t})^2}{\sum_{i=1}^{n}(y_i - \bar{y})^2} \quad (12\text{-}10)$$

式(12-10)中的 r 就是线性相关系数，r 的值越接近 1，表示线性相关程度越高；当 $r = 0$ 时，则表示位移和时间线性不相关。在大多数的现场监测工程中，当相关系数 r 大于 0.8 时，基本认为是可靠的。

在利用一元线性方程回归时，还需对一些可疑监测数据进行处理。当实测数据位于方程(12-11)以外范围时，该数据在进行分析时必须舍去。

$$y = a + bt \pm 3\sqrt{\frac{Q}{n-2}} \quad (12\text{-}11)$$

在有些情况下，位移随时间的变化趋势较为复杂，用一元线性方程进行回归会存在较大的偏差，此时可采用多项式的拟合方法。数学上可以证明，多项式可以描述任一连续函数。当用多项式对位移时间函数来拟合$(t_1, y_1), (t_2, y_2), \cdots, (t_n, y_n)$ 数据系列时，同样最小二乘法进行，不妨令：

$$y = \sum_{i=0}^{m} a_i t^i = a_0 + a_1 t + a_2 t^2 + \cdots + a_m t^m \quad (12\text{-}12)$$

则残差平方和 Q 为：

$$Q = \sum_{i=1}^{n}(y_i - \sum_{i=0}^{m} a_i t^i)^2 \quad (12\text{-}13)$$

为了使残差平方和 Q 最小，其实质是求式(12-13)的极值问题，令：

$$\frac{\partial Q}{\partial a_i} = 0, i = 0, 1, \cdots, m \quad (12\text{-}14)$$

可得关于 a_i 的线性方程组[式(12-15)]，该方程组可解出 a_i 的值，进而获得位移和时间的多项式表达：

$$\sum_{j=1}^{n}(y_j - \sum_{i=0}^{m} a_i t_j^i) \cdot x_j^k = 0, k = 0, 1, \cdots, m \quad (12\text{-}15)$$

多项式拟合的复相关系数 r 为：

$$r = \sqrt{1 - \frac{Q}{\sum_{i=1}^{n}(y_i - \bar{y})^2}} \quad \left(\bar{y} = \frac{\sum_{i=1}^{n} y_i}{n}\right) \tag{12-16}$$

二、围岩的稳定性判别准则

1. 位移—时间曲线的选定

对于浅埋暗挖法和盾构法施工的地下洞室,位移—时间曲线常选用下面三种非线性函数中拟合精度最高者进行回归分析,位移与时间的对应观测数据不宜少于25组次。

（1）对数函数

$$u = A\lg(1+t), u = A + \frac{B}{\lg(1+t)} \tag{12-17}$$

（2）指数函数

$$u = Ae^{-\frac{B}{t}}, u = A(1 - e^{-Bt}) \tag{12-18}$$

（3）双曲线函数

$$u = \frac{t}{A+Bt}, u = A\left[1 - \left(\frac{1}{1+Bt}\right)^2\right] \tag{12-19}$$

式中：u——位移值；

t——监测时间(d)；

A、B——回归常数。

上述的三种非线性函数,均可以通过简单的数学变化转化为一元线性方程,从而运用一元线性回归方法进行数据的分析和处理。值得指出的是,对数函数主要用于软弱围岩隧道开挖后初期变形,通常不能用于预估围岩变形的最终值,而指数函数、双曲线函数通常用于预计最终位移值。

2. 围岩稳定性的判别

隧道施工时,常用围岩和支护位移值或位移速度作为判断围岩稳定的标志。若超过某一临界值,则表示围岩不稳定,需加强支护衬砌。关于容许位移值和容许位移速率值如上节所述。

一般围岩和初期支护结构基本稳定应具备下列条件：

（1）隧道周边收敛速度有明显减缓趋势。

（2）收敛量达总收敛量的80%以上。

（3）收敛速度小于0.15mm/d 或拱顶位移速度小于0.1mm/d。

如隧道施工中出现下列情况之一时,应立即停工,采取措施进行处理：

（1）周边及开挖面塌方、滑坡及破裂。

（2）监测数据有不断增大的趋势。

（3）支护结构变形过大或出现明显的受力裂缝且不断发展。

（4）时态曲线长时间没有变缓的趋势。

三、车站基坑的安全性判别

当城市地铁车站明挖施工时,由于降水措施和土方挖除,必然造成一定区域范围内的应力环境和水环境的变化,因此必然造成基坑的围护结构和周围环境的变形和应力调整。对于现场监测而言,就是要明确这种应力和变形的调整是否在允许的范围内,基坑的安全性判别就是试图建立一套定量化的指标系统,当所测试物理量在容许的范围内,则认为基坑是安全的,反之亦然。

基坑的安全判别由于涉及的因素众多,难于制订统一的标准,但有几条基本的原则是必须遵守的。对于围护结构而言,对坑内变形的控制要求为:

①围护结构向坑内位移不得影响车站底板的平面尺寸和形状。
②围护结构向坑内位移不得影响工程桩的使用条件。

对坑外周围环境的控制要求为:

①基坑周边地面沉降不得影响相邻建筑物、构筑物的正常使用或差异沉降允许值。
②基坑周边土体变形不得影响相邻各类管线的正常使用或变形曲率允许值。
③当有共同沟、合流污水管道、原水管道、地铁等重要设施时,土体位移不能造成结构开裂、发生渗漏或影响地铁的正常运行。

实际工程中,基坑工程安全性判别准则和方法一般参照以下三方面的数据确定:

（1）设计预估值

通常而言,围护结构的设计单位往往会对实际开挖过程中的桩墙位移、支撑轴力、相邻环境变形进行过设计计算。尽管这种计算未能计入影响工程的全部因素,但其计算结果应该成为特定工程的基坑安全判别标准的基础。

（2）工程类比法

由于基坑工程是一个较为复杂的岩土工程问题,类似工程的经验显得相当重要。根据已建的类似工程的受力和变形规律,提出并确定相应的判别准则,往往是十分有效的。

（3）有关规定值

随着各地基坑工程经验的增多,部分地区和部门已经以规程、手册等形式对基坑的安全性判别作出了一些规定。如上海地区对基坑的变形控制标准专门进行了一些规定,本章第二节已有论述。对于基坑工程的施工过程的安全判别,深圳市建设局的规定较有代表性,各判别标准均是相对量,见表12-23。值得指出的是,各地的规定值仅适用于当地的基坑工程,在其他地区仅供参考,不能生搬硬套。

深圳地区深基坑地下连续墙安全判别标准　　　　　表12-23

量测项目	安全性判别			
	判别标准	危险	注意	安全
侧向水土压力	$F_1 = \dfrac{\text{设计用侧压力}}{\text{实测(预测)侧压力}}$	$F_1 < 0.8$	$0.8 \leq F_1 \leq 1.2$	$F_1 > 1.2$
墙体变形	$F_2 = \dfrac{\text{实测(预测)变形}}{\text{开挖深度}}$	$F_2 > 1.2\%$ $F_2 > 0.7\%$	$0.4\% \leq F_2 \leq 1.2\%$ $0.2\% \leq F_2 \leq 0.7\%$	$F_1 < 0.4\%$ $F_1 < 0.2\%$
钢筋拉应力	$F_3 = \dfrac{\text{钢筋抗拉强度}}{\text{实测(预测)拉压力}}$	$F_3 < 0.8$	$0.8 \leq F_3 \leq 1.0$	$F_2 > 1.0$
支撑轴力	$F_4 = \dfrac{\text{容许轴力}}{\text{实测(预测)轴力}}$	$F_4 < 0.8$	$0.8 \leq F_4 \leq 1.0$	$F_4 > 1.0$

续上表

量测项目	判别标准	安全性判别		
		危险	注意	安全
坑底隆起	$F_5 = \dfrac{实测(预测)隆起值}{开挖深度}$	$F_5 > 1.0\%$ $F_5 > 0.5\%$ $F_5 > 0.2\%$	$0.4\% \leqslant F_5 \leqslant 1.0\%$ $0.2\% \leqslant F_5 \leqslant 0.5\%$ $0.04\% \leqslant F_5 \leqslant 0.2\%$	$F_5 < 0.4\%$ $F_5 < 0.2\%$ $F_5 < 0.04\%$
沉降量	$F_6 = \dfrac{实测(预测)沉降值}{开挖深度}$	$F_6 > 1.2\%$ $F_6 > 0.7\%$ $F_6 > 0.2\%$	$0.4\% \leqslant F_6 \leqslant 1.2\%$ $0.2\% \leqslant F_6 \leqslant 0.7\%$ $0.04\% \leqslant F_6 \leqslant 0.2\%$	$F_6 < 0.4\%$ $F_6 < 0.2\%$ $F_6 < 0.04\%$

注：F_2 上行适用于基坑旁无建筑物或地下管线，F_2 下行适用于基坑旁有建筑物或地下管线。F_5、F_6 上行、中行与 F_2 同，下行适用于对变形有特别严格要求的情况。

【历史沿革】

"斗柄东指，天下皆春；斗柄南指，天下皆夏；斗柄西指，天下皆秋；斗柄北指，天下皆冬"、"水瓶星平行，明日必见晴天"……智慧的华夏祖先很早以前就开始通过观测星象来知晓时令和天气的变化来指导人们的生活，这也是古代观测学的起源。

在土木工程施工中将监测作为工程建设的一部分，是奥地利拉布西维兹教授的主要贡献，他从岩石力学的观点出发提出了一种集设计、施工、监测于一体的隧道建造方法，被称为新奥地利法，简称"新奥法"，开创了信息化施工的先河。

随着测量、计算机技术及网络技术的发展，一些观测快捷、测量精度高、自动化程度高、能进行实时监测的新技术、新设备逐渐被应用到地铁监测项目中，使地铁监测向自动化的方向发展。测量机器人是自动化监测技术的典型代表，它是一款能进行自动搜索、识别并精确照准目标后自动获取角度、距离乃至三维坐标及影像等信息的智能型全站仪。

随着传统信息技术、互联网技术及大数据、BIM 技术等相关技术的发展，传统的监测技术在逐步发生改变，为地铁工程施工监测向数字化、信息化、网络化、智能化方向发展创造了有利条件。

【思考题】

1. 信息化施工的含义是什么？
2. 监测频率的确定受哪些因素影响？
3. 请谈谈监测项目选取的原则及原因。

第十三章
城市轨道交通工程的施工组织

现象一：图13-1为某基坑施工中发生掉撑的照片。从这些掉撑照片是否可以发现该事故与施工组织之间的关系？

现象二：在城市轨道交通项目实施过程中，我们经常可以看到作业场地内施工设备林立、作业人员密集、施工场地杂乱、二十四小时轮班作业"大干快上"的情景。同时，也能看到施工场地井然有序、设备材料堆放整齐、作业人员有序进出、生产进度稳步推进的情景。两类情景的差别并不是由于项目本身的区别所决定，而是与轨道交通工程项目的施工组织得当与否直接相关。

在城市轨道交通工程建设项目中，施工组织是将设计蓝图转变为实体工程的过程，也是施工管理的纲领性文件。施工组织设计的优劣以及生产过程中的执行力度直接影响项目能否按照预定计划完成，轨道交通线路能否按照计划时间开通，预定的经济指标是否按计划完成。在工程实践中，由于管理或技术方面的原因，在施工组织编制或执行的过程中会出现各种各样的问题，这将直接影响项目的顺利实施。通常可以归纳

图13-1　钢支撑掉撑

为:施工资源一次性配置不足,临时大量投入,既费钱又费时;各工序之间搭接不紧,施工中出现"真空"时间,人、机、料空闲等待的情况;对施工过程中的困难预估不足,关键节点工期延误,导致总体目标未能按时完成;工程现场情况发生了变化,但现场管理者未及时根据情况进行调整,机械僵化执行施工组织设计,导致项目总体运行偏离关键线路等。

上述问题的出现都要求工程项目的管理和技术人员,在对项目的特点、难点和关键线路有充分认识的基础上,对施工单位的资源配置能力和施工生产能力有深入了解的前提下,编制好施工组织设计,落实好施工组织管理,做好人力、物力的综合平衡,实现均衡、连续、有序的施工,最终按照预定计划完成项目的生产任务。

第一节　概　　述

一、施工组织设计的基本概念

施工组织设计是针对建筑工程项目施工过程的复杂性,用系统的思想并遵循技术经济规律,对拟建工程项目的各阶段、各环节以及所需的各种资源进行统筹安排的技术经济文件。

城市轨道交通工程项目作为特殊的建筑产品,在具备一般建筑产品特点的同时,还有其自身的特点。城市轨道交通工程项目一般都处于繁华闹市,沿城市主要街区及人流集中地布设,一般都埋设在地下,所处环境极其复杂,决定了其自身具有单件性、投资大、涉及面广、涉及区域大、涉及部门多,生产组织复杂、协调量大、安全风险源多等特点,同时由于技术条件、施工方法等的差异,建造过程具有不可复制性,产品难以批量生产。快速、高效地将设计图纸落实到建成品,是一个非常复杂的过程,需要事先做周密的筹划、科学的安排,使这一复杂过程得以有序、可控的实施。施工组织设计就是指城市轨道交通工程项目在实施前,根据设计文件及相关法规、业主要求以及主客观条件对拟建的城市轨道交通工程项目的全过程在人力和物力、时间和空间、技术和组织等方面所进行全面、科学的筹划和安排。它是指导拟建城市轨道交通工程项目,进行施工准备和工程实施的基本技术经济文件。施工组织设计作为指导组织城市轨道交通工程项目的全局性文件,应尽量适应施工过程的复杂性,并尽可能保持施工生产的连续性、均衡性和协调性,以达到施工过程中的最佳效果。

二、施工组织设计的任务

施工组织设计是根据国家有关技术政策及相关法规、业主对拟建工程项目的要求、设计文件、主客观条件和组织施工的基本原则,从拟建工程项目的全局出发,科学、合理地安排人力、资金、材料、机械、施工方法等要素,使建造活动在一定时间、空间和资源供应条件下,有组织、有计划、有节奏、有秩序地进行,在安全可靠的前提下,使最终建筑产品的产出达到高质量、快速度、低消耗的目的。

三、施工组织设计的作用

施工组织设计是对拟建工程项目复杂施工活动进行统一规划、协调,对施工全过程实行科

学管理的重要手段,也是指导施工的重要依据。其主要作用如下:

(1)施工组织设计不仅是施工准备的一项重要内容,又是指导各项施工准备工作的依据。

(2)通过施工组织设计既可实现设计要求,又可进一步验证设计方案的合理性与可行性。

(3)施工组织设计是对拟建工程项目施工全过程的合理安排,确定出合理的施工顺序、施工方法、机具配置、劳动组织及技术经济组织措施,合理、统筹拟定施工进度计划等,保证拟建工程项目有序组织,按期完工。

(4)施工组织设计所提出的材料、机具设备、劳动力、资金需求等资源配置计划,直接为施工组织提供数据。

(5)施工组织设计对现场所做的规划与布置,为现场的平面管理提供了依据,为安全文明施工提供了条件,为提高现场管理水平奠定了基础。

(6)施工组织设计可以预计施工过程中可能发生的各种情况,分析找出项目实施过程中的重点、难点,并制订出相应的预防、解决措施,提高施工过程中的预见性,减少盲目性。使管理者能够把握好管理要点,做到心中有数,保证工程项目的顺利实施,为实现各项工程管理目标提供保证。

(7)施工组织设计是进行工程成本测算的重要依据,也是工程实施过程中进行工程成本控制管理的依据。

(8)施工组织设计可以把拟建工程项目的设计与施工、技术与经济、前方与后方紧密地结合起来;可以把拟建工程项目的参建各方、各专业、各部门之间,各施工阶段、施工过程之间的关系有效地协调起来。

(9)施工组织设计是组织工程项目实施的重要依据,是实施工程项目管理的法规性文件,也是履行合同对招标文件中提出要求做出的承诺。施工组织作为投标文件的一部分,施工组织设计同时也是工程承包合同的组成部分,具有合同要约的作用。

四、施工组织设计的分类

施工组织设计有多种不同的分类方法。按编制阶段和编制范围对象的不同分类如下。

1. 按编制阶段分类

按施工组织设计编制阶段的不同可划分为两类:一类是投标阶段编制的施工组织设计,即指导性施工组织设计;另一类是工程中标签订工程承包合同后,工程项目开工前编织的施工组织设计,即实施性施工组织设计。

指导性施工组织设计是指施工单位在投标阶段,根据招标文件的要求结合本单位的具体情况及工程特点编制的施工组织设计。它是投标文件的组成部分,也是业主与承包商进行合同谈判的依据。指导性施工组织设计只是对工程项目施工组织的初步设计,是指导组织施工的总计划。

实施性施工组织设计是为了实现施工准备和指导施工全过程的有序、可控、顺利实施而编制的。它是在指导性施工组织设计的基础上编制的,是对指导性施工组织设计的进一步深化,其主要特点是可操作性强。

2.按编制范围和对象分类

按施工组织设计的编制范围和对象的不同,可分为施工组织总设计和单项工程施工组织设计。施工组织总设计是实施建设项目总的战略部署,对建设项目具有统筹规划、协调控制和指导作用。如一条地铁线路或一条线路的某一期工程,可做一个施工组织总设计,便于建设管理方控制各个车站、隧道土建工程、机电设备的采购配套及安装装修、通信、信号、线路、环卫、防灾各个系统的施工衔接,是指导整条线路实施的纲领性文件。单项施工组织设计,是指对单个工程项目编制的施工组织安排。单项施工组织设计一般是针对一个施工标段或一个单项(子单位)工程为对象编制的施工组织设计,如地铁某一车站、区间隧道、高架线路土建工程的施工、某一地铁站的安装装修工程等,一般在施工单位中标后编制。

五、施工组织设计与施工方案的关系

施工方案是以单位工程中的某个分部工程(如隧道的开挖支护、基坑围护结构工程)或分项工程(如爆破工程、钢筋工程)或某个专项工程(如施工监测)为主要对象编制的施工技术与组织方案,用于指导施工过程。施工方案是对单位工程施工组织设计的进一步细化,其内容比单位工程施工组织设计更为具体、详细,其针对性强且突出作业性,是组织分部、分项工程和专项工程实施的依据。

施工组织总设计、单项工程施工组织设计和施工方案是同一个施工项目,不同广度、深度和作用的三个层次的文件,这三类文件是由大到小、由粗到细、由宏观部署到具体安排的关系。

六、施工组织设计编制、审批程序

施工组织设计编制、审批程序为:施工组织设计编制策划→施工组织设计编制讨论→施工组织设计编制→施工组织设计会审→施工组织设计修改→施工组织设计审批→施工组织设计报监理审批→施工组织设计交底→施工组织设计实施→施工组织设计实施中检查、调整优化→施工组织设计调整后重新审批和报监理审批→施工组织设计继续实施至完成。

第二节 施工组织设计的编制

一、施工组织设计的编制原则与要求

1.施工组织设计编制原则

施工组织设计的编制应遵循以下原则:

(1)遵循法规原则。认真贯彻国家对基本建设的各项方针和政策,严格执行基本建设程序,严格遵守施工规范、规程及地方法规。

(2)遵守合同原则。严格遵守合同条款,满足节点工期,确保合同工期。

(3)认真实地踏勘原则。城市轨道交通工程受水文地质条件、交通、管线、周边建筑物等环境影响大,必须认真做好和勘探设计、建设单位的沟通工作,做好实地踏勘、调查研究,掌握

第一手资料,为做好施工部署和施工方案奠定基础。

(4)统筹全局原则。城市轨道交通工程涉及的专业及施工单位多,要有统筹全局的意识,组织好工程协作,分期分批配套组织施工,以达到缩短工程建设周期、迅速交付使用和形成综合生产能力的效果。

(5)紧凑组织施工原则。城市轨道交通工程一般地处城市繁华地段,施工场地狭窄,要合理安排施工顺序,组织平行、交叉作业,紧凑组织施工,确保合同工期。

(6)贯彻"百年大计、质量第一"原则。城市轨道交通工程结构受力复杂,长期受地下水的侵蚀,对工程质量的要求不能有半点马虎,要认真贯彻全面质量管理的方针,执行有关各项规章制度和规定,坚持质量第一,确保工程质量。

(7)落实"安全第一、预防为主"原则。城市轨道交通工程由于受复杂的水文、地质条件影响,受线路及场地条件的制约,往往需要紧邻甚至穿越建筑物及各种管线,施工过程中风险源多,危险性大。施工组织设计编制时要充分考虑到各种因素,措施有力、到位,防患于未然,确保安全生产。

(8)推广"四新"原则。在施工组织设计编制中要体现应用新技术、新工艺、新材料、新设备的内容。积极采用先进的施工方法和施工工艺,提高机械化及专业化施工水平,努力提高劳动生产率。

(9)因地制宜原则。贯彻自力更生、勤俭建国方针,因地制宜,就地取材,充分利用现有设施,采取革新、改造、挖潜措施,节约投资,降低成本。

(10)均衡施工原则。城市轨道交通工程,尤其是地下线路及地下站,受工作面的限制,不具备大面积施工的条件,施工组织设计中要做好人力、物力的综合平衡调配,有序可控。同时,要安排好冬季、雨季施工及洞口排水,力争组织好安全、均衡施工。

(11)紧凑布置施工场地原则。合理紧凑地布置施工场地,尽量减少施工临时设施,节约施工用地,不占或少占城市道路,不拆或少拆城市房屋和各种设施,紧凑有序,文明施工。

2.施工组织设计的编制要求

(1)由项目负责人组织,技术负责人牵头,组织有关施工技术人员、质检人员、预算计划人员、物资设备管理人员等学习熟悉合同文件和设计文件,将编制任务分工落实,限时完成。

(2)要编制施工组织设计纲目,并注明各部分的编写者。

(3)尽量多采用图表及示意图,做到图文并茂。

(4)编制的施工组织设计要符合现场的实际情况,要具有可操作性。

(5)多人合作编制的施工组织设计,必须由工程项目技术负责人统一审核,以免叙述重复和遗漏内容。

(6)如果选择的施工方案与投标时的施工方案有较大差距,应将选择的施工方案征得监理工程师和业主的认可。

(7)施工组织设计应在要求的时间内完成。

二、编制施工组织设计的准备工作

在编制施工组织设计之前,要做好充分的准备工作,为施工组织设计的编制提供可靠的第一手资料。

1. 合同文件及标书的研究

合同文件是编制施工组织设计的基本依据,重点弄清以下几个问题:

(1) 承包范围。对工程项目全面了解,弄清单位工程名称、专业内容、工程结构、开竣工日期、节点工期等。

(2) 物资设备供应分工。要明确各类物资、设备的供应分工和供应办法,由业主负责的,要掌握业主的供应方式,以便制订需用量计划,安排好相应的施工计划。

(3) 合同及标书制订的技术规范和质量标准。了解指定的技术规范和质量标准,以便为制订技术措施提供依据。

2. 施工现场环境调查

在编制施工组织设计之前,要对施工现场环境作深入的实际调查。调查的主要内容有:

(1) 核对设计文件,了解拟建地铁线路走向,车站、隧道施工竖井、盾构始发井位置,重点施工工程的情况等。

(2) 收集施工地区内的自然条件资料,如地形、地质、水文、地质构造等资料。

(3) 收集当地的气象资料,掌握当地的最高、最低气温,雨季、旱季及台风发生的时间,以便施工组织安排上充分考虑。

(4) 收集了解当地行业行政主管部门对建筑施工行业管理的政策、法规,以便在编制施工组织设计时遵照执行。

(5) 了解施工区域内的道路交通、沿线建筑物、地下构筑物及沿线通信、电力、给排水等各种管线情况。

(6) 调查施工区域的技术经济条件:

① 当地水电的供应情况,如可提供的能力,允许接入的条件等。

② 地方资源供应情况和当地条件,如劳动力是否可利用,砂石等地方建材的供应能力、价格、质量、运距、运费以及当地可利用的加工修理能力等。

③ 了解交通运输条件,如铁路、公路、水运的情况,公路桥梁承载通过的最大能力,水运可否利用以及码头离工地的距离等。

3. 各种定额资料

编制施工组织设计时,收集有关的定额及概算或预算资料,如设计采用的预算定额(或概算定额)、施工定额及当地定额,预算单价,工程概算(或预算)的编制依据等。

4. 施工技术资料

合同条款中规定的各项技术规范、施工操作规程、施工安全作业规程等,此外还应收集施工新工艺、新方法、操作新技术以及新型材料、机具等资料。

5. 施工时可能调用的资源

由于施工进度直接受到资源供应的限制,在编制施工组织设计时,对资源的情况应有十分具体而确切的资料。施工时可能调用的资源包括以下内容:劳动力数量及技术水平、施工机具的类型和数量、材料的来源及数量以及各种资源的供应时间等。

三、施工组织设计的主要内容

轨道交通工程项目施工组织设计编制的主要内容有:编制依据,工程概况,施工部署,施工准备及资源配置计划,施工平面布置,施工进度计划,主要项目施工方法及工艺,质量管理体系和质量保证措施以及安全、文明施工管理体系及保证措施等。在整个施工阶段中,业主、施工企业、监理及设计院在开工前应组织有关人员认真对施工组织设计进行讨论、补充并审批。施工过程要对照施工组织设计文件对工程项目的质量、进度、投资进行检查、控制。

四、施工组织设计的编制步骤

以一个单位(子单位)工程为对象的施工组织设计,其编写程序如图13-2所示。对于施工难度较大或技术复杂的分部或分项工程,还应进行分部或分项工程施工方案制订,有特殊要求的还应制订专项方案。

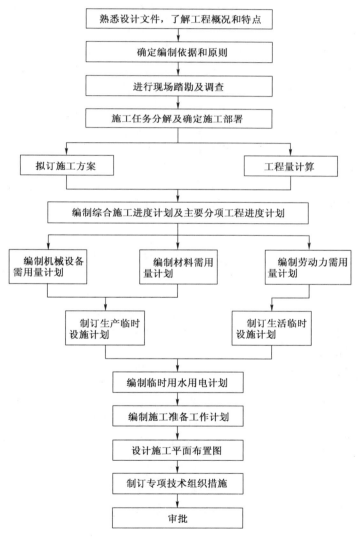

图13-2 施工组织设计的编制步骤

第三节 编制依据

编制依据是整个施工组织设计的开篇,是反映施工组织设计编制所应遵循的前提条件,也是施工组织设计的重要组成部分。编制依据应具体、可靠,要求内容完整、正确,应列出编制施工组织设计所依据的工程勘察、设计资料、合同文件、规范规程、法律法规、施工企业相关标准等,可以参考以下内容。

(1)工程承包合同文件。应按合同上的名称填写合同全称,同时注明合同编号及签约日期。

(2)工程勘察、设计文件。应采用有效的工程勘察、设计文件,填写工程勘察、设计文件的名称,同时注明勘察、设计文件编号、出图时间、设计单位。

(3)与工程建设有关的国家、行业和地方的法律、法规、规范、规程、标准等。法律、法规、规范、规程、标准等文件名称要写全称,编号或文号应准确无误,且必须是现行有效版本。编写的顺序如下:国家→行业→地方→企业;法规→规范→规程→规定→标准。法律法规包括:建筑法、安全法、环境保护法、质量管理条例、安全生产管理条例等,地方上颁布强制执行的技术、管理文件以及有关安全生产、文明施工、环境保护条例等文件。

(4)施工组织总设计、指导性施工组织设计。业主编制的全线施工组织总设计,投标时编制的指导性施工组织设计。

(5)本施工企业技术标准、企业定额和管理文件。列出文件的全称及颁布执行时间。

(6)工程预算文件及有关定额。列出文件的全称及编制预算所采用的有关预算定额。

第四节 工程概况

工程概况是对工程项目的整个情况作一个简洁、明了、重点突出的文字介绍,目的是概括了解工程项目的基本全貌。主要是对工程项目、工程地点、环境情况、开竣工时间、技术标准及施工条件等方面客观、概括的叙述。

1. 工程项目

主要介绍城市轨道建设项目的名称、地点、线路走向、工程组成情况、投资规模、建设期限,所编制的单位(子单位)工程与轨道建设项目的工程隶属关系、工程所处的地点、主要工程结构形式、主要工程数量以及设计采用的新技术、新结构、新工艺、新材料等情况。

2. 建设、设计、监理、施工单位

主要说明城市轨道建设项目的建设、勘察、设计单位的名称,总承包和分包单位的名称,建设单位委托监理单位的名称以及政府工程质量监督部门的名称、安全生产监督部门的名称等。

3. 工程环境情况

主要概括介绍城市轨道交通工程项目沿线周边建、构筑物、各种管线及道路交通等情况;工程项目所在地的气象及其变化状态;地形、地貌、工程地质和工程水文地质及其变化状态;地震级别及其危害程度;地方材料的供应情况、劳动力等资源的供应情况等。

4. 工程特点、重难点分析及对策

针对同一项城市轨道交通工程项目,由于每个工点所处的工程条件不同,具有其不同的施工特点,在进行工程特点、施工难点分析时,应根据工程结构特点、施工条件等因素进行施工特点分析。通过分析施工特点,找出工程施工的重点、难点所在,以便采取有针对性的措施。

工程项目的施工特点可以结合工程自身特点及周边的环境概要说明,如浅、大(隧道埋深浅、跨度大)、新(新技术、新结构)、差(工程水文地质条件差、上软下硬等)、深(基坑深)、近(与周边建、构筑物、管线近,甚至下穿建、构筑物及管线)、窄(施工场地狭小、施工组织困难)、繁(交通疏解、管线改迁频繁)、短(工期紧)等。在此基础上提出施工中特别值得重视的关键问题、重点及难点所在,并一一分析给出这些重点、难点问题的最佳解决方案,以便突出重点、抓住关键。

重点、难点分析及对策,应从方方面面的分析和对策中概括出主要的几个方面,分析与对策要一一对应,语言要精练、准确。

工程特点、重难点分析及对策在整个施工组织设计中属于点睛之笔,既能充分体现编制者对工程项目的理解程度,也是指导施工组织中把握关键问题的钥匙,分析一定要高度概括、透彻、到位,对策要有针对性。根据工程项目的难易程度,这部分内容也可以单列一节。

第五节 施 工 部 署

施工部署是在工程项目实施前对整个工项目的实施过程进行通盘考虑、统筹策划后,所作出的全局性战略决策、全面安排及总体性设想。施工部署是整个施工组织设计的核心内容之一,是属于战略性决策方面的内容。施工部署是否合理将直接关系到工程的进度、质量及成本三大目标能否顺利实现。

施工部署是对工程项目总体的宏观战略部署,要体现出工程项目组织者是如何组织施工的指导思想,要明确工程项目组织者在工程项目开工前是如何对整个工程项目施工进行总体布局的,而这个布局就是对工程施工所涉及的任务、人力、资源、时间和空间进行构思、总体设计与全面安排。在进行施工部署设计时,要结合工程项目的特点,对具体情况具体分析,遵循城市轨道交通工程项目施工的客观规律,按照合同要求,制订出工程项目实施过程中必须遵循的原则,作出切实可行的施工部署。

施工部署可以围绕以下内容展开,明确施工管理目标,建立工程项目管理组织机构,明确施工区段及施工任务划分,确定总体施工方案。

一、施工管理目标

施工管理目标是对工程承包合同要求的兑现,也是施工企业对工程项目管理意志的体现,同时也要满足政府行政主管部门的相关规定及要求。所制订的目标要明确,指标应量化。施工管理目标一般包括以下几个方面的内容:

(1)工期目标,即合同工期要求及开竣工时间。有节点工期要求的还应一一列出节点工期及计划完成时间。

(2)质量目标,包括工程质量预期达到的等级及争创的质量奖项。工程质量预期达到的等级是指在满足《地下铁道工程施工及验收规范》的基本前提下,还应满足合同文件、技术规范及图纸要求。

(3)安全生产目标。根据合同文件及有关要求确定。

(4)文明施工目标。根据合同文件及工程所在地相关部门制订的标准、要求制订相应的管理目标并争创某级文明施工样板工地。

(5)环境管理目标。根据当地有关部门的相关要求制订噪声、污水排放、粉尘等管理目标。

(6)成本管理目标。确定降低施工成本的目标值。

二、施工项目管理组织机构

1. 组建项目经理部

目前,在建筑施工领域均已推行了项目法管理体制,在项目法管理中,项目经理部是工程项目管理实施的主体。施工企业应根据工程项目的实际情况,成立以项目经理为首的与工程规模及施工要求相适应的项目经理部,全权负责工程项目的现场施工组织管理。项目经理部职能部门的设置应围绕项目管理内容需求设置。一般情况下,项目经理部设置项目经理一名、副经理若干名、总工程师一名,下设办公室、工程技术部、计划合同部、物资设备部、安全质量部、财务部等"五部一室"。

2. 确定组织机构形式

项目经理部人员组成通常以线性组织结构框图的形式表示(图 13-3),在项目组织结构框图中应明确项目经理部主要成员的姓名及行政职务,使项目经理部的人员构成基本情况一目了然。

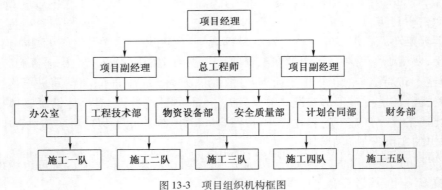

图 13-3 项目组织机构框图

3. 确定组织管理层次

施工管理层次可分为:决策层、控制层及作业层三个层次。项目管理班子是决策层,项目经理是最高决策者,职能部门是管理控制层,施工队是作业层。

4. 制订岗位职责

要明确项目经理部每个岗位人员的分工、职责及各部门的管理职责,全部岗位职责要覆盖项目施工全过程的管理,不留死角,避免职责重复交叉,各岗位的职责和权力必须一致,并形成相应的规章制度,使各岗位人员各行其职、各负其责。

三、施工区段及施工任务划分

目前,城市轨道交通工程项目施工标段的划分中一般既有车站,又包含区间隧道。车站有围护结构、土石方开挖、钢支撑、防水工程及主体结构等;区间隧道有盾构区间隧道及矿山法隧道等,施工的专业性强,需要组织不同的专业施工队伍进场施工。工区的划分一般以一个车站、区间隧道的一个施工竖井、一个盾构区间等为一个施工区。根据划分的工区及不同的施工阶段,明确各施工队伍的施工任务、负责范围、进场时间以及各施工队伍之间的关系。一般情况下,车站、隧道施工可组织综合施工队作为施工的主体队伍,负责地盘管理,其他专业施工队归其管理,配合施工。

四、总体施工方案

总体施工方案的选择是施工组织设计中最重要的环节之一,施工方案一经确定,则整个工程施工的进程、人力和机械的需要和布置、工程质量及施工安全、工程成本、现场的状况等也就随之被确定下来。施工方案的优劣,在很大程度上决定了施工组织设计的质量和施工任务完成的好坏。这部分内容编写的基本要求是:突出重点、全面兼顾、结合实际、切实可行、技术先进、经济合理、高度概括、语言精练。

施工方案包括的内容很多,概括起来主要有四项:施工方法的确定、施工机具的选择、施工顺序的安排、施工方案的技术经济评价。

1. 施工方法的确定

各个施工过程均可以采用不同的方法进行施工,而每一种方法都有其各自的优、缺点,进行施工方法的优化,选择适合本工程的最先进、最合理、最经济的施工方法,从而达到降低工程成本和提高劳动生产率的预期效果。

确定施工方法主要是针对本工程的主导施工过程而言。所谓主导施工过程,一般是指工程量大、在施工中占重要地位的施工过程,施工技术复杂或采用新技术、新工艺、新结构以及对工程质量起关键作用的施工过程,如地下车站工程施工的地下连续墙、土石方开挖、主体结构钢筋混凝土施工等,矿山法隧道施工的土石方开挖、运输、喷射混凝土、防水板、二次衬砌混凝土的施工等。

在具体选择施工方法时,一般应考虑如下几个因素:

(1)工程的重要性。这从工程的规模、使用上的特殊要求、工期的缓急等方面体现出来。

(2)工程地质和水文地质条件。

(3)施工技术条件及机械装备情况。

(4)周围环境方面的要求和限制。

(5)施工单位的习惯做法。

在选择施工方法时,要讲究经济效益,在满足安全、质量、施工进度的前提下,应尽量采用造价低的施工方法。

2. 施工机具的选择

施工方法一经确定,机具的选择应以满足施工需求为基本依据。但是,在现代化的施工条件下,许多时候是以选择施工机具为主而来确定施工方法的,所以施工机具的选择往往成为主要问题。在选择施工机具时,应注意以下几点:

(1)技术先进。机械设备性能的优劣,决定着生产效率的高低。但只能在现有或在市场可能获得的机械中进行选择,所选择的机具在满足施工需求的同时,也要避免一味地追求技术性能而忽视了经济实用性。

(2)使用可靠。机具能稳定地保持其应有的技术性能,达到安全可靠运行。

(3)互相配套。所选择的机具在考虑其自身性能的同时,更要充分的考虑和其他设备的互相配套,充分发挥所有设备的作用。

(4)绿色环保。特别是隧道内使用的设备应尽量选用电力设备。当电力设备不能满足要求,只能选用内燃动力设备时,应尽量选用有害气体少的环保设备。

(5)便于维修。便于检查、维护、修理,配件标准化、通用性强。

(6)运行安全。安全有保障,防护装置齐全可靠。

(7)经济实惠。节电、省油,运行成本低,能取得良好的经济效益。

3. 施工顺序的安排

在讲施工顺序安排之前,首先要分清两个概念,即施工程序与施工顺序。

施工程序:单位工程施工程序是指单位工程中各分部工程之间、土建和安装装修、铺轨等各专业之间或不同施工阶段之间所固有的、不可分割的在时间、空间上的先后次序,它不能跳跃和颠倒,主要解决时间搭接上的问题。

施工顺序:单位工程内部各分部分项工程或施工过程、施工区段之间的先后次序。主要解决施工组织上的问题。

施工顺序的安排既是为了按照施工的客观规律和工艺顺序组织施工,也是为了解决工种之间在时间上的搭接问题,在保证工程质量和施工安全的前提下,做到充分利用空间,争取时间,达到缩短工期的目的。施工顺序的安排应根据工程的施工条件和采取的施工方法来确定,但它也有一定的规律可循。我们要紧紧抓住决定施工程序的基本因素,仔细分析各种不同施工顺序的前提条件和实施效果,作出最佳的施工顺序安排。

施工顺序安排的原则是:符合工艺的要求,使施工顺序与施工方法、施工机具相协调,考虑水文、地质、气候的影响,考虑施工质量和安全生产的要求,考虑施工组织原则等。

施工顺序安排应考虑以下因素:

①必须遵循施工程序的要求。
②必须符合施工工艺的要求。
③必须做到施工顺序和施工方法相一致。
④必须与施工方法和施工机械的要求相一致。
⑤必须考虑工期和施工组织的要求。
⑥必须考虑工程质量和施工安全的要求。
⑦必须考虑当地气候特点以及对工程的影响。

4. 施工方案的技术经济评价

施工方案的技术方面主要涉及施工方法的选择与施工机械的选择两个问题,因此技术评价是依据工程特点、施工条件以及企业资源供应情况对已提出的各种施工方法及确定的施工机械进行分析评价,说明最终选择的可行施工方法和经济合理的施工机械的原因。

经济评价则是对各施工方案的主要经济指标所做的比较分析,根据分析结果选择经济指标较佳的方案为最优方案。衡量一个施工方案优劣的经济指标有很多,最具代表性的有工期、成本、新增投资额等。

第六节　施工准备与资源配置计划

施工准备是为拟建工程项目施工创造必要的技术、物资条件。施工准备工作是属于施工组织管理的重要内容之一,是如期保质完成施工任务的必要前提。施工准备工作既具有施工组织职能,又具有施工规划性质,它直接关系到计划进度、工程质量和工程成本。若施工准备工作考虑不周或不够充分,势必影响工程施工的顺利进行。

施工准备工作的基本任务是针对工程建设的特点、进度要求,摸清施工的客观条件,做好施工的组织规划工作,并积极从技术物资、人力、方法和组织等方面为施工创造一切必要的条件。为了搞好施工准备工作,建设单位、设计单位、施工单位要密切协作,各自履行施工准备中各自应承担的任务,使工程开工具备条件,开工后能保证连续施工。

施工准备工作的主要内容包括:技术准备、施工现场准备。

资源配置计划的主要内容包括:劳动力配置计划、物资设备配置计划。

一、技术准备

(1)熟悉、审查施工图纸及组织图纸会审。
①审查图纸设计是否符合国家有关的技术规范,是否符合经济合理、美观适用的原则。
②审查设计图纸及说明是否完整、齐全、清楚,图中的尺寸、高程是否准确,图纸之间是否有矛盾。
③地下与地上、土建与安装之间是否有矛盾,各种设备管道的布置对土建施工是否有影响。
④各种材料、配件、构件等采购供应是否有问题,规格、性能、质量等能否满足设计要求。
⑤安排设计单位组织设计交底及图纸会审。
(2)根据设计要求及施工需要备齐相关法规、规范、规程、验标等有效版本的资料。
(3)掌握地形、地质、水文等勘察资料和技术经济资料。
①自然条件调查。
a.地形情况:包括地形起伏、河流、交通、拟建地区的原有房屋及附近建筑物的情况。
b.土层地质情况:地层构造、土的性质与类别、土的承载能力和地震级别。
c.水文资料:河流流量、水质、最高洪水位、枯水期水位,地下水的质量,含水层厚度,流向、流量、流速,地下水最高及最低水位等。
d.气象资料:气温情况、季节风情况、雨量、积雪、冻结深度、雨季及冬季的期限。
e.地下障碍物:查清地下各种管线、地下防空洞、基础等障碍物。
②技术经济条件调查。
a.工地附近可能利用的场地,需要拆除的建筑,可以租用的民房等。

b. 当地可利用的地方材料和供应量,如砖、瓦、砂、石、水泥、商品混凝土及其他地方材料的产地,供应能力。

c. 水、电源及通信情况。施工期的用水、用电来源及当地给水、供电能力和线路设备情况。

d. 地方工业情况。当地有无供施工服务的铁件厂、五金加工厂、预制构件厂以及它们的生产能力、质量、单价等。

e. 当地可供的劳动力的数量、来源及技术水平。

f. 生活供应,主副食品、日常用品、医疗卫生、文化教育、消防治安等机构的支援能力。

(4)技术工作计划安排。

①方案编制计划。应安排编制各分项和专项工程的施工方案,与工程施工进度相配套。

②试验、检测工作计划。特别是在施工准备阶段,试验、检测工作为该阶段的一项重要工作,相关的试验、检测工作没有完成,就不具备开工条件。

二、施工现场准备

施工现场的准备工作的内容主要包括:测量控制网复核、三通一平、现场临水、临电、生产生活设施、围墙、道路等施工平面图中所有的内容。

1. 场地控制网测量

按照设计单位提供的总平面图及给定的永久性经纬坐标控制网和水准控制基桩,进行场区施工测量,设置场区的永久性经纬坐标桩、水准基桩和建立场区工程测量控制网。

2. 水平及垂直运输道路布置

根据环境条件,按照工程规模、工期要求、设备条件和施工方法,统筹布置水平及垂直运输道路。

3. 搞好"三通一平"

"三通一平"是指路通、水通、电通和平整场地。

①路通:施工现场的道路是组织物资运输的动脉。拟建工程开工前,必须按照施工总平面图的要求,修好施工现场的永久性道路(包括厂区公路)以及必要的临时性道路,形成完整畅通的运输网络,为建筑材料进场、堆放创造有利条件。

②水通:水是施工现场的生产和生活不可缺少的。拟建工程开工之前,必须按照施工总平面图的要求,接通施工用水和生活用水的管线,使其尽可能与永久性的给水系统结合起来,做好地面排水系统,为施工创造良好的环境。

③电通:电是施工现场的主要动力来源。拟建工程开工前,要按照施工组织设计的要求,接通电力和电信设施,做好其他能源(如蒸汽、压缩空气)的供应,确保施工现场动力设备和通信设备的正常运行。

④平整场地:按照建筑施工总平面图的要求,首先拆除场地上妨碍施工的建筑物或构筑物,然后根据总平面图规定的高程和土方竖向设计图纸,进行挖(填)土方的工程量计算,确定平整场地的施工方案,进行平整场地的工作。

4. 补充勘探

对施工现场做补充勘探是为了进一步寻找枯井、防空洞、古墓、地下管道、暗沟和枯树根等隐蔽物,以便及时拟订处理隐蔽物的方案并实施,为基础工程施工创造有利条件。

5. 建造临时设施

按照施工总平面图的布置，建造临时设施，为正式开工准备好生产、办公、生活、居住和储存等临时用房。

6. 材料存储

按照建筑材料、构（配）件和制品的需要量计划组织进场，根据施工总平面图规定的地点和指定的方式进行储存和堆放。

7. 安装、调试施工机具

按照施工机具需要量计划，组织施工机具进场，根据施工总平面图将施工机具安置在规定的地点或仓库。对于固定的机具，要进行就位、搭棚、接电源、保养和调试等工作。对所有施工机具，都必须在开工之前进行检查和试运转。

8. 冬雨季施工安排

按照施工组织设计的要求，根据施工总平面图的布置，建立消防、保安等组织机构和有关的规章制度，布置安排好消防、保安等措施。

三、劳动力配置计划

劳动力计划是现场各类资源配置计划的一部分，是确定和规划临时设施规模、组织劳动力进场的依据。在编制劳动力需求计划时，对劳动力的数量、技术水平和各工种的比例应与拟建工程的进度、难易程度及工程量相适应。

1. 劳动力计划表

劳动力的需求计划见表13-1。

劳动力计划表　　　　　　　表13-1

序号	工种	×月	×月	×月	×月	×月
1	钢筋工					
2	混凝土工					
3	爆破工					
⋮	⋮					
	总计					

2. 劳动力动态图

根据劳动力计划表以时间为横坐标、以人数为纵坐标的劳动力动态图，多采用劳动力曲线或柱状图表示。劳动力动态图如图13-4所示，一般以正态分布较为合理。

四、主要施工机具设备配置计划

依据施工方案和施工进度计划确定施工机具的类型、数量和进场时间，编制主要机具设备进场计划。据此落实施工机具的来源，并随着工程的进展陆续组织进场。主要机具设备配置计划见表13-2。

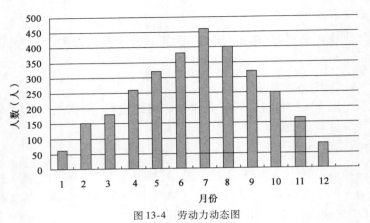

图 13-4 劳动力动态图

主要施工机具设备配置计划　　　　　　表 13-2

序　号	名　称	规格型号	单　位	数　量	进场时间	退场时间	备　注
1	挖掘机						
2	空压机						
3	电焊机						
4	抽水机						
⋮	⋮						

第七节　施工场地布置

施工场地布置主要是施工平面图的设计。施工平面图是施工组织设计中对施工区域内，按施工需要布置的各项设施，经过合理安排作出的设计图。它关系到开工前的施工准备工作，并为今后施工创造良好条件。设计施工平面图是一项综观全局性的工作。施工平面图分为施工总平面图与单位工程施工平面图两种。施工总平面图是全工地性的平面规划布置。在布置要点上，根据建设工程分阶段施工，划分成若干施工区域，然后对每一个区域，设计布置必要的临时附属设施与辅助设施，然后将全工地的附属设施与辅助设施组成各个系统。根据具体情况，可以几个施工区域合并起来考虑或一个施工区域独立考虑。单位工程施工平面图设计的范围只设计与单位工程施工有关的空间。它是参照施工总平面图规定，结合本工程特点考虑设计的。

一、施工平面图设计依据

在绘制施工平面图之前，首先应认真研究施工方案、施工方法，并对施工现场及周围环境和条件做深入细致的调查研究，然后应对布置施工平面图所依据的原始资料进行周密的分析，使设计和施工现场的实际情况相符。只有这样，才能使施工平面图起到指导施工现场组织的作用。施工平面图设计的主要依据有以下三个方面资料。

1. 建设地区的原始资料

(1) 自然条件调查资料,如地形、水文、工程地质及气象资料等,主要用于布置地面水和地下水的排水沟,确定易燃、易爆等有碍身体健康的设施布置位置,安排冬雨季施工期间所需设施的布置位置。

(2) 技术经济条件调查资料,如交通运输、水源、电源、物资资源、生产和生活基地状况等,主要用于布置水、电管线和道路等。

(3) 建设单位及工地附近可供租用的房屋、场地、加工设备及生活设施,主要用于决定临时设施需用量及其空间位置。

2. 设计资料

(1) 建筑总平面图,用于决定临时房屋和其他设施的位置以及修建工地运输的道路和解决给排水等。

(2) 一切已有和拟建的地上、地下的管道位置和技术参数,用以决定原有管道的利用和拆除以及新管线的铺设与其他工程的关系。

(3) 建筑工程区域的竖向设计资料和土方平衡图,用以布置水、电管线,安排土方的挖填及确定取土、弃土地点。

(4) 拟建构筑物的平面图、剖面图等施工图设计资料。

3. 施工组织设计资料

(1) 主要施工方案和施工进度计划,用以决定各种施工机械的位置。

(2) 各类物资资源需用量计划及运输方式。

(3) 各类临时设施的性质、形式、面积和尺寸。

二、施工平面图设计的要求

(1) 在保证施工顺利进行的前提下,平面布置要力求紧凑,尽可能地减少施工用地。

(2) 合理布置施工现场的运输道路及各种材料堆场、加工场、仓库位置、各种机具的位置,要尽量使各种材料的运输距离最短,避免场内二次搬运。为此,各种材料必须按计划分期分批进场,按使用的先后顺序布置在使用地点的附近,或随运随吊。这样既节约了劳动力,又减少了材料在多次搬运中的损耗。

(3) 力争减少临时设施的工程量,降低临时设施费用,为此可采取下列措施:

① 尽可能利用原有建筑物,力争提前修建可供施工使用的永久性建筑物。

② 采用活动式拆卸房屋和可就地取材的廉价材料。

③ 临时道路尽可能沿自然高程修筑以减少土方量,并根据运输量采用不同标准的路面构造。

④ 加工场的位置可选择在开拓费用最少之处等。

(4) 便利工人的生产和生活,合理地规划行政管理和文化生活福利和福利用房的相对位置,使工人至施工区所需的时间最少。

(5) 要符合劳动保护、环境保护、技术安全和防火的要求。

工地内各种房屋和设施的间距,应符合防火规定;现场内道路应畅通,并按规定设置消防栓;易燃品及有污染的设施应布置在下风向,易爆物品应按规定距离单独存放;在山区进行建设时,应考虑防洪等特殊要求。

三、施工平面图的主要内容

施工平面图设计的主要内容有:

(1)建筑平面上已建和拟建的一切构筑物及其他设施的位置和尺寸。

(2)拟建工程施工所需的起重与运输机械、搅拌机等布置位置及其主要尺寸、起重机械的开行路线和方向等。

(3)地形等高线,测量放线标桩的位置和取舍土的地点。

(4)为施工服务的一切临时设施的布置和面积。

(5)各种材料(包括水暖电卫材料)、半成品、构件及工业设备等的仓库和堆场。

(6)施工运输道路的布置及宽度尺寸、现场出入口。

(7)临时给水排水管线、供电线路等管道布置和通信线路等。

(8)一切安全及防火设施的位置。

四、施工平面图设计步骤

施工平面图设计的一般步骤是:决定起重机械行走线路(施工道路的布置)→布置材料和构件的堆场→布置运输道路→布置各种临时设施→布置水电管网→布置安全消防措施。

1.起重机械的位置图

轨道交通工程项目一般地下车站、盾构施工均需要布置行走式龙门吊,矿山法隧道在竖井口处布置固定式井架垂直起重机。起重机的位置直接影响到仓库、材料堆放、搅拌站的位置以及道路、水电线路的位置,因此必须首先考虑。

在车站、盾构井处布置的行走式龙门吊一般布置为横跨车站基坑及盾构井,轨道多布置在围护结构的冠梁上,施工竖井的井架起重机布置在竖井的正上方。

2.场内临时道路布置图

地下车站施工场内的临时道路一般沿基坑布置,尽量封闭成环,考虑基坑开挖、吊装、灌注混凝土等施工道路宽度一般不小于5m。设置一进一出两个大门,尽量避免场内车辆调头,进出大门尽量设置在端头。

3.临时办公、生活用房布置图

临时用房应尽量利用施工现场附近已有的永久建筑物,不足部分在现场修建,目前现场以修建临时活动板房为主。一般临时房屋的建筑面积见表13-3。

办公、生活用房参考表 表13-3

序号	房屋名称	单位	面积定额	备注
1	办公室	m²/人	2.1~2.5	
2	宿舍	m²/人	2~3	
3	食堂	m²/人	0.7	

续上表

序号	房屋名称	单位	面积定额	备注
4	会议室	m²	50~80	
5	浴室	m²/人	0.1	
6	卫生间	m²/人		

4. 仓库布置图

仓库按保管方式分为以下三种：
(1)库房。用以存放易丢失、损坏的材料及工具。
(2)库棚。用以存放雨、阳光直接侵蚀的材料。
(3)露天仓库。用以存放不受自然气候损坏的材料。
估算材料储备量,根据储备量估算仓库面积。
材料的储备量可按式(13-1)计算：

$$P = T_h \frac{Q \cdot K_1}{T_t} \quad (13-1)$$

式中：P——某种材料的储备量(t 或 m³)；
T_h——材料的储备天数(d)；
Q——某种材料年度或季度需要量(t 或 m³)；
K_1——某种材料需要量不均匀系数；
T_t——有关施工项目的施工总工作日(d)。

仓库面积：

$$A = \frac{P}{q \cdot K_2} \quad (13-2)$$

式中：A——某种材料所需求的仓库总面积(m²)；
q——分库存放材料的储料定额(t/m² 或 m³/m²)；
K_2——仓库面积利用系数,有货架的封闭仓库,取 0.35~0.4,储存桶装、袋装和其他包装的封闭仓库,取 0.4~0.6,散装材料露天仓库,取 0.6~0.7。

5. 临时用水布置图

施工现场临时供水设计包括：确定用水量及设计临时给水系统。
(1)确定用水量
施工用水量：

$$Q_1 = \frac{K_1 \cdot K_2}{8 \times 3\ 600} \cdot \sum (q_1 \cdot N_1) \quad (13-3)$$

式中：Q_1——施工用水量(L/s)；
q_1——最大日用水量完成的施工工程量；
N_1——各工种施工用水定额；
K_1——未预见的施工用水系数,取 1.05~1.15；
K_2——施工用水不均衡系数,施工现场取 1.5。

生活用水量：

$$Q_2 = \frac{P \cdot N_2 \cdot K_3}{24 \times 3\,600} \tag{13-4}$$

式中:Q_2——生活用水量(L/s);
　　　P——生活区人数(人);
　　　N_2——生活区用水定额,每人每昼夜为 100 ~ 120L;
　　　K_3——生活区用水不均衡系数,取 2.0 ~ 2.5。
施工机械用水量:

$$Q_3 = K_4 \cdot \Sigma \left(\frac{M \cdot N_3 \cdot K_5}{8 \times 3\,600} \right) \tag{13-5}$$

式中:Q_3——施工机械用水量(L/s);
　　　M——同一种机械台数(台);
　　　N_3——施工机械台班用水定额;
　　　K_4——未预见的施工用水系数,取 1.05 ~ 1.15;
　　　K_5——施工机械用水不均衡系数,施工、运输机械取 2.0 ~ 2.5,动力设备取 1.05 ~ 1.10。
总用水量:

$$Q = Q_1 + Q_2 + Q_3 \tag{13-6}$$

一般情况下,考虑到管网漏水损失,总的用水量还需在此基础上增加 10%。
(2)设计临时给水系统
配水管径:

$$D = \sqrt{\frac{4Q}{1\,000\pi \cdot v}} \tag{13-7}$$

式中:D——配水管直径(m);
　　　Q——总用水量(L/s);
　　　v——管网中的水流速度(m/s),一般取 1.5 ~ 2.0m/s。
临时用水管线沿围墙边铺设,在寒冷地区要考虑防冻,在通过道路时应考虑地面上重型机械荷载对管线的影响,在平面图中要标明管线位置、管径、用水位置。

6. 临时排水布置图

施工现场一般采用明沟排水,截面为 200mm × 300mm,一般沿基坑四周及围挡边布置,出场门处设置洗车台,并设沉砂池,经沉淀处理达标后,再排入市政污水管网。卫生间排水采用分流制,粪水排至临时化粪池,再排至市政污水管网。

7. 临时用电布置图

施工现场临时用电设计包括:确定用电量、变压器及配电线路的布置。
(1)确定用电量
包括施工用电量及照明用电量。
施工用电量:

$$P_S = K_1 \cdot \Sigma P_1 \tag{13-8}$$

式中:P_S——施工用电量(kW);
　　　K_1——设备同时使用系数,当电动机在 10 台以下时,取 0.75,当电动机在 10 ~ 30 台时,

取 0.7,当电动机在 30 台以上时,取 0.6;

P_1——各种施工机械设备用电量(kW)。

照明用电:

$$P_Z = 1.10(K_2 \cdot \sum P_2 + K_3 \cdot \sum P_3) \qquad (13\text{-}9)$$

式中:P_Z——照明用电量(kW);

K_2——室内照明设同时使用系数,一般取 0.8;

K_3——室外照明设同时使用系数,一般取 1.0;

P_2——室内照明用电量(kW);

P_3——室外照明用电量(kW)。

总用电量:

$$P = P_S + P_Z \qquad (13\text{-}10)$$

(2)变压器的确定

变压器的功率:

$$W = \frac{K \cdot P}{\cos\phi} \qquad (13\text{-}11)$$

式中:W——变压器的容量(kVA);

K——功率损失系数,取 1.05;

$\cos\phi$——功率因数,取 0.75。

(3)配电线路布置

施工现场 380/220V 低压线路一般采用枝状布置,多采用架空线路,在跨越道路时采用电缆。

第八节　施工进度计划

施工进度计划是施工组织设计的重要内容,也是施工现场管理的中心工作,它是对施工现场各项施工活动在时间上所做的具体安排。

单位工程施工进度计划是在确定了施工部署和施工方法的基础上,根据合同规定的工期、工程量和投入的资源等,遵循工程的施工顺序,用图表的形式表示各分部分项工程搭接关系及开始、结束时间的一种计划安排。其理论依据是流水施工原理,表达形式采用横道图或网络图。

一、划分施工项目

施工项目是包括一定工作内容的施工过程,它是进度计划的基本组成单元。项目内容的多少、划分的粗细程度,应该根据计划的需要来决定。一般说来,单位工程进度计划的项目应明确到分项工程或更具体,以满足指导施工作业的要求。通常划分项目应按顺序列成表格,编排序号,查对是否遗漏或重复。凡是与工程对象施工直接有关的内容均应列入,非直接施工辅助性项目和服务性项目则不必列入,划分项目应与施工方案一致。

二、计算工程量和项目延续时间

工程量应针对划分的每一个项目及施工组织划分的段落进行计算。可套用施工预算的工程量,也可以由编制者根据图纸并按施工方案安排自行计算,或根据施工预算加工整理。

项目的延续时间最好是按正常情况确定,它的费用一般是最低的。待编制出初始计划并经过计算再结合实际情况作必要的调整,这是避免盲目抢工而造成浪费的有效办法。按照实际施工条件来估算项目的持续时间是较为简便的办法,现在一般也多采用这种办法,具体计算方法有以下两种。

(1)经验估计法。即根据过去的施工经验进行估计。这种方法多适用于采用新工艺、新方法、新材料等无定额可循的工程。在经验估计法中,有时为了提高其准确程度,往往采用"三时估计法",即先估计出该项目的最长、最短和最可能的三种持续时间,然后据以求出期望的延续时间作为项目的延续时间。

(2)定额计算法。其计算公式是:

$$t = \frac{Q}{RS} = \frac{P}{R} \tag{13-12}$$

式中:t——项目持续时间,按进度计划的粗细,可以采用 h、d 表示;

Q——项目的工程量,可以用实物量单位表示;

R——拟配备的人力或机械的数量,以人数或台数表示;

S——产量定额,即单位工日或台班完成的工作量;

P——劳动量,工日或机械台班量,台班。

公式中的 S 最好是施工单位的实际水平,也可以参照施工定额水平。上述公式是根据配备的人力或机械决定项目的延续时间,即先定 R,后求 t。但有时根据施工组织需要(如流水施工时),要先定 t,后求 R。

三、确定施工顺序

确定施工顺序是为了按照施工的技术规律和合理的组织关系,解决各项目之间在时间上的先后和搭接问题,以达到保证质量、安全施工、充分利用空间、争取时间、实现合理安排工期的目的。

一般来说,施工顺序受工艺和组织两方面的制约。当施工方案确定后,项目之间的工艺顺序也就随之确定了。如违背这种关系,将不可能施工,或者导致出现质量、安全事故,或者造成返工浪费。

由于劳动力、机械、材料和构件等资源的组织和安排需要而形成的各项目之间的先后顺序关系,称组织关系。这种关系不是由工程本身决定的,而是人为的。组织方式不同,组织关系也就不同,并不是一成不变的,不同的组织关系产生不同的经济效果。所以,组织关系不但可以调整,而且应该按规律、按管理需要与管理水平进行优化,并将工艺关系和组织关系有机地综合起来,形成项目之间的合理顺序关系。

四、编制施工进度计划

根据所划分的施工项目及项目的开始、结束时间,按照施工项目的施工顺序及内在的逻辑关系,用图表的形式将这种关系反映出来,即我们要编制的施工进度计划。通常有两种表达形式的图表:横道图与网络图。横道图具有直观、简单、方便的特点;网络图逻辑严密,便于进行科学的统筹规划,并可通过时间参数的计算找出关键线路,利于现场对整体工程施工进度的控制。

一般对于施工项目及工序较为简单的项目(如隧道工程等),采用横道图表示即可;对于施工项目较多、施工工序较为复杂的项目(如地下车站等),在采用横道图表示的同时,为更好地反映工序间的逻辑关系及关键工序,掌控施工进度,再编制施工进度网络计划图。

第九节　主要项目施工方法

一、编写内容

主要项目施工方法是指单位工程主要分部(分项)工程的施工手段和工艺,属于施工方案技术方面的内容。重点考虑影响整个单位工程施工的分部(分项)工程的施工方法,主要是指:工程量大且在单位工程中占据重要地位的分部(分项)工程;施工技术复杂、施工难度大或采用新技术、新工艺、新材料、新设备,对工程质量起关键作用的分部(分项)工程;某些特殊结构的工程等。

二、编写要求

(1)要反映出施工中的工艺方法、工艺流程、操作要点和工艺标准,对机械设备的选择与质量检验等内容。

(2)施工方法应体现先进性、经济性和适用性。施工方法的选择应着重各主要施工方法的技术经济比较,力求达到技术上先进,施工上方便、可行,经济上合理。

(3)在编写深度上,要对每个分项工程施工方法进行宏观描述,要达到宏观指导性和原则性的要求,表达清楚、简练。

三、编写方法

(1)主要施工方法应结合工程的具体情况、施工环境、水文地质等条件选择,并按施工顺序逐项描述。

(2)在选择施工方法时,首先要考虑其先进性,在保证安全质量的前提下,该方法是否经济适用,经技术经济评价、综合分析优化来确定。

(3)主要施工方法是指经过比选确定采纳的施工方法。比如,灌注桩是采用冲击钻、旋挖钻,还是旋转钻成孔;隧道内水平运输是采用机械运输,还是人工运输;车站主体结构混凝土采用钢模板,还是采用胶合板;隧道二次衬砌混凝土是采用整体钢模台车,还是采用组合钢模,以及土方开挖方法、混凝土浇筑方式、养护方法等。这些施工方法必须和工程实际紧密结合,才能够指导施工。

(4)该部分内容的编写要详略结合,不必面面俱到,要突出重点,突出关键部分的施工方法。要重点放在工程的主要部位、技术含量的分项、质量要求高的分项、安全风险高的分项、

"四新"技术和特殊结构等,对工艺标准不要详细叙述,而要重点说清楚施工步骤、工艺流程及工艺说明,并简要叙述技术要求和施工要点。

【历史沿革】

  在人类历史长河中,我们的祖先以惊人的智慧和勤劳的双手建造了许多伟大的工程,如埃及的金字塔、巴比伦的空中花园、中国的万里长城和都江堰水利枢纽等,我们在惊叹于工程宏伟壮丽的同时,是否考虑过,在没有大型装备,没有计算机和信息技术,没有现代高强度建筑材料的条件下,他们是如何完成如此宏大和精巧的工程的?毫无疑问,这只能靠着精巧的技艺和精密的组织,充分发挥了人类最原始的潜能才能完成上述辉煌的工程。根据对已有资料的研究,埃及金字塔始建于公元前2600年以前,共有70多座,其中,又以胡夫金字塔为最,高146.59m,相当于一座40多层的摩天大厦,在1889年巴黎建成埃菲尔铁塔以前,它一直是世界上最高的建筑。胡夫金字塔工程历时30多年,征用奴隶约10万人,先不说谜一样的施工技术,只考虑整个项目的组织、10万工人的管理、材料的运输、后勤的供给,已经是超乎我们的想象。而长城则是中国也是世界上修建时间最长、工程量最大的一项古代防御工程,自西周时期开始,延续不断修筑了2 000多年,分布于中国北部和中部的广大土地上,总计长度超过50 000km。据记载,仅秦始皇一代就使用了近百万劳工修筑长城,占当时全国总人口的1/20,这也可能是人类历史上有记载的规模最大的工程项目。在几千公里的长线工地上,能如此高效、有序地组织成百上千万人完成这项伟大的工程,是我们的先辈留给我们的巨大财富,也说明古人很早就已经有了施工组织的实践和能力。在中国古代的中央政府中,主管全国工程建设事宜的官署,由周代的冬宫逐渐演变到隋代的工部,之后一直沿袭至今,经过长期的发展和积累形成了一整套工程项目管理的制度和经验。

  进入20世纪以来,随着全世界工程技术的快速发展和我国对外交往的日益增多,我国的工程建设水平和建设规模进入了新的阶段。1905—1909年,詹天佑主持修建了中国第一条铁路——京张铁路,它连接北京丰台区,经八达岭、居庸关、沙城、宣化等地至河北张家口,全长约200km,是中国首条不使用外国资金及人员,由中国人自行设计、投入营运的铁路,也代表中国的工程建设水平进入了新的阶段。1934年8月至1937年9月,茅以升主持设计、建设了钱塘江大桥,这是我国第一座双层铁路、公路两用桥,横贯钱塘南北,是连接沪杭甬铁路、浙赣铁路的交通要道,总投资540万银元。大桥建成未及三个月,日军铁蹄踏上北岸桥头,国民党军队下令炸毁,直至抗战胜利后修复通车,它也是我国第一座现代化大桥。该桥于新中国成立后曾多次维修,目前仍在使用,被誉为"桥坚强"。1949年新中国成立以来,我国开展了大规模的工程建设活动,尤其是在20世纪末到21世纪初,先后组织实施了三峡工程、京九铁路、青藏铁路、京沪高铁、杭州湾跨海大桥等超级工程,目前正在火热建设港珠澳跨海大桥、蒙华铁路、北京和上海等城市的规模宏大的城市轨道交通网络等超大型工程项目,中国的工程建设规模和建设水平已经完全处于世界领先地位。

  上述成绩的取得,一方面得益于世界范围内的工程技术、工程装备和材料的快速发展和应用,另一方面也说明我国经过长期的积累和发展,已经具备了大型工程建设项目的施工组织管理能力。在一系列的工程实践中,工程建设领域逐渐形成了一整套的施工组织设计编制规范和指南,施工组织设计过程管理程序以及工程项目实施过程中的施工组织落实办法,为工程项目的顺利实施提供了有力保障。目前,大型工程项目的施工组织已经成为多学科的集成,包含管理科学、材料科学、土木工程、机械工程、水文地质、信息工程等,需要项目管理者具备极强的综合能力和较为全面的知识结构。同时,随着计算机仿真和信息化技术的发展,对大型工程项目施工组织的研究愈发深入和细致,目前的施工组织完全可以通过BIM技术在项目建设之初给予三维的全景展示,同时可以包含进度、质量、安全、造价等诸多信息,以便在目前建设规模越来越大、技术难度越来越高的工程项目中充分发挥施工组织设计的核心指导作用。总之,如何做好施工组织是工程人永恒的课题,需要一代代的工程技术人员在继承已有成就和经验的基础上不断地开拓创新,将工程建设水平一步步推向新的高度,为人类的发展和文明的继承贡献出应有的力量。

【思考题】

1. 施工组织设计的目的是什么?
2. 施工部署在工程实施中起什么作用?
3. 施工资源配置受哪些因素影响?
4. 施工计划与成本之间有何关系?

第十四章
轨道交通工程 BIM 技术

现象一:地铁车站在装修阶段常常发生管线安装时需要在刚浇筑好的钢筋混凝土板上进行开洞,这是在三维空间中不同阶段不同工序之间的信息不协调造成的。

现象二:服役阶段的轨道交通结构在维修时,需要花费大量的时间调查结构的现状,而且这种调查常常不能准确反映结构的状况。如何简便地获得结构在设计、施工及服役阶段的相关信息呢?

上述问题可以通过 BIM 技术得到解决。

第一节 概　　述

BIM(Building Information Modeling)是建筑信息模型。它的基本思想是采用三维设计软件构建"可视化"的数字信息模型,利用其本身的模型和信息对工程项目进行设计、建造及运营管理,最终使工程在设计、施工和使用等各个阶段都能有效实现建立全寿命周期信息管理。其主要特征有可视化、协同化、优化性、可交互性。

(1)可视化:以往的二维设计是在图纸上将工程对象采用线条绘制来表达,而 BIM 技术提供了可视化的途径,将以往线条式的构件形成一种三维的立体实物图形展示出来。

对于城市轨道交通工程来说，可视化是非常重要的。轨道交通工程涉及专业多、边界条件复杂、工程变更频繁，容易出现设计错误、施工人员看图理解错误等问题，经过 BIM 的可视化，大大提高了各部门在工程项目设计、建造、运营过程中的沟通、讨论、决策的效率。

(2) 协同化：基于 BIM 的云端设计平台，将传统的设计人员专业间配合从串行变成为并行，各专业的协调和配合实时进行。配合效率提高后，设计人员可以把大量耗费在专业间协调、会签等的时间，花在更高层次的设计优化及设计创新上，提高设计效率与质量。专业间模型及数据的互用，需要彼此的种子文件、字体文件、设计平台设置等工作空间信息保持一致，从而从根本上确保设计模型的合理性。

(3) 优化性：传统的二维设计在占位和设计空间可行性方面效率低下，无法直观判断专业间的设备是否冲突，无法识别构件之间的相互关系，而 BIM 通过同平台三维协同设计，能够有效识别各类工程构件的空间位置关系，对装配模型做碰撞检测来消除专业间的错、漏、碰问题，能有效地规避建筑开孔、构件冲突、保护距离、安装空间带来的风险和返工隐患，增加建筑师、工程师和承包商之间的互动，大幅缩短施工周期。

(4) 可交互性：传统设计的成品大都是二维图纸、表格和文件，而在 BIM 三维设计中，创建建筑信息模型的过程也是虚拟建造的过程。在虚拟建造过程中，可以完成对设计的动态信息调整。对工程质量的提高以及工程的科学管控有着很重大的作用。

在国外，BIM 技术的研究和应用得到了各类工程项目参与方的广泛重视，被认为是能够突破生产效率低下和资源浪费等诸多问题的一项技术。它贯穿了建筑工程项目的规划、设计、施工、运维管理及后续的改造和拆除阶段，成功应用于项目的全寿命周期。在一些发达国家，BIM 技术的应用已经达到了极高的普及率，其中欧美国家建筑行业已有一半以上的机构都在使用 BIM，包括房地产开发企业、设计单位及相关咨询服务机构、施工单位等。

目前，国外 BIM 应用技术主要研究方向包括：虚拟建造与施工、数字工厂、5D 模拟（三维 + 时间 + 成本）、数字化移交、移动设备支持、工程全寿命周期管理等。我国工程建设行业从 2003 年开始引进 BIM 技术，目前的应用以设计单位为主。

轨道交通建设项目在全寿命周期的各个阶段主要有以下特点：

(1) 决策阶段

在决策阶段，项目建设单位需要确定出建设项目方案在满足类型、质量、功能等要求下是否具有技术与经济的可行性。目前若想得到可靠性高的论证结果，需要投入大量的时间、金钱与人力。多年以来，轨道交通建设项目的设计人员一直以平面图纸的方法来表达设计方案，受角度与空间关系的影响，无法及时发现效果与想象中的冲突，并且无法全面、多方位、多视点地评估项目方案的优劣，这种局限性常常降低了建设项目在技术和经济上可行性论证结果的准确性和可靠性。

(2) 规划设计阶段

轨道交通建设项目功能复杂，设计工作量很大，涉及专业众多，各专业之间的矛盾冲突极易出现。以往通过多次会签检查是否存在冲突并最终完成设计，但是由于二维 CAD 图纸冗繁、错误率高、变更频繁、协作沟通困难等缺点，相关专业设计变更将导致大量的协调工作，造成了项目建设成本的增加和工期的延误。

(3) 施工阶段

施工受到许多复杂因素的影响，包括参与单位众多，涉及的资源分类复杂；工程施工期较长、季节性强、技术复杂;项目的进度、质量、安全、投资等管控复杂等,从而导致工期延误、质量隐患,甚至发生安全事故。

(4)运营维护阶段

对于项目运维阶段而言,各种设备、物资、人员保障和投入的效率,不仅关系着轨道交通的正常和安全运营,也直接影响运营期的资金投入,决定着建设单位的现金流情况和资金成本,最终影响项目的盈利水平。

以往传统轨道交通建设项目的资料或信息都以二维图纸或文本记录,由于时隔久远或经多次变更改造,容易存在现状与文本信息不符的情况,给运营维护造成了不便。

在BIM技术蓬勃发展并日益成熟的今天,轨道交通建设、管理企业管理智能化、信息化建设的滞后,以及由此造成的相关损失显得更加突出。在此背景下,针对上述各个阶段出现的问题,迫切需要在轨道交通建设项目全寿命周期中,有一个科学高效的集成管理方法对工程项目实行系统的、全面的、现代化的管理。

目前国内外工程数字化应用及发展趋势主要体现在三个方面:
① 三维数字化协同设计。
② 设计施工一体化。
③ 工程全寿命周期管理。

第二节 数字化技术的发展

在过去的20年中,计算机辅助设计CAD(Computer Aided Design)技术的普及推广,使建筑师、工程师们从手工绘图走向电子绘图,这是工程设计领域第一次革命。CAD技术的发展和应用改变了传统的设计方法和生产模式,提高了设计质量和设计效率。三维数字化设计为工程设计领域带来了第二次革命,是从二维图纸到三维设计的革命,将改变建设工程设计方式。

三维数字化设计,在我国的建设工程领域已取得了大量应用成果。在上海金融中心、深圳平安金融中心、港珠澳大桥、上海迪士尼等一大批国家重点工程中,进行了卓有成效的探索,取得了一定成果,有效推动了工程设计水平的提升。

BIM技术凭借其可视化优势,利用通信手段将设计图带往工地,通过动态可视化指导施工和检查问题,对出现的问题可以通过移动设备传回云端服务器,从而高效准确地解决问题。BIM在施工中的作用是模拟设计,通过对施工工艺、材料、设备、成本、进度等进行模拟,发现设计问题。

轨道交通工程的运营维护通常包括监控、通信、通风、照明和结构安全等,这些设施的运行情况决定了系统的运维成本和安全运行。从2001年开始,Constellation集团在其所属的五个核反应堆中以Bentley AssetWise为平台实现文档管理、记录管理(Record Management)、技术状态管理(Configuration Management)。2005年开始,Bentley AssetWise用于这几个集群的缺陷管理(Corrective Action)、培训管理、状态报告、对标、自我评估等。通过这个系统,进行日常的安全维修和生产指标监控,同时此系统也作为NRC和INPO随时监控的对象。

此外,Constellation集团的石油石化企业,也采用Bentley AssetWise巩固和自动管理其相关基础设施的图纸、文档等基础信息。在实施 Bentley AssetWise 平台后,Constellation 集团已连续 2 年达到 95% 的负荷能力,其中 Calvert Cliffs 2 号反应堆保持 692 天无故障运行的世界纪录,达到并保持 INPO-1 级水平 10 年。

图 14-1 是 Bentley AssetWise 在 Constellation 能源集团的信息化系统中的应用示意图。在 Constellation 中,Bentley AssetWise 主要承担两大功能:通过主设备列表(Mast Equipment List)来进行技术状态控制(包括人工处理工作流,文档、记录的管理和存储);管理其内部的绩效改进(其中包括状态报告,纠错行动,检查报告)、运行经验积累、业务计划跟踪(包括行动条目,核心绩效状态报告)、自我评估和对标等各种内容。

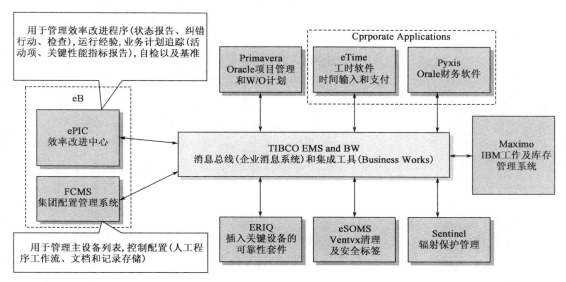

图 14-1 Constellation 信息系统框架图

美国的 GSA 和 USACE 主要侧重针对建筑工程和军用建筑项目推广和制定了全寿命周期 BIM 应用。GSA 下属的 NBIMS-US 于 2007 年 12 月发布了 NBIMS 第一版的第一部分,主要包括关于信息交换和开发过程等方面的内容,明确了 BIM 过程和工具的各定义、相互之间数据交换要求的明细和编码,使不同部门可以开发协商一致的 BIM 标准。2012 年 5 月,NBIMS-US 发布 NBIMS 第二版的内容。NBIMS 第二版的编写过程采用了一个开放投稿(各专业 BIM 标准)、民主投票决定标准的内容(Open Consensus Process)。因此,也被称为是第一份基于共识的 BIM 标准。

英国建筑业 BIM 标准委员会已于 2009 年 11 月发布了英国建筑业 BIM 标准[AEC(UK) BIM Standard],于 2011 年 6 月发布了适用于 Revit 的英国建筑业 BIM 标准[AEC(UK) BIM Standard for Revit],于 2011 年 9 月发布了适用于 Bentley 的英国建筑业 BIM 标准[AEC(UK) BIM Standard for Bentley Product]。目前,标准委员会还在制定适用于 ArchiACD、Vectorworks 的类似 BIM 标准,以及已有标准的更新版本。

日本建筑学会于 2012 年 7 月发布了日本 BIM 指南,从 BIM 团队建设、BIM 数据处理、BIM 设计流程、应用 BIM 进行预算、模拟等方面为日本的设计院和施工企业提供指导。

清华大学在 2010 年参考美国 NBIMS 提出了中国建筑信息模型标准框架(Chinese Building Information Modeling Standard),简称 CBIMS。

第三节 轨道交通工程采用 BIM 系统功能

BIM 可用于轨道交通规划、设计、施工和运营各阶段,实现以下 13 项功能:现状建模、场地分析、总体设计论证、可视化设计、多专业协同设计、性能化设计、工程量统计、施工现场 3D 配合、3D 管线综合、施工组织设计辅助、竣工模型交付、运营信息集成、资产管理等(图 14-2)。

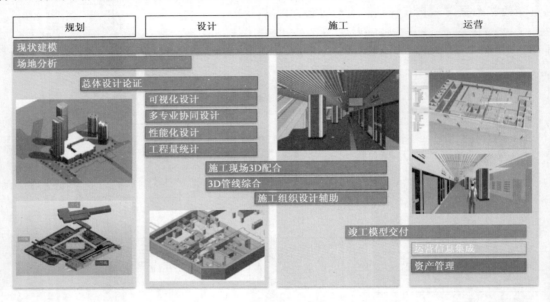

图 14-2 系统在轨道交通项目不同实施阶段的功能定位

1. 数字化协同设计

基于同一三维数字化平台建立轨道交通数据中心,设计单位根据数据中心制定的规则对全线车站、系统、区间等编制设计文件,设计产品经编译处理后通过工程数据中心进行数据发布,实现工程信息在不同设计阶段、设计岗位工作人员之间无缝流转,可以实现参数化设计,减少设计误差,提高生产效率。

(1)场地分析

建立轨道交通全景子系统,可以从全局角度查看轨道交通线路各地铁车站地理位置关系,以及观看城区地形、地貌、周边建筑物、桥梁、公路及地标建筑等,可概要了解各地铁站的基本信息,拥有类似 Google Earth 的浏览模式,可以鸟瞰及漫游,无缝穿梭于多个地铁车站间。场地分析示意如图 14-3 所示。

地面环境展示:包括快速创建并展示周边地标性建筑物、地面道路、绿化带、水域等场景;地铁施工影响范围内建筑结构信息及基础信息入库;标识各类场景元素的处理信息并作特殊颜色或标志区分,如维持现状、需拆除、需保护、需导改(河流)等。该模块可与三维地理信息系统进行结合,除了可以进行多角度的场景查看、鸟瞰、漫游等,模块也为施工场地管线改迁、交通疏解、场平布置、周边建筑物保护等其他功能模块提供直观决策依据。地面环境展示如图 14-4 所示。

图 14-3 场地分析示意图

图 14-4 地面环境展示

（2）地质三维展示

地质环境展示：根据初勘成果，通过三维地形、地质模型并按相关流程上传至数据平台，供总体、工点设计单位调用。快速了解和掌握地形、土层、地下水现状，有利于处理不良地质等问题。同时特殊的地质情况亦会重点阐述标注，引起决策者的关注。工程区三维地质如图 14-5 所示。

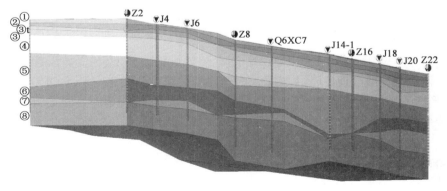

图 14-5 工程区三维地质

(3) 参数化设计

编制轨道交通地下车站结构、轨道交通区间隧道、轨道交通高架桥梁、轨道交通机电、暖通等各专业设计模块,实现部分通用模型的标准化、参数化,减少设计误差,提高设计生产效率。数字化设计示意如图 14-6 所示。参数化模型示意如图 14-7 所示。

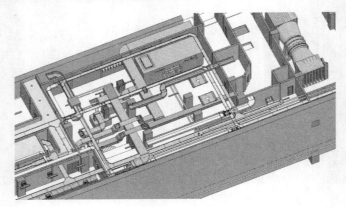

图 14-6　数字化设计示意

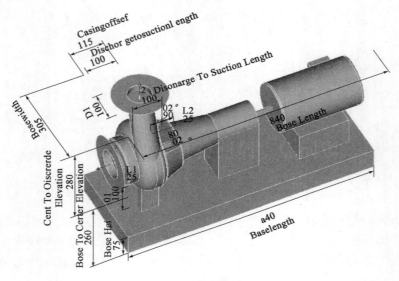

图 14-7　参数化模型示意

(4) 多专业协同设计

基于同一三维设计平台,同一三维设计模型,协同设计模式下,各专业设计模型需要相互参考已确定设计模型的合理性,最后需要将各个专业的模型总装在一起,经过多专业协调校核审查之后,形成一个综合模型,然后再以此综合模型为基础,进行抽图等相关后续工作。专业间模型及数据的互用需要彼此的种子文件、字体文件、设计平台设置等工作空间信息保持一致来保障。

(5) 性能化/智能化设计

在设计过程中,平台要求各设计单位按相关规范输入不同特征参数,如客流密度,系统会根据相关规定自动进行疏散模拟,自动检查是否满足疏散及消防相关要求,各车站分析结果后自动上报数据中心,供决策者分析使用。

(6)工程量智能统计

传统工程量统计是依据二维图纸进行的,往往是由造价工程师进行估算,统计结果与工程实际工程量会有出入,不能准确地核算工程成本。通过 BIM 进行工程量统计,设计者可提供较二维计算更为精确的工程量数据。基于 BIM 三维数字设计系统,将传统的工程量统计方法与三维设计平台结合,制定三维设计平台下工程量计算标准、工程量清单输出标准、计价标准,同时各计价标准随着政策因素、市场因素、规范标准的不断变化,工程量计算与清单输出标准也会随之变化。设计者还可以根据实际需要,对表格统计方式进行自定义修改,便于直接生成工程款项等项目。

(7)预留工序检测

利用三维模型可以直观地查看建筑功能性和水暖电安装所需的预留孔洞是否与结构模型中有所交叉冲突,并可核对预留孔洞材质、安装要求和检测要求。如图 14-8 所示为城市管网中的管线与结构预留孔是否一致的碰撞检测情况。可帮助工程师及时、方便地发现建筑结构图纸中的错漏冲突,降低工作强度,减少返工。

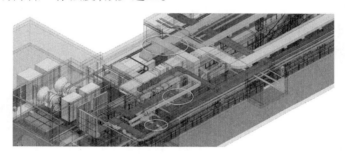

图 14-8　三维管线综合碰撞检测

2. 设计施工一体化平台

基于施工现场管理的精细度进行 WBS 工作包切分,确定轨道交通项目的进度计划,将 WBS 节点及其进度信息与相应 BIM 模型构件实体相链接,自动生成工程的 4D 模型,并与人力、材料、设备、成本、场地等资源信息相集成,还可扩展工程属性,实现了多维信息管理。可通过 Project 或 4D 图形界面,对施工进度进行调整和控制,使计划进度和实际进度既可以用甘特图或网络图表示,还可以用动态的 3D 图形展现出来,实现了施工进度的 4D 动态管理以及整个施工过程的 4D 可视化动态模拟。进一步链接现场管理信息,实现协同设计平台、施工方现场管理、PPP 业主建设管理系统的无缝连接。

通过施工方现场管理系统对施工、监理等信息的自动存档和抽取,实现项目实物移交和数字移交的一体化。

(1)施工场地布置

基于三维数字化协同设计技术,建立轨道交通 BIM 模型,包括:建筑模型、结构模型、管道模型、机械模型、施工临建设施等。借助 BIM 模型,可在有限平面空间内进行施工现场的规划与布置,真实展现周边建筑、不同时期的工程现场施工用地(围挡、施工通道、弃土堆、搅拌站等设施布置)与生活用地,为工程现场文明施工提供技术支持。

根据各类地下市政管线保护净距特征对其进行空间占有描述,在施工之前对工程建设涉及范围内的市政管线与土建结构，进行碰撞检查（考虑各类管线保护净距离因素），及时发现碰撞点，为管线拆除迁改或原位保护设计方案提供依据。市政管线迁改模拟如图14-9所示。

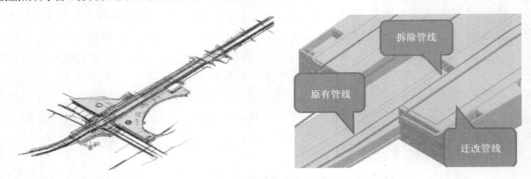

图14-9　市政管线迁改模拟

（2）派工管理

结合施工方现场管理内容，依据整体施工组织计划和专项施工方案，将BIM模型与计划进度、现场班组信息、工序完成情况，备料用料情况，现场安全、质量、监理等流程信息结合起来，形成完整的、可追溯的现场管理信息，便于施工单位精细化管理和工效分析，以便项目部改进管理、控制库存物料，降低资金成本，为成本、进度、质量、安全的控制提供有效管理工具。

（3）进度管理

读取Project/P6等第三方软件编制的工程进度计划，获取工程计划实施的时间、施工资源、工序关系类型、关键路线、里程碑事件等信息。通过BIM模型与施工作业包的对应关系，将3D模型与进度计划相结合（图14-10、图14-11）。在工程实施之前，即可获得该工作段的人、材、机等资源需求，便于准确下料，并对场地布置、材料堆放、弃渣临时存放、机械进出场地路线等进行预演，及时发现工程施工过程的潜在问题。

图14-10　地铁车站4D模拟施工

利用施工周报或月报等方式获取工程实际施工进度信息，分析对比，找出关键线路上实际施工进度与计划进度不一致的工序作业，进一步将这些工序作业的实际施工资源（人员、设备、物质）及外部条件（地质条件、环境气候、方案变更等）与预期情况进行对比分析，找出导致实际施工进度出现异常的主要原因，并生成实际与计划的网络前锋线比较图、资源配置比较图等。

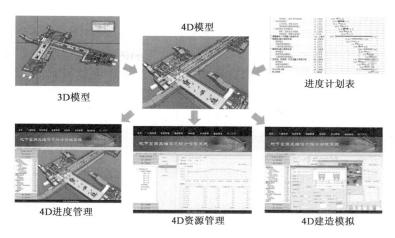

图 14-11　施工进度与三维模型综合展示

当关键线路上的工序作业出现滞后时,根据工程实际施工情况,对工程进度计划进行修编,并判定次关键线路是否会成为新的关键线路。通过三维模型不同显示方式(颜色、透明度等)展现工序作业在实际施工与预期规划之间的差异性。

(4)现场资源管理

通过对材料进场、使用,人员调配等资源的调配和使用,进行智能化监控,实时掌握资源情况,减少库存占用资金和现场物料浪费,有效控制成本。

例如,可将现场工程人员依据职责不同而进行编码归类,利用"智能手机 APP + Wifi"定位技术实现工程人员坐标方位的实时监控,依此判断各工作面施工人员数量配置,及时发现各工作面人力资源配置不合理的情况。

(5)施工安全监控信息接口

①安全监测。

施工方现场管理系统通过对自动化监测信息的导入,可在 BIM 三维模型上展示:监测点布置、监测数据、分层级报警信息。系统支持用户进行图形和报告编制模板的自定义。

②安全评估。

按照轨道交通工程风险管理规范的要求,对轨道交通建设的各个阶段风险源进行评估,并根据评估结果对风险源进行预报、跟踪。通过对风险较为集中及等级较高的风险源进行专业分析和数值模拟,对工程的抗滑移、抗倾覆、抗渗流、抗管涌及抗倾覆等稳定性进行及时分析和预报。

③预报警、消警及应急。

根据风险预报及跟踪的情况,对于安全隐患较大的风险点进行及时预报警,提醒相关参建单位注意并引起重视,将安全隐患消灭在萌芽状态。同时,在风险隐患以及预报警处理过程中,对整个处置过程进行跟踪监控,及时启动相关级别的应急预案。

(6)现场监理

统计各工作面监理人员现场旁站数据,随着工程推进,逐步形成工程质量监管大数据,利用大数据可快速调取各工作面任意时期现场监理人员的旁站信息,并以此判断工程相关质检验收记录的可靠性。

(7) 数字化移交

以 BIM 技术为核心的勘察设计管理、设计施工一体化系统对项目实施系统、全面、现代化的管理后,得到一个后期可多维度开发的数字模型(含设计、施工、材料等多种营造关联信息),对指导交付后的运营维护具有重要意义。三维数字化资产将大量的文档与三维对象、三维空间、功能逻辑进行了全面的关联性管理,实现了"需求化的档案管理",为领导的决策提供现代化的技术支持,保证轨道交通的安全、优质、经济运行,具有一定的社会经济效益。

3. 轨道交通工程协同管理平台

通过建立基于 BIM 平台的业主方建设管理系统,包括进度和质量管理、安全及风险管理、投资和造价管理等模块,能有效地解决采购环节中的质量难控制、源头难追溯、进度难掌控、成本难控制等问题,通过 BIM 全信息系统的进度、质量、工程量等信息的抽取和与设计施工一体化系统的连接,实现了轨道项目各参与单位的协同工作,保证了不同阶段产生的工程量、造价、进度、流程能够持续应用。

通过投资和造价管理模块,解决建设单位实现投资收益最大化的真实目标。

通过设计施工一体化模块,实线设计成果和最终成果一致,达到预设的效果。

通过进度和质量管理模块,有效控制和减少施工变更。实现建设项目从源头抓起,减少变更,节省投资。

大型市政工程,建设投资资金很大,资金占用时间是有价的,富余资金不用会产生浪费;巨额贷款,每天要支付惊人的利息。怎样才能节省利息、降低资金风险、投资收益最大化?通过投资和造价管理模块最大化地解决上述问题。

解决设计和施工阶段因变更范围大、数量多造成的成本控制和进度滞后的问题,实现工程量、造价、进度等项目状态信息的动态统计、实时展示,优化建设单位(或 PPP 建设单位)项目管理。包含以下分系统:

(1) 轨道交通工程数字化协同管理系统。
(2) 轨道交通工程辅助会商决策系统:城市数据、工程数据、技术方案。
(3) 轨道交通工程项目协同管理系统。

4. 轨道交通智能运维管理平台

通过建立基于 BIM 技术的运维管理平台,能有效地实现在人员培训管理、设备检修维护、应急措施制订等方面的智能化,从而在故障发生时及时提醒管理和维修人员,提高工作效率,降低运营风险。

通过三维数字化资产管理系统,整合了生产实时系统、检修系统、档案系统,在一个平台上实现员工、信息、流程和异构系统的四层次集成;通过 BIM 全信息模型,实现对设备状态、维护检修成本、备件库存状态的动态掌握,达成信息有效追溯,提高了工作效率。

通过三维数字化培训系统,可建立三维场景中应急疏散通道以及应急方案;同时可实现员工对机电设备数字化检修的培训。

通过数字化检修系统,可集成监控系统数据,挖掘各种设备的 KPI 指标,对设备进行精细化、智能化管理。通过 KPI 指标评判设备健康状况和潜在风险,并进行自动报警。以设备可靠性为中心完成检修决策和计划的制订。根据程序预设规则,自动建立并触发检修工作流程。

通过巡检系统,可掌握建筑物或设备运行状况及周围环境的变化,发现设施缺陷和安全隐患,及时采取有效措施,保证设备的安全和系统的稳定。该系统包括巡检线路设定、计划管理任务、巡检查询展示、缺陷管理等模块。

通过数字化综合监控系统,可将轨道交通工程现有的视频监控系统与三维信息模型相结合,在三维模型上对报警点实时展示,根据报警级别通知相应人员。该系统与数字化巡检、检修系统协同工作。

通过轨道交通工程监护系统,可登记与查询轨道交通沿线保护区范围内新建工程;结合GIS,可展现工程重要等级以及工程的风险状态。

为了预防和控制潜在的事故或紧急情况,利用该平台可作出应急准备和响应,最大限度减轻事故后果。例如,可进行消防器材信息查询,可定位火灾事故发生点,能可视化模拟逃生路线等。

第四节 协同设计及应用案例

1. 轨道交通工程数字化平台方案

目前国内主流的几款数字化设计平台为 Bentley MicroStation(表 14-1)、Dassault Catia(表 14-2)、AutoDesk Revit(表 14-3),各大平台都有自己的优势和缺点。以下运用 SWOT(Strengths Weakness Opportunity Threats)分析法做对比分析。

数字化设计平台 Bentley MicroStation 表 14-1

优 势	缺 点
①是目前 AEC 行业中解决方案最全面的,覆盖 GIS、建筑、市政、铁路、水电、火电、石油、化工等几乎所有的基础设施行业; ②产品数量多,各类专业模块齐全,能应对各个行业的复杂工程,并贯穿于工程的勘测、设计、施工、运维多个阶段; ③有十分优秀的协同设计平台 ProjectWise,很好地解决了多专业异地协同办公的问题; ④三维内核对海量数据支持性能优越,复杂巨型的水电站模型也能在其中流畅运行; ⑤在国内各个行业中都有比较成功的实施用户	①因为 AutoCAD 先入为主的思想阻碍了 Bentley 产品的推广; ②Bentley 产品功能强大,使得其产品对用户的门槛要求较高,需要花费较多的时间来学习; ③产品的本地化程度不高,很多定制的工作需要用户自己完成
机 遇	风 险
①国家对基础设施的大力投入; ②综合类项目越来越多,需要 Bentley 这样大而全的解决方案; ③有 ProjectWise、eB、APM 等项目管理和项目全寿命周期的产品,是未来发展的趋势	①目前主要客户大部分为各个行业的领导者,运用面不广,只集中在少数大客户中; ②DGN 格式没有 DWG 格式主流,在文件交换中存在一定的障碍

数字化设计平台 Dassault Catia　　　　　　　　　　　表 14-2

优　势	缺　点
①核心产品 Catia 是制造行业内高端产品，具有很强大的三维曲面造型功能，能够满足很多异型结构的复杂建模需求； ②主推全寿命周期管理（PLM）解决方案，其 Matrix One 在国外多家客户以及国内中国电建集团成都勘测设计研究院有限公司有所应用； ③近几年开始进军 AEC 行业，对应的产品为 Digital Project	①无论是 Caita 还是 MatrixOne，价格昂贵，超过一般 AEC 设计院的接受范围； ②Dassault 本身是专注于航空机械行业，产品在 AEC 行业或者说基础设施行业有很大的局限性，AEC 行业不是达索公司最主要的关注点； ③制造行业的产品特点和习惯，AEC 工程师不易掌握，即使是中国电建集团成都勘测设计研究院有限公司也只是在少量复杂项目中使用 Catia；对 AEC 行业标准支持不多
机　遇	风　险
①国家对基础设施的大力投入； ②复杂重点项目不断增多	①客户掌握软件难度太高； ②投入的物力大、周期长

数字化设计平台 AutoDesk Revit　　　　　　　　　　　表 14-3

优　势	缺　点
①被 AutoDesk 公司收购后，能利用广大的 AutoCAD 用户群体； ②目前国内大部分的民建设计院选用 Revit，有着广大的用户基础； ③AutoDesk 对国内需求响应速度快，近几年 Revit 改善许多	①专业覆盖面窄，适应于民建行业，主打 Revit 产品，缺少整体性解决方案，因为缺少相应的专业设计模块，很难扩展到其他基建行业； ②国内没有成功实施协同设计的产品，部分使用 Revit 的客户也采用了 Bentley 的协同设计平台 ProjectWise； ③对大模型支持不好，各个专业模型组装后操作不顺畅
机　遇	风　险
①国内有着大量的中小型设计院，有着庞大的潜在用户群体； ②政府对 BIM 的推行力度日渐增大	①部分客户因为其产品线单一开始尝试其他厂商三维设计解决方案； ②盗版很多，使用者水平参差不齐，不利于整个工程数字化行业健康发展

轨道交通工程规模大、项目功能复杂，涉及的专业多，且参与单位众多，周边接口复杂。对数字化平台的大数据处理能力、企业管理与协同设立能力、完善的数据交互能力以及可扩展性提出了高要求。

结合调研及软件产品的行业适应性、技术性能、兼容性、开放性等方面，建议选择 Bentley MicroStation 作为轨道交通三维数字化设计基础平台。

2. 平台架构

基于 Bentley ProjectWise 架构协同设计环境，协同平台应具备完善的协同工作环境、标准体系管理、人员权限管理、模板管理、文档版本管理、文档关系管理、协同提醒、批量打印等各种丰富的协同功能；能够实现远程协同及异地同步；能够支持海量的数据模型及大量用户同步协同设计；具有差量传输的能力，保证了大文件在有限的 Internet 带宽条件下优良的协同性能，从而大幅降低网络专线租用成本，增强了远程系统的应用体验；具有托管三维工作环境的能力，工作环境可自动推送至各个设计人员客户端，保证了设计环境的有效和统一。

3. 轨道交通 BIM 应用案例

当前 BIM 技术在国内外工程项目设计、施工、运维当中都有了不同深度的应用，取得了一定的成效和可供借鉴的经验。国内设计单位自 2004 年开始试点三维设计，至今已构建起一个完善的三维数字化设计平台，全专业覆盖工程勘测设计各个环节（测绘、地质、区间、站点等），使勘测设计工作能够在统一的设计平台开展,成果能够基于统一的信息架构以及统一的信息模型进行存储和展示,三维数字化设计平台经过科技成果鉴定达到国际领先水平。

目前,国内工程勘察设计行业内中国电建集团华东勘测设计研究院有限公司、中国电建集团中南勘测设计研究院有限公司、中国电建集团昆明勘测设计研究院有限公司、上海勘测设计研究院等单位整体引进或部分选用了 Bentley MicroStation 平台技术。基于该三维数字化设计平台已实施三维协同设计已应用于杭州、福州、宁波、成都等城市的 12 个地铁项目。

(1) 机电三维设计应用

目前,在轨道交通领域,BIM 主要应用于两个方面:

①指导机电施工安装。

②管线碰撞检测。

在指导机电施工应用方面,通过 BIM 三维综合管线设计,可更加直观地反映车站综合管线的合理性,及时调整优化平面布置。成都地铁凤溪河站通过 BIM 指导现场管线安装,基本解决了管线碰撞问题,提高了一次成功率,也因此成为全线综合管线安装的样板段。杨柳河站为地下一层侧式车站,内部夹层较多,空间关系错综复杂。通过 BIM 三维设计平台作了大量的前期准备工作,是全线第一个开展综合管线安装和机电安装的车站,也将作为全线样板站,在后续实际安装过程中,也将通过 BIM 全程指导施工,提高一次成品率。

管线碰撞检测方面,对车站 BIM 模型进行冲突与干涉检测,查找修改碰撞点,减少专业间协调失误及设计错误,提高综合管线施工质量。针对杨柳河站样板站,目前对常规机电等设备管线做了碰撞检测,并形成了碰撞检测分析报告。通过 BIM 碰撞检测,共检测出 97 处碰撞,其中通风和结构专业碰撞总计 4 处,通风与给排水(水系统)专业碰撞总计 33 处,通风与电气(桥架)专业碰撞总计 35 处,给排水(水系统)与结构专业碰撞总计 3 处,给排水(水系统)与电气(桥架)专业碰撞总计 13 处,电气(桥架)专业与结构专业碰撞总计 9 处(以上有些碰撞点是因为相互之间的距离不满足检修需求)。通过碰撞检测分析报表,可以清楚地看到不同管线之间碰撞的位置和高程,设计可以及时优化调整综合管线布置,减少施工单位后期安装的返工量,提高一次安装的成功率。成都地铁凤溪河站三维成果如图 14-12 所示。

(2) 轨道交通全寿命周期应用

成都地铁 18 号线为机场快线兼市域快线,起点为火车南站终点为新机场,33min 可达。线路全长 59.27km,包含地下段 48.8km,高架段 2.4km,地面段 10.58km。共设 9 座车站,地下站 8 座,地面站 1 座,平均站间距 6.5km;设合江车辆段 1 座。

该工程利用基于 BIM 技术研究轨道交通工程三维数字化设计、施工与运维,搭建了基于 BIM 技术轨道交通协同设计平台、设计施工一体化管理平台、智能运维平台,确定了 BIM 技术应用标准体系。

项目应用技术路线如图 14-13 所示。

①站址环境模拟。

站址环境模拟如图 14-14 所示。

②三维协同设计。

三维协同设计如图 14-15 所示。

③设计施工一体化。

设计施工一体化如图 14-16 所示。

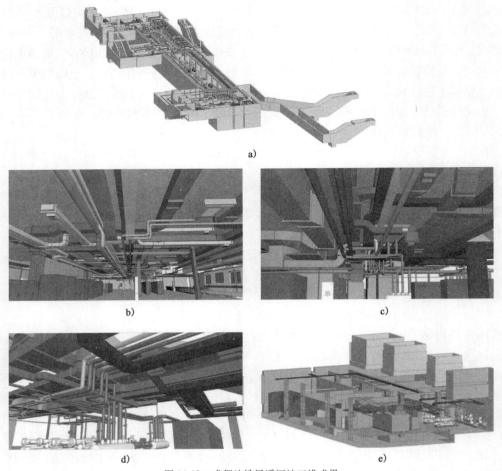

图 14-12 成都地铁凤溪河站三维成果

a)成都地铁凤溪河站三维成果;b)公共区管线透视图;c)环控机房管线透视图;d)冷水机房管线透视图;e)通风空调机房横剖面图

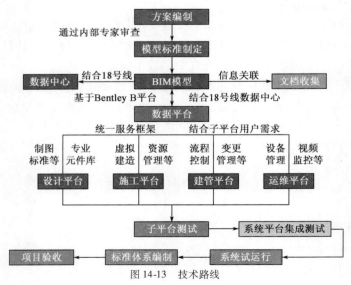

图 14-13 技术路线

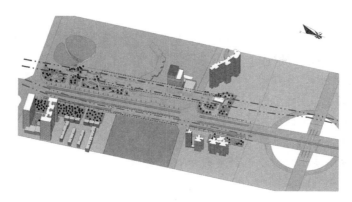

图 14-14　站址环境模拟

图 14-15　三维协同设计

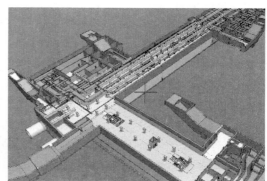

图 14-16　设计施工一体

【历史沿革】

我国工程建设行业从 2003 年开始引进 BIM 技术,目前的应用以设计单位为主,就应用广度和深度而言,BIM 在中国的应用还仅仅处在起步和初级推广阶段。鉴于 BIM 技术的用途,一些轨道交通新线路的部分设计单位,已经在土建工程设计或站后工程设计阶段一定程度上开始使用 BIM 技术。但截至目前,国内尚无任何一条完整的地铁线路全面应用 BIM 技术,BIM 在轨道交通中的应用水平仍然很低下。推广 BIM 技术还须从源头入手,着重解决以下的问题和障碍。

1. 制定行业标准,争取政策支持

BIM 意味着一个全新的建筑行业操作模式,涉及勘察、设计、施工、监理、监测、安装、运营维保等各个环节。目前国内还缺乏系统化、行之有效的 BIM 数据交换标准、BIM 应用能力评估准则、BIM 项目实施规范流程等,缺乏标准就意味着在协同合作及数据交换方面存在较大问题,信息无法在不同单位之间流转交换。因此,必须积极争取政策支持,由行业或行政主管部门牵头制定标准,并大力推行,以切实发挥 BIM 技术的优势。

2. 从设计源头入手,统一软件平台

一整条轨道交通线路的 BIM 建设参与单位众多，设计是源头和龙头。设计单位 BIM 平台统一，是推行 BIM 的先决条件。当前，BIM 软件种类繁多，不同设计单位和软件开发商对轨道交通 BIM 应用着重的功能点和认识不一，所开发使用软件均不相同，且难兼容。一条线路的工点设计单位多达十余家，各设计单位 BIM 平台各异。设计源头上不统一平台，信息输入的深度就没有一个标准，后续项目信息也就无法整合。因此，必须从设计源头入手，统一 BIM 软件平台，才能取得事半功倍的效果。

3. 整合现有系统，避免重复开发

目前，各个城市地铁均建有自己的建设和运营管理系统，如"建设安全风险监控系统"及运营"EAM 信息系统""线网资产及运营生产管理系统"等，在进一步优化升级后也在手持终端扩展了运用，基本可实现"环境分析系统、现场网络视频监控、工程施工现场巡检、工程施工安全监测、运营设备资产管理及点巡检"等 BIM 平台所具备的功能。推广 BIM 系统需要进行系统的资源规划和整合，避免重复开发造成资源浪费。

4. 改变传统观念，培育技术人员

现有二维设计经过多年的发展，已被当前产业和市场所熟悉，且人力成本较低。目前设计院任务多、人员相对不足，加之轨道交通建设时间紧凑，各单位不愿意抽调资源和时间做 BIM 软件培训；再加上 BIM 学习有一定的复杂性，有经验的设计师对此新软件学习运用的积极性不高，上述原因导致 BIM 技术应用及管理的相关人员短缺。同时，BIM 技术涉及抽图后的图纸审查工作、施工阶段的设计变更、运营阶段应用及维护等带来的巨大模型维护工作量，也可能存在各单位操作工作量的增加。因此，必须摒弃传统观念，加强技术人员的培养，为 BIM 在轨道交通项目的应用做好人才保障。

5. 结合地铁特点，做好基础工作

BIM 技术功能的实现，依赖大量的设计、施工、设备供应、安装等基础数据资料及时收集和准确录入，信息的体量庞杂。地铁处在地下封闭或半封闭空间里，具有隐蔽性、封锁性和设备高度密集等特点。随着建设的进展，结构、设备、管线等是随时隐蔽的；一旦工程进行隐蔽，原状很难考察。部分时间久远的设备、原件的供货信息可能存在数据资料缺失收集困难，导致无法形成信息链条。同时，基础数据的输入，需要原参建单位进行输入配合，但各单位项目部人员多已打散重组，人员多不在原地或原单位，既有线路数据的输入有较大协调困难。因此，必须根据城市轨道交通项目的特点，确保相关信息的及时收集、整理和输入，为 BIM 的应用奠定良好的基础。

BIM 是建筑行业一场新兴的集成信息技术革命，是未来轨道交通大数据管控的信息建设方向。推广 BIM 需要政策支持、规范标准、统一平台，从设计源头入手，培育运用环境。

【思考题】

1. 何为 BIM 技术？在城市轨道交通结构设计与施工中的主要作用是什么？
2. BIM 技术的优势是什么？举例说明。

参 考 文 献

[1] 施仲衡.地下铁道设计与施工[M].西安:陕西科学技术出版社,2006.
[2] 何宗华.城市轻轨交通工程设计指南[M].北京:中国建筑工业出版社,1996.
[3] 中华人民共和国行业标准.GB 50157—2013 地铁设计规范[S].北京:中国计划出版社,2013.
[4] 中华人民共和国行业标准.CJJ 96—2003 地铁限界标准[S].北京:中国建筑工业出版社,2003.
[5] 中华人民共和国行业标准.DGJ 08-109—2004 城市轨道交通设计规范[S].上海:上海市建设工程标准定额管理总站,2004.
[6] 张振淼.城市轨道交通车辆[M].北京:中国铁道出版社,1998.
[7] 蔺增良.地铁9号道岔建筑限界加宽计算方法[J].地铁与轻轨,2000(4).
[8] 蔺增良.地下铁道站台限界加宽方法[J].地铁与轻轨,2001(3).
[9] 罗湘萍,沈培德.城市轨道交通车辆限界计算方法研究[J].城市轨道交通研究,2002(2).
[10] 石礼安.地铁1号线工程[M].上海:上海科学技术出版社,1998.
[11] 上海市城市轨道交通技术标准(征求意见稿)[S].2010.
[12] 朱彦鹏.混凝土结构设计原理[M].重庆:重庆大学出版社,2002.
[13] 中华人民共和国行业标准.TB 10092—2017 铁路桥涵混凝土结构设计规范[S].北京:中国铁道出版社,2017.
[14] 中华人民共和国行业标准.TB 10002—2017 铁路桥涵设计规范[S].北京:中国铁道出版社,2017.
[15] 李乔.混凝土结构设计原理[M].北京:中国铁道出版社,2001.
[16] 沈浦生.混凝土结构设计原理[M].北京:高等教育出版社,2007.
[17] 宗兰.混凝土结构设计原理[M].北京:人民交通出版社,2006.
[18] 藤智明.钢筋混凝土基本构件[M].北京:清华大学出版社,1987.
[19] 叶见曙.结构设计原理[M].北京:人民交通出版社,1997.
[20] 朱伯龙.混凝土结构设计原理[M].上海:同济大学出版社,1992.
[21] 蓝宗建.混凝土结构[M].南京:东南大学出版社,1998.
[22] 黄棠,王效通.结构设计原理(上)[M].北京:中国铁道出版社,1989.
[23] 杜拱辰.现代预应力混凝土结构[M].北京:中国建筑工业出版社,1988.
[24] 邵容光.结构设计原理[M].北京:人民交通出版社,1987.
[25] 中华人民共和国国家标准.GB 50010—2010 混凝土结构设计规范[S].北京:中国建筑工业出版社,2010.
[26] 刘国彬,王卫东.基坑工程手册[M].北京:中国建筑工业出版社,2009.
[27] 王卫东,王建华.深基坑支护结构与主体结构相结合的设计、分析与实例[M].北京:中国建筑工业出版社,2007.
[28] 朱合华.地下建筑结构[M].北京:中国建筑工业出版社,2005.
[29] 朱永全,宋玉香.地下铁道[M].北京:中国铁道出版社,2006.

[30] 周顺华.城市轨道交通结构工程[M].上海:同济大学出版社,2004.
[31] 周文波.盾构隧道施工技术及应用[M].北京:中国建筑工业出版社,2004.
[32] 张凤祥,朱合华,傅德明.盾构隧道[M].北京:人民交通出版社,2004.
[33] 宋天田,周顺华.复合地层条件下盾构刀盘设计研究[J].地下空间与工程学报,2007(6).
[34] 项兆池,楼如岳,傅德明.最新泥水盾构技术[M].上海隧道工程股份有限公司,2001(12).
[35] 赵书银.盾构隧道惰性浆液同步注浆技术应用[J].铁道标准设计,2003(12):20-22.
[36] 邹翀.盾构隧道同步注浆技术[J].施工技术,2002,31(9):7-9.
[37] 森.シールト下ネルの裏込め注入および切羽泥水圧よわ黏性土地盘の割裂现象[J].トンネと地下,土木工学会,1991:30-34.
[38] 周东.盾构法隧道新型同步注浆应用研究[D].上海:同济大学,2002:25-33.
[39] 宋天田,周顺华.盾构隧道盾尾同步注浆机理与注浆参数的确定[J].地下空间与工程学报,2007(2).
[40] 宫全美.铁路路基工程[M].北京:中国铁道出版社,2007.
[41] 郝瀛.铁道工程[M].北京:中国铁道出版社,2005.
[42] 安宁.城市轨道交通工程[M].北京:人民交通出版社,2008.
[43] 池淑兰.路基工程[M].北京:中国铁道出版社,2004.
[44] 刘钊,余才高,周振强.地铁工程设计与施工[M].北京:人民交通出版社,2004.
[45] 张庆贺,朱合华,庄荣,等.地铁与轻轨[M].北京:人民交通出版社,2006.
[46] 中华人民共和国国家标准.GB 50299—1999 地下铁道工程施工及验收规范[S].北京:中国计划出版社,2003.
[47] 中华人民共和国行业标准.JTG D70—2004 公路隧道设计规范(2003版)[S].北京:人民交通出版社,2004.
[48] 毛红梅.地下铁道[M].北京:人民交通出版社,2008.
[49] 中华人民共和国行业标准.TB 10091—2017 铁路桥梁钢结构设计规范[S].北京:中国铁道出版社,2017.
[50] 中华人民共和国行业标准.TB 10093—2017 铁路桥涵地基和基础设计规范[S].北京:中国铁道出版社,2017.
[51] 河川,曾东洋.盾构隧道结构设计及施工对环境的影响[M].成都:西南交通大学出版社,2007.
[52] 地盘工学会.盾构法的调查·设计·施工[M].牛清山,陈凤英,徐华,译.北京:中国建筑工业出版社,2007.
[53] 刘建航,侯学渊.盾构法隧道[M].北京:中国铁道出版社,1991.
[54] 程骁,潘国庆.盾构施工技术[M].上海:上海科学技术文献出版社,1990.
[55] 张凤祥,傅德明,杨国祥,等.盾构隧道施工手册[M].北京:人民交通出版社,2005.
[56] 徐向辉.新型管片盾构隧道应用技术研究[D].天津:天津大学,2005.
[57] 余占奎.软土盾构隧道纵向设计方法研究[D].上海:同济大学,2006.
[58] 严佳梁.盾构隧道管片接头性态研究[D].上海:同济大学,2006.

[59] 丁军霞.盾构隧道混凝土管片衬砌内力分析[D].石家庄:石家庄铁道学院,2003.
[60] 黄正荣.基于壳—弹簧模型的盾构衬砌管片受力特性研究[D].南京:河海大学,2006.
[61] 蒋洪胜.盾构法隧道管片接头的理论研究及应用[D].上海:同济大学,2000.
[62] 王乾.北京盾构隧道管片及联络通道标准化设计的研究[D].北京:北京交通大学,2007.
[63] 吕虎.隧道联络通道施工力学行为研究[D].上海:同济大学,2006.
[64] 王梦恕.地下工程浅埋暗挖技术通论[M].安徽:安徽教育出版社,2004.
[65] 王梦恕.中国隧道及地下工程修建技术[M].北京:人民交通出版社,2010.
[66] 周顺华.城市轨道交通设备系统[M].北京:人民交通出版社,2009.
[67] 中华人民共和国国家标准.GB 50108—2008 地下工程防水技术规范[M].北京:中国计划出版社,2009.
[68] 郁超.实施性施工组织设计及施工方案编制技巧[M].北京:中国建筑工业出版社,2009.
[69] 陈基伟.信息化监测在陆家嘴地铁车站3-4轴施工中的应用[J].上海地质,2000(3).